国家金属资源安全丛书

丛书主编　黄健柏

CHANNENGGUOSHENG DE FAZHAN
QUSHI HE ZHILI DUICEYANJIU

产能过剩的发展趋势和治理对策研究

黄健柏　等著

中国财经出版传媒集团

经济科学出版社
Economic Science Press

图书在版编目（CIP）数据

产能过剩的发展趋势和治理对策研究/黄健柏等著. —北京：

经济科学出版社，2016.12

（国家金属资源安全丛书）

ISBN 978 – 7 – 5141 – 7595 – 0

Ⅰ.①产…　Ⅱ.①黄…　Ⅲ.①经济过剩 – 经济发展趋势 –

研究 – 中国②经济过剩 – 治理 – 研究 – 中国　Ⅳ.①F124

中国版本图书馆 CIP 数据核字（2016）第 319923 号

责任编辑：李　雪　李　建

责任校对：徐领柱

责任印制：邱　天

产能过剩的发展趋势和治理对策研究

黄健柏　等著

经济科学出版社出版、发行　新华书店经销

社址：北京市海淀区阜成路甲 28 号　邮编：100142

总编部电话：010 – 88191217　发行部电话：010 – 88191522

网址：www. esp. com. cn

电子邮件：esp@ esp. com. cn

天猫网店：经济科学出版社旗舰店

网址：http：//jjkxcbs. tmall. com

北京汉德鼎印刷有限公司印刷

三河市华玉装订厂装订

787×1092　16 开　28.25 印张　420000 字

2017 年 3 月第 1 版　2017 年 3 月第 1 次印刷

ISBN 978 – 7 – 5141 – 7595 – 0　定价：99.00 元

本书为中南大学商学院、金属资源战略研究院黄健柏教授主持的国家社科基金重大招标项目"产能过剩矛盾突出行业的发展趋势和调整化解对策研究"（批准号 13&ZD024）的最终成果，参与本书的撰写者有：黄健柏、江飞涛、熊勇清、王昶、钟美瑞、邵留国、郭尧琦、伍如昕、李晓萍、祝平衡、黄阳华、徐震、吕大国、范林凯。

课题组主要成员

课题负责人

黄健柏　中南大学教授、博士生导师

中国社会科学院工业经济研究所

江飞涛　副研究员

黄阳华　副研究员

曹建海　研究员、博士生导师

中国社会科学院数量经济与技术经济研究所

李晓萍　副研究员

中南大学

熊勇清　教授、博士生导师

王　昶　教授、博士生导师

钟美瑞　副教授、博士生导师

邵留国　副教授、硕士生导师

郭尧琦　讲师、硕士生导师

伍如昕　讲师、硕士生导师

祝平衡　讲师、硕士生导师

姚海琳　副教授、硕士生导师

危　平　副教授、硕士生导师

参加研究工作的博士研究生：徐震、唐文源、谌金宇、陈鑫铭

参加研究工作的硕士研究生：王叶、耿红军、胡小雪、刘曼、李鑫、李晓云

湖南省政协

吴金明　教授、湖南省政协经济科技委员会主任

南京大学

吕大国　经济学院博士研究生

上海财经大学

范林凯　国际工商管理学院博士研究生

序　言

党的十八届三中全会决定成立"国家安全委员会"，全面维护新时期复杂环境下的国家安全。2014 年 4 月，习近平主席首次提出总体国家安全观，系统提出了 11 种安全议题，引起世界广泛关注。这 11 种安全议题首次包括了有关资源利用的安全议题，即资源安全。这是在国家层面上首次提出并确认的安全议题。金属资源是国民经济建设的重要物质基础，金属资源安全事关国家安全。

据中国地质科学院测算，2025 年前后，我国铜、铝、铅等金属资源需求顶点将陆续到来，但需求总量将在相当长的时间内保持较高水平；铍、锶、锗、镓、铟等战略性金属资源需求则会持续增长。但我国金属资源的基本条件决定了国内资源的自我保障能力较差，加之未来 10～15 年仍将是我国矿产资源消费的增长阶段，使得我国重要矿产品种的总量保障明显不足，资源结构性矛盾突出，大宗矿产资源的对外依存度将进一步上升，同时资源分布与工业布局不匹配问题也将变得更加突出（国务院发展研究中心，2013）。矿业联合会的研究表明：到 2020 年，我国已探明储量的金属矿产资源中，铁、铝土矿、锰、锡、铅、镍、锑、金等将处于短缺状态，铜、锌、铬、钴以及铂族元素将严重短缺。而另一方面金属产业中低端冶炼产能则将出现严重过剩。2012～2014 年，我国钢铁、电解铝的产能利用率仅维持在 72%～75%。未来 10 年，我国主要金属资源需求将陆续达到峰值，面临资源洪峰与产业转型双重压力。

中国金属资源供给的这样一种基本状况，要求我们不得不寻求更广范围的世界资源。21 世纪以来，我国开始从以往的"自给自足"的资源战略转变为立足国内、资源国际化经营的新战略。充分利用"国内国外两种资源、两个市场"的战略举措,一定程度上缓解了中国金属资源供给短缺"瓶颈",但并没有从根本上改善金属资源供给的经济性、稳定性和持续性。据矿业联合会统计,中国海外矿业投资的成功率不到20%。许多海外矿山投资项目不仅没有为企业带来利润,甚至成为拖累企业业绩的包袱。跨国矿业巨头早年圈地的先发优势、全球资源民族主义抬头、资源所在国的政治动荡以及文化与语言差异是我国矿业企业海外开发受阻的直接原因。而国内监管和审批制度烦琐、投资项目预研和论证不充分、缺乏收购和管理技巧以及政策驱动性过强、盲目要求控股则是海外矿业投资失败的内在原因。从未来发展形势来看,中国金属资源的主要来源国印度尼西亚、赞比亚、蒙古、澳大利亚等相继加强了资源控制,跨国矿业公司垄断格局难以打破,美国亚太再平衡战略加大了海外资源运输通道安全的压力。这些地缘政治和经济因素的影响,使得中国矿业企业走出去困难重重,金属资源的全球化配置风险日益突出。这些问题需要理论界和实务界的同人们共同探讨,走出一条符合中国国情的金属资源国际化经营的路子。

在世界矿业资源竞争日益激烈的背景下,中南大学于2012年11月成立金属资源战略研究院,依托学校在金属资源领域的学科优势,搭建起金属资源硬科学与软科学交叉融合的开放式研究平台,专注于国家金属资源重大战略问题的研究。研究院成立至今,围绕着产能过剩与产业转型升级、资源安全战略与产业政策、资源节约与环境保护以及资源价格与矿业金融等金属资源领域的重大问题形成了稳定的研究团队和研究方向。本系列丛书既是对研究院现有研究成果的一个总结和展示,同时也是研究院在国家金属资源安全的视角下,对我国金属资源领域的重大战略问题的思考和解析。

当前,受国际形势和行业产能过剩影响,我国金属资源产业开始由"高速增长"转入"中低速增长"。经济增长放缓对金属资源的供需规模演变将产生重要影响;新一轮技术革命将加快对金属资源供需结构的调整;政府与市场关系的重塑、"走出去"战略的成果释放、国家"一带一路"等重大战略的实施都将对我国金属资源战略带来制度层面的重大变革。金属资源产业正处于深度调整时期,国家金属资源安全战略、管理体系和政策需要进一步重构。为此，也希望本系列丛书的出版能够为金属资源领域的经济管理决策部门、企业以及所有关心金属资源产业发展的各界人士提供有益的借鉴和参考。

黄健柏

2015 年 12 月

前　言

　　自 20 世纪 90 年代初期中国产能过剩开始凸显，继之近年来随着中国经济进入新常态，中国工业领域产能过剩问题日趋严重，并成为困扰中国工业经济进一步健康发展的重要障碍，积极稳妥"去产能"亦成为现阶段供给侧结构性改革的重中之重。长期以来，中国在部分产业实施治理产能过剩的政策，然而产能过剩却频繁发生，缘何产能过剩频繁发生及治理政策如何优化，亟待进一步深入探讨。对此，以中南大学黄健柏教授为首席专家的研究团队，承接了国家社会科学基金重大招标项目"产能过剩矛盾突出的行业发展趋势和调整化解对策研究"，并展开了为期三年的深入研究，本书正是他们研究的最终成果，该书为上述问题的解决提供了可资借鉴的思考视角和优化相关治理政策的有效途径。

　　本书从新技术革命及产业变革、经济新常态这两个新的视角出发，在充分认识中国国情的基础上，深入分析中国工业领域及产能过剩矛盾突出各行业产能过剩的特征、产能过剩的形成原因以及形成机理，这些研究丰富了中国特色经济理论研究，具有较高的理论价值。同时本书全面介绍了我国产能过剩治理政策及其历史沿革，对长期以来产能过剩治理政策的理论基础进行了反思，并对实施效果进行了评价与探讨，揭示了现阶段产能过剩治理政策及其政策工具选择上存在的不足，并为调整和完善产能过剩治理政策及其政策工具选择提出了许多好的建议，因而又具有重要的现实意义。

　　在总体层面上，本书全面梳理了中国工业部门产能过剩的发展趋势及其治理政策的演变，准确把握了本轮产能过程的主要特征，完善了产能利用率测算，探讨了产能过剩判断的标准，并从第二次工业革命与大规模制造生产范式、要素价格扭曲与中国渐进式改革这三个重要方面深入探讨中国式产能过剩的形成原因及其内在机理。

在行业层面上，本书就钢铁、电解铝、太阳能光伏、造船等产能过剩矛盾突出行业产能过剩的特征、发展态势、形成原因及调整化解政策展开了具体的、详细的研究，从理论与实证两方面详细解析了这些行业产能过剩的形成机理，探讨了治理这些行业产能过剩产业政策的合意性与实施效果，并提出了相关政策建议。

以此为基础，本书进一步探讨了现阶段产能过剩治理政策存在的主要缺陷及面临的主要挑战，并在厘清产能过剩治理政策中政府与市场关系的基础上，给出了优化调整产能过剩治理政策的系统建议。此外，本书还探讨了治理产能过剩过程中职工安置与社会保障等重大社会问题。

本书的独到之处在于：从科技革命与生产范式特征的视角来认识产能过剩问题，并从新一轮科技革命和产业变革将带来生产范式革命性的变革出发，探讨如何利用新的生产范式从根本上治理产能过剩。该书指出，第二次工业革命形成的、以流水线为代表的生产组织方式的技术经济特征从根本上决定了产能过剩具有必然性。这些技术经济特征与我国转型期体制机制的一些特点结合在一起，产能过剩的频繁出现就是必然的了。

该书进一步指出，新一轮技术革命和产业变革正在重塑制造业生产体系，为我国从根本上打破"产能扩张—产能过剩—化解产能过剩—产能再扩张"的恶性循环带来了不容失去的战略机遇。新一轮科技革命和产业变革，正在推动刚性、大规模、标准化、流水线生产系统转向可重构、大规模定制、智能化的生产系统，新型的生产系统能在根源上减少过剩产能的形成，并在化解过剩产能方面具有独特优势。从治理产能过剩的角度来看，我国制造业转型升级战略，必须从既定生产体系内以技术改造为手段、以产业结构高级化为导向，转向以整个生产体系的重构为导向。

总而言之，本书深入剖析了当前产能过剩的形成机理，并且从新技术革命及产业变革视角重新认识了产能过剩及其成因，并给出了短期化解过剩产能、长期从根本上治理产能过剩的系统性政策建议，这些建议具有较强的针对性和可操作性。该书值得学界、相关研究人员和政策制定者高度关注。

李平

2016.8.28

目　　录

1

引　言

1.1　问题的提出

为应对国际金融危机的冲击和影响，2008年11月中央制定和实施了扩大内需、促进经济增长的一揽子计划。按照"保增长、扩内需、调结构"的总体要求，出台了钢铁等十个重点产业调整和振兴规划，在推动结构调整方面提出了控制总量、淘汰落后、兼并重组、技术改造、自主创新等一系列对策措施，各地也相继出台了一些促进产业发展的政策措施。然而，时隔九个月后，全国不少领域产能过剩、重复建设矛盾变得十分突出。2009年9月26日，国务院转发《关于抑制部分行业产能过剩与重复建设引导产业健康发展的若干意见》。该意见指出钢铁、水泥、平板玻璃、煤化工等传统行业产能过剩、重复建设问题突出，并且仍在继续盲目扩张；多晶硅和风电设备等新兴产业也出现了重复建设倾向。该意见从严格市场准入、强化环境监管、依法依规供给、实行有保有控的金融政策、严格项目审批管理、做好企业兼并重组工作、建立信息发布制度、实行问责制、深化体制改革九个方面提出了抑制产能过剩和重复建设的对策。2013年1月国家工信部等部委联合连续下发了《关于加快推进重点行业企业兼并重组的指导意见》、《关于进一步加强电力节能减排监管做好淘汰落后产能工作的通知》等文件，提出要以汽车、钢铁、水泥、船舶、电解铝、稀土、电子信息、医药等行业为重点，推进企业兼并重组，并提出继续加大对19个行业落后产能的淘汰力度，对落后产能的企业进行电力监管，做好停限电工作，防止落后产能"死灰复燃"。虽然，这些政策措施在加强环保、要素价格管理、政府部门的信息服务等政策上有比较大的改进，也强调要发挥市场的基础性作用。从具体政策措施来看，基本延续了主要以行政规制手段治理产能过剩和重复建设的传统，产业政策实施效果没有达到预期。

随着世界经济结构深度调整和我国发展阶段转换，我国工业领域产能过剩的问题还没有得到有效抑制。2012年后部分行业产能过剩的程度越发严重，涉及的行业和领域更广泛，呈现出全方位产能过剩的新特点。国际货币基金组织（IMF）2012年7月6日发布的（中国）国别报告指出，中国正面临严重的产能过剩问题，当前的产能利用率只有60%左右，而金融危机前的产能利用率略低于80%。而美国2012年与危机高峰期的全工业利用率分别为78.9%和66.8%，这意味着中国的产能利用率尚不及美国2008～2009年金融危机高峰期水平。钢铁、水泥、平板玻璃、煤化工、造船、机床等传统行业产能大量过剩；铜、铝、铅、锌冶炼等有色行业生产形势低迷，产能过剩问题凸显；多晶硅、风电设备等新兴产业领域的产品也出现严重的产能过剩；氮肥、电石、氯碱、甲醇、塑料等化工产品也呈现出产能过剩的态势。2015年3月，在我国政府工作报告中，李克强总理再次指出，我国产能过剩问题依然突出。尽管2015年上半年我国粗钢产量同比下降了1.3%，水泥产量下降5.3%，玻璃产量下降4.2%，但我国工业和信息化部在2015年9月指出，产能严重过剩行业状况未根本改变，要继续严控产能过剩行业产能。从当前形势来看，本轮产能过剩无论在表象还是成因方面都不同于以往，是全面性、中长期过剩，而不是结构性、短期性过剩；是周期性因素和体制性因素综合作用的过剩，而不是单纯的市场或制度因素导致的过剩。国民经济增速放缓是当前产能过剩凸显的直接原因，地方政府在体制缺陷下采用各种优惠政策进行招商引资竞争，是最为重要的深层次原因（李平等，2013）。2016年中央经济工作会议指出，我国经济发展面临着"很多困难和挑战，特别是结构性产能过剩比较严重"，并明确将"积极稳妥化解产能过剩"作为2016年经济工作的重中之重。在该次会议上，中央明确提出了供给侧结构性改革，并指出供给侧结构性改革是适应和引领经济发展新常态的重大创新，其中"去产能"工作是供给侧结构性改革的首要重点任务。总体而言，虽然产能过剩问题已引起各方高度关注，但产能过剩治理依然任重道远。

1.2　研究目的和研究意义

长期以来，产能过剩一直是困扰中国工业经济健康发展的痼疾，我国现阶段严重的产能过剩是"周期性"因素、"体制性"因素和"政策性"因素叠加的结果。本研究的目的就是进一步探讨我国产能过剩产生的深层次原因及其治理政策的优化。

本研究以供求关系变化为主线，采用集成创新的理论与方法体系，在新技术革命及产业变革视角下分析中国工业领域及产能过剩矛盾突出行业产能过剩的形成原因与微观机理，从理论上厘清产能过剩治理政策行为及行为方式的边界，对于丰富产业经济的相关理论、澄清现阶段产业政策研究中存在的问题具有重要的理论价值。

同时本研究全面、深入地分析了我国产能过剩治理政策体系，反思治理政策的理论基础和实施效果，并提出相关政策建议，对充分认识现阶段产能过剩治理政策和治理工具存在的不足，改进和完善产能过剩治理的政策体系，为我国产业的健康发展以及国际竞争力的提高创造良好的市场环境，具有重要的现实意义。

1.3 本书的研究重点、难点和创新点

1.3.1 研究重点

1.3.1.1 重构理论框架，解析产能过剩形成的微观机制

完善乃至重构产能过剩的调整化解政策，必须从理论上深入解析当前产能过剩的形成机理，解析当前政策的理论依据是否合理，解析当前政府行为、资源环境体制以及渐进式改革等对于企业投资行为、行业产能调整等行为可能产生的影响及影响机制。但是对于这些微观机制及效应的理清没有现成理论模型与分析框架，因此，如何以规制理论、产业组织理论、技术创新理论、博弈理论及其他前沿研究的理论为基础，构建将外部冲击与制度内生影响考虑其中的理论分析框架，对我国产能过剩的形成的微观机制及原理进行深入的剖析，是本研究解决的第一个重点问题。

1.3.1.2 把握产能过剩矛盾突出行业的发展态势，预判性质找准调整化解政策的着力点

目前，我国产能过剩涉及行业广泛，不仅钢铁、电解铝、铜冶炼、水泥、平板玻璃、煤化工、造船等传统行业产能大量过剩，太阳能光伏、风电设备、锂电池等新兴行业也出现较为严重的产能过剩问题，已具有全面性过剩的新特征。然而，由于不同行业所具有的相异的产业特征和市场状况，其产能过剩的形成也在一定程度上具有不同的原因、特征和发展态势。为此，如何在国内和世界经济深度调整的背景下，针对具体的产能过剩矛盾突出的行业，通过大量实地调研和文献分析，深入、准确地解析各行业产能

过剩的性质、特征、形成机理和发展态势，从而明确这些具体行业产能过剩调整化解的着力点，是本研究解决的第二个重点问题。

1.3.1.3 构建有效的调整化解政策方案

我国产能过剩治理政策既存在理论依据的缺陷，同时在实施过程中也存在诸多障碍。因此，如何在厘清产能过剩形成的微观机制与效应后，分析调整化解政策实施过程中的障碍、厘清政府与市场在调整化解过程中的边界条件及调整化解政策产生的社会成本，提出有效的具有可操作性调整化解政策方案是本研究需要解决的最后一个重要问题。

1.3.2 创新点

我国向市场经济转轨以来，经历了三次主要的产能过剩，国家也推出了一系列治理措施。从具体政策措施来看，基本延续了主要以行政规制手段治理产能过剩和重复建设的传统。当前的产能过剩无论在表象还是成因方面都不同于以往，是全面性、中长期性过剩，而不是结构性、短期性过剩；是周期性因素和体制性因素综合作用的过剩，而不是单纯的市场或制度因素导致的过剩。面对当前产能过剩性质的变化，并将在较长一段时期内存在的情况，要想实现根本上治理，有必要对调整化解政策的取向进行重大调整，重构调整化解政策框架，制定政策实施方案，化减政策实施阻力。

1.3.2.1 从新技术革命及产业变革视角认识产能过剩的成因，构建产能过剩化解的长效机制

产能过剩是第二次工业革命的必然产物。第二次工业革命形成的以流水线为代表的生产组织方式的技术经济特征从根本上决定了产能过剩具有必然性。首先，第二次工业革命中涌现的新兴产业具有明显的规模经济，企业追求规模经济必然造成产能投资增加，在产业层面上表现为产能的扩张冲动。其次，规模经济要求企业突破"最低有效规模"，企业必须进行专用性固定资产投资，这就使得企业面临高昂的退出成本，难以灵活调整生产。再次，流水线生产方式必须以配件和产品的标准化为前提，即"少品种、高产量"，这进一步限制了企业通过调整产品结构化解产能过剩的能力。这些技术经济特征与我国转型期的一些特点结合在一起，产能过剩的频繁出现就是必然的了。

新一轮技术革命和产业变革正在重塑制造业生产体系，为我国从根本上打破"产能

扩张—产能过剩—化解产能过剩—产能再扩张"的恶性循环带来了不容失去的战略机遇。解决传统工业化过程中出现的产能过剩问题的根本思路不是放缓工业化进程，也不能重蹈部分发达国家"去工业化"的覆辙，而是要继续推进工业化，在更高阶段的工业化进程中加以解决。当前要做到以下几点：

1. 调整制造业转型升级的基本战略

新型生产体系是对既有系统的"创造性毁灭"，我国制造业转型升级战略必须从在既定生产体系内以技术改造为手段、以产业结构高级化为导向，转向整个生产体系的重构。我国必须加快战略部署，在长期发展规划框架下有计划地推行新型生产制造系统。

2. 充分发挥我国市场需求巨大的战略优势，率先收获生产体系转变的红利

对于赶超型国家而言，依托国内市场优势率先收获技术革命的成果甚至比前沿技术突破更为重要。依托市场需求引导产业转型升级，无疑还有助于防范产能过剩的风险。

3. 加快新型基础设施的建设，助推新型生产体系的成长

针对当前社会上存在"热炒"甚至滥用新工业革命概念的现象，应通过明确的政策和理性的舆论引导，吸引社会资源向新工业革命的先导部门和新型基础设施升级上积聚，尽量避免低端产能过剩和低水平重复建设。

1.3.2.2　加快市场化改革，防止内部成本外部化

内部成本外部化直接导致产能过剩与投资冲动并存。通过廉价的土地和自然资源吸引投资，扭曲了要素市场价格，压低了投资成本，推动了产能过剩的加剧和资源配置效率的下降。这些问题需要通过加快要素的市场化改革加以解决。

1. 加快工业用地的市场化改革

通过对工业用地价格扭曲的相关计量分析，提出：①加快推进要素市场化改革，尤其是土地市场改革，让市场机制在要素资源的配置中真正起决定性作用。明晰土地产权，改进国家对土地的公共管理职能，加快推进工业用地供应体系和流转体系改革。②建立健全公平竞争的市场环境。应该制定全面、完善的公平竞争法，严格约束地方保护主义行为以及为本地企业提供损害公平竞争的各类补贴与优惠政策，切实保障各种所有制企业依法平等使用生产要素、公平参与市场竞争、同等受到法律保护。③加快产业结构调整步伐。放弃挑选特定产业、特定企业、甚至特定技术、特定产品进行扶持的产业政策模式，由市场需求来决定和选择产业结构调整的方向和路径。

2. 积极推进资源税费体制改革

本研究运用动态可计算一般均衡模型分析资源环境外部性对产能过剩的作用机理,认为当前可耗竭资源的价格没有完全反映资源耗竭成本及生态补偿成本,同时由于政府的价格管控,导致原材料工业的过度投资,造成产能过剩。①资源税费改革会提高原材料行业的税负比重,导致总投资和总储蓄的减少,达到通过市场机制来解决过度投资导致的产能过剩问题。②税率提升导致企业成本提高,有利于推动原材料行业企业到海外控制资源,实现产能"出海",推动国际产能合作。③资源税费的改革增加了金属等矿产资源的使用成本,需求被抑制。这有助于促使下游企业提升技术水平,改变产品结构,向高附加值产品转型,反过来也有利于抑制上游资源开采、冶炼的过剩产能。应按照"价税分开、市场定价、税收绿化、机制联动、保障权益"原则,理顺金属等矿产资源产品的价格形成机制,使市场在金属矿产资源配置中起决定性作用。

1.3.2.3　加快国有企业的市场化改革,优化相关产能过剩调整化解对策

本研究认为中央和地方政府共同施加产能管制过程中存在的利益不一致和信息不对称这一现实特征,将使市场化进程滞后的竞争性行业收敛于一个自然产能过剩水平,现行的产能管制政策在短期内降低了产能过剩程度,但并不能改变行业的自然过剩水平。因此目前应采取以下措施:①短期内应大致维持现有管制强度,并积极探索产能管制政策的退出路径。因为尽管产能过剩行业的平均利润率已经很低,但市场中效率低下的国有企业仍占有较大比重,一旦放松产能管制,效率较高的民营企业仍有动力扩张产能抢占国有企业的市场份额,这将造成更为严重的产能过剩。②应避免产业政策向行业中低效率国有企业过度倾斜,放弃"扶大限小"的产业政策模式,避免国有企业在政策的激励下过度投资。同时要通过市场化改革提高国有企业的效率。对于竞争性产能过剩行业,若国有企业效率难以提升,则应选择恰当的时机,尽快出售落后国有企业的股权,避免随着时间的推移在国有企业市场份额基本丧失后再以低价出售,造成国家利益损失。③要以市场化为导向健全退出机制。如可建立以援助失业人员为重点的行业退出援助机制,而不宜采用行政手段强制淘汰"落后"产能。另一方面,要规范地方政府对当地濒临破产企业进行各项补贴的行为,否则,过剩的落后产能将长期在市场中存活。

1.3.2.4　根据不同行业的特点,制定各具特色的产业调整政策

1. 化解本轮电解铝产能过剩的关键在解决"转而不移"问题

我国西部地区有能源价格优势,加上廉价土地等优惠政策,推动电解铝生产企业大

量产能投资，是电解铝行业西进的重要原因。在成本差价下，电解铝产能西进合乎市场逻辑。因此，一刀切的行政方式严格控制新建产能，不应是本轮化解电解铝行业产能过剩的重点。化解本轮产能过剩的瓶颈在于电解铝行业"转而不移"。所以对于电解铝产能过剩治理应以为中、东部地区的产能转移和退出创造良好的环境为重点，其政策着力点在于完善产能转移与退出援助机制，由以设备大小、企业规模为淘汰依据向以能耗、环保指标为重点促进产能转移。

2. 破解"两个背离"，促进太阳能光伏产业健康发展

虽然我国光伏产业目前面临较严重的危机，但从产业发展阶段供需变动特点来看，光伏产业所出现的"产能过剩"现象属于一种短期性、表面性的"产能富余"，它与传统产业长期性、实质性的产能过剩不能归为一类。产生的原因在于"两个背离"：第一，市场培育严重滞后于产业发展速度，背离了新兴产业培育的基本规律；第二，市场培育过度依赖国际市场，严重背离我国新兴产业发展的现实国情。

所以要抓住新技术革命促进太阳能光伏发电从补充能源向替代能源过渡的发展趋势，积极培育国内市场，在此基础上放眼全球市场，在迈向更高级阶段工业化进程中发展我国的太阳能光伏产业。

1.4 本书的基本思路与研究方法

1.4.1 研究思路

本书首先从我国产能过剩治理的历程和政策梳理出发，详尽分析了我国产能过剩形成的原因，并从地方政府行为、资源环境体制和渐进式改革背景等三个方面分析了我国产能过剩的形成机理；其次，在理论分析的基础上，按照"现实调查—原因分析—对策建议"的思路，对钢铁行业、电解铝工业、水泥工业、光伏产业和船舶行业等五个产能过剩矛盾突出的具体行业进行了分析，并提出了针对具体行业的调整化解产能过剩的对策和建议；最终，从国家的角度探讨了我国产能过剩治理中的人员安置问题，以及我国产能过剩治理政策的评估与调整。本研究的基本研究框架见图1-1。

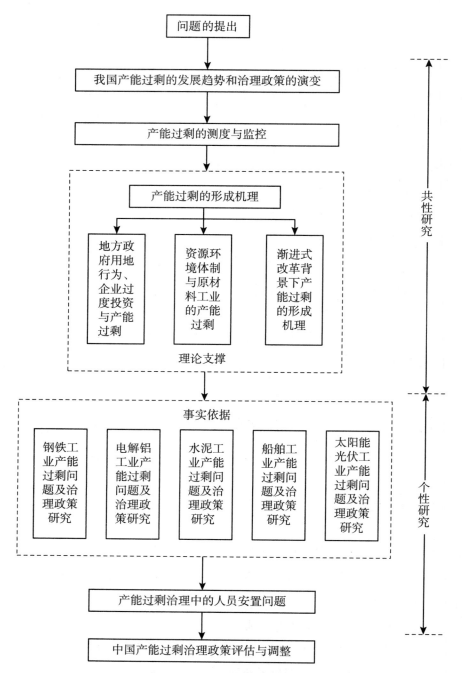

图 1-1　本书的研究基本框架

1.4.2　研究方法

1.4.2.1　文献研究法

本书通过图书资料、网络等各种形式，广泛查阅相关文献资料，建立行业资料库，运用文献研究法分析国内外研究的现状和不足，在已有研究成果的基础上开展本研究。文献研究法将贯穿整个研究过程，如以产业组织理论、博弈理论以及课题组已有关于产能过剩的研究为基础，从多视角解析产能过剩形成的原因和机理；在充分考虑中国和世界经济深度调整对于我国具体行业产能过剩形成的重要影响的基础上，结合近年来转轨经济学、地方政府竞争等相关前沿研究，反思以往产能过剩治理政策的理论依据问题以及由此产生的治理政策存在的根本缺陷和不良效应，重新构建解析我国产能过剩的形成原因与微观机理的严谨理论框架。

1.4.2.2　实地调研和访谈

本研究通过实地调研、问卷调查和访谈等方式获取和掌握我国工业发展和具体行业现状的第一手数据和资料，系统、全面地了解现阶段工业经济领域产能过剩的新特点、新问题和行业新趋势，对于政策对于不同类型企业的影响、企业对于政策的策略反应、地方政府对于中央政策的策略性反应等现实情况进行调研，了解现阶段主要产能过剩调整化解政策对于不同类型企业和行业的影响，并进而分析我国产能过剩调整治理政策的效果及影响，将研究建立在对于现实问题深刻认识和理解的基础上。如通过访谈和问卷调查了解现阶段钢铁、铜冶炼、电解铝、铅锌冶炼、水泥、平板玻璃等传统原材料工业发展的新特点、新问题、新趋势，调查主要产能过剩治理政策对于不同类型企业、地方政府的影响及其策略性应对行为，并进而定性分析产能过剩治理政策对于产业绩效、市场结构等方面的重要影响。

1.4.2.3　历史研究法

为了提出调整和化解我国产能过剩问题的行之有效的政策和建议，本研究将运用历史研究法，通过尽可能完整地回溯我国治理产能过剩问题的背景、政策取向与调整过程，分析这些治理政策的演变、理论依据，最终通过对我国治理产能过剩问题的历史进程的完整和详尽的分析，实现对以往产业政策效果的评估和对以往治理政策存在的根本缺陷和不良效应的揭示，将产业政策的重构建立在更为科学、严谨、可靠的历史分析的基础上。

1.4.2.4　实证研究法

本课题基于大量宏观经济数据和工业企业数据库微观数据以及相关行业协会成员企业微观数据为基础，采用数理建模、面板回归以及博弈估计等实证产业组织理论的前沿方法以及 DSGE 等经典宏观经济学模型，研究产能过剩调整化解政策的微观效应及其对产业发展的政策效果，试图将对政策理论依据和产业政策效应的评估、行业发展分析和判断、产能过剩调整和化解政策的提出建立在更为科学、严谨、可靠的实证研究基础上。具体包括以下几种：

1. 博弈估计分析方法

以博弈理论为基础，运用演化博弈理论，构建利益追逐的博弈模型，探究产能过剩的形成机理及演化规律。如从财政激励和政治激励的角度对地方政府差异化土地出让策略进行了剖析，并在此基础上，通过建立非合作博弈模型描述了地方政府间工业用地价格竞次导致地区工业用地价格扭曲，进而造成过度投资、形成产能过剩的具体路径。

2. 宏观经济模型

针对内部成本外部化导致产能过剩与投资冲动并存的问题，本研究从资源环境体制的角度分析了钢铁行业产能过剩的影响因素，并基于 DSGE 模型具体分析了外部性成本对原材料工业产能过剩的影响。

1.4.2.5　系统仿真方法

对产能过剩的调整化解涉及工业、经济、社会和环境等多个方面，一个政策的实施是否科学合理同样需要从系统的角度进行全面和客观的评价和分析，因此，本研究具体以船舶行业为例，通过构建系统动力学模型，一方面从刻画行业产能过剩诱因入手，通过构建行业产能过剩的关键影响因素的系统仿真模型，从系统的角度分析诱因变化对整体发展趋势的影响，揭示诱因变化对整个行业系统性的连锁反应规律；另一方面，在对产能过剩矛盾突出行业发展趋势综合性研判的基础上，通过构建系统仿真模型，对政策的实施进行仿真，从而对政策实施的影响和效果进行评估。

1.5　本章小结

目前我国工业领域呈现出全方位产能过剩的新特点，并引起各方高度关注，进一步研究产能过剩问题具有重大的理论价值和现实意义。为进一步探讨我国产能过剩频繁的深层次原因及其治理政策的优化，本研究将解析产能过剩形成的微观机制、把握产能过剩行业的发展态势、构建产能过剩调整化解政策方案作为研究重点，并结合新技术革命、市场化改革等，概括了本研究的创新点。在此基础上，阐述了本研究的研究思路，介绍了本研究使用的文献研究法、实地调研和访谈、历史研究法、实证研究法、系统仿真方法等方法。

2

中国工业部门产能过剩的发展
趋势及其治理政策的演变

2.1 中国工业部门产能过剩的发展历程

1994 年之前，中国计划经济占据绝对的主导地位，无论是生活消费品还是工业消费品都存在较强的供给约束。1994 年之后，社会主义市场经济逐步确立，伴随市场的放开，商品市场逐步走向供大于求的需求约束，"过剩"局面开始逐渐显现。依据经济发展的阶段及引发因素、表现特征的差异，可以把中国产能过剩的过程划分为 3 个阶段。①

2.1.1 1994~2001 年第一次产能过剩：产能过剩凸显期

1994 年，中共"十四大"正式确立社会主义市场经济是中国经济未来的发展方向。在这一纲领的指导下，经济各领域的计划性限制逐步放开，企业、个人投资蓬勃兴起，社会投资热情持续高涨，带动市场供给的快速增加，生产生活用品长期以来供不应求的格局逐渐被打破，消费品买方市场格局加速发展。特别是 1997 年亚洲金融危机爆发后，外贸出口遭受重创，国内消费需求也随之转入低迷，由此导致中国经济领域第一次大范围出现"供过于求"的局面。

1995~2001 年，国内市场主要商品中供过于求的商品所占比重分别为：14.6%、

---

① 引自丁寒雪《中国工业领域产能过剩发展现状分析》。

9.1%、31.8%、33.8%、80%、79.6%。其中1997年工业消费品供过于求的比重占36.9%，农产品的比重占25.2%。供过于求较为严重的商品包括：化工类100%，建筑装饰材料100%，五金商品60.87%，交电商品56.25%，纺织品54.32%，日用杂品52.17%，针棉织品51.72%，棉麻蚕茧57.14%。1998年，消费品市场供过于求的比例为33.8%，1999年上半年上升至72.2%，下半年则进一步扩大为80%，供过于求的比重比上半年和1998年同期分别高出7.77和35个百分点；其中，1999年下半年工业品、农副土特产品供过于求的比例分别为91.14%和42.34%，同比分别增加4.12和14.41个百分点。

从数字上看，当时在消费领域已经形成明显的"供给过剩"，但结合当时的供求特点可以发现，其中存在着严重的结构性问题，主要是无效供给过剩与有效供给不足，表现为工农业发展较好，生产能力有较大提升，但居民商品消费需求却不断下降。从需求方面看，由于处于买方市场，消费需求的发展趋势是多样化、细致化、品质化，消费者对产品的种类、式样、质量以及服务等有很高的要求；从供给方面看，当时中国许多企业并不能随着市场变化而调整生产情况，从而出现了虽然一般加工工业的生产能力过剩，但符合消费者要求的高品质商品却呈现供给不足。从当时的统计数据可以发现，不少行业的设备闲置严重，呈现出生产能力利用率低。

2.1.2　2002~2008年第二次产能过剩：产能过剩加剧期

2001年底，中国正式加入世贸组织，制造业出口的大门由此敞开，为缓解国内供给过剩提供了出路，但同时也为产能的进一步扩展提供了动力。此外，为有效应对这一时期的通货紧缩，中国政府也实施了持续宽松的财政货币政策，鼓励民间投资、鼓励出口，带动了制造业投资的快速增加。在这两种力量的推动下，中国消费品行业的产能过剩情况不断加剧，同时，一些生产资料行业也出现了不同程度的过剩，特别是钢铁、水泥、铁合金等行业产能过剩问题不断加剧。2003年，国家发展改革委员会指出，钢铁、电解铝、水泥和汽车等4个行业极有可能存在产能过剩。2005年，国家发展改革委员会指出，确定出现产能过剩的行业已达到11个。

商务部调查数据显示，2005年上半年，国内39个工业行业的产成品库存同比增长19%，产品供过于求的矛盾整体呈现加剧的趋势，特别是钢铁、电解铝等产品供过于求的矛盾比较严重，出现了价格下跌、库存和应收账款大幅增加的现象。此外，国内600种消费品市场中，纺织品、家电、鞋等商品市场需求减弱，供大于求趋势明显。在商务部监测的84种纺织品服装中，86.9%的商品供过于求；73种家用电器中，87.7%的商品供过于求；19种五金电料商品全部供过于求。

2008 年，国家发展改革委员会明文指出，传统煤化工重复建设严重，产能过剩 30%；水泥产能 18.7 亿吨，在建生产线产能 6.2 亿吨，另外还有已核准尚未开工的生产线产能 2.1 亿吨，产能全部建成后将达到 27 亿吨，而市场需求仅为 16 亿吨，产能将严重过剩；全国平板玻璃产能 6.5 亿重量箱，即将投产产能 4 848 万重量箱，此外还有 30 余条在建和拟建浮法玻璃生产线，累计产能超过 8 亿重量箱，产能明显过剩；多晶硅产能 2 万吨，产量 4 000 吨左右，在建产能约 8 万吨，产能已明显过剩。此外，全球范围内电解铝供过于求，国内电解铝产能 1 800 万吨，占全球 42.9%，产能利用率仅为 73.2%；造船能力为 6 600 万载重吨，占全球的 36%，而 2008 年国内消费量仅为 1 000 万载重吨左右，70% 以上产量靠出口；大型锻件也存在着产能过剩的隐忧。

形成这一时期产能过剩的最重要原因，就是投资与消费的严重不协调发展。20 世纪 90 年代中后期（除 1997 年），最终消费对国民经济增长的贡献率都保持在 50% 以上，而 2002 年、2003 年大幅下降，之后基本保持在 40% 左右。与之相对应，资本形成对国民经济拉动的贡献率自 2002 年开始超过最终消费。尽管这一时期外贸出口大幅增长，但增幅依然低于国内投资的增速。这种投资与消费的反向变化，进一步加剧了国内的过剩产能。

这一时期，投资加速的重点在工业部门，特别是能源与基础原材料行业，如有色金属、黑色金属、煤炭、化工、水泥等行业。2004～2008 年，这些行业投资平均增速基本保持在 30% 以上，其中煤炭与电气更是超过 40%，是同期 GDP 增速的 3 倍以上。

2.1.3　2009 年至今第三次产能过剩：产能过剩严重期

自 2008 年下半年开始，全球金融危机逐步蔓延，欧美实体经济遭受重创。而此时，中国外贸经历了"入世"后的 8 年辉煌，国内产能已对外形成严重依赖。出口的萎缩，导致国内制造业产能过剩问题再次集中爆发。同时，美国房地产崩塌，引致国内房地产发展短暂回落，也使得对钢铁、水泥、建材等行业的需求锐减，对相关产能造成巨大的压力。为有效应对金融危机，确保经济的增长，政府迅速出台了"4 万亿"投资计划、"十大产业"振兴规划以及宽松的财政货币等手段。在政府的干预下，国内需求很快得到好转，同时企业预期也得以提升，引致新一轮的盲目投资，为此后更加严重的产能过剩埋下了隐患。这一时期，产能扩张的重点在工业领域，特别是"十大"振兴产业。2009～2011 年，有色金属行业铜、铝、铅、锌冶炼产能新增合计 1 700 万吨，是 2006～2008 年的 1.2 倍；焦炭累计新增产能 2.11 亿吨，是此前 3 年的 1.5 倍；平板玻璃累计新增产能 3.7 亿重量箱，是此前 3 年的 1.4 倍；电石累计新增产能 708 万吨，是此前 3

年的 1.4 倍；汽车累计新增产能 563 万辆，是此前 3 年的 1.2 倍；化纤累计新增产能 888 万吨，是此前 3 年的 1.3 倍；氮磷钾肥累计新增产能 2 751 万吨，是此前 3 年的 1.2 倍。2012 年起，我国部分工业行业新增产能逐渐减少，如水泥行业 2012 年和 2013 年新增产能分别为 3.6 亿吨和 3.4 亿吨，低于 2011 年的 3.69 亿吨新增产能，铜冶炼、铅锌冶炼等新增产能均在一定程度上降低，具体见表 2 - 1。

表 2 - 1　　　　　　　　　2008～2013 年重点产业新增产能状况

指标名称/单位	2008 年	2009 年	2010 年	2011 年	2012 年	2013 年
水泥/亿吨	2.35	3.80	4.36	3.69	3.60	3.40
铜冶炼/万吨	116.19	112.66	154.35	182.86	146.1	131.7
铅冶炼/万吨	61.67	89.26	100.73	77.69	86.6	60.6
锌冶炼/万吨	45.02	66.73	127.12	84.22	65.8	63.6
氧化铝/万吨	268.28	195.08	346.62	165.32	164.15	213.5
炼钢/万吨	2 255.11	2 911.55	1 354.88	2 480.80	—	—
生铁/万吨	2 144.39	4 098.53	1 938.64	3 470.86	3 662.00	1 442.81
平板玻璃/亿重量箱	1.59	1.02	1.78	0.90	0.83	0.98

中国大宗商品研究中心数据显示，2012 年，能源、化工、橡塑、有色、钢铁、纺织、建材和农副等 8 大行业中的 500 多个产品，90% 以上的产品的产能利用率低于 80%，并且超过一半的产品的产能利用率低于 70%，产能利用率低于 60% 的产品接近 1/4。产能过剩最为严重的 10 种产品包括：阔叶木浆、不锈钢板、冷轧板、锡、甲醇、镍、PVC、无缝管、沥青、铅。其中，金属领域包揽了 60%；产能利用率最低的为不锈钢板，仅为 45%。2014 年，我国部分行业产能利用率有所提升，如多晶硅产能利用率大幅提升，达到 84.6%，但总体而言，行业产能过剩问题依然严重，2014 年水泥产能利用率不到 70%，2014 年粗钢产量按 8.1 亿吨计算，产能利用率 73.6%，电解铝产能利用率在 2014 年一度低于 70%。

面对重点工业领域产能过剩状况的持续加剧，政府也加大了对过剩产能的调控力度。自 2009 年开始，工信部每年定期对外公布各行业年度产能淘汰目标，并且从 2010 年起进一步分解到具体企业，而相关产能过剩治理政策不断出台。整体来看，国家对过剩产能的淘汰力度逐步加大，在一定程度上延缓了社会总过剩产能规模的快速扩大。然而工信部在 2015 年 9 月召开的淘汰落后产能工作部际协调小组会议中指出，我国产能严重过剩行业状况未根本改变。

2.2 中国工业部门产能过剩的发展趋势

2.2.1 我国工业领域产能过剩的新特点

2008 年国际金融危机后，受全球经济衰退和国际市场需求不足的影响，我国工业企业的产能利用率大幅度下降，本轮产能过剩也呈现出新的特点。

首先，本轮产能过剩无论在表象还是成因方面都不同于以往，是全面性、中长期过剩，而不是个别产业或者个别产品的短期性过剩。从范围上，不仅钢铁、有色金属、建材、化工、造船等传统产业存在过剩，而且光伏、风电等部分战略性新兴产业也存在过剩现象。从危害程度上，部分行业产能利用率不到 70%，行业经营效益普遍大幅下降，企业大范围难以盈利，积累能力和技术进步受到严重影响。从时间预期上，一般而言，在经济高速增长期，产能过剩属于周期性现象，但目前正处于经济转型的攻坚期，国内外需求萎缩成为新常态，化解产能过剩变得更为棘手，因此产能过剩的持续时间将会更长。我国的钢铁消费量峰值有可能在 7.5 亿～8 亿吨左右。目前的产能已远远超过消费量峰值。而截至 2014 年底，我国水泥产量已经达到 24.76 亿吨，占世界水泥总产量的近 60%。因此，本轮产能过剩已是绝对性的、长期性过剩。

其次，本轮产能过剩是周期性因素和体制性因素综合作用的过剩，而不是单纯的市场或制度因素导致的过剩。2002 年开始，我国进入经济周期的上升阶段。由于经济增长速度快，投资、消费和出口需求均比较旺盛，产能过剩的问题并不明显。但是固定资产投资的快速增长形成了产能的快速扩张。国际金融危机爆发后至今，国际市场需求大幅度萎缩，出口导向性行业出口订单下滑，产能过剩矛盾凸显。从国内来看，由于推出应对国际金融危机计划，固定资产投资增速保持在与危机前接近甚至更高水平。但随着应对计划的退出，投资需求大幅度下降。2010 年前固定资产投资的较高水平形成了大量产能，随着 2010 年投资增速下降，导致对投资品需求的减少，投资品行业的产能利用率开始下降。这是本轮产能过剩的周期性因素和直接原因。然而，尽管国民经济增速放缓是当前产能过剩凸显的直接原因，地方政府在体制缺陷下采用各种优惠政策进行招商引资竞争，是最为重要的深层次原因。我国的产能过剩是由政府过度干预和市场竞争不足引起的。在健全完善的市场体制下，产能过剩是市场经济运行的必然表现，正是这种过剩压力推动了市场竞争，市场的优胜劣汰机制才会起作用。但对于社会主义市场经济仍不成熟的我国而言，产能过剩则与政府行为有着千丝万缕的联系，由于政府对微观经济的过度干预，如税收减免、财政补贴、低价供应土地等生产要素，人为地降低了企业经营成本，使企业低估真实的生产成本而高估盈利能力，导致市场协调供需均衡的机制难以有效运转。在经济偏热时，产能过剩"礁石"很容易淹没在经济"泡沫"中，一旦遭遇突发事件使"泡沫"破裂，则问题暴露无遗。所以，市场经济体制扭曲是我国出现产能过剩顽疾的根本原因所在。

最后，本轮产能过剩治理的国情及世情更为复杂。从国情看，我国经历了30多年的经济高速增长，工业化进程步入后期阶段，潜在经济增长率下降，试图等待经济形势复苏后依靠快速经济增长来化解产能过剩的可能性已很小。传统重工业产品需求峰值已经或接近到来，以往过度依赖投资拉动和粗放式规模扩张的增长方式将难以持续，经济增长速度将会放缓，钢铁、水泥、有色金属等投资品需求增速将显著放缓。刘世锦（2012）指出我国经济将由高速增长转入中速增长，导致潜在增长率下降的因素可归结为已经或接近达到的四个"峰值"，即工业化、城市化建设规模的峰值，农业劳动力转移的峰值，生态环境承受能力的峰值，现有外部资源和市场利用的峰值。从供给角度看，劳动力供求关系的变化以及由此带来的工资成本上升，资源、环境约束压力加大，与技术前沿距离缩短等，都会使潜在增长率下降。更重要的是需求的变化，比如，过去一些年度作为投资重点的高速公路、机场、港口等基础设施继续高速增长的空间已不大，这都会使工业化阶段的快速扩张空间相对收缩。增长速度的放缓，重要工业产品产出峰值期的陆续到来，都会促使我国产业过剩问题的凸显；从世情看，世界经济形势依然错综复杂，充满变数，世界经济低速增长态势仍将持续，各种形式的保护主义明显抬头，潜在通胀和资产泡沫的压力加大，世界经济已由危机前的快速发展期进入深度转型调整期；国际市场需求将长期低迷，后发展国家和地区对中国低成本优势的挑战将日益严峻，第三次工业革命的发展与发达国家的再工业化将可能进一步削弱中国制造业的国际竞争力；全球的自由化消除了商品和货币跨境流动的限制，国内的寡头垄断市场失去了保护，全球竞争的强度加剧，初始存在的大量过剩产能，加上资本跨国流动的障碍被清除，引发了企业的生存竞争大战。总体而言，中国增长阶段转换与发展方式转变、第三次工业革命与发达国家的再工业化、世界经济深度调整与世界经济格局深刻变化对于我国产能过剩行业所产生的深远影响，以及对这些行业产能过剩长期发展态势的影响都将使得本轮产能过剩治理更为紧迫、严峻和复杂。

2.2.2　不同工业行业类型产能过剩的发展趋势

当前钢铁行业呈现产能总量过剩与部分产品结构性过剩的特征。从产品结构上看，

2013 年我国棒材、钢筋等低端产品产能利用率高于 80%，达到合理水平；中厚板、热轧宽钢带、冷轧电工钢等高端产品产能利用率不到 70%。近年来产能投资"淘汰低端上高端"的趋势尤为显著。2015 年长材产量下降 3.60%，管材产量增长 10.98%，板带材产量增长 2.50%，其中冷轧薄板增长 6.49%，镀层板增长 2.67%。粗钢产量下降，部分高端产品产量增长，中国钢铁工业产品结构虽然有所优化，但高端产品方面面临日趋严峻的产能过剩形势。2016 年 2 月，中国政府发布了《关于钢铁行业化解过剩产能实现脱困发展的意见》，计划在未来五年再压减 1 亿~1.5 亿吨钢铁产能，并提出了一系列具体措施。化解产能过剩依然是钢铁行业脱困、调整、转型升级的首要任务。当前，我国已进入增长阶段转换期，钢铁需要的峰值即将到来，届时钢铁产能将出现总量绝对过剩。钢铁工业缺乏公平竞争的市场环境，市场内生的化解和调整过剩产能的机制难以发挥作用，是现阶段面临的突出问题。

电解铝行业具有区域结构过剩特征，并呈现出向总量绝对过剩发展的趋势。近年来，新增电解铝产能集中在煤炭资源丰富的西部地区，其电价远低于中、东部地区，具有很强的成本优势。目前，西部地区企业仍具有较大的盈利空间，而中、东部地区部分企业亏损相对严重，表现出区域结构性过剩的特征。2012 年 1~11 月，国内最大生产省份河南的电解铝产量同比下降 4.62%，而甘肃、青海、宁夏、新疆分别同比增长 59%、16.78%、29.73% 和 183.32%，这几个地区的生产总量占全国 30.9%，已经成为国内电解铝生产的主力地区。由于电解铝产能向西部转移缺乏规划和管理，中、东部地区的产能退出机制又不健全，全行业产能过剩的势头难以遏制，呈现出向总量绝对过剩发展的趋势。2013 年，电解铝行业产能利用率下降至 69%，全行业亏损 23.1 亿元，产能过剩矛盾突出。总体而言，中、东部地区企业严重亏损及其产能难以退出与转移，将是未来电解铝行业化解产能过剩过程中面临的突出问题。

水泥行业主要呈现周期性过剩特征及区域结构过剩的特征，但存在向总量绝对过剩发展的隐忧。2013 年，水泥与水泥熟料产能利用率分别上升至 77.0% 和 72.0%；销售利润率上升 0.5% 至 7.9%，维持历史较高水平。未来三年，水泥市场需求仍可能延续温和增长趋势。根据以上情况可判断，当前水泥行业的产能过剩主要是周期性过剩。从区域来看，山西、新疆、黑龙江、吉林等地区的产能过剩问题相对严重，安徽、江苏、广西、湖北等地区产能过剩情况相对较轻。2014 年我国累计水泥产量 24.76 亿吨，同比增长 1.8%。尽管水泥产量增速创出自 1991 年以来最低，但在当前我国经济增长进入中速增长，我国水泥需求增长难以持续，水泥行业由周期性过剩向总量绝对过剩发展的风险加大。

平板玻璃行业则具有周期性与结构性过剩的特征，且总量绝对过剩风险加大。2013 年，产能利用率上升至 72.2%，行业销售利润率大幅上升至 6.0%。随着新型城镇化的推进，平板玻璃市场需求仍有增长空间；而新一代信息技术、新能源等战略性新兴产业的发展，使得高端产品将保持旺盛需求。据此判断，当前平板玻璃产能总量上呈现周期性过剩。从产品结构上看，普通平板玻璃产能过剩矛盾突出，钢化玻璃、中空玻璃、压延玻璃等并无明显产能过剩迹象，超薄超白及在线 LOW - E 等高端产品相对短缺。截至 2013 年年末，平板玻璃在建生产能力 1.7 亿吨，产能增速加快。随着新增产能的快速增长，总量绝对过剩风险将不断加大。

船舶行业则呈现周期性过剩与结构性过剩的特征。2012 年，船舶产能利用率为 75%；2013 年，全国造船完工量比上年下降 24.4%，产能利用率进一步下降。但是，2013 年新接船舶订单 6 984 万吨，同比增长 242.2%；截至 2013 年 12 月底，手持船舶订单 13 100 万载重吨，同比增长 22.5%，市场需求已呈现回暖态势。从长期来看，世界经济经历深度调整后，世界船舶需求量会稳步回升。因而，当前造船行业的产能过剩具有周期过剩特征。仍需指出的是，世界经济复苏尚需时日，中国船舶制造业还将在较长一段时间面临严峻产能过剩调整压力。从产品结构上看，低端船型产能过剩矛盾突出，高端船舶、海洋工程装备产能相对不足，从而呈现结构性过剩的特征。为此，融资困难以及在高端船舶国际市场竞争力缺乏，将是船舶行业化解过剩产能过程中面临的主要困难。

2.3 我国产能过剩治理政策的演变与分析

2.3.1 我国产能过剩治理政策的演变

当前，我国已经历了 1994～2001 年、2002～2008 年以及 2009 年至今的三次产能过剩时期，伴随着产能过剩的治理，是我国治理政策的不断演变。1996 年我国面对第一次产能过剩问题，要求严格执行"八五"和"九五"计划，严格控制新开工项目，2 亿元以上的投资项目须经国务院批准；1999 年 1 月和 8 月颁布《关于做好钢铁工业总量控制工作的通知》、《工商投资领域制止重复建设目录（第一批）》等政策，严格控制新增产能投资。2001～2002 年，尽管国家继续对钢铁工业实行"总量控制，结构调整"的政策，但投资控制有所松动，在需求的拉动下固定资产投资开始快速增长。2003 年国家没有继续对钢铁工业实行"总量控制，结构调整"的政策，投资控制进一步松动，各企业在需求的强烈拉动下同步进行大量固定资产投资，导致全年固定资产投资额几乎倍增。为此，2003～2006 年间相继下发了《国务院办公厅转发发改委等部门关于制止钢铁电解铝水泥行业盲目投资若干意见》（国发办［2003］103 号文）、《关于制止钢铁行业盲目投资的若干意见》；2004 年又相继出台了《国务院办公厅关于调整部分行业固定资产投资项目资本金比例通知》、《国务院办公厅关于清理固定资产投资项目的通知》、《关于投资体制改革的决定》、《政府核准的投资项目目录》和《国务院关于加快推进产能过剩行业结构调整的通知》，采取严格的项目审批、供地审批、贷款核准和强化市场准入与环保要求，以及目录指导等措施进一步严格控制盲目投资、过度投资和低水平扩张，推动产能过剩行业的结构调整。2009 年，面对我国的第三次产能过剩问题，国务院在此相继发布《关于抑制部分行业产能过剩与重复建设引导产业健康发展的若干意见》、《关于进一步加强淘汰落后产能工作的通知》、《国务院关于化解产能严重过剩矛盾的指导意见》、《贯彻落实国务院关于化解产能严重过剩矛盾的指导意见》、《国务院关于化解产能严重过剩矛盾的指导意见》、《部分产能严重过剩行业产能置换实施办法》、《关于推进国际产能和装备制造合作的指导意见》等文件，推动治理我国产能过剩问题。具体治理政策见表 2 - 2。总体而言，以上政策措施在加强环保、要素价格管理、政府部门的信息服务等政策上有比较大的改进，也强调要发挥市场的基础性作用。但是，从具体政策措施来看，基本延续了主要以行政规制手段治理产能过剩和重复建设的传统。

表 2 - 2　　　　　　　　　1999 年至今我国的产能过剩治理对策

时期	产业政策脉络		发文单位
	时间	政策	
1999 ~ 2005 年	1999 年	《关于做好钢铁工业总量控制工作的通知》《工商投资领域制止重复建设目录（第一批)》	国家经贸委
	2000 年	《关于做好 2000 年总量控制工作的通知》《关于下达 2000 年钢铁生产总量控制目标的通知》	国家经贸委
	2002 年	《关于制止电解铝行业重复建设势头的意见》	计委、经贸委
	2003 年	《关于制止钢铁行业盲目投资的若干意见》《关于制止电解铝行业违规建设盲目投资的若干意见》《关于防止水泥行业盲目投资加快结构调整的若干意见》《国务院办公厅转发展改革委等部门关于制止钢铁电解铝水泥行业盲目投资若干意见的通知》	发展改革委员会、国土资源部、商务部、环保总局和银监会、国务院办公厅

时期	产业政策脉络		发文单位
	时间	政策	
1999～2005 年	2004 年	《国务院办公厅关于清理固定资产投资项目的通知》 《国家发展和改革委员会关于印发国家发展改革委核报国务院核准或审批的固定资产投资项目目录（试行）的通知》 《政府核准的投资项目目录（2004 年本）》 《国务院关于投资体制改革的决定》 《国务院关于调整部分行业固定资产投资项目资本金比例的通知》 《中华人民共和国国家发展和改革委员会公告 2004 年第 76 号》	国务院
	2005 年	《中国钢铁产业发展政策》 《国务院关于发布实施〈促进产业结构调整暂行规定〉的决定》（国发〔2005〕40 号）	国家发展、改革委员会国务院
2006～2008 年	2006 年	《关于加快推进产能过剩行业结构调整通知》 《国务院办公厅转发发展改革委等部门关于加强固定资产投资调控从严控制新开工项目意见的通知》	国务院
2009 年至今	2009 年	《关于抑制部分行业产能过剩和重复建设引导产业健康发展的若干意见》	发展改革委、工业和信息化部、监察部、财政部、国土资源部、环境保护部、人民银行、质检总局、银监会、证监会
	2010 年	《关于进一步加强淘汰落后产能工作的通知》 《部分工业行业淘汰落后生产工艺装备和产品指导目录》	国务院、工信部
	2011 年	《淘汰落后产能中央财政奖励资金管理办法》 《关于做好淘汰落后产能和兼并重组企业职工安置工作的意见》 《国务院关于发布实施〈促进产业结构调整暂行规定〉的决定》（国发〔2005〕40 号）	财政部、工业和信息化部、国家能源局、人力资源社会保障部、国务院
	2013 年	《国务院关于化解产能严重过剩矛盾的指导意见》 《贯彻落实国务院关于化解产能严重过剩矛盾的指导意见》	国务院、国家发改委和工信部

续表

时期	产业政策脉络		发文单位
	时间	政策	
2009 年至今	2014 年	《国务院关于化解产能严重过剩矛盾的指导意见》 《水泥单位产品能源消耗限额》 《部分产能严重过剩行业产能置换实施办法》	银监会、国家发改委、工信部
	2015 年	《关于严格治理煤矿超能力生产的通知》 《做好 2015 年煤炭行业淘汰落后产能工作的通知》 《关于推进国际产能和装备制造合作的指导意见》	国务院、国家能源局、国家煤矿安监局

2016 年中央经济工作会议，明确将去过剩产能作为供给侧结构性改革和 2016 年经济工作的重中之重，并提出从以下五个方面着手积极化解过剩产能：一是要加强宏观调控与市场监管，二是要更为注重利用市场机制、采用经济手段、法治手段来化解产能过剩，三是要加大政策力度积极引导过剩产能主动退出，四是要营造良好市场条件与氛围，五是要以煤炭、钢铁等行业为重点，力图取得突破。

2.3.2　对于产能过剩治理政策的分析

目前对于我国产能过剩治理政策的研究可大致分为四类观点：第一类观点认为重复建设或产能过剩是正常的市场现象并不需要政府采取相应政策进行干预；第二类观点认为重复建设等类似问题，主要是由于"市场失灵"所造成的结果，相关政策部门应当通过短期宏观调控和适当干预市场的政策进行治理；第三类观点认为重复建设等类似问题是由于我国经济体制存在的内在矛盾造成的，应该通过推动投资体制改革，促进长期制度建设来根本治理产能过剩问题；第四类研究通过对产能过剩的特定行业进行分析，对不同行业提出不同的治理对策。

第一，部分学者认为"重复建设"、"产能过剩"等是市场经济中的正常现象，政府需减少对企业的过多干预。高栓平和董明会（1998）认为企业的"过度进入"反而改善了产业组织，全面提高了企业绩效，因此政府不应对此干预。喻新安（2002）认为没有重复建设就没有竞争，虽然短期来看会造成一定资源的浪费，但长期来看增强了行业竞争力度，能极大提高社会的生产效率，所付出的成本是远远小于收益的。李保明（2002）认为我国产能过剩问题之所以会出现就是因为政府的干预，从而影响市场竞争的公平和自由，所以应当减少政府对微观经济的直接干预。唐要家（2004）认为非国有制企业参与市场竞争改善了产业的绩效和结构，应该大力支持，并建立有效的国有企业退出机制，改善产业市场的效率。左小蕾（2006）认为市场经济本身就是过剩经济，会得到自我调节，政府只需维护公平的竞争环境，保障信息对称。她还认为深化经济体制改革才是解决经济失衡的根本路径。中村隆英和小宫隆太郎（1988）认为，日本"重复建设"正是因为产业政策干预才发生的结果，之所以企业会超出自身资本能力进行投资，就是认为政府在行业陷入困境时会予以救济。Kim（1997）的研究表明对企业进入进行限制的政策不但不能提高社会福利，反而会降低社会福利。Matsunura（2000）的研究进一步支持了 Kim 的观点，当考虑到整数效应时，即便存在过度进入定理成立，对进入的限制也会降低社会福利。殷保达（2012）通过分析日本政府在面对产能过剩时所采取的政策认为，中国政府也应该认清形势，减少对企业过多干预，但是在市场失灵的情况下要及时控制，分散投资方向，引导产业的多元化发展趋势。何记东和史忠良（2012）认为产业政策对企业合理市场行为的干预应逐步减少，放宽企业自主权。

第二，政府部门要在完善宏观调控机制的基础上，通过综合运用法律、经济和必要的行政手段加以整治和调节。支持政府干预的学者们，对政策各自的侧重点也不同。张军（1998）认为，政府应该对部分行业进行管制避免重复建设，以优化资源配置，从源头防止产能过剩，并举出日韩类似情况作为借鉴。曹耳东等（1999）也认为，政府应该进行管制，特别是控制行业里的企业数量，从而防止一个行业出现集中投资的情况。马传景（2003）认为政府应制定行业标准，规范企业投资行为，严格项目审批。国家统计局课题组（2005）认为，应建立适应市场竞争的产业分类和综合监管体制，按国家安全领域、资源性领域、自然垄断领域和非资源性竞争性领域分类，制定各自的行业规范。杨蕙馨（2000）、魏后凯（2001）、盛文军（2006）认为不仅对规模经济显著的行业实施进入管制，从准入门槛、从源头上控制低水平盲目投资和重复建设，避免厂商的过度进入和低效竞争，而且政府也应该降低体制性退出壁垒，加速利用市场机制实行优胜劣汰，使经营不善的企业能及时顺利退出。周维富和吴敏（2012）指出政府应加强宏观调控措施，包括提高热门行业的准入门槛，鼓励新兴产业的发展，调整产业结构，充分发挥市场机制作用。同时也应该淘汰落后产能，通过经济补偿鼓励企业兼并重组。

部分学者认为政府应降低退出壁垒，援助衰退产业企业的退出。江小涓（1996，1999）认为政府应该帮助夕阳产业的企业更好的退出行业，从而优化产业结构，治理重复建设，不过她也指出这类政策需慎重执行，以免产生以下不良后果：政策实行不当反而会降低资源配置，甚至导致加重重复建设和产能过剩现象；也可能导致企业利用政策的不当行为，减弱市场机制的作用。曹建海（2002）也持类似观点，认为消除过高的市场退出壁垒是解决企业重复投资、行业产能过剩，实现我国产业竞争力的关键措施。通过减少企业的退出成本，来鼓励企业及时退出落后行业，实现资源的优化配置。还有一些学者主张借鉴日本反过度竞争的经验，如孙执中（1997）、杜丹清（1999）、郑胜利（2000）、付保宗和郭海涛（2011）等认为我国应该学习当年日本政府的经济调控政策，实行管制进入，援助企业退出等来治理过度竞争。

苏剑（2010）认为建立可靠稳定的医疗、教育、住房、就业和养老等社会保障体系，使居民对收入和消费有一个乐观的预期，以刺激消费的合理增长，这样能有效地减缓我国消费不足和产能过剩的状况。而宗寒（2010）、张晖明（2010）认为投资不仅要求与消费在数量上相适应，更重要的是要在结构上相适应，不然就会造成部分行业生产过剩畸形发展，部分行业相对落后停滞不前的情况。付保宗和郭海涛（2011）指出美国为应对产能过剩，实行减免税收的财政政策，用以刺激国内消费支出，同时加大技术转化、教育、研究与开发方面的投资，在新生产力方面投入大量资金，来改善投资于消费结构失衡的状况。日本在 1957 年发生经济危机，主要行业产能明显过剩，在这个背景下，日本制定了《国民收入倍增计划》，从此开始了向内需主导特别是民间消费主导型发展模式的转型。扩大民间消费的政策不仅化解了由于需求不足导致的产能过剩危机，还使得设备投资与制造业生产形成良性互动，进而推动整个日本经济保持了近 20 年的高速增长（吕铁，2011）。

在出口结构调整的方面，我国可以借鉴日本在应对经济腾飞之后出现过的产能过剩问题的措施（付保宗和郭海涛，2011；吕铁，2011）：一方面日本政府坚持扩大内需，启动民间消费化解过剩危机；另一方面，扩大海外市场，坚持"走出去"策略，双管齐下取得了积极的成效。江飞涛（2013）指出通过国内市场消化过剩的产能难度较大，政府应优化出口结构，鼓励引导向发展中国家的出口比重，利用出口消化国内过剩的产能。付保宗和郭海涛（2011）指出当经济不景气时，美国政府常常依仗自己在世界经济中的影响力强迫主要贸易对手进行货币升值以此来提升自身产品出口的竞争力，从而消化国内过剩的产能，减缓自身危机，但往往这种政策效果是短暂且有限的，并非长久之计。20 世纪 80 年代中期日本出现了"海外投资立国论"，此后，日本国内制造业加快了对亚洲国家和地区的海外投资。日本制造业对外投资的重点产业在不同的时期有所不同，当产业发展到成熟阶段，在国内市场上开始面临过度竞争、生产过剩等问题时，通过向海外进行产业转移，来促进过剩产能的消化，从而推动这些产业的优化升级。

第三，"产能过剩"、"重复建设"等问题是由于我国经济体制存在的内在矛盾造成的，应通过推动投资体制改革、促进长期制度建设来根本治理产能过剩问题。马传景（2003）认为深化投资体制改革、投资主体多元化对于防治重复建设非常重要。张伟、曹洪军（2004）认为政府应当通过深化投资体制改革，下放投资权、明确风险责任投资者，规范政府投资和国有资本投资行为、推动国有企业改革等政策措施来防治重复建设。国家统计局课题组（2005）认为治理重复建设，政府应当深化投资体制改革，加快建立新的产业监管体制，加快财税体制改革，理顺地方与中央的利益分配关系。王小广（2006）认为治理"产能过剩"或"重复建设"，应当转变政府行政管理职能，减少政府特别是地方政府对投资的直接干预，并应继续加强宏观调控和严格执行行业发展规划和产业政策。曾五一等（2006）亦持类似观点。盛文军（2010）提出缓解产能过剩的政策选择应是进一步深化投资体制改革，发挥市场配置资源的基础性作用。王立国和张日旭（2010）提出应深化投资体系改革，发挥市场配置资源的基础性作用等政策建议。

周黎安（2004）指出治理产能过剩，需要改革传统以 GDP 增长为基础的晋升激励体制，另外进一步减少地方政府对市场的干预能力。李军杰和周卫峰（2005）指出，治理地方政府主导下的过度投资需要重构上下级政府间直接的委托 – 代理关系，需要"硬化"经济转型期间的制度约束环境，需要建立规范、有序的地方政府间竞争模式。杨英杰（2009）认为要从体制上解决产能过剩的深层次问题。一是通过改革，逐步放松政府对金融资源、土地资源的管制和垄断，创造优良的制度环境，鼓励和支持民间金融机构加快发展，进一步深化土地流转制度改革；二是加快推进国有企业改革的同时，打破行业垄断，对民营企业实行全方位开放政策，逐步壮大能够真正以市场信号为导向的市场投资、生产主体。周劲和付保宗（2011）认为治理产能过剩的目标是需要区别对待不同产能过剩类型，通过优化政府和市场有效协作的机制，尽可能降低产能过剩的风险和负面效应，他们认为改革财税体制和政绩考核机制，规范地方政府投资行为；推进产权制度和国有企业改革，强化企业和行业自律制度；完善产业进入与退出政策，改进行业信息统计发布制度；推进收入分配体制改革，调节长期总供需关系是解决问题的重要措施。

第四，通过对产能过剩的特定行业进行分析，对不同行业提出不同的治理对策。周劲和付保宗（2011）认为我国产能过剩发生的频度相对较高，产能过剩体现了阶段和体制特性，不同类型行业的产能过剩有各自不同的原因。轻工行业呈现较明显的结构性产能过剩特征，重化工行业呈现较明显的体制性产能过剩特征，新兴工业领域主要是由于处于行业成长阶段从而产能过剩，因此治理的政策会因所属行业不同而不同。

杜重华（2011）认为钢铁行业应淘汰落后产能，降低行业投资的热度；减少国际贸易壁垒，扩大海外出口；提高企业的科技水平和管理水平；鼓励企业进行产业升级和自主创新，提高竞争力。沈婷婷（2010）则更多地从长期制度方面提出建议，认为钢铁行业应该完善相关制度法规，严格市场准入和市场退出机制；加强监管力度，建立相互监督机制。江飞涛（2012）认为钢铁行业的治理应采用"短期与长期结合、引导与控制结合、增量与存量结合"的多层次治理体系。

刘晔（2009）指出为了抑制焦炭产能过剩，推行行业结构调整，应从以下几个方面着手：完善行业准入机制，加强部门配合；淘汰落后生产力；鼓励企业联合重组；完善行业规定，加强行业自律；建立焦炭行业市场供需信息的收集披露及预警机制，及时反馈市场信息，以销定产；控制进出口规模，保持适度出口量。李鹏（2011）通过大量实地调研以及对煤化工行业现状和未来发展趋势的分析，对防范煤化工行业产能过剩风险提出诸多对策建议，重点提出应该实现产业结构升级，转变发展方式；发挥市场机制，坚决淘汰落后产能。王立国（2012）持相同观点，并且认为强化风险意识，增强投资主体的理性观念也相当重要。

我国水泥行业产能地区分布不均，所以需要区域内协调产能布局，把生产量与需求量相结合，防止盲目生产。刘长发（2010）建议高度重视用科学的水泥发展规划指导水泥工业的发展，政府部门应对此加强宏观调控。雷前治（2011）为防止水泥行业产能过剩，更强调的首要是严格控制新上项目，加快淘汰落后产能的步伐，加大对生态环境保护，推进战略重组的步伐，用政策引导新工艺、新技术、新装备的投资，努力推动产业升级。

徐晓晶（2011）试图通过一系列量化指标对于我国造纸行业的现状进行评价，认为我国造纸行业总体上是存在一定的产能过剩现象。企业如果在此时转投向其他行业，反而会获得比较高的报酬率，而政府应该坚持淘汰落后产能的政策，更有意义的是要鼓励行业内企业的兼并重组，形成行业领军企业，带动整个产业的发展。张玲斌（2010）认为，投资增速明显高于外贸出口和国内消费需求的增速，是导致纺织业产能严重过剩的本质原因，所以应采取以下治理对策：提高企业自主创新力度，实现行业的转型升级；淘汰落后产能，优化已有的产能，严格控制新的投资。

新能源产业是我国战略性新兴产业。近年来，我国新能源产业获得快速发展，可是同时也出现一哄而上、无序发展的问题。蒙丹（2010）认为为抑制这种低端重复建设，应改善新能源产业的组织结构，整合新能源产业链，培育具有自主创新能力的领军企业；完善行业准入制度，规范行业标准；科学引导企业投资决策；建立科学的地方政府绩效评估体系，减少政府行为的短期性。刘新宇（2010）则认为为应对新能源产业产能过剩，政府应出台足够多、足够有力的政策为新能源及其相关产业创造需求，不过创造需求也并不等于不要调控供给，如果目前产能盲目扩张的趋势不能得到抑制，即便释放足够多的新能源需求，最终新增的需求也将无法消化同期新增的产能，导致产能过剩的问题可能会更加恶化。

对于治理重复建设、产能过剩的政策建议中，进行进入管制提高进入壁垒、实施产业援助政策降低退出壁垒的政策影响比较广，而且也被相关政策部门所接受，对政策具有比较大的影响力。这种政策模式实际上是把重复建设当作一种市场失败，希望通过进入管制的方式来纠正这种市场失败。这一政策建议至少存在三个方面的问题：第一，重复建设、过度竞争是否是由于自由市场上的过度进入引起的，在研究中还存在严重的理论适用性问题，也缺乏相应的实证基础；第二，在实际经济运行中，企业是异质性的，企业在成本函数上往往存在很大的差异，在高速增长期市场规模急剧扩大，政府是否有能力确定一个产业中具有多少企业是合适的，设定技术和规模进入壁垒时，政策部门能否知道什么才是最合适最有前景的技术，是否能确定最优的规模限制条件等等，都没有考虑其中；第三，采用进入规制的方式可能会带来政府失灵，反而使得管制下的市场绩效不如自由进入条件下的市场绩效。

江小涓（1996，1999）对于产业援助政策的论述是相对比较全面的，特别是她对产业援助政策可能造成的不良效应的论述是国内其他学者很少提到的。曹建海（2002）虽然以过度进入定理来解释过度竞争问题，但是他认为提高进入壁垒不能作为治理产能过剩、重复建设的政策措施，他认为通过行政规制方式提高进入壁垒会破坏竞争在促进资源配置效率方面的基础性作用，并可能诱发政府官员的"寻租"活动，反而导致更为严重的后果。他认为拆除高退出壁垒是治理过度竞争的关键措施，并认为消除过高退出壁垒的重点在于拆除行政性退出壁垒。曹建海的这一看法具有比较积极的意义，拆除退出壁垒有利于产业内企业数量的协调，减轻"过度竞争"的不良效果，但是并不能去除产能过剩形成的根本性原因，即政府干预所造成的投资成本外部化、风险外部化和预算软约束问题。

对于过度进入理论及进入管制政策的相关研究，国内普遍忽略了一篇 1998 年发表在国际最顶尖的产业经济学学术期刊 *The Rand Journal of Economics* 的研究论文，这就是 Kim 的 *Inefficiency of Subgame Optimal Entry Regulation* 一文，这篇论文在关于进入规制政策和竞争政策的讨论中被广泛引用。Kim（1998）指出在过度进入定理的研究文献中，并没有将在位者阻止进入的策略纳入分析之中，过度进入研究文献都建议政府进入管制以解决过度进入问题，但是在这些研究文献中没有将政府纳入到研究模型中。Kim 将在位者、潜在进入者与进行进入管制的政府纳入模型中，并考虑在位者阻止进入的行为，以及进入管制对在位者进入阻止行为的影响。他的研究表明，政府的规制行为会降低在位者阻止进入行为的成本，在位企业会通过保有较多的剩余产能以诱使政府进行更为严格的进入限制；其进一步的研究表明，政府对进入进行规制，反而会使得整体福利低于自由进入时的情形；这一结论表明即使过度进入定理成立，对于进入行为的规制不但不会提高整体社会福利，反而还会进一步降低整体社会福利水平。

高栓平和董明会（1998）、喻新安（2002）等人，将我国转轨时期体制性因素所造成的重复建设和产能过剩问题，与市场经济中供需调节和市场的自然选择过程完全等同起来，认为重复建设、过度进入、产能过剩等问题是市场经济中的必然现象无需治理，这一看法实际上忽略了转轨体制中由于市场体制不健全所造成的经济行为扭曲等问题。

马传景（2003）、张伟和曹洪军（2004）、国家统计局课题组（2005）、江飞涛（2010，2012）认为治理重复建设、产能过剩问题，应当推动投资体制改革，发挥市场在资源配置中的基础性作用，改革对地方政府的考核制度，改革财税体制，理顺地方与中央的利益关系。周黎安（2004）、李军杰和周卫峰（2005）等人的研究为以上观点提供进一步的论证支持。这些研究为我们提供了有益的思考，但这些研究并不系统、全面，政策建议也不够具体，需要进一步的深入研究。

以上研究都为我们研究治理产能过剩的政策提供了有益的借鉴，但从整体来说，这些研究对于政策的讨论相对薄弱。我国长期以来以包括市场准入、项目审批、供地审批、贷款的行政核准、目录指导、强制性清理等管制手段来治理重复建设、产能过剩问题，目前这种管制政策依然是许多行业治理产能过剩的核心政策。但是，国内对于这些政策所引起的地方政府与企业策略性行为以及由此带来的不良政策效果的研究非常少，更是缺乏建立在严谨理论分析和坚实实证基础上的研究，对于政策实际效果与政策合意性的全面、系统、科学的评价与研究也都是极为缺乏的。

2.3.3　当前我国产能过剩治理中存在的问题

2.3.3.1　治理政策的有效性值得商榷

近年来，我国政府为治理部分产能过剩行业出台政策之频密、政策手段之多样具体、参与的相关管理部门如此之多、涉及的行业之广泛，无一不体现我国政府对产能过剩可能造成严重后果的担心，治理部分行业的产能过剩成为我国政府经济工作的重要任务之一。然而，历届政府的产能过剩治理政策和建议虽然在加强环保、要素价格管理、政府部门的信息服务等政策上有比较大的改进，也强调要发挥市场的基础性作用。但是，从具体政策措施来看，基本延续了主要以行政规制手段治理产能过剩和重复建设的传统。从实施效果来看，长期以来以行政规制手段为核心的治理政策，无法从根本上治理重复建设与产能过剩，并带来了一系列不良的政策效应（江飞涛，2008）。1994～2002年，政策当局为预防和治理钢铁工业的"重复建设"问题，一直对钢铁工业的固定资产投资进行严格的行政控制。2003年，钢材需求强劲，供需矛盾越来越突出，相关部门放松了对钢铁工业固定资产投资的控制，钢铁工业固定资产投资在这一年出现了爆发性的增长，增长率高达88.71%，引起各方的高度关注。2003年底相关部门又认为钢铁工业存在盲目投资、重复建设问题，认为"在建项目生产能力大大超过了市场预期，必将导致生产能力过剩"，并制订一系列政策对钢铁工业固定资产投资进行严格控制以防止未来出现严重的"产能过剩"。2005年底，国家发改委认为我国钢铁产业"产能过剩问题突出"，2006年3月国务院颁布《国务院关于加快推进产能过剩行业结构调整通知》，6月国务院颁布《国务院办公厅转发发展改革委等部门关于加强固定资产投资调控从严控制新开工项目意见的通知》，进一步强化了对钢铁工业固定资产投资的控制，以治理突出的"产能过剩"问题。这些预防和治理"产能过剩"的政策，采取了包括严格的市场准入、严格的项目审批、严格的供地审批、贷款的行政核准以及通过强制性清理不合政策要求的项目等在内的直接投资管制措施，以及提高项目自有资本金比例、目录指导等间接调控措施。我们注意到：从1994年开始，除2003年1~11月，相关部门一直对钢铁工业固定资产投资进行严格控制，但是这种严格的投资规制政策好像并不能很好地防治所谓"重复建设"或"产能过剩"问题，反而使得钢铁工业固定资产投资在"过冷"和"过热"之间剧烈波动，似乎又回到了所谓的"一卡就死，一放就乱"的怪圈。2006年3月，国务院颁布《国务院关于加快推进产能过剩行业结构调整通知》中，虽然在原则上强调充分发挥市场配置资源的基础性作用，但在具体手段和措施上依旧依赖行政手段，这些手段包括严格的市场准入、严格的项目审批、严格的供地审批、贷款的行政核准与强制清理不符合要求的项目等，其核心思想依然是"关停并转"。其手段和原则在很大程度上是相违背的，因为在这一系列政策的严密控制下，企业和银行按照市场原则进行决策的空间就非常小了。这些政策实际上是一种规制性的、相机调控性的、以直接干预为主的产业政策。这些政策的制定依旧遵循着20世纪80年代以来治理所谓"重复建设"、"过度竞争"问题的相关政策制订中"预测、规划、制定具体实施措施"的固有模式。在这种模式下，政策制定者以对市场需求规模、产品需求结构及其变化的预测作为政策制订的主要依据，根据预测制订相应的非常具体的发展规划和实施措施，对投资规模与投资流向进行管制和调控。这种规划的合理性与政策的合意性很大程度上取决于预测的准确性。但是，相关部门在是否有能力进行准确的市场预测这一点上非常令人怀疑，相关部门如果不能进行准确的市场预测，那么据此制订的政策可能会出现系统性偏差，并导致不良的政策结果。

2012年至今的行业产能过剩问题再次表明我国产能过剩的治理政策实施效果并不如预期般理想。随着世界经济结构深度调整和我国发展阶段转换，我国工业领域产能过剩的问题还没有得到有效抑制。2012年后部分行业产能过剩的程度越发严重，涉及的行业和领域更广泛，呈现出全方位产能过剩的新特点。当前的产能过剩无论在表象还是成因方面都不同于以往，是全面性、中长期过剩，而不是结构性、短期性过剩，是周期性因素和体制性因素综合作用的过剩，而不是单纯的市场或制度因素导致的过剩。因此，我国产能过剩的治理政策的有效性和合意性值得商榷。

2.3.3.2　治理政策的理论依据需要更为深入的研究

正确认识"产能过剩"或"重复建设"的形成机理，对于制定合意的治理政策是至关重要的。一直以来，对于重复建设、产能过剩形成机理的研究，一直存在两种截然不同的研究传统：一种传统是以"市场失灵"来解释重复建设的形成机理；另一种则是以转轨经济中体制缺陷对经济主体行为的扭曲来解释。

多年来，我们一直以行政管制和调控来治理"产能过剩"，实际上是认为"产能过剩"是一种市场失灵，因而需要通过政府的直接干预来治理。这种观点得到了一部分研究者的支持，其中曹建海、杨蕙馨、张军和罗云辉的研究具有一定的影响力，也比较具有代表性。曹建海（2000，2001）、杨蕙馨（1999）等认为由于某些产业自身的特征——进入壁垒低和退出壁垒高，导致了这些产业系统性的过度进入并进而导致"产能过剩"，这一观点实际上认为"产能过剩"是一种市场失灵。将"不合理重复建设"和"过度竞争"的形成，解释成为一种市场失灵，最具代表性的有四种理论观点：①低集中度的市场结构导致重复建设。②杨蕙馨（2000，2004）、牛桂敏（2001）等人认为，行业低进入壁垒和高退出壁垒的结构性特征导致重复建设。③以自由进入的企业数目可能会大于社会福利最大化情况下的企业数目（即过度进入定理）解释过度竞争或重复建设（Suzumura 和 Kiyono，1987；张军，1998；曹建海，2001；罗云辉，2004）。④以保有过剩生产能力促进企业间的价格合谋来解释重复建设或过度竞争（植草益，2000；罗云辉，2004）。近年来，在延续"市场失灵"传统的研究中，林毅夫（2007）把产能过剩归结为是一种"潮涌"现象，是近年来颇具影响的支持"市场失灵"的又一理论观点。

以转轨经济体制缺陷解释重复建设、产能过剩的研究，可以追溯到科尔奈（中文版，1986）"投资饥渴症"的论述。国内一些学者延续了这一研究传统，从中国经济转轨过程中的体制缺陷来解析重复建设的形成，其研究更多地结合了中国经济转轨过程中实际情况，在一定程度上发展和补充了科尔奈的研究，如张维迎和马捷（1999）、杨培鸿（2006）、皮建才（2008）等。20 世纪 90 年代末以来，许多学者关注到了现阶段转轨过程中发生的显著变化，并将地区竞争中地方政府对于投资的不当干预，作为重复建设的根本性原因，如郭庆旺和贾俊雪（2006）、周黎安（2004，2007）、李军杰和钟君

（2004）、李军杰（2005）、王晓姝（2012）、沈坤荣和钦晓双（2012）、江飞涛（2009，2012）指出中国的财政分权体制和以考核 GDP 增长为核心的政府官员政治晋升体制，使得地方政府具有强烈的动机干预企业投资和利用各种优惠政策招商引资；土地的模糊产权、环境保护体制上的严重缺陷和金融机构的软约束问题，使得低价出让工业土地、牺牲环境和帮助企业获取金融资源成为地方政府竞争资本流入的重要手段。江飞涛（2012）进一步建立模型详细说明：地方政府低价供地等所导致的补贴效应，地方政府低价供地以及协调配套贷款行为下企业自有投资过低所导致严重的风险外部化效应，扭曲了企业的投资行为，导致企业过度的产能投资、行业内重复建设和产能过剩。从本文的研究结论来看，解决重复建设、产能过剩问题需要在土地产权、环境保护体制、金融体制、财政体制等方面进一步推进改革。

除了以上两种截然不同的研究传统来解释我国产能过剩与重复建设之外，"不当产业政策导致重复建设与产能过剩"这一理论观点被认为是忽略了的研究，并逐步引起学者关注。在中国每当出现产能过剩时，政府就会出台一系列的政策进行调整和救济，在中国的产业政策中具有很强的"扶持大规模企业、限制小规模企业"的倾向，在淘汰落后产能政策中也往往以小规模设备与小规模企业为主要淘汰对象，这些政策与日本治理"过度竞争"的政策非常相似。有迹象表明，这些政策在较大程度上扭曲了企业产能投资行为，是造成产能过剩的重要原因之一。李平等（2009）指出淘汰落后产能以设备规模作为主要标准，这可能会导致小企业避免被淘汰而投资相对大规模的设备，使产能过剩问题加重。江飞涛（2008）指出：在扶大限小的产业政策下，许多中小型钢铁企业为了避免未来成为规制政策限制和淘汰对象，纷纷在地方政府的支持下快速扩充产能，许多钢铁企业为了能在规制政策收紧后获取更多的市场份额，并在今后的运行中得到更多的政策倾斜，往往同时在政策相对宽松时期尽可能高速度大规模进行产能投资，反而加重了产能过剩的程度。李平等（2010）指出"扶大限小"的产业政策，对战略性新兴产业产能投资的大量补贴，会导致较为严重的产能过剩问题。

然而，从现有研究来看，无论是截然不同的两种研究传统，还是被忽略的研究——"不当的产业政策"，都还存在着一定的理论缺陷，对形成机理的理论分析以及实证检验都还需要进一步的梳理和研究，相关治理政策以及政策合意性和可操作性还需要进一步探讨和分析。

2.4　本章小结

本章介绍了中国工业部门产能过剩的发展历程和现状，并对中国工业部门产能过剩的发展趋势进行了深入分析。在此基础上，对我国产能过剩治理政策的演变历程进行了分析，对产能过剩治理政策进行了深入分析，有如下主要结论。

（1）中国工业领域产能过剩呈现出许多新特点，受到全球经济衰退和国际市场需求不足的影响，中国工业企业产能利用率大幅度下降，未来中国不同工业行业产能过剩分别呈现出周期性、结构性、区域结构性过剩的发展趋势。

（2）中国产能过剩治理政策在加强环保、要素价格管理等方面都有较大的改进，并强调了市场调节的基础性作用，但是仍然主要以行政规制手段为主。现有大量研究对中国产能过剩治理政策的有效性进行了深入分析，但都还存在着一定的理论缺陷，对形成机理的理论分析以及实证检验都还需要进一步的梳理和研究，相关治理政策以及政策合意性和可操作性还需要进一步探讨和分析。

3

产能利用率测算与产能过剩判断标准

3.1 引　言

产能过剩问题是中国经济目前遇到的主要问题之一，也是中国当前比较突出的宏观经济风险之一，不仅钢铁、水泥、电解铝等传统制造业存在严重的产能过剩问题，光伏、风电等战略性新兴产业也出现了严重的产能过剩。据统计，2012 年中国钢铁、水泥、电解铝、平板玻璃等行业的产能利用率分别为 72%、73.7%、71.9%、73.1%，而风电设备行业产能利用率不到 70%，光伏设备行业产能利用率更是只有不到 60%。产能过剩不仅会造成资源的大量浪费，也会影响经济的长期可持续增长。国际货币基金组织（IMF）认为如果中国的产能过剩问题不能得到很好的解决，中国经济的年均增长率可能会降至 4% 左右。因此产能过剩问题既是学界关注的热点问题，更是相关政策制定部门需要着力解决的主要问题。事实上，从 2000 年开始，中国政府就出台了一系列的治理产能过剩问题的相关政策措施，但效果都不显著，甚至可以说，越治理产能过剩问题越严重。

一个奇怪的现象是，虽然中国存在严重的产能过剩问题已成为政策制定部门、学界乃至整个社会的广泛共识，但到目前为止，中国的产能利用率到底是多少还没有一个统一的、被广泛接受的数据。根据 OECD 测算的数据，2011 年中国年平均产能利用率是 85.6%，国家统计局测算的 2011 年平均工业产能利用率也超过了 80%，而 IMF 测算的数据则要悲观的多，他们认为 2011 年中国产能利用率只有 60% 左右。除产能利用率还没有一个统一的数据外，产能利用率低于多少才算产能过剩也没有一个统一的标准。如果以美国学术界认为的产能利用率的适当水平 82% 为标准，根据 OECD 和国家统计局的测算值，中国的产能利用率都处于正常水平，中国并不存在严重的产能过剩问题。并且通常认为并不会出现严重产能过剩问题的很多发达国家，其产能利用率却都远低于这个标准，2012 年，意大利的产能利用率只有 69.9%，爱尔兰只有 67.9%，都低于国家统计局测算的中国产能利用率。

不仅产能利用率没有一个统一的数据以及什么才是产能过剩没有一个统一的标准，产能利用率的测算方法也并不统一，常用的产能利用率测算方法有峰值法、生产函数方法、成本函数方法、数据包络分析方法、结构向量自回归方法。很多学者采用这些方法对中国产能利用率进行了测算，但他们的结论并不统一。沈利生（1999）利用峰值法测算了中国的设备利用率，并根据中国 1978～1998 年的数据计算了中国的潜在 GDP 和生产能力利用率，得到的中国生产能力利用率普遍较高，都在 90% 以上。韩国高等（2011）利用行业面板模型的广义矩估计方法，估算了中国 28 个工业制造业的可变成本方程，并根据成本函数法测度了这 28 个行业 1999～2008 年的产能利用率，他们发现不同行业的产能利用率变化幅度很大，产能利用率较低的行业其产能利用率低于 50%，而产能利用率较高的行业其产能利用率又超过 300%，他们认为低产能利用率的行业为产能过剩行业，得到了 7 个产能过剩行业，并且大部分属于重工业领域的结论。王维国、袁捷敏（2012）在测算产能利用率时，将产能界定为物质资本存量的函数，并假定产能与物质资本存量为常数比例关系。他们发现，2000 年之后，中国产能利用率呈现出显著的下降趋势，2000 年中国产能利用率为 76.45%，而 2008 年中国产能利用率只有 63.11%。董敏杰等（2015）使用数据包络分析方法，利用中国各省市数据测算了中国工业行业的产能利用率，发现 2001～2011 年中国工业平均产能利用率为 69.3%，而且在 2008 年之前产能利用率基本呈上升趋势，2008 年之后基本呈波动下降趋势。何蕾（2015）则采用面板协整的方法测度了 1980～2013 年中国 36 个两位数工业行业的产能利用率，发现 2008 年经济危机后，中国工业产能利用率整体下滑了 21%。程俊杰（2015）运用协整法和随机前沿生产函数方法对 2001～2011 年中国 30 个省市的制造业产能利用率进行了测度，两种方法得到的产能利用率并不相同，运用协整方法测算的 2001 年江苏的产能利用率为 75%，使用随机前沿生产函数方法测算的 2001 年江苏的产能利用率为 99%。

通过以上分析可以发现，不同的产能利用率测算方法所测算出的产能利用率数据并不一致，那么哪一种产能利用率测算方法更加合理，或者说，现有的产能利用率测算方法是否适合于测算产能利用率并判断产能过剩呢？本文接下来将详细介绍主要的产能利用率测算方法，并分别使用这些方法测算中国的产能利用率。

3.2 产能利用率测算方法

Chanberlin（1947）第一次系统阐述了什么是产能过剩，认为从微观经济学的角度来说，完全竞争情况下的企业均衡产出水平是企业完全产能，相对于完全竞争，不完全竞争所引起的无效率，则会导致产能过剩问题。Kamien 和 Schwartz（1972）也认为，从理论上说，不完全竞争情况下的企业生产设备的利用率低于平均成本最小时的设备利用率就是产能过剩。虽然从理论上界定产能过剩和产能利用率已经很清晰，但准确的测算产能利用率，并判断产能是否过剩则是一个非常困难的问题。Shaikh 和 Moudud（2004）认为存在两种意义上的产能：工程学意义上的产能和经济学意义上的产能，他认为区分工程学意义上的产能与经济学意义上的产能非常重要。工程学意义上的产能是指在特定时期内最大的可持续生产的产出，如工厂可以平均每周 6 天每天 20 个小时持续运转机器，经济学意义上的产能则是在给定厂房和设备的前提下期望的产出水平，如机器每周运转 5 天每天 8 个小时，原因是如果时间延长，增加的班次会导致更多的额外成本使得利润下降，可见，经济学意义上的产能要远小于工程学意义上的产能，一般我们所说的产能，主要指经济学意义上的产能。

虽然工业产能利用率在各国备受关注，但工业产能利用率的估计方法并不一致。工业产能利用率，顾名思义，就是工业生产能力被利用的比率。设 CU 为工业产能利用率，Y 为实际工业产出，Y^* 为潜在产出（工业产能），则 $CU = Y/Y^*$。问题是我们只能观测到实际工业产出水平，无法观测到潜在产出水平。为估计潜在产出，进而估计产能利用率，学界与政策制定部门发展出多种估计方法，这些方法大致可被归纳为三类。

3.2.1 时间序列方法

在所有估计方法中，时间序列方法是最简单的估计方法。沃顿学院估计工业产能利用率的方法就是一种时间序列方法。常用的时间序列方法包括：最小资本—产出比方法、尖峰产出方法和沃顿学院方法。

最小资本—产出比方法：首先测算出经济中每一期实际工业产出与实际资本存量，然后计算出每一期相应的资本—产出比，选择最小的资本—产出比作为经济所能达到的最优资本—产出比，假设其他具有较高资本—产出比的时期产能没有被完全利用，使用每一期实际资本存量除以最小的资本—产出比，计算得到每一期潜在产出水平（产能），最后使用实际工业产出与潜在产出水平计算工业产能利用率。

尖峰产出方法：首先计算得到每个行业的月实际产出，选择每一年内实际产出水平最高的月度实际产出作为这一年的月产能水平，用每一年内的月度实际产出除以这一年的月产能水平，可以得到月产能利用率，据此得到每个行业的月产能利用率，最后使用每个行业的工业增加值作为权重计算得到工业产能利用率。

沃顿学院方法：沃顿学院方法类似于尖峰产出方法，但与尖峰产出方法不同的是，尖峰产出方法没有考虑产能的逐步变化过程，沃顿学院方法考虑了产能的变化趋势，沃顿学院方法与尖峰产出方法类似，首先计算得到每个行业经过季节调整的工业实际产出时间序列，利用工业实际产出时间序列找出每个时期的尖峰产出，将尖峰产出水平作为当期的产能，将相邻的尖峰产出用直线相连，据此得到两个时期之间的产能，利用第一个尖峰与第二个尖峰之间的产能增长率计算得到第一个尖峰之前的产能，最后一个尖峰之后的产能则利用倒数第二个尖峰与最后一个尖峰之间的产能增长率计算得到。计算得到产能时间序列后，用实际产出除以产能即可得到产能利用率，最后使用每个行业的工业增加值作为权重计算得到工业产能利用率。相比于最小资本—产出比方法和尖峰产出方法，沃顿学院方法更能成功捕捉经济的变化趋势。

事实上，无论是最小资本—产出比方法、尖峰产出方法还是沃顿学院方法都有一个基本假设：在某个时期工业产能被完全利用，并且认为在其他时期，工业产能也能够如这个时期一样被完全利用。最小资本—产出比方法认为在资本—产出比最小的时期，资本存量被完全利用，在其他时期，资本存量也可以如此的完全利用，其他时期资本—产出比较高是因为产能利用不足。尖峰产出方法则认为每一年总有那么一个时期，产出达到了产能水平。沃顿学院方法认为实际产出时间序列上的尖峰产出是产能利用率达到100%的产出。显然时间序列方法的这个基本假设并不合适。此外沃顿学院方法虽然考虑了产能的变化趋势，但沃顿学院方法将两个尖峰产出用直线相连来计算不是尖峰产出时期的产能，将产能的变化固定在相同的变化率上，同样不合理。综合来说，时间序列方法考虑了产能利用率的短期波动，排除了中长期波动，会导致时间序列方法估计的产能利用率偏高。

3.2.2　结构方法

与其他方法不同的是，结构方法估计产能利用率依据的是某种经济学理论。结构方法大致可以被分成四类：一类是生产函数方法，目前国际货币基金组织（IMF）估计工业产能利用率使用的就是生产函数方法；一类是成本函数法；一类是数据包络分析方法；一类是结构向量自回归方法（SVAR）。

生产函数方法：生产函数方法假定工业生产满足某种生产函数形式，设生产函数为 Cobb – Douglas 生产函数。

$$Y_t = e^{rt} K_t^a L_t^\beta \qquad (3-1)$$

其中 Y 为实际工业增加值，r 为技术进步，K 为实际资本存量，L 为实际劳动投入。生产函数方法估计潜在产出的第一步是利用实际工业增加值、实际资本存量、实际劳动投入估计出生产函数的具体参数，从而得到具体的生产函数形式，第二步利用潜在资本存量、潜在劳动投入、具体的生产函数形式计算得到潜在产出水平，

$$Y_t^* = e^{rt} K_t^{*a} L_t^{*\beta} \qquad (3-2)$$

其中，Y^* 为潜在工业增加值，K^* 为潜在资本存量，L^* 为潜在劳动投入。最后使用 $CU = Y/Y^*$ 计算得到产能利用率。

但生产函数方法需要非常多的信息，如资本存量、全要素生产率水平及变化趋势、均衡时的劳动投入。最难得到的信息是生产函数形式，很多研究采用 Cobb – Douglas 生产函数形式，但大多数研究采用 Cobb – Douglas 生产函数形式只是因为这种生产函数容易使用，基于现实数据的研究往往认为 Cobb – Douglas 生产函数并不合适，使用生产函数方法的另一个障碍是潜在资本存量与潜在劳动投入的确定，大多数研究直接使用实际资本存量作为潜在资本存量，也有部分研究使用其他方法估计潜在资本存量，如峰值法。潜在劳动投入的估计更加困难，相对于固定资产，劳动投入在短期内可以调整，但产能利用率 100% 时的劳动投入无法直接衡量，很多研究采用自然失业率时的劳动投入计算，问题是中国作为发展中国家，经济中存在大量的富余劳动力，劳动力可以源源不断的得到供应，产能利用率为 100% 时的劳动投入量更难确定。

还有一些研究使用前沿生产函数方法估计产能利用率，但前沿生产函数方法并没有得到广泛采用，原因是：前沿生产函数方法需要具体的生产函数形式，前文已经分析过，我们并不清楚生产函数形式。前沿生产函数方法还需要大量的数据，而这些数据通常很难获得。另外，前沿生产函数方法更适合于估计企业的产能，而不是行业产能，即使使用前沿生产函数形式估计出企业产能，再通过加总的方法估计行业产能，其加总过程也很困难。

成本函数法：成本函数法估计潜在产出的理论基础是：企业短期内无法调整其固定投入，导致其短期产出与长期均衡产出不相等，从长期来说，企业生产要素投入都可以调整，能够约束企业产出的只有技术水平，而此时的产出就是潜在产出，此时资本存量也是最优资本存量。

根据韩国高等（2011）的方法，设企业可变成本函数为：

$$VC = VC(K, \dot{K}, P_j, t, Y) \tag{3-3}$$

其中，K 是固定资本存量，也是唯一短期无法改变的固定投入，$\dot{K}$ 是投资，P_j 是可变投入的价格，t 是技术进步，Y 是产出。

则总成本函数为：

$$TC = VC + P_k K \tag{3-4}$$

其中，P_k 是资本的市场租赁价格。由前面分析可知最优资本存量时的产出为潜在产出，即 $\partial TC/\partial K = \partial VC/\partial K + P_k = 0$ 时对应的产出为潜在产出。由此可估计出潜在产出 Y^*，进而利用 $CU = Y/Y^*$ 计算得到产能利用率。虽然成本函数方法在理论上可行，但不具有现实可操作性。很多信息如各种投入要素的价格我们都无法获得。

数据包络分析方法：Johanson（1968）最早提出了数据包络分析方法的观点，Färe 等（1989）对 Johanson（1968）的观点进行了拓展，他们认为企业的生产能力指的是企业在可变投入不受任何限制的情况，企业的生产设备得到最大程度利用时的企业生产能力。在此基础上，Färe 等（1989）构建了测算企业生产能力以及产能利用率的数据包络分析方法。数据包络分析方法主要通过可以获得的企业的投入产出数据来构建企业的生产技术前沿面，在此基础上，再根据各个生产单元的固定资产来计算其生产能力，最后根据企业的实际产出和生产能力来计算产能利用率。不同于生产函数方法、成本函数方法需要提前设定企业的生产函数或成本函数，以及需要投入价格等难以得到的数据等信息，数据包络分析方法既不需要设定企业的成本函数或生产函数，也不需要投入价格等难以获得的信息。

设有 K 个生产单元，对第 k 个生产单元，其实际产出为 u，生产所需要的投入要素共有 N 种，我们用 x_n 表示第 n 种生产要素投入量，则生产可能性集可表示为：

$$PPS = \{(x, u) \in R_+^{N+1} : u \leq \sum_{k=1}^{K} z^k u^k, \sum_{k=1}^{K} z^k x_n^k \leq x_n, n = 1, \cdots, N, z^k \geq 0, z \in R_+^K\} \tag{3-5}$$

其中，R_+^K 表示 N+1 维实数集合，z^k 表示权重，如果加入 $\sum_{k=1}^{K} z^k = 1$ 表示规模报酬不变，如果未加入 $\sum_{k=1}^{K} z^k = 1$，则表示规模报酬可变。

生产所需的要素可以分为固定生产要素和可变生产要素，设 x_f 表示固定生产要素的投入量，x_v 表示可变生产要素的投入量，运用数据包络分析方法，所有生产要素投入都得到充分利用时的最优产出是 $\varphi(x_f, x_v)$。

$$\text{Max}\varphi(x_f, x_v) = \max_z \sum_{k=1}^{K} z^k u^k \tag{3-6}$$

$$s.\,t.\,u \leqslant \sum_{k=1}^{K} z^k u^k,\ \sum_{k=1}^{K} z^k x_f^k \leqslant x_f,\ \sum_{k=1}^{K} z^k x_v^k \leqslant x_v,\ n = 1,\,\cdots,\,N,\ z^k \geqslant 0 \qquad (3-7)$$

该生产单元的技术效率 $K_0(x_f,\,u)$ 则可表示为：

$$K_0(x_f,\,u) = u/\varphi(x_f,\,x_v) \qquad (3-8)$$

根据生产能力是企业在可变投入不受任何限制的情况，企业的生产设备得到最大程度利用时的企业生产能力的定义，在上述线性规划中去掉可变生产要素投入的约束，则可以得到相对应的企业的生产能力 $\hat{\varphi}(x_f)$。

$$\mathrm{Max}\,\hat{\varphi}(x_f) = \max_{z} \sum_{k=1}^{K} z^k u^k \qquad (3-9)$$

$$s.\,t.\,u \leqslant \sum_{k=1}^{K} z^k u^k,\ \sum_{k=1}^{K} z^k x_f^k \leqslant x_f,\ n = 1,\,\cdots,\,N,\ z^k \geqslant 0 \qquad (3-10)$$

在测算出企业的生产能力后，则可以计算得到企业的产能利用率，Färe 等（1989）定义了两种产能利用率，有偏产能利用率和无偏产能利用率，有偏产能利用率和无偏产能利用率的区别在于，有偏产能利用率包含了技术效率因素，而无偏产能利用率则剔除了技术效率因素，由于有偏产能利用率衡量了实际产出与生产能力的比值，因此可以说有偏产能利用率相当于我们通常所说的产能利用率，由于无偏产能利用率剔除了技术效率因素，很多学者认为其衡量的产能利用率存在偏误。Coelli 等（2002）就认为，在现实经济中，企业的固定投入相同，当生产能力不同，也就是技术效率不同的现象普遍存在，因此剔除技术效率因素，使用无偏产能利用率并不合适。Pascoe 和 Tingley（2006）则认为，是否需要将技术效率因素纳入到产能利用率的计算中，需要根据技术效率损失产生的原因而定，如果是因为自然环境等无法消除的因素所导致的，则不应纳入产能利用率的计算，但如果是其他可以消除的因素所导致的，则应该纳入产能利用率的计算。事实上，数据包络分析方法存在极强的假设，它认为生产单元的生产技术都是相同的，如果不考虑企业的技术效率，则在投入相同的情况下，某个生产单元的产出较低，说明其产能利用率较低，问题是现实经济中，各个生产单元的生产技术并不相同，在投入相同的情况，某个生产单元的产出较低，可能是其生产技术造成的，而不是产能利用率造成的。

结构向量自回归方法（SVAR）：结构向量自回归方法估计潜在产出的理论基础是总供给与总需求模型，设经济中存在两种冲击：供给冲击与需求冲击，供给冲击能够影响潜在产出，需求冲击只影响实际产出，不影响潜在产出。设 SVAR 模型包括两个变量：工业增加值与通货膨胀，则 SVAR 模型可以表示成如下形式：

$$B_0 X_t = \Phi_1 X_{t-1} + \Phi_2 X_{t-2} + \cdots + \Phi_p X_{t-p} + \upsilon_t \qquad (3-11)$$

其中，$X_t = [dY_t,\,dCPI_t]'$，dY_t 为工业增加值差分，$dCPI_t$ 是通货膨胀率差分，都

是平稳时间序列。$B_0 = \begin{bmatrix} 1 & -b_{12} \\ -b_{21} & 1 \end{bmatrix}$，$b_{12}$ 表示通货膨胀对工业增加值的即期影响，b_{21} 表示工业增加值对通货膨胀的即期影响。$\Phi_1 \cdots \Phi_p$ 都是 2×2 矩阵，$v_t = [\, v_t^Y,\ v_t^{CPI} \,]'$，其中 v_t^Y，v_t^{CPI} 分别表示产出冲击与通货膨胀冲击，代表供给冲击与需求冲击，v_t^Y，v_t^{CPI} 都是白噪声。

式（3－5）可改写成：

$$B(L)X_t = v_t \tag{3－12}$$

其中，$B(L) = B_0 - \Phi_1 L - \cdots - \Phi_p L^P$，$L$ 是滞后算子，设 $B(L)$ 可逆，则有：

$$X_t = C(L)v_t \tag{3－13}$$

其中，$C(L) = B^{-1}(L)$。

供给冲击 v_t^Y，需求冲击 v_t^{CPI} 无法直接观测，但可以通过间接方法进行估计，式（3－5）可改写为：

$$\begin{aligned} X_t &= B_0^{-1}\Phi_1 X_{t-1} + B_0^{-1}\Phi_2 X_{t-2} + \cdots + B_0^{-1}\Phi_p X_{t-p} + B_0^{-1}v_t \\ &= B_0^{-1}\Phi_1 X_{t-1} + B_0^{-1}\Phi_2 X_{t-2} + \cdots + B_0^{-1}\Phi_p X_{t-p} + \varepsilon_t \end{aligned} \tag{3－14}$$

由于 v_t 是白噪声，所以 ε_t 也是白噪声，可以对式（3－8）各个方程使用最小二乘法进行估计得到 ε_t。式（3－8）还可改写为：

$$S(L)X_t = \varepsilon_t \tag{3－15}$$

其中，$S(L) = I - B_0^{-1}\Phi_1 L - \cdots - B_0^{-1}\Phi_p L^P$，$I$ 是单位矩阵，L 是滞后算子，设 $B(L)$ 可逆，则有：

$$X_t = S^{-1}(L)\varepsilon_t \tag{3－16}$$

式（3－10）是模型简化式，设 $B_0^{-1} = B(1)$，$B(1)$ 是 2×2 矩阵，则 $\varepsilon_t = B(1)\ v_t$。由此可得如下方程组：

$$Var(\varepsilon_t^Y) = B_{11}^2(1) + B_{12}^2(1)$$
$$Var(\varepsilon_t^{CPI}) = B_{21}^2(1) + B_{22}^2(1)$$
$$Cov(\varepsilon_t^Y, \varepsilon_t^{CPI}) = B_{11}(1)B_{21}(1) + B_{12}(1)B_{22}(1) \tag{3－17}$$

4 个未知参数，3 个方程无法求解 $B(1)$，还需要一个方程，为解决这个问题，Blanchard 和 Quah（1989）提出对 $B(1)$ 施加长期约束，针对本文的 SVAR 模型，从经济理论可知需求冲击从长期来看不会影响产出，在对 SVAR 模型施加长期约束后可解得 $B(1)$，由此可得 v_t。

供给冲击决定潜在产出，由式（3－7）可得 $dY_t = C_{11}(L)v_t^Y$，产出的波动由需求冲击决定，在估计得到潜在产出后，由 $CU = Y/Y^*$ 计算得到产能利用率。但结构向量自回归方法也存在一些缺点。一是当模型包含的变量比较多时，需要识别的冲击也会增多，模型的识别更加困难；二是假设冲击之间，如供给冲击与需求冲击之间不相关，但很多冲击可能彼此相关。

3.2.3　基于调查的估计方法

目前各国政策制定部门估计潜在产出使用较多的方法是企业问卷调查方法，如美联储、美国供应管理协会都是基于这种方法估计产能，进而估计产能利用率。使用企业调查方法估计产能比较大的问题是如何定义产能，美联储是这样定义企业产能的：在正常的、现实的生产条件下一个企业所能达到的最大生产能力。美联储对正常的、现实的生产条件做了一系列的界定：①机器设备仅指当前可以使用的机器设备，不包括需要大修的机器设备。②估计产能时要考虑正常的维护保养、停工检修等活动。③要考虑劳动力、原材料等各种投入的可获得性。④如果需要轮班、加班，那么这些生产安排都是可持续的。⑤如果生产的产品并不单一，并且存在一定的变动，那么采用当期生产的产品组合来衡量产能。⑥如果企业使用其他企业的机器设备为自己提供生产服务，那么按照正常的使用比例来使用这些机器设备，不要假设可以通过提高这些机器设备的使用比例来提高产能。以上对企业正常生产条件的界定是美联储在进行企业问卷调查时提供给企业管理人员的，虽然美联储对此做了一系列的详细定义，但可以看出，对企业管理人员而言，如何衡量自己企业的产能依然存在非常大的主观性。美国供应管理协会在问卷调查时就没有对如何衡量企业产能进行详细的定义，只是要求企业管理人员报告企业的正常产能，这给了企业管理人员更大的主观性来衡量产能，也正是这种产能衡量方面的主观性，再加上美联储与美国供应管理协会在样本选择等方面也存在差异，导致美联储与美国供应管理协会报告的制造业产能利用率存在较大差异。美国供应管理协会报告2013年下半年制造业产能利用率为80.3%，而美联储报告2013年12月制造业产能利用率只有76.7%。

3.3　对中国产能利用率的估计

前面介绍了产能利用率的主要估计方法，接下来本节采用有代表性的估计方法对中国产能利用率进行估计和评价，方法包括：时间序列方法中的沃顿学院方法；结构方法中的生产函数方法、成本函数法与结构向量自回归方法；调查统计方法，其中成本函数方法直接使用 IMF 的估计结果，成本函数法直接使用韩国高等（2011）的估计结果，调查统计方法使用许宪春（2013）的结果进行评价。本文的评价方法是将估计得到的产能利用率与 GDP 指数、CPI 指数进行比较，众所周知，经济繁荣时，价格上升，产能利用率上升，经济下滑时，价格下降，产能利用率下降，如果估计得到的产能利用率与 GDP 指数、CPI 指数走势不符，则说明使用此种方法估计中国产能利用率并不合适。

3.3.1　时间序列方法

前文介绍了时间序列方法中比较有代表性的方法，如最小资本—产出比方法、尖峰产出方法、沃顿学院方法。通过对这三种方法的分析可以发现，相对来说，沃顿学院方法更为合理，本文使用时间序列方法中的沃顿学院方法估计中国工业产能利用率。沃顿学院方法利用经季节调整后的各个行业实际产出时间序列，找出时间序列上的尖峰产出作为这个时期的产能，再通过直线将两个相邻的尖峰相连得到不是尖峰产出时期的产能，计算出各个行业的产能利用率后，利用行业工业增加值作为权重计算工业产能利用率。

由于中国没有报告每个行业的月度工业增加值，本文只能使用轻工业与重工业工业增加值计算工业产能利用率，本文使用的数据是国家统计局报告的 1998 年 1 月到 2012 年 12 月的轻工业工业增加值与重工业工业增加值。在对轻、重工业工业增加值进行价格与季节调整后，本文使用前文介绍的沃顿学院方法估计出轻工业产能利用率与重工业产能利用率，并使用轻、重工业增加值作为权重计算得到工业增加值。图 3 - 1 画出了轻、重工业产能利用率与工业产能利用率。

图 3 - 1 中有几处明显的尖峰，峰值等于 100%，这是因为本文只使用轻工业和重工业工业增加值来估计产能利用率，而且这些时期轻工业和重工业产出都是峰值。如果使用两位数行业或者更细分的行业估计产能利用率，由于各个行业的峰值产出在时期上不一致，则估计出的工业产能利用率会比较平滑。由于是将轻工业产能利用率与重工业产能利用率进行加权计算得到工业产能利用率。可以看出。工业产能利用率曲线位于轻工业产能利用率曲线与重工业产能利用率曲线之间，而且这三种产能利用率的变化趋势一致。一个有趣的现象是，在 2006 年底之前，轻工业产能利用率高于重工业，之后，重工业产能利用率高于轻工业。

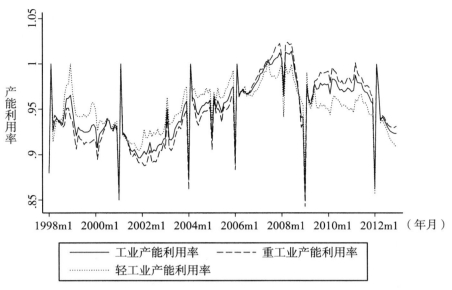

图3-1 沃顿学院法产能利用率

图3-2描绘了工业产能利用率、消费者价格指数与宏观经济景气指数走势，可以看出，工业产能利用率与消费者价格指数、宏观经济景气指数的走势确实一致。因此使用工业产能利用率预测经济景气、通货膨胀等宏观经济情况比较合适，但从图3-1可以看出，无论是工业产能利用率，还是轻工业和重工业产能利用率，其数值基本都在

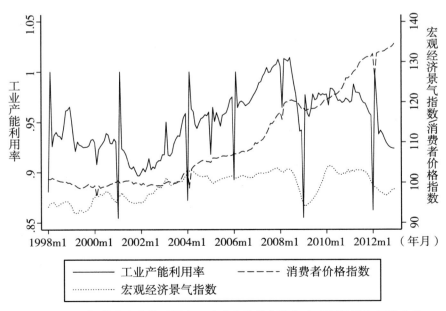

图3-2 沃顿学院法产能利用率、消费者价格指数与宏观经济景气指数走势

90%以上，这也正如前文所分析的那样，使用时间序列方法估算工业产能利用率，得到的数值偏高，由此可知，由时间序列方法估算的工业产能利用率并不能用来评价产能是否过剩。

3.3.2　结构方法

3.3.2.1　生产函数方法

IMF 在 2012 年的国别报告中报告了中国 1990～2011 年工业产能利用率，IMF 使用的估计方法就是生产函数方法，本文直接采用 IMF 报告的工业产能利用率进行评价。图 3－3 画出了 1990～2011 年 IMF 产能利用率、GDP 指数和 CPI 指数的走势图。按照 IMF 的估计，2011 年中国产能利用率只有 60%，与美国工业产能利用率 80% 相比（在此不考虑美国工业产能利用率的估计方法，美联储采用调查问卷方法估计产能利用率），中国存在严重的产能过剩。按照 IMF 的估计，即使是 2008 年全球金融危机之前，中国工业产能利用率也只有不到 80%，这个结果显然与我们的直觉不相吻合，2008 年全球金融危机之前，中国经济明显过热，为此国家出台了一系列从紧的宏观调控政策。从图 3－3 还可以看出，从 GDP 指数和 CPI 指数看，1996～2000 年，中国经济处于下降过程

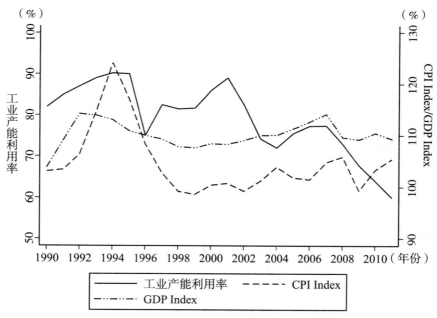

图 3－3　IMF 产能利用率、GDP 指数和 CPI 指数走势

中，2001～2004 年，中国经济持续走高，但在 1996～2000 年间，IMF 估计的产能利用率却在上升，2001～2004 年间，IMF 估计的产能利用率在下降。IMF 估计的产能利用率与 GDP 指数、CPI 指数的走势不符，说明采用生产函数法估计中国产能利用率并不合适。

前面分析了生产函数方法的一些局限，而这些局限在估计中国产能利用率时将更加明显。首先我们并不清楚生产函数的具体形式，即使我们知道生产函数的具体形式，也很难知道中国具体的生产函数，与其他发达国家不同，中国是一个发展中国家，在过去的三十多年里，中国一直进行着资本深化过程，结果是资本产出弹性与劳动产出弹性一直在改变。江飞涛、武鹏（2013）采用 Cobb－Doglas 生产函数，将资本弹性分别设置为 0.25、0.3、0.4、0.5、0.6、0.75、0.9 七组固定参数值来估计全要素生产率，估计结果见图 3－4。可以发现，弹性取值对于 20 世纪 90 年代中期以前的工业增长核算影响较小，但其后，核算结果对弹性取值的敏感度不断增强。这说明 20 世纪 90 年代中期以后，资本产出弹性与劳动产出弹性一直都在改变。江飞涛、武鹏（2013）还估计了中国的资本边际产出（见图 3－5），可以看出，改革开放初期，资本边际产出较低，只有 0.3，而后，资本边际产出开始上升，2002 年前后达到 0.6 以上，而后大幅下降，到 2011 年下降了 50%，只有 0.3 多。以上分析都表明在中国资本产出弹性并不固定，因此使用生产函数方法估计中国工业产能利用率存在较大误差，从 IMF 的估计我们可以看出，IMF 可能低估了近些年的中国工业产能利用率。

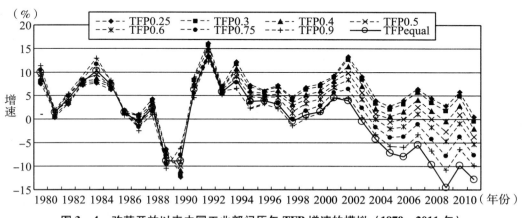

图 3－4　改革开放以来中国工业部门历年 TFP 增速的模拟（1979～2011 年）

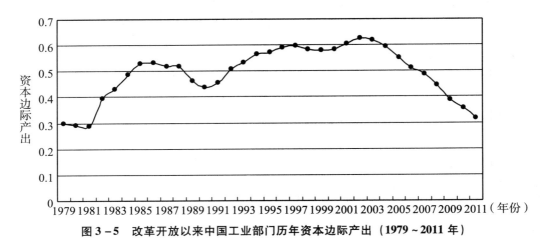

图 3 – 5　改革开放以来中国工业部门历年资本边际产出（1979～2011 年）

3.3.2.2　成本函数法

成本函数法虽然具有一定的理论基础，但国外很少有研究使用成本函数法估计产能利用率，原因是成本函数法需要非常多的信息，如各种投入要素的价格，而这些价格很难获得。韩国高等（2011）使用成本函数方法估计了中国 28 个制造业行业 1999～2008 年产能利用率，表 3 – 1 是其部分行业估计结果，从结果可以发现，使用成本函数方法估计产能利用率不可操作。姑且不论其认为的产能过剩行业产能利用率最低只有 40% 多，其估计的诸如皮革制品、纺织服装等行业产能利用率一直都接近或超过 200%，完全与现实不相吻合。而且从时间序列看，成本函数估计方法估计的行业产能利用率，很多行业在 2004 年、2005 年达到峰值，这也与我们的直觉不符，前文已介绍，2008 年全球金融危机发生前，中国政府一直在实行从紧的宏观调控政策，如果黑色金属与有色金属行业 2007 年的产能利用率只有 50%，那么也就没有必要实行从紧的宏观调控了。

表 3 – 1　　　　　　　成本函数法估计中国部分行业产能利用率　　　　　　　单位：%

年份 行业	1999 年	2000 年	2001 年	2002 年	2003 年	2004 年	2005 年	2006 年	2007 年	2008 年
黑色金属	46.23	51.81	50.07	55.86	66.74	75.57	65.62	62.23	58.51	58.22
有色金属	56.44	68.92	68.99	61.22	73.67	75.65	68.59	62.98	44.07	49.05
矿物制品	60.94	68.31	66.95	61.64	72.37	73.15	71.83	72.5	75.14	70.56
化学原料	55.86	60.76	61.11	59.19	68.75	82.97	75.92	65.3	68.55	61.85
塑料制品	88.62	96.54	91.06	88.5	91.02	84.81	94.98	99.35	109.3	105.19
通用设备	88.21	96.8	102.37	97.61	119.69	131.3	138.97	137.83	135.41	96.96

续表

年份\行业	1999 年	2000 年	2001 年	2002 年	2003 年	2004 年	2005 年	2006 年	2007 年	2008 年
专用设备	89.67	105.46	104.02	111.09	85.13	102.68	120.6	116.46	116.2	81.41
交通设备	85.47	90.11	96.22	111.05	124.51	126.01	99.72	104	101.92	92.89
仪器仪表	114.88	143.63	125.24	119.31	138.98	182.58	165.31	155.08	168.67	160.47
纺织业	80.76	90.8	88.75	88.8	85.42	81.36	100.26	102.69	97.28	91.25
纺织服装	182.28	199.12	193.77	182.35	181.27	173.37	197.44	208.92	183.84	185.12
皮革制品	183.01	198.14	206.53	205.85	215.16	186.74	226.56	242.85	230	226.35

数据来源：引自"中国制造业产能过剩的测度、波动及成因研究"，韩国高等（2011）。

　　韩国高等（2011）只是估计了 28 个制造业行业的产能利用率，没有估计制造业产能利用率，本文使用 1999 ~ 2008 年 28 个制造业行业的工业增加值作为权重，将韩国高等（2011）估计的行业产能利用率进行加权，得到 1999 ~ 2008 年制造业产能利用率。制造业工业增加值数据来源于陈诗一（2011）。图 3 - 6 是成本函数法产能利用率、GDP指数和 CPI 指数的走势图。从图中可以看出，成本函数法产能利用率与 GDP 指数的走势比较一致，但成本函数法估计的产能利用率每一年都超过 100%，2006 年更是接近

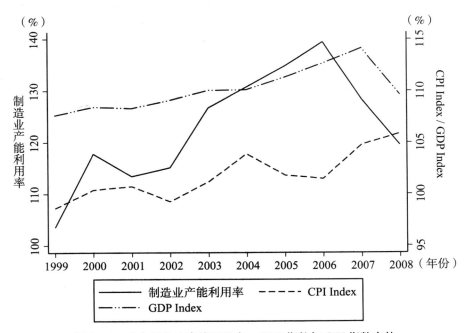

图 3 - 6　成本函数法产能利用率、GDP 指数与 CPI 指数走势

140%。这显然与现实不符，造成这一结果的原因还是成本函数法估计产能利用率需要各种生产要素的价格，而这些价格很难获得，韩国高等（2011）使用在岗工人人均工资作为劳动力价格，使用三年期固定资产贷款利率减通货膨胀作为固定资产价格，使用燃料、动力类购进价格指数度量能源价格，使用原材料购进价格指数作为原材料价格，由此可见韩国高等（2011）使用的生产要素价格过于粗糙，这也导致其估计的产能利用率在数值上并不精确，由此知道通过成本函数法估计产能利用率，进而判断产能过剩并不可行。

3.3.2.3 结构向量自回归方法（SVAR）

本文使用前文介绍的 SVAR 模型估计工业产能利用率，使用的变量包括 1978～2012 年实际工业增加值和通货膨胀率。本文使用的工业增加值与通货膨胀率数据来源于 CCER 数据库。工业增加值以 1978 年为基年进行平减得到实际工业增加值，并对实际工业增加值取对数，以避免数据的剧烈波动，通货膨胀率也被调整为以 1978 年为定基的通货膨胀率。SVAR 模型必须使用平稳时间序列，首先对实际工业增加值对数与通货膨胀率进行 ADF 检验，由检验结果可知其并不平稳，对其一阶差分后由 ADF 检验得知，差分后的时间序列是平稳时间序列。并且由似然比检验统计量、最终预测误差、AIC 信息准则、SC 准则和 HQ 准则得知滞后阶数为 1。

但使用 SVAR 方法估计产能利用率存在一个问题，由于 SVAR 模型必须使用平稳时间序列，导致模型使用的时间序列数据并不是实际工业增加值，而是实际工业增加值差分，导致最终估计得到的是潜在工业产出差分，而不是潜在工业产出，并不能用来直接计算工业产能利用率，需要确定某个时间为基准时间，进而计算得到潜在工业产出。本文以 1995 年为基年，并假定基年的工业产能利用率为 90%（以 IMF 的估计结果确定）。图 3-7 是 SVAR 估计的产能利用率、GDP 指数与 CPI 指数走势图，为了与 IMF 估计的结果相对照，本文只画出了 1990～2012 年的估计结果。从图中可以看出，SVAR 估计的产能利用率与 GDP 指数、CPI 指数的走势基本一致，与 IMF 的估计结果不同，IMF 估计的产能利用率，2000 年之后一直处于低位运行，很少超过 80%，而使用 SVAR 估计的产能利用率，2000 年以后基本处于高位运行，这也与宏观经济走势相一致。

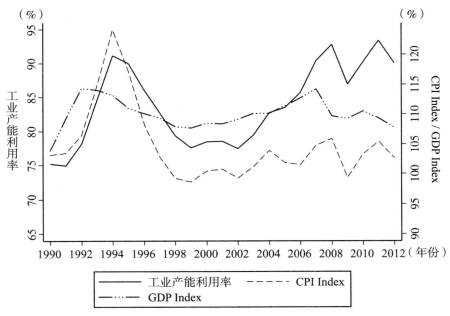

图3-7 SVAR 产能利用率、GDP 指数与 CPI 指数走势

3.3.3 基于调查的方法

国家统计局2006年以后报告了工业产能利用率，这是国家统计局对6万多家大中型工业企业进行调查后估计的产能利用率。图3-8是国家统计局报告的工业产能利用率与GDP指数走势图，从工业产能利用率与GDP走势看，工业产能利用率与GDP指数的走势基本一致。

从图中可以看出，国家统计局第一次报告的产能利用率是2006年第1季度，产能利用率为81.2%，而后产能利用率缓慢上升，在2007年第4季度达到最高点83.2%，2008年下半年，由于全球金融危机，中国产能利用率大幅下降，到2009年第1季度，产能利用率达到最低点，只有71.5%，为此中国政府实行了一系列经济刺激措施，而后经济逐渐回升，产能利用率也回到80%。虽然国家统计局报告的工业产能利用率是基于调查数据估计出的，但这并不意味着国家统计局报告的产能利用率非常精确，原因在于：一方面，如前文介绍的，国家统计局要求企业报告其产能时，企业管理人员对产能的定义有主观因素，可能会高估或低估其产能；另一方面，国家统计局是对6万多家大中型企业进行调查的，调查样本并不是随机选取，从一定程度上说，国家统计局报告的工业产能利用率是大中型工业企业产能利用率。

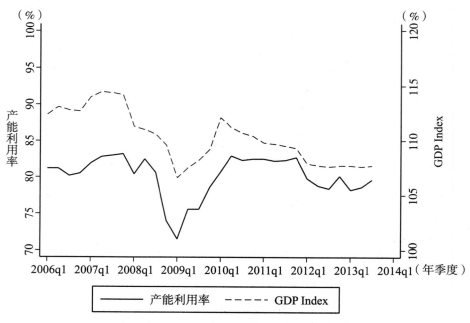

图 3 – 8　国家统计局产能利用率与 GDP 指数

3.4　主要发达国家产能利用率

很多研究判断中国是否存在产能过剩问题都以美国的产能利用率数据作为判断标准，认为在过去四十多年里，美国平均产能利用率为 80% 多，据此认为如果中国产能利用率低于此数值，则存在产能过剩问题，本文将对欧美主要国家产能利用率进行研究以判断是否存在一个具体数值可以用来判别产能过剩。

在欧美国家，工业产能利用率也是学界与政策制定部门关注的重要指标。在美国就有多家官方和非官方机构发布工业产能利用率，其中比较有影响力的机构有：美国联邦储备委员会（Federal Reserve Board，简称 FRB），美国供应管理协会（Institute for Supply Management，简称 ISM），沃顿学院（Wharton School）等。但与中国不同的是，其他国家特别是发达国家关注工业产能利用率并不是关注工业或者某个工业行业是否出现产能过剩现象，而是将工业产能利用率作为经济的景气指标，用来预测经济运行状况、通货膨胀、投资等，如工业产能利用率上升，说明市场需求上升，将导致市场价格上升，投资增多，如果工业产能利用率一直处于高位运行，说明市场需求持续高涨，将可能导致通货膨胀。

图 3 – 9 是美国工业产能利用率与联邦基金利率走势图，从中可以看出，美国工业

产能利用率具有较大的波动性，20 世纪六七十年代，产能利用率多次接近 90%，而在 20 世纪 80 年代，产能利用率也曾低至接近 70%，由于 2008 年的全球金融危机，美国工业产能利用率更是达到历史低点，只有不到 70%。虽然美国工业产能利用率具有较大的波动性，从图中也可以看出，在 20 世纪六七十年代，美国产能利用率较高，1967～1979 年，美国平均工业产能利用率是 83.83%，20 世纪 80 年代以后，美国工业产能利用率有走低的趋势，1980～1999 年，美国平均工业产能利用率是 81.01%，而 2000～2012 年，美国平均工业产能利用率只有 76.98%。

前文介绍过，欧美国家关注产能利用率并不是关注经济中是否出现产能过剩，而是关注经济是否出现过热问题。如果产能利用率持续高位运行，则认为经济过热。此时政策制定部门可能需要采取经济紧缩政策，这也是美联储发布工业产能利用率的一个原因。Bernanke 和 Blinder（1992）认为联邦基金利率是货币政策的指示器，联邦基金利率上升，表明货币政策紧缩，联邦基金利率下降，表明货币政策放松。从图 3－9 可以看出，美国工业产能利用率与联邦基金利率走势基本一致，说明美联储确实在使用工业产能利用率作为判断经济景气的指标。Romer 和 Romer（1990）鉴别出 1968 年 12 月、1974 年 4 月、1978 年 8 月、1979 年 10 月为货币紧缩时间，从图 3－9 中可以看出，这些时间点的工业产能利用率都高于 85%。由此我们也可以得出结论，当美国工业产能利用率高于 85% 时，说明经济过热。从美国的历史数据看，20 世纪六七十年代，美国

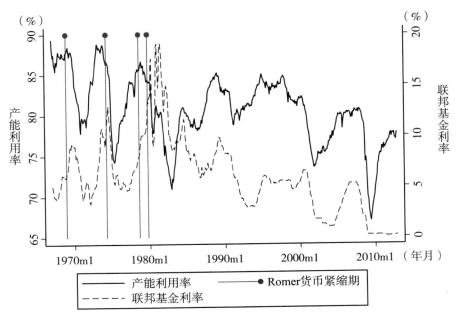

图 3－9　美国工业产能利用率、联邦基金利率

工业产能利用率多次持续超过85%，20世纪八九十年代，美国工业产能利用率很少触及85%，主要在80%～85%运行，而2000年以后，美国工业产能利用率主要在80%以下运行，从这个趋势可以看出，不同的时期，美国工业产能利用率不同。

美国工业产能利用率主要在80%上下，那么其他主要发达国家的工业产能利用率的区间又是怎样呢？图3-10描绘的是欧盟28国、欧盟17国和主要欧洲国家的制造业产能利用率。欧盟地区制造业产能利用率也是采用调查方法估计的。从图3-10中可以看出，欧盟28国、欧盟17国的产能利用率比较接近，但主要欧洲国家的产能利用率悬殊较大，其中产能利用率最高的国家是法国和德国，1990年之前德国的产能利用率是联邦德国产能利用率。1991～2013年，德国平均产能利用率是83.9%，法国平均产能利用率是84.5%。产能利用率最低的是意大利，1991～2013年，意大利平均产能利用率是74.5%，英国产能利用率居中。1991～2013年，英国平均产能利用率是79.9%。而在此期间，欧盟28国平均产能利用率是80.6%，欧盟17国平均产能利用率是81%。从历史数据看，2008年全球金融危机之前，法国和德国的产能利用率主要运行在85%上下，英国的产能利用率主要运行在80%上下，意大利的产能利用率主要运行在75%上下，可以看出不同国家的产能利用率不同。通过欧美主要发达国家产能利用率历史数据可以发现：同一个国家不同时期产能利用率不同，不同国家的产能利用率也不同，因此并不存在一个产能利用率的统一标准用以判断产能过剩。

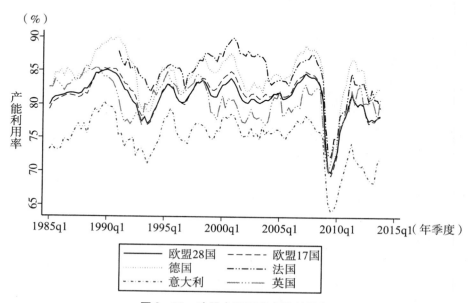

图3-10 欧盟主要国家产能利用率

3.5　本章小结

　　虽然产能过剩问题已成为中国政策制定部门、学界，乃至整个社会关注的热点，但中国产能利用率的数值，产能过剩的判断标准，以及产能利用率的测算方法都还没有形成一个统一的标准。本文详细介绍了产能利用率的测算方法并使用不同的测算方法测算了中国产能利用率。发现：①不同的产能利用率测算方法测算的中国产能利用率并不相同，使得单独依靠某种测算方法测算的产能利用率数值来判断产能过剩并不合适；②虽然不同的产能利用率测算方法测算的产能利用率不同，但大多数方法测算出的产能利用率变化趋势一致，都与宏观经济周期的变化趋势一致，说明虽然产能利用率并不能直接作为判断产能过剩的指标，但可以作为经济景气指标。③在产能利用率测算方法中，生产函数方法最不适合于测算中国产能利用率，这是因为中国是一个发展中国家，在过去的三十多年里，中国一直进行着资本深化过程，结果是资本产出弹性与劳动产出弹性一直在改变，导致在当前使用生产函数方法测算中国产能利用率会低估中国的产能利用率。

　　以往研究多数借鉴美国的平均产能利用率认为如果中国产能利用率低于80%，就意味着出现产能过剩问题。本文通过对欧美主要发达国家的产能利用率进行考察来判断是否存在一个具体数值可以用来判别产能过剩。研究发现：同一个国家不同时期的产能利用率不同，20世纪六七十年代，美国工业产能利用率多次持续超过85%，20世纪八九十年代，美国工业产能利用率很少触及85%，主要在80%~85%运行，而2000年以后，美国工业产能利用率主要在80%以下运行。同一个时期不同国家的产能利用率也显著不同，同为欧盟国家，1991~2013年，德国平均产能利用率是83.9%，法国平均产能利用率是84.5%。而意大利平均产能利用率只是74.5%。可见以美国的平均产能利用率作为标准来判断产能过剩并不合适，也不存在一个统一标准用以判断产能过剩。

4

中国工业部门产能过剩形成机理研究

中国现阶段严重的产能过剩是"周期性"因素、"体制性"和"政策性"因素叠加的结果。从产能过剩日益严重的趋势来看，中国经济从投资驱动、出口强力拉动的快速增长期迈入经济新常态，固定资产投资与出口快速增长的格局已难以持续，是近年来产能严重过剩十分重要的原因。而在经济周期背后，中国转轨过程存在的诸多体制性、政策性缺陷导致企业进行过度产能投资，以及企业不能及时根据市场环境及时调整产能，是中国工业产能过剩的最为深层次、最为重要的原因。

4.1 中国工业产能过剩的特征

4.1.1 中国的产能过剩具有长期性特征

中国工业产能过剩是一个长期现象，从 20 世纪 90 年代以来，产能过剩、重复建设、过度竞争问题就频繁出现在公众面前。从政策文件来看，早在 1980 年，《中央工作会议》就指出存在"重复建设"问题，此后政府文件就经常指出经济建设中存在"重复建设、过度竞争"等问题。到了 20 世纪 90 年代末，重复建设、过度竞争、产能过剩更加频繁地出现在政府文件和媒体新闻中。

纪志宏（2015）利用人民银行建立的设备利用指数与统计局公布的产能利用率指标拟合估算了部分年份的产能利用率缺失数值，得到了 1998 年 1 季度至 2014 年 3 季度的产能利用率指标（见图 4 - 1）。从这份数据来看，若以 80% 的产能利用率作为产能是否过剩的临界点，则发现从 1998 年以来，中国有 56.7% 的季度处于产能过剩状态。中国严重的产能过剩出现在1997年亚洲经济危机以及2008年全球金融危机之后，但除此之外，在大部分的年份里，中国长期存在着一定程度的产能过剩。

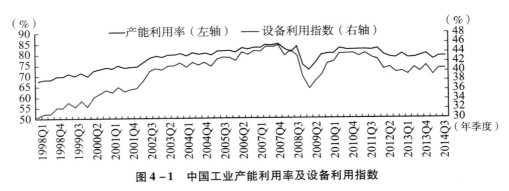

图4-1　中国工业产能利用率及设备利用指数

注：援引自"我国产能过剩风险及治理"，纪志宏。

4.1.2　现阶段产能过剩具有全面性特征

从早期政府文件来看，钢铁、电解铝这类行业是出现产能过剩的典型行业，但在2008年之后，新兴产业也出现了严重的产能过剩。特别是在2008年金融危机之后，产能过剩从结构性过剩发展为全面性过剩。

根据公布的统计数据，近年来，不仅传统行业出现了较为严重的产能过剩，新兴行业也出现了一定程度的产能过剩。2012年底，我国钢铁、水泥、电解铝、平板玻璃、船舶行业产能利用率仅为72%、73.7%、71.9%、73.1%和75%[①]。而新兴行业的数据则更令人担忧，2013年上半年，光伏产品产能利用率不足60%，风电设备、碳纤维、锂电池等一些新兴行业相继出现较为严重的产能过剩问题。

4.1.3　中国式产能过剩具有边治理、边过剩的特征

在相关行业的产能过剩问题已凸显、行业利润率低下并且中央政府大力查处违规新建进入项目的背景之下，行业内外的企业却仍表现出十分大的意愿不惜"违规"进入该行业。比如，在2003年，国务院相关文件就指出钢铁行业存在着产能过剩问题，并据此对钢铁行业实行严格的进入审批，但在此之后却仍有大量钢铁企业违规新建产能项目，2003～2005年，未经审批的违规新建产能约有3亿吨，加上原有产能，全部产能建

---

① 见《国务院关于化解产能严重过剩矛盾的指导意见》，国发〔2013〕41号。

成后将突破 6 亿吨, 而 2005 年当年的钢表观消费量却仅为 3.5 亿吨。

4.2　第二次工业革命的生产范式是产能过剩形成的技术基础

4.2.1　产能过剩是第二次工业革命的必然产物

19 世纪末至 20 世纪上半叶, 电气化和重化工引发了第二次工业革命, 涌现出了以原材料、机械加工、装备制造为主导部门的新兴产业, 推动全球工业化进入了重化工业阶段, 并形成了以流水线为代表的生产组织方式, 极大地促进了经济社会的发展和人类生活水平的提高。然而, 第二次工业革命的技术经济特征从根本上决定了产能过剩具有必然性。

首先, 第二次工业革命中涌现的新兴产业具有明显的规模经济, 企业追求规模经济必然造成产能投资增加, 在产业层面上表现为产能的扩张冲动。这是产能过剩形成的微观基础。其次, 规模经济要求企业突破"最低有效规模", 企业必须进行专用性固定资产投资(如成套生产设备和专业技术人员等), 这就使得企业面临高昂的退出成本, 难以灵活调整生产。再次, 流水线生产方式必须以配件和产品的标准化为前提, 即"少品种、高产量"。这进一步限制了企业通过调整产品结构化解产能过剩的能力。柔性制造系统作为流水线生产方式的改进, 虽然适合于生产小批量、多品种的产品, 但因整个制造系统投资大、生产成本高、供应商之间兼容性差、系统集成和操作也存在困难, 在旧生产制造体系下难以广泛推广。最后, 大规模生产方式培育了大规模消费主义, 消费者被动地消费标准化产品, 极大地限制了市场范围的拓展和深化, 不利于产能的有效利用。

发达工业化国家在其工业化过程中周期性出现的产能过剩印证了上述规律。发达国家化解产能过剩的基本经验, 是在产业升级和产业结构调整过程中, 向发展中国家输出第二次工业革命的工业化模式, 在产业转移的过程中转移过剩产能, 进而导致发展中国家(如我国)承接了产能过剩的问题。我国工业化还处于重化工业阶段, 仍服从第二次工业革命的基本规律。我国产能出现严重过剩的产业, 如钢铁、电解铝、水泥、玻璃、造船、有色金属等都是第二次工业革命的产物; 风电设备、光伏等虽是新兴产业, 但是产能过剩集中于铸造、装备制造、组装加工等环节, 仍然具有明显的第二次工业革命的技术经济特征。

必须明确的是，解决传统工业化过程中出现的产能过剩问题，根本思路不是放缓工业化进程，也不能重蹈部分发达国家"去工业化"的覆辙，而是要继续推进工业化，在更高阶段的工业化进程中加以解决。初现端倪的新一轮技术革命和产业变革正是全球工业化的新阶段，智能化、个性化和社会化将从生产体系、生产组织方式和需求模式等方面扬弃第二次工业革命的技术经济范式，将为有效化解产能过剩提供长效机制。

4.2.2 当前"新工业革命"认识误区可能导致新的产能过剩

"新工业革命"概念进入我国已四年有余，已经经历了较为充分的研讨，特别是在我国政府政策的有效引导之下，各界对新工业革命的内涵、特征及实现路径的理解从最初的各执一端，到现在已初步形成共识。即便如此，当前关于新工业革命的观点中仍存在不少误区，不仅有碍于我们实事求是地认识新工业革命，而且很可能会带来新的产能过剩问题。

4.2.2.1 乐观估计新工业革命的发展阶段

社会各界对新工业革命持有极高期待，新旧媒体上充斥着各类新工业革命的信息，大量科技概念产品被渲染成即将上市，极易给公众造成新工业革命条件已经成熟而只需大规模投资的错误导向。实际上，工业革命史业已证明，一次完整的工业革命分为"导入期"和"拓展期"两个阶段，且每个阶段持续 20~30 年。当前，新工业革命很可能处于新型技术经济范式的导入期，新型主导产业、新型生产要素、新型基础设施和新型生产组织方式并不成熟，距离技术经济范式的根本转变仍需相当长时间。例如，按照代表全球工业化最高水平的德国的有关规划，"工业 4.0"设计目标的真正实现可能在 2030 年以后。必须客观认识到中德工业化水平还存在发展阶段上的差别，我国顺利完成新一轮工业革命需要更长的时间、更多的耐心和更大的努力。

4.2.2.2 混淆先导产业的发展阶段与重点

与乐观估计新工业革命发展阶段相对应的，是我国一些地区、一些行业混淆了新工业革命先导产业的发展阶段，存在有意或无意借用新工业革命刺激相关产业发展的情况。最为典型的便是我国的工业机器人产业。新一代智能机器人是引领新工业革命的先导产业，也是发达国家重点发展的智能装备之一。虽然我国工业机器人市场快速成长，但仍以替代简单重复劳动的第一代工业机器人为主，且核心零部件（如减速机、控制器、伺服电机、数控系统）严重依赖进口，难以满足制造业智能化的发展需要。一些地区借用新工业革命概念，混淆不同代际工业机器人之间的显著差别，将发达国家已经产业化应用了近半个世纪的第一代工业机器人作为新工业革命的先导产业加以重点培育，各级政府提供了优惠政策支持，企业投资旺盛，导致我国出现了智能工业机器人严重依靠进口，低端工业机器人面临产能过剩的结构性问题。

4.2.2.3 重"硬"装备而轻"软"系统

制造业智能化是新一轮工业革命最突出的特征，而制造业智能化的实现不仅要求智能装备的推广应用，还需要智能装备效能的发挥，这严重依赖于智能系统的协同。德国"工业4.0计划"和美国工业互联网虽然表现形式有所差异，但基础架构都是三位一体的"智能装备＋智能软件＋网络互联"，围绕着数据的采集、交互式分析、智能决策实现制造系统的实时优化。尽管中国在工业机器人、智能工厂解决方案、电子商务等细分领域出现了不少掌握先进技术的企业，但缺乏像德国西门子、博世、SAP等能够架构整体的数字物理系统和全流程数字化解决方案的综合集成企业。重视智能装备的发展是正确的，但是忽视基础本来就薄弱的智能系统的发展则是一个严重的认识误区。

4.2.2.4 盲目照搬国外新工业革命发展模式

虽然新工业革命中孕育的新型生产关系具有通用性和一般性，但是并不表示未来各国工业发展方式和实现路径也是整齐划一的。历史经验表明，历次工业革命的成功者都是在抓住工业革命机会窗口的同时，注重利用和发挥自身的优势。当前主要工业化国家应对新工业革命的战略部署也表明，即便都认识到制造业智能化是大势所趋，但各国发展重点和实施路径亦有所差异。如美国重点发展传感技术、数字制造技术和新材料技术，德国在具有竞争优势的机械装备领域率先推广信息物理系统，日本则根据国内社会需求优先发展细胞再生医疗产业、生物治疗产业和新化学产业等。目前关于我国应对新工业革命的模式选择上，有些观点带有忽视我国自身的发展现状与优势，忽视庞大传统产业的改造升级，盲目照搬某个特定国家发展路径的"拿来主义"倾向。

4.2.2.5 盲目追捧狭隘的"互联网思维"

我国快速成长为全球最大的电子商务市场，一批互联网大公司迅速崛起，让"互联网思维"在各行各业备受追捧，以至于一些论者将"互联网思维"等价于新工业革命。虽然"互联网思维"和基于新一代互联网技术（物联网、大数据、云计算等）的新工业革命存在一定的相似之处，但是二者存在着不容忽视的差别。"互联网思维"更适用于下游终端消费品产业和流通环节，尚难以促进上游资本品和生产方式发生变革。与历次工业革命一样，只有生产方式的"创造性毁灭"才堪称工业革命，未来决定制造业发展水平的恰恰是"互联网思维"仍难以触及的资本品和生产环节。固然创新商业模式有重要意义，但过分鼓吹商业模式创新而轻视生产方式的变革在导向上存在根本性偏差。

4.3 经济增长阶段转换是现阶段工业全面产能过剩的重要原因

中国经济增速放缓，房地产面临周期性拐点，以及因全球金融危机冲击和中国成本优势逐渐丧失而导致的出口低迷，是现阶段大范围严重产能过剩的重要原因。中国在经历三十年高速增长后，人口结构面临拐点，人口红利逐渐消失，环境承载力趋于极限，以资源大规模投入为核心的粗放式投资拉动型经济增长模式难以持续，以房地产投资拉动经济增长的模式也面临调整，经济增速开始放缓。

拉动经济增长的房地产行业在经历十余年高速增长后面临周期性大拐点。房地产行业景气度的大周期取决于人口周期，根据联合国人口署的数据，中国将在 2010 ~ 2015 年左右出现人口拐点，15 ~ 64 岁的人口占比在这段时间达到最高约 70% 之后趋于下降，15 ~ 64 岁人口增速放缓，因而从人口结构角度来看，中国住宅需求的主要人群占比及其增速都逐渐下降，甚至到 2020 年后，15 ~ 64 岁人口几乎不再增长（见图 4 - 2）。从房地产投资增速本身来看，1998 ~ 2003 年，房地产投资开发完成总额增速逐渐增加，在 2003 年达到 30% 的高点，此后 2003 ~ 2010 年，增速尽管大起大落，但基本保持了较高的增速，而在 2010 年之后却逐年下降，并且至今尚无反弹信号，2014 年增速甚至降至 10% 左右，不及 1998 年的水平（见图 4 - 3）。从以上数据来看，房地产的黄金十年已经过去，未来并不能保持前十年的高速增长。

从出口角度来看，经过多年的发展，中国劳动力优势不再明显，环境保护要求日趋迫切，中国低端制造成本优势难以保持，加之 2008 年金融危机造成的全球需求低迷，使得中国出口面临困境。从中国出口数据来看，如图 4 - 4 所示，中国月度出口额累计同比增速在两次世界经济危机之后（1997 年亚洲经济危机，2008 年全球金融危机）大幅下降，甚至出现负增长。特别是 2008 年的全球金融危机，中国出口累计同比增速在 2009 年出现了 20% 多的负增长，并且直到今天出口一直持续低迷。

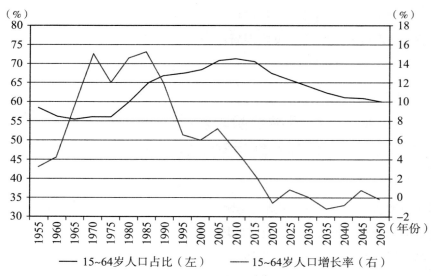

图 4 - 2　15～64 岁人口结构及增速

数据来源：联合国人口署。

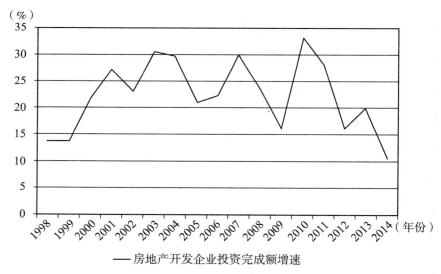

图 4 - 3　房地产开发企业投资完成额增速

数据来源：国泰安数据库。

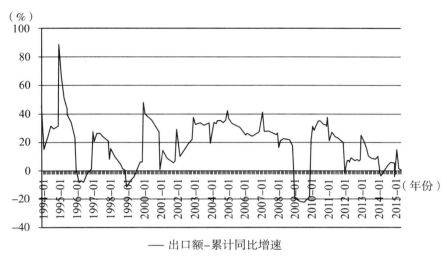

图 4 - 4 中国月度出口额累计同比增速

数据来源：中经网统计数据库。

中国经济结构面临艰难的结构转型。中国人口结构拐点已至，长期拉动中国经济快速增长的房地产行业已难以再保持持续高速增长；劳动力成本逐渐上升，环保压力逐渐凸显，中国低劳动力成本、低环境保护成本的比较优势逐渐丧失，加之全球金融危机使得全球需求疲软，中国出口也面临困境。现阶段，中国面临艰难而又迫切的产业结构调整要求。

经济周期处于低迷阶段是现阶段全面产能过剩的重要原因。在这种经济增速放缓、产业结构面临调整的背景下，传统产业必然会出现产能过剩。房地产周期面临下行压力，将导致上游钢铁、水泥、平板玻璃的需求减少，进而导致这些行业产能过剩。而中国制造业劳动力成本优势不在、环保支出增加与 2008 年的金融危机导致的全球需求疲软形成共振，导致中国出口面临巨大压力，原出口比例较大的行业将出现较为严重的产能过剩。

4.4 转轨经济中体制缺陷是导致长期产能过剩的根本原因

1978 年改革开放后，中国实现了从高度集中的计划经济体制到充满活力的社会主义市场经济体制的伟大历史转折。这一市场化改革过程并不容易。改革开放之初的中国是一个政府计划主导一切、国有企业占绝对地位的计划经济体制，各经济主体并没有动力主动谋求高效生产，故而如何在高度集权的计划经济体制中，寻找可行的转型制度，形成一个能够让资源自发流向高效率经济个体的市场化经济体制，在实现经济增长的同时保持社会稳定，是中国体制改革面临的重要难题。

中国进行市场化改革，事实上采取了一条"摸着石头过河"的道路。这条改革道路具有两个特征：一是在经济体制仍不完善的情况下，进行分权化改革，调动地方政府的积极性，大胆尝试适合本地区实际情况、能够促进当地经济发展的转型制度；二是中央层面进行的体制改革呈现出有先有后的渐进式特征，体制外改革先于体制内的国有企业改革，意图保持国有经济基本稳定，同时允许民间力量发展。这一极具中国特色的市场化改革道路取得了举世瞩目的巨大成功，使得中国在每个发展阶段都找到了可行的转型机制，让中国经济在改革开放后的三十余年里保持了约 10% 的快速增长。然而，恰如下面将要论述的，也正是这一卓有成效的市场化改革道路，在带来经济快速增长的同时也造成了中国式产能过剩。

4.4.1　不完善经济体制下进行的分权化改革

为激活地方发展当地经济的活力，中央政府在不完善的市场化经济体制下进行了分权化改革。这一分权化改革发生在土地产权"模糊"、环境保护制度不完善以及预算约束未充分建立的背景之下，主要体现为中央政府将部分行政权力和财政权力下放给地方政府，并继续通过人事集权对地方政府保持强有力的控制。行政和财政分权为地方政府进行投资补贴提供了财税激励，人事集权造成的以 GDP 为核心的"晋升锦标赛"为地方政府进行投资补贴提供了晋升激励，而经济制度的不完善给地方政府进行投资补贴提供了有力手段，这使得地方政府有动力也有能力对当地企业进行补贴，导致企业过度投资并带来严重的产能过剩。

4.4.1.1　行政和财政分权为地方政府积极发展当地经济提供了财税激励

改革开放后，中央政府相继进行了财政包干制改革和分税制改革，将行政权和财政权部分下放给地方政府。①1980～1994 年，中央政府将部分行政权和财政权下放给地方政府，中国财政体制从中央集权模式转向财政包干制度。改革开放之初，中国政府类似一个"大而统"的企业，由中央政府统一颁布指令、调配资源，中央面临巨额财政赤字。为激活地方政府"增收节支"的积极性，从 1980 年起，中央政府将部分调配资源和财政收支的权利下放给地方政府，财政预算体制从中央统收统支转变为包干制，即规定中央和地方各自的收入来源和支出范围，开始"分灶吃饭"（吴敬琏，2012）。②1994 年，中国进行了分税制改革，加大了中央财政收入在总财政收入中的占比，但延续了财政包干的基本思路，为地方政府保留了一定的行政权和财政权。财政包干制度大大调动了地方政府"开源节流"的积极性，但也使得地方政府大力支持发展能够增加其财政收入领域，而忽略中央收入领域经济的发展，甚至采用各种手段虚增地方财政收入，这造成了中央财政困难、宏观调控力量太弱、地方政府"诸侯经济"林立、经济过热等一系列不良现象。中央政府于是在 1994 年进行了分税制改革，重新调整中央和地方之间的财权和事权，通过对税种的分类划分中央和地方各自的税收来源，大大提高中央政府的财政收入。尽管分税制改革减少了地方政府的财政收入，但延续了"分灶吃饭"的基本思路，为地方政府保留了一定的行政权和财政权，只是进一步调高了中央政府在财政收入中的分成比重①。

行政分权使得地方政府拥有对当地经济管理的自主决策权，财政分权使得地方政府能够与中央一起分享经济增长而带来的财政收入，这大大激活了地方政府通过扩张地方经济总量来获取地方政府及官员个人利益的动力（Qian 和 Roland，1998；Jin，2005；吴敬琏，2012）。财政收入和地方经济增长具有较强的正相关性，而促进投资是拉动当地经济增长的极好的方式，从财政收入的角度来看，地方政府有通过拉动当地投资来促进经济增长进而提高财政收入的动力。

在行政分权和财政分权后，地方政府的行为呈现出"法团化"（Lacal state corporatism）的特征，即当地党、政机关与辖区企业共同形成一个利益共同体，由地方政府直接介入该利益共同体的管理，充当类似于企业管制者的角色。在"法团化"的模式下，地方政府倾向于将宏观经济稳定、环境保护、收入分配公平等视作"外部性"问题，而尽可能多的争取外来投资、金融资源以及上级政府转移支付（Qian 和 Roland，1998）。

4.4.1.2 人事集权和行政分权造成以 GDP 为核心的官员晋升体制，为地方政府积极发展当地经济提供了晋升激励

在人事集权体制下，地方政府官员主要受上级政府监督，其服务对象（辖区内企业和民众）对其约束十分有限，而行政分权化改革后地方政府又承担了较多对地方经济事务管辖的行政权，这导致中央政府必须以一种强激励的形式评价地方主要官员的政绩（江飞涛，2012）。行政分权化改革后，中央政府将较多管理地方经济事务的行政权下放给地方政府，使其更好地创造符合当地现实的转轨制度，服务当地企业和居民。但地方政府受到其服务对象约束十分弱，人事集权的体制使得地方官员的升迁决定权掌握在上

---

① "分税制改革"造成了地方政府行政权和财政权的不对等，却承担过多的事务。

级政府手中。受信息成本高昂的影响，中央政府必须制定一套能够使得地方官员与当地发展水平激励相容的考评体制，来避免地方政府官员滥用其手中的权力，挑选更加富有能力和责任心的官员当政。从实际情况来看，地方政府官员晋升类似于一种以 GDP 为核心的晋升锦标赛模式（周黎安，2005，2007）。

以 GDP 为核心的官员晋升锦标赛模式给地方政府官员拉动投资、推动经济增长提供了强烈的动力。晋升竞标赛具有"赢家通吃"和"零和博弈"的特征，晋升职务有限，故而一人晋升将导致其他竞争者晋升机会降低，而在中国等级化行政体制下官员职位晋升具有十分大的吸引力，这势必导致官员为在晋升锦标赛中胜出而不计社会成本和效益一味推动经济增长的竞争（周黎安，2007）。推动企业投资是拉动经济增长的一条直接、有效的方式，因而，地方政府官员的晋升锦标赛事实上为地方政府刺激企业投资提供了强烈的晋升激励。

4.4.1.3　土地产权、环境保护制度不完善以及预算软约束为地方政府补贴当地企业提供条件

中国的分权化改革建立在不完善的市场体制下，通过给予地方政府一定的行政权和财政权来激励地方政府尽可能的破除束缚经济发展的不合理制度，建立符合当地实际情况、能促进当地经济发展的转轨制度。然而，在这一过程中，地方政府往往只是有选择的完善符合其自身利益的市场化经济制度（在现行模式下主要表现为推动当地经济增长），诸如土地制度、环境保护制度的不完善以及金融预算约束未能强化等不完善的制度不但没有成为地方政府改革的目标，反而演变为地方政府滥用经济管理权力、推动当地投资、促进经济增长的主要手段。

中国的土地产权具有"模糊性"特征，为地方政府低价供地的行为提供了基础。农村土地产权被界定为"集体所有"，这事实上并没有被清晰、明确地界定。在地方经济发展、城市扩张的过程中，地方政府能够低价征收农村集体所有制土地而将其性质转变为价值更高的工业用地和商业用地，而不同企业取得工业用地或是商业用地的价格则很大程度上取决于当地政府的态度。这为地方政府低价供地的行为提供了基础。

环境的产权同样具有"模糊性"特征。一方面，至今没能出台法律制度清晰界定、分割环境的产权归属，法律对环保违法行为的责任要求也并不严格，大多采取行政处罚的形式解决，而很少涉及刑事处罚。并且，由于司法的不独立，地方政府往往会出于维护当地经济增长而干预司法，保护从事污染的企业，公民通过法律途径解决环境污染问题的成本高昂。另一方面，中国的环境监督管理机构属于双重管理体制，既要受上级政府领导，也要受当地政府监督指导，并且以当地政府监督指导为主。故而，环境监督管

理机构难以独立于地方政府而单独执行环保执法权。

中国广泛存在的预算软约束问题，地方政府对当地金融资源流向具有一定的影响力。所谓预算软约束问题，是指政府或金融机构在企业经营不善时为其延缓甚至追加、免除部分债务，使其能够不被清算破产。在早期，国有银行实质上充当着中央政府分配资源的任务（江飞涛，2012），银行并不需要完全对其发放的贷款风险负责，在这种情况中，地方政府通过频繁"跑部"的方式争取事实上并不一定需要偿还的金融资源，这种形式的预算软约束给了地方政府分配争取到的金融资源的权利；在国有银行体制化改革后，特别是国有大型银行相继上市后，上述情况有所好转，但在地方政府强大权利的背景下，银行在某地的分支机构要取得长足发展离不开地方政府的支持，地方政府也常常通过提供"优厚"的配套条件来吸引银行在本地投入贷款等金融资源，甚至默许、容忍当地企业利用展期、拖欠等手段来攫取金融资源（江飞涛，2012）。

在土地制度、环境保护制度的不完善以及金融预算软约束的背景下，地方政府有能力大力补贴当地企业。土地受让价格、排污成本、金融资源的可获取程度，这对企业投资经营成本都造成了十分大的影响，土地受让价格低使得企业能够在项目结束后获取较高的土地溢价，低排污成本让企业能够减少运营成本，而贷款等金融资源越容易获取，企业就可采取越高的杠杆取得更高收益，或是在经营不善时获取金融支持安全度过破产清算危机。而在现行不完善制度下，地方政府恰恰掌握了这些能够大幅影响企业投资经营成本的因素，因而地方政府有能力大力补贴当地企业，促进经济增长。

4.4.1.4 地方政府间竞争性补贴将造成产能过剩

根据上述分析，中国进行分权化改革实际上只是下放了行政权和财政权，而继续实行人事集权，并且这一分权化改革发生在各项经济体制并不完善的背景中。这一分权化道路使得地方政府有动力也有能力大力补贴当地企业以促进当地经济增长。政府低价供地为企业带来大量实质性补贴，较弱的环境监管要求为企业节约大额的环境保护成本，金融预算软约束为企业杠杆经营、转嫁融资成本和风险成本提供条件，这一切都使得企业投资经营的私人成本小于社会成本，并获取大量来自社会财富转移的外部收益，造成企业投资扭曲进而导致产能过剩（江飞涛，2012）。

地方政府补贴严重扭曲了企业实际投资经营成本，造成企业大量投资于一些正常市场环境中无法保持盈亏平衡的项目，而对于某些被大多地方政府视作可带动地方经济增长的行业，地方政府间存在的广泛竞争性补贴，将导致严重产能过剩。地方政府主要通过税收减免、低价供地、为企业提供金融支持以及默许企业不进行排污处理等方面。从时间维度来看，在分税制改革之前，地方政府掌握了较多的财政收入，地方政府的补贴以税收减免为主，在分税制改革之后，地方政府财政收入大大减少，补贴的方式主要以低价供地为主。无论是哪种形式补贴，都会导致企业投资行为的扭曲。在企业正常盈亏平衡点之外，政府再进行补贴，增加了企业的利润，使得企业也愿意投资运营在正常市场环境中处于盈亏平衡点之下的项目，这显然造成了全社会的实际投资规模大于正常市场环境下的规模。特别是巨额的土地补贴，使得企业为获取土地差价带来的巨额利润，草率投资于市场容量已经饱和但具有较大产业带动能力的项目，甚至出现一些实际并不是用于生产而是为获取巨额土地补贴的项目投资。对于那些被大多地方政府视作能够拉动当地经济增长的产业，很容易形成各地方政府在相似的领域进行竞争性补贴，即多个地方政府在相似的产业通过土地补贴、财税补贴、环境弱监管等等方式补贴争抢企业，造成这些少数产业中出现大量不能够正常在市场中盈利的企业，这必然导致大量生产能力闲置，产能严重过剩。

4.4.2　国有企业改革与市场化改革滞后

国有企业改革与市场化改革滞后是导致部分竞争性行业产能过剩的重要原因。中国市场化进程走了一条渐进式道路，体制外改革先行，而国有企业改革相对滞后，特别是某些基础性、支柱性及涉及国家经济命脉的行业，中央政府强调国有经济在其中的控制力、影响力。这一渐进式改革的道路将造成基础性又具竞争属性的行业产能过剩。体制外改革先行，统一的商品市场逐渐形成，劳动力流动性趋强，资本市场逐渐完善，私有产权逐渐受到保护，对民营经济的各项制度性束缚逐渐减弱，民营企业逐渐显现出其天然效率优势，并表现出十分强的竞争力。而国有企业改革相对滞后，国有企业效率迟迟难以得到提升，并且政府强调国有经济在诸如钢铁、有色金属这类基础性同时又是属竞争性的行业中保持"较强影响力"，不断用倾向于国有经济的产业政策保持行业中国有企业所占的比例，这造成了大量低效率的国有企业在市场中却占有较大的市场份额。若这些行业同时又是竞争性行业，则在市场化进程中逐渐显现出效率优势和"狼性"的民营企业将大幅扩张产能，侵占国有企业市场份额，进而造成相对低效率国有企业产能过剩（范林凯等，2015）。

4.4.2.1　增量改革，民营企业进入

为保持在经济中占有主体地位的国有经济基本稳定，中国的市场化改革采取了一条渐进式方式，即不直接对国有经济进行改革，而是先减少各类束缚民间资本的制度，在体制外进行改革。在这一渐进式改革思路下，中国政府着手在多个领域进行了改革：一

是通过各种变通式制度，并逐步制定政策、法律，保障私有产权利益，承认私有产权的合法性；二是逐步允许并鼓励劳动力流动，修改限制劳动力流动的户籍制度及就业制度，推动劳动力市场的一体化进程；三是建立价格的市场化形成机制，培育统一的商品市场和服务市场；四是推动以银行改革为重点的金融改革，推进利率市场化进程，建立有管理的浮动汇率制，逐步促进资本市场的完善。

通过一系列改革，民间资本受到的限制性束缚逐渐减弱，其天然效率优势得以发挥。较国有企业而言，民营企业在历史包袱、企业体制机制等方面具有相对优势，在资金、原材料、劳动力、技术、规模以及准入领域等方面具有相对劣势。但在市场化进程中，民营企业的相对劣势呈逐渐减弱的趋势。如上文所述，中国政府在多个领域进行了市场化改革，承认了民营经济的合法地位，允许民间资本进入诸多原本政策不许进入的领域；劳动力市场的逐步建立，民营企业得以获得较为充足的劳动力；价格形成机制的市场化，特别是统一的商品和服务市场的形成，民营企业得以获取足够的原材料，并能够在市场中以市场化的价格出售产品；金融改革的不断推进，以银行为代表的主要金融机构对民营企业的"歧视"逐渐减弱等等。总体而言，相对于国有企业而言，民营企业具有显然的效率优势，但也受各种制度束缚，在市场化进程中，其受到的各种制度束缚不断随改革而放松，因而在市场化进程中，民营经济的效率优势能够逐渐得以显现。

此外，民营经济逐渐显现的效率优势还与其发展历史的长短有关。随着民营企业自身的发展，其将逐渐积累生产规模、资金、技术、人才、经验等要素，从而弱化国有企业在这些方面的相对优势。并且，随着时间的推移，技术变革特别是一些产业中的快速投产模式的出现，使得民营企业迅速把握商机扩张产能成为可能。

从产能过剩行业的数据来看，考察不同所有制企业的资产利润率，钢铁、电解铝这类行业中非国有企业的盈利能力要高于国有企业，且差距呈逐渐拉大的趋势（见图4-5(b)）。

4.4.2.2 国有企业改革相对滞后，低效率的国有企业在行业中占有较大比重

一方面，国有企业改革相对滞后，国有企业效率迟迟难以得到大幅提升。国有经济在很大程度上仍保留了计划经济下僵化的体制，企业扩张主要依靠大规模的资源投入而非效率提升。并且，国有企业改革往往是通过"放权让利"的方式进行，并没有触及更为根本的产权改革，故而也并没有形成有效的产权约束和预算约束，"内部人控制（insider control）"的现象较为严重，这也导致国有企业效率优势难以提升（吴敬琏，2012）。

另一方面，中央政府强调国有经济在基础性、支柱性行业的"较强影响力"，不断

用倾向于国有企业的政策支持国有企业的发展。在 1998 年《中华人民共和国宪法》修正案规定多种实现形式的公有制为主体、多种所有制共同发展是我国的"基本经济制度"，我国开始了调整国有经济所有制结构的工作（吴敬琏，2012），其中包括的一项重要内容即对国有经济布局进行"有进有退"的调整。国家强调国有经济在一些被视作关系"国计民生"的基础性、支柱性产业中保持"较强控制力"（李荣融，2006），并不断用倾向于国有企业的产业政策、兼并重组政策对这些行业进行宏观调控，保持国有企业在这些行业中的主导地位，甚至出现亏损的山东钢铁（国有）兼并盈利的日照钢铁（民营）的事件。

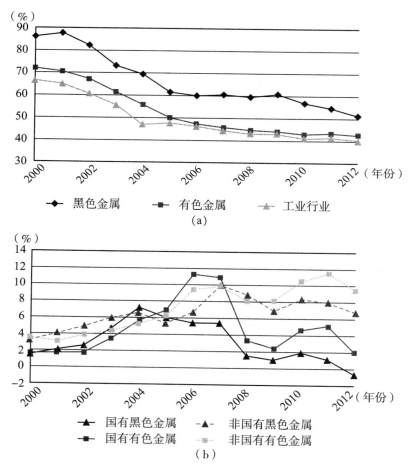

图 4-5　黑色（有色）金属行业国有资产占比（a）及不同所有制企业资产利润率（b）

　　注：根据中经网统计数据库整理所得。其中黑色（有色）金属代表黑色（有色）金属冶炼及压延加工业。

　　在国家政策的支持下，国有企业在行业中保持了较大比重。从黑色金属和有色金属行业的数据来看（见图 4 – 5），黑色金属以及有色金属冶炼及压延加工业国有及国有控股企业资产占全行业资产比重一直都超过工业行业平均水平，特别是黑色金属冶炼及压延加工业，2000 年，其国有及国有控股企业资产占全行业资产比重甚至超过了 80%，在出现多次严重的产能过剩后，国有及国有控股企业资产占全行业资产比重在 2013 年仍居 50% 左右。

4.4.2.3　国企改革与市场化进程滞后导致部分性竞争行业产能过剩

渐进式改革进程中，某些基础性、支柱性行业市场化进程滞后。行业市场化进程滞后是指特定行业受到的体制扭曲或是政策扭曲被改革纠正的进程要滞后于经济体制其他方面的市场化改革进程（如价格形成机制市场化、统一的商品和服务市场逐渐建成、劳动力流动壁垒逐渐破除等等），故而行业内大量低效率的企业将在体制或是政策保护下广泛存在。一方面，对于基础性、支柱性行业，国家强调国有经济在其中保持"较强控制力"，不断用倾向于国有企业的产业政策、兼并重组政策、金融政策等支持国有企业的发展，大量相对低效率的国有企业在政策的支持下继续存活而不必退出市场。而在市场化进程中，体制外改革在不断深入，保护私有产权的法律法规不断完善，市场化的价格形成机制逐渐建立，统一的商品、服务、劳务市场逐渐形成，资本市场也不断完善。因而，从特定时点来看，基础性、支柱性行业市场化进程滞后。

另一方面，部分国家强调国有经济保持"较强控制力"的基础性、支柱性行业也是竞争性行业，典型的行业如钢铁、有色金属行业。从资本、技术、产品特征等角度看，这类竞争性行业本身的准入门槛并不高，行业中的大企业若缺乏效率则难以形成与垄断性行业一般的"护城河"。

对于这类市场化进程滞后的竞争性行业，产能过剩必然会出现，其机制在于大量相对低效率国有企业的存在给市场化进程中逐渐显现出效率优势的民营企业一个较大的盈利预期。而行业本身的特性又不足以维持低效率国有企业的市场地位。国家倾向于国有企业的各项政策使得相对低效率国有企业在行业中占有重要比重，但在经济体制市场化进程不断深入的过程中，特别是体制外改革取得较大进展，使得原本受体制束缚的民营企业在多年的发展中逐渐显现出效率优势，并且，不可忽视的是，这类行业还具有竞争性行业的特性，行业本身竞争属性较强，在这种情况下，受政策扭曲而在行业中占比较大的相对低效率国有企业就像"待宰的羔羊"，具有"狼性"的民营企业将尽力通过各种形式扩张产能，抢占相对低效率国有企业的市场份额，这必然导致产能过剩。竞争性行业市场化进程滞后程度越大，即相对低效率企业在体制、政策扭曲下占有越大的市场空间，则在增量改革速度一定的情况下，产能过剩将越为严重。

4.4.3　补贴性竞争与市场化改革滞后交互强化导致更为严重的产能过剩

如上所述，中国分权化改革道路导致地方政府广泛的竞争性补贴，造成严重产能过剩；中国有先有后的渐进式改革，将导致某些竞争性行业市场化进程滞后，也将进一步造成产能过剩。但分权化改革和渐进式改革之间将会产生交织循环效应以及领域叠加效应，导致更为严重的产能过剩。

4.4.3.1　地方政府间竞争性补贴导致行业市场化进程更加滞后，进而导致更加严重的产能过剩

地方政府并不具备甄选高效率投资者以及有市场前景的投资项目的市场能力，也无需承担项目失败而带来的资本金损失等严重后果，故而地方政府以补贴的方式激励企业到当地投资设厂使得资源流向低效率的个体，在市场政策环境中无法生存的低效率个体在政策的激励下大量涌现，这事实上使得政府重视、愿意以补贴方式招商引资，而行业市场化进程更加滞后。

由上述分析可知，行业市场化进程更加滞后，将导致更为严重的产能过剩，原因在于市场化进程滞后的行业大量低效率企业存在，这给高效率企业扩张产能一个较高的利润预期，故而市场化进程中日益趋强的市场自发纠正扭曲的能力将导致高效率企业扩张产能，进而导致更加严重的产能过剩。

4.4.3.2　渐进式改革中部分竞争性行业市场化进程滞后，为地方政府以补贴方式拉动当地经济增长提供空间

在渐进式改革过程中部分竞争性行业市场化进程滞后，以效率为核心的行业进入壁垒难以形成。诸如钢铁、有色金属这类行业即是竞争性行业，又是中央政府认为应该保持国有经济"较强影响力"的行业，故而在中央政府产业政策、兼并重组政策、金融政策的支持下，大量低效率的国有企业在市场中不断获取较多的资源，保有大规模的产能。这妨碍了大企业自身形成以效率为核心的进入壁垒，大企业往往是那些受政策倾向较多的企业，而非市场自发形成的大企业，故而"大而不强"的现象广泛存在。

以效率为核心的行业进入壁垒难以形成，为地方政府以补贴方式招商引资创造了空间。如上所述，通过非市场化的产业政策、兼并重组政策、金融政策来推动发展的行业难以形成众多"大而强"的企业，在这种情况下，行业中存在大量与"大而不强"的企业效率相似的中小企业，只要政策给予一定的支持，这些中小企业也能够通过扩张产

能而获利。故而，地方政府通过补贴的方式来招商引资，激励企业在当地投资，在这些行业是较为普遍的。

4.4.3.3　交互强化将导致更加严重的产能过剩

行业市场化进程滞后与地方政府间竞争性补贴并存将产生一种交织循环效应，导致严重的产能过剩。地方政府间竞争性补贴导致大量低效率中小企业投资扩张产能，在直接导致产能过剩的同时也使得行业市场化进程更加滞后、行业集中度更低，中央政府发现大量低效率中小企业在市场中广泛存在，则冀图通过产业政策、兼并重组政策、金融政策等来推动行业中大企业的形成，但往往这些政策倾向于国有企业，并且政府难以有发现高效率个体的能力，这进一步造成行业市场化进程更加滞后，并且中央政府的这一行为导致了大量"大而不强"的企业出现，这在直接造成产能过剩的同时，反过来又为地方政府创造以补贴方式招商引资、拉动地方经济增长的空间。因而，地方政府间竞争性补贴会导致行业市场化进程更加滞后，行业市场化进程更加滞后又为地方政府间竞争性补贴带来空间，存在一种交织循环的效应，造成严重产能过剩。

此外，地方政府间竞争性补贴与中央政府导致的行业市场化进程滞后之间还存在一种领域叠加效应。地方政府希望通过补贴方式刺激投资、拉动经济增长的行业是那些基础性或是带动能力强的支柱产业，而中央政府希望国有经济保持"较强影响力"的行业也是基础性、支柱性产业，故而这些领域是相似的，很容易因领域叠加而形成共振，造成十分严重的产能过剩。这在钢铁、有色金属这类行业较为典型，其资本较为密集，带动就业规模也较为庞大，许多地方政府希望能够将这些行业发展成当地的支柱产业，而另一方面，中央政府也一直在强调在这些行业中国有企业的"较强影响力"，不断用倾向于国有企业的政策支持行业中国有大企业的发展。通过上文分析可知，这二者都会造成产能过剩，故而会产生一个叠加效应，造成十分严重的产能过剩。

中国从计划经济体制转向市场经济体制，走了一条"摸着石头过河"的道路，通过部分下放中央政府权力激励地方政府消除不完善经济体制给经济的束缚，通过体制外的增量式改革激活民间资本的活力并保证国有经济的基本稳定。但这条市场化改革道路在取得巨大成就的同时也造成了中国工业长期存在的产能过剩。中国市场化改革与产能过剩关系逻辑，见图4-6。

（1）中国特色的分权化改革造成地方政府补贴扭曲企业的投资行为，造成产能过剩。中央政府下放行政、财政权，并保留人事集权，为地方政府提供了以投资补贴方式发展当地经济的动力，而土地、环境、金融等相关制度的不完善，为地方政府进行投资补贴行为提供了基础。地方政府有动力、有能力对能够拉动当地经济的企业进行投资补贴，这扭曲了企业的投资行为，在某些对于大多数区域而言都能够带动当地经济增长的产业，则将存在地方政府间竞争性补贴，这导致了严重的产能过剩。

（2）有先有后的渐进式改革道路，导致部分竞争性行业市场化进程滞后，不断随市场化进程深入而增强的市场纠正扭曲的力量将导致相对高效率的企业扩张产能，造成产能过剩。体制外改革先行，而国有企业改革滞后，并且中央政府强调国有经济在某些基础性、支柱性行业保持"较强控制力"，这导致这些行业市场化进程滞后，大量相对低效率的国有企业在市场中占有较大比例。对于市场化进程滞后的竞争性行业，如钢铁、有色金属这类行业，大量民营企业在不完善经济体制对其束缚减弱后将大规模扩张产能，抢占低效率国有企业的市场份额，造成产能过剩。

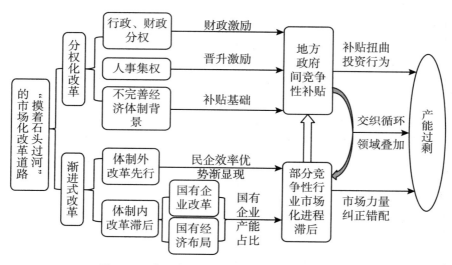

图 4 - 6　中国市场化改革与产能过剩关系逻辑图

（3）分权化改革与渐进式改革一起还将造成"交织循环"效应以及"领域叠加"效应，造成更加严重的产能过剩。地方政府间竞争性补贴造成大量低效率企业在行业中存在，使得行业市场化进程滞后程度更加严重；而行业市场化进程越加滞后，及行业中存在越多大量低效率企业（行业中以效率为核心的进入壁垒未能形成），为地方政府补贴拉动投资行为创造空间，地方政府无需花费过多的投资补贴便能吸引更多的企业投资。这形成了"交织循环"效应，造成更加严重的产能过剩。此外，对于基础性、支柱性行业，其既是地方政府希望补贴的行业，也是中央政府希望国有经济保持"较强控制力"的行业，故而这两方面力量将叠加在一起，造成十分严重的产能过剩。

从中国市场化改革角度出发理解产能过剩，就可以理解中国式产能过剩呈现出的诸多特征。①长期存在的特征。市场化改革是一个循序渐进的过程，只要造成地方政府间竞争性补贴以及竞争性行业市场化进程滞后的体制基础不改，则产能过剩将长期出现。②新兴产业中也出现严重产能过剩的特征。光伏这类新兴产业严重产能过剩主要是由地方政府间竞争性补贴造成的。相对于市场中的企业而言，地方政府缺乏辨别行业市场前景的能力，但却掌握着巨额补贴流向什么行业、什么领域的权利。对于光伏行业，在发展初期，全国许多地方政府大力扶持光伏企业，以低价供地、财税优惠、默许污染等形式给予企业巨额的补贴，扭曲了企业的投资决策行为，造成光伏产业缺乏市场支撑的迅猛增长，导致严重的产能过剩。③行业一边过剩、政府一边治理、企业一边投资的特征。从体制角度来看，需求下降并非必要条件，转轨经济中的体制特征造成企业争相投资也将造成严重的产能过剩。由转轨经济体制特征驱动的产能过剩，或者是受地方政府间竞争性补贴造成的，或者是由于竞争性行业市场化进程滞后导致的，或者是受这二者共同驱动。而这类原因导致的产能过剩中，只要地方政府继续给予足够补贴，或是随着市场化进程的不断深入体制外的企业效率进一步提高，即使存在产能过剩，企业也将继续大规模投资扩张产能。中央政府的治理政策并没有触及转轨经济体制特征，其只是给企业投资增加了部分成本，只要地方政府增加补贴、市场化进程中体制外企业效率进一步改善，都无法阻挡企业扩张产能的意愿。

4.5 不当的产能过剩治理政策和产业政策

不当的产能过剩治理政策和产业政策导致更为严重的产能过剩，主要包括如下三个方面：产能投资管制政策事实上加重了产能过剩严重程度；"一过剩就治理"的产能过剩治理模式激发企业策略性投资行为；"扶大限小"的产业政策加重了产能过剩程度。

4.5.1 产能投资管制政策事实上加重了产能过剩严重程度

严重产能过剩导致了资源浪费，政府不得不采取一些"有力"政策治理产能过剩，其中，最为典型的政策是产能管制政策，即企业新扩张产能或是新企业设立均需要通过中央政府的审批核准后才可进行。如在 2002 年颁布的《国务院办公厅转发国家计委、国家经贸委〈关于制止电解铝行业重复建设势头意见的通知〉》中指出"对电解铝新建项目，一律按项目性质和审批程序报国家计委和国家经贸委审批"。2006 年《关于钢铁工业控制总量淘汰落后加快结构调整的通知》中指出"原则上不批准新建钢铁企业，个别结合搬迁、淘汰落后的项目也要从严掌握"，以及在国家发改委 2007 年颁布的《铝行业准入条件》中指出"近期只核准环保改造项目及国家规划的淘汰落后生产能力置换项目"等条例，中央政府都意图用行政审批的方式（即产能管制）控制行业的新建产能项目的总规模。

然而，用于治理产能过剩的产能管制政策从长期来看并不能发挥其预想的作用，反而使产能过剩愈加难以治理，其原因在于产能管制在控制企业投资的同时，也给行业带来一种新的扭曲力量，并且这种扭曲力量在地方行政分权的模式下很容易被突破（范林凯，2015）。从本质上来看，产能管制政策给企业新扩张产能增加了一项制度成本，这项制度成本类似于企业投资的沉没成本。一方面，产能管制政策较为严格，制度成本较大，沉没成本也相应较大，企业投资意愿降低，这缓解了产能过剩压力。另一方面，产能管制政策事实上造成了一种新的扭曲，其使得行业中低效率企业继续存活下去，在经济体制市场化进程不断深入的过程中，相对高效率的民营企业受到的制度束缚不断减弱，其在市场化进程中，产能管制使得行业市场化进程更加滞后，而市场自发纠正扭曲的力量又不断增强，企业常常能够在地方政府的帮助下突破制度壁垒和审批壁垒，扩张产能，故而从行业市场化进程滞后的角度来看，产能管制事实上使得产能过剩更加严重。可以证明，在一个较长的时期，产能管制政策无法减缓产能过剩，反而使得行业在出现同样严重程度的产能过剩的同时，积累大量潜在产能过剩风险，即一旦放松产能管制政策将出现更加严重的产能过剩（范林凯等，2015）。

4.5.2 "一过剩就治理"的产能过剩治理模式激发企业策略性投资行为

从产能过剩的治理时间来看，政府在认为出现了或是即将出现产能过剩时，就用政策进行干预治理。这种"一过剩就治理"的模式会激发企业的策略性投资行为，进而导致更加严重的产能过剩。

"一过剩就治理"的治理模式为企业投资提供了一种保险机制，激发其加快速度、加大规模的策略性投资行为。企业投资决策行为建立在其对未来市场需求及竞争情况的判断之上，企业对未来市场需求的判断乐观并且判断行业中企业产能扩张不至于过多，则将扩张产能，挣取更多利润，如若判断失误，则企业新扩张的产能难以找到销路，需承担一定的损失。在这种投资责任自担的情形中，企业会根据实际情况谨慎投资。但"一过剩就治理"的模式为企业的投资提供了保险。在"一过剩就治理"的模式下，企业进行投资后，若未来市场的需求情况不及预期，即市场中出现了过多的、未利用的产能，政府即开始用各项政策治理产能过剩。政府治理产能过剩的方式主要包括市场准入政策、落后产能淘汰政策、企业兼并重组政策以及财税金融配套政策等。这些方式的治理政策都使得企业投资的风险外部化：市场准入政策使得企业能够在较长的时间里较少的受到市场外来竞争者的"挤压"，落后产能淘汰政策使得不被淘汰的企业得以享受产能淘汰后一段时间里的较高利润，兼并重组政策往往是政府驱动大企业兼并小企业，财税金融配套政策则将为过剩企业提供支持，帮助企业度过危机。因而，这些治理政策承担了本因由企业自身承担的投资决策失误的责任，让企业面临的市场风险外部化。这种治理模式使得企业在市场情况好时享受十分高的利润水平，在市场情况糟糕时也能在政策的支持下度过危机，这将激励企业投资于原本就不看好的项目，大胆激进地进行投资，并加快产能投资进展速度，避免在政府实施管制时被政府暂停项目建设。

4.5.3 "扶大限小"的产业政策加重了产能过剩程度

中国的产业政策具有"扶大限小"的倾向，倾向于保护在位的大型企业，特别是中央级大型企业，而限制中小企业参与市场竞争（李平等，2015）。这类政策往往以"充分利用规模经济，打造具有国际竞争力的大型企业集团；提高市场集中度，避免过度竞争"为依据，制定有利于在位大型企业的发展规划、项目审批及核准条件、准入条件等，并在审批制度执行过程中优先考虑国有大型企业的投资项目，甚至在产能过剩行业将规模作为标准之一淘汰已有产能。

这种具有"扶大限小"倾向的产业政策导致企业为符合政策要求、寻求政策支持或是规避政策风险而策略性扩张产能的行为。大型企业可以获得比中小企业更加优厚的政策支持，能够更加灵活的扩张产能，捕捉市场机会，并争取中央、地方政府的税收支持、土地优惠等，也能够避免在出现行业性产能过剩时成为政府行政淘汰的对象，因而在这种政策背景下，中小企业有非市场的激励扩张产能，即企业扩张产能将不再受市场的驱动，而仅仅是为了获取政策上的优惠，这严重扭曲了企业的投资行为。从一个行业角度来看，众多中小企业都希望扩张产能成为大型企业，在位大型企业也希望继续扩张产能保持其大企业的地位，这就造成了所有企业"争先恐后"不顾市场情况扩张产能，造成严重的产能过剩。

4.6 本章小结

当前我国的产能过剩具有长期性、全面性的特征，不仅在传统行业中发生，近些年也延续到了新兴产业。此外,中国的产能过剩还具有一个奇怪的现象,即产能一边过剩,政府一边治理,企业一边投资。中国现阶段严重的产能过剩是"周期性"因素、"体制性"和"政策性"因素叠加的结果。

本章全面总结分析了导致产能过剩的体制机制方面的原因。同时课题组认为,第二次工业革命所形成的以流水线为代表的生产组织方式是产能过剩形成的技术基础。这样一种生产范式与特定的体制机制结合在一起,推动了广泛而持久的产能过剩的形成。令人高兴的是,方兴未艾的新一轮技术革命和产业变革不仅促进社会生产力的飞跃,而且正在重塑制造业生产体系,为我国从根本上打破"产能扩张—产能过剩—化解产能过剩—产能再扩张"的恶性循环带来了不容失去的战略机遇。

5

地方政府用地行为、企业过度投资与产能过剩

产能过剩一直是困扰中国经济运行的痼疾,而制度扭曲下企业的过度投资是产能过剩形成的微观基础。地方政府扭曲生产要素价格为企业提供投资补贴是导致企业过度投资的重要原因。以分权为核心的财政体制和以 GDP 增长为核心的政绩考核机制使得中国地方政府具有很大的动力干预地方经济发展,而压低生产要素价格以吸引企业投资是其主要干预手段。地方政府在土地交易的一级市场占据垄断地位,能够控制工业用地价格,而且工业用地的使用成本是工业企业最主要的生产成本之一,所以,地方政府向企业提供廉价工业用地成为可行的,并且具有吸引力的招商引资优惠政策。随着地方政府间工业用地价格竞次式竞争日趋激烈,从最初的适当压低出让价格,以成本价格向企业供地,逐渐发展到以低于成本价格甚至"零地价"向企业供地,由此逐渐导致中国工业用地价格的扭曲(Baldwin,2006;Cao 等,2008;Devereux 等,2008;Wu 等,2014)。工业用地价格的严重扭曲会对企业的投资行为产生较为严重的扭曲效应。北京大学中国经济研究中心宏观组(2004)、陶然等(2009)分析指出,工业用地价格扭曲会降低私人投资成本,从而导致固定资产投资的激增。在此基础上,江飞涛等(2009;2012)、耿强等(2011)深入分析了其微观影响机制,指出工业用地价格扭曲会对企业产生实质性的补贴效应,导致企业投资成本和风险的外部化,从而扭曲了企业投资行为,使得企业过度投资。

本章首先探讨了中国地方政府用地行为模式,并试图通过建立非合作博弈模型分析地区间工业用地价格竞次导致工业用地价格扭曲的具体路径,进而从理论上分析工业用地价格扭曲对企业过度投资以及行业性产能过剩的影响。在此基础上,通过实证分析提供工业用地价格扭曲促进企业过度投资的经验性证据。

5.1　我国地方政府用地行为分析

5.1.1　地方政府的土地征收行为和差异化出让策略

1982 年《中华人民共和国宪法》第 10 条规定，"城市的土地属于国家所有。农村和城市郊区的土地，除由法律规定属于国家所有的以外，属于集体所有；宅基地和自留地、自留山，也属于集体所有"。中国实行的是土地双轨所有制，即全民所有制和集体所有制并存，城市土地归国家所有，农村土地归村集体所有。1998 年《中华人民共和国土地管理法》第 43 条和第 63 条规定，"任何单位和个人进行建设，需要使用土地的，必须依法申请使用国有土地"；"农民集体所有的土地的使用权不得出让、转让或者出租用于非农业建设"。这实际上表明，在城市建设过程中所使用土地的产权性质必须为国家所有而不能为集体所有。2004 年《中华人民共和国土地管理法》第 2 条又规定，"国家为了公共利益的需要，可以依法对土地实行征收或者征用并给予补偿"。这意味着，在城市建设的过程中需要占用集体土地时，首先必须改变集体土地的产权性质，将村集体所有转变为国家所有，这个过程即是土地征收，这是集体土地进入一级市场的唯一合法途径（左翔和殷醒民，2013）。然而，相关法律并没有对"公共利益"的内涵和外延这一土地征收的唯一条件作出明确规定，在实际操作中，不管是属于公益类型的城市基础设施建设需要，还是属于非公益类型的工业园区建设和商住开发需求，只要获得上级政府的批准，就可以进行土地征收（陶然等，2009）。土地征收的权力是由国家垄断的。作为一种政府行政行为，在特定辖区内，地方政府代表国家行使着土地征收的权力（孙秀林等、周飞舟，2013）。因此，地方政府在土地交易的一级市场上占据了垄断地位，是辖区内集体土地唯一的收购方，也是商住用地和工业用地唯一的供应方。

值得注意的是，虽然地方政府在土地征收时会对土地原使用者给予补偿，但是在补偿标准的制定方面，农民和村集体并没有很多话语权和讨价还价的能力，在土地征收的过程中均处于弱势从属地位。1998 年《中华人民共和国土地管理法》第 47 条规定，征地补偿标准按照被征用土地的原用途来确定，具体来看，征用耕地的补偿费用包括土地补偿费、安置补助费以及地上附着物和青苗的补偿费，其中：①土地补偿费，为该耕地被征用前 3 年平均年产值的 6 ~ 10 倍；②安置补助费，按照需要安置的农业人口数计算，每一个需要安置的农业人口的安置补助费标准，为该耕地被征用前3年平均年产值的4～6倍，且每公顷被征用耕地的安置补助费，最高不得超过被征用前3年平均年产值的15倍。由于农业产值水平相对较低，造成征地补偿水平也相对较低，导致地方政府能够以相对较低的成本从农民和村集体那里获得集体土地。而另一方面，地方政府将集体土地转化为国有土地，并用于非农业建设后，土地可成几倍乃至十几倍的增值，地方政府由此获得这中间的巨大差价（孙秀林等、周飞舟，2013）。

在完成土地产权性质变更之后，地方政府会对土地进行平整和基础设施建设，如"三通一平"、"五通一平"、"七通一平"等，然后将土地使用权出让给土地使用者。针对土地用途的不同，地方政府会采取差异化的土地出让策略：对用于商业住宅开发的土地，地方政府会采用招标、拍卖和挂牌这类极具竞争性的方式进行出让以最大化土地出让收入；对用于工业建设的土地，地方政府会以超低价、亏本价，甚至"零地价"协议出让给工业企业，以吸引外来企业投资。2006年国土资源部发布的《全国工业用地出让最低价标准》首次规定工业用地必须采用招标、拍卖和挂牌方式出让，其出让底价和成交价格均不得低于所在地土地等别的最低价标准。但是，很多地方政府为了吸引投资而打起擦边球，在工业用地出让中进行有事先意向的挂牌出让，显著压低了土地出让金，一些地方政府甚至会在出让后把部分出让金按投资额返还给企业（陶然等，2009）。

5.1.2　差异化土地出让策略的财政激励和政治激励

针对商住用地和工业用地的出让，地方政府所采取的出让策略为何会表现出如何巨大的差异？要解释地方政府的这种看似自相矛盾的行为模式，必须要从地方政府在土地出让过程中的财政激励和政治激励的角度来进行深入分析。

从财政激励的角度看，1994年中国进行分税制改革以后，中央政府与地方政府按税种划分税收收入，分为中央税、地方税、共享税。增值税、企业所得税和个人所得税都属于共享税，增值税按75%:25%的比例在中央与地方之间分成，企业所得税和个人所得税按60%:40%的比例在中央与地方之间分成。地方政府财政收入比重大幅下降，而支出责任却基本不变，这使地方政府面临着巨大的财政缺口，迫使其寻找新的财政收入来源，而土地出让金在分税制改革以后不再上缴中央财政，而是作为地方财政的固定收入全部划归地方所有，自此土地出让金成为地方政府预算外收入的主体部分，成为地方政府的主要经营对象（张莉等，2011）。许多研究指出，地方政府倾向于通过高地价获得高额土地出让金，以缓解分税制改革后的地方财政压力（曹广忠等，2007；陶然等，2007；周飞舟，2007；陶然等，2009；张莉等，2011）。这也就可以很好地解释地方政府通过招标、拍卖和挂牌等竞争性较高的方式高价出让商住用地的行为动机。此外，许多调查研究表明，地方官员普遍认识到发展制造业可以带动人口聚集，拉动消费，推动商业服务业的发展。一方面，地方政府可以由此获取企业所得税、增值税和营业税等长期稳定财源；另一方面，这能够增加商住用地需求，为地方政府带来更高的商住用地出让金收入。因此，制造业被视为辖区经济发展的重要基础，制造业企业投资也就成为各地方政府重点引进的对象。制造业企业面临着国内外的激烈竞争，对土地、劳动力、能源等生产要素成本非常敏感，且具有缺乏区位特质性的特点，所以制造业企业很容易进行区位转移，即向生产要素成本更低的地区转移（陶然等，2009）。基于制造业企业的这种流动性特点，各地方政府竞相在提供廉价工业用地、减免企业所得税、放松环境管制和劳工标准等方面开出更加优惠的投资补贴政策，以吸引制造业企业到当地投资。因此，地方政府通过协议方式向企业低价出让工业用地，不仅可以通过吸引企业投资以获取企业所得税、增值税和营业税，带来一个比较稳定的未来财政收入流，还可以通过辖区制造业的发展对服务业产生推动效应，增加与之相关的商住用地出让金收入。

显然，财政激励是地方政府行为激励的重要组成部分，是理解中国地方政府分税制改革以来的差异化土地出让策略的一个重要视角，但财政激励仍然无法很好地解释地方政府的一些行为。例如，在目前的财政体制下地方政府争夺制造业投资所产生的财政收入中，增值税和企业所得税都属于共享税，且大部分税收被中央政府拿走，在这种情况下仍用财政税收激励来解释地方政府低价出让工业用地以吸引制造业企业投资的行为，显然缺乏说服力。经调查发现，很多地方政府非但没有将共享税留成部分作为地方财政收入来源，反而是将共享税的地方政府留成部分部分返还或者全额返还给企业，以吸引企业投资。因此，虽然不能完全否定财政激励在地方政府低价出让工业用地以吸引企业投资这一行为中的作用，但是这种行为背后的主要激励显然不是单纯的财政激励。此外，财政激励也无法解释我国地方政府之间选择竞争而非合作的行为动机。很多地区在明显要亏损的预期下仍然大量引进投资项目，在我国长期存在的重复建设和同质化竞争中，各个地区带有明显的"相互攀比"和"相互较劲"的色彩，这显然不能用简单的财政激励来理解（周黎安，2004）。

实际上，地方政府的行为模式不仅受到财政激励的影响，还面临着政治激励的约束，地方政府官员会对政治激励做出理性的反应（刘瑞明和白永秀，2010；徐现祥和王贤彬，2010；张莉等，2011）。周黎安（2004）即指出地方政府官员之间选择竞争而非合作的主要原因并不在于地方政府的财政激励，而在于嵌入在财政激励之中的政治激励。从 20 世纪 80 年代初以来，中国地方政府官员的政治晋升标准由过去的以政治表现为主逐渐变为以经济绩效为主。在地方政府官员之间的政治晋升博弈中，一个人晋升将直接降低另一个人晋升的机会，参与者面临的是一个零和博弈（周黎安，2004）。因此，地方政府官员关注的重点并不在于本辖区经济绩效本身的高低，而在于本辖区经济绩效与竞争者所在辖区经济绩效的相对位次。相反，如果地方政府之间选择合作，虽然能够创造共同利益，使辖区经济绩效均得到提高，但是不利于在经济绩效相对位次的竞争中取得领先地位。因此，结果就造成了地方政府官员为使其所在辖区经济绩效处于相对领先位次而进行了激烈的竞争而非合作。中国的经济增长是依靠投资驱动的，因此，招商引资就成为地方政府官员发展辖区经济、参与竞争的主要手段（张莉等，2011）。地方政府官员招商引资的手段除了税费优惠、降低劳工标准、放松环境监管标准、提供财政补贴等之外，工业用地作为重要的生产要素，各地方政府以更低的价格向企业提供工业用地，以吸引外来企业投资，成为地方政府之间进行竞争的重要手段。这就解释了为什么地方政府会以超低价、亏本价，甚至"零地价"协议出让工业用地给企业。

5.2　地方政府间工业用地价格竞次的非合作博弈分析

各地方政府为了吸引外来企业投资而压低工业用地价格，展开激烈的工业用地价格竞次，是一个典型的非合作博弈问题。在前述地方政府用地行为分析的基础上，通过对招商引资活动中地方政府间的工业用地价格竞次进行博弈分析，可以更加直观地对地方政府这种"从最初的适当压低出让价格，以成本价格向企业供地，逐渐发展到以低于成本价格甚至'零地价'向企业供地"的具体路径和"工业用地价格严重扭曲"的最终结果进行深入剖析和清晰解释。

5.2.1　博弈模型的假定

依据前述地方政府用地行为分析的结论，参考张清勇（2006）、李俊丽（2008）的研究，针对地方政府和工业企业提出如下博弈分析的假设：

（1）地方政府参与竞争的目标是使招商引资收益最大化；

（2）参与招商引资竞争的地方政府为 A 和 B，它们在税收、劳动力素质、生态环境、政府服务、基础设施、交通等有关投资环境的条件上基本一致，出让的工业用地质量亦没有明显差别；

（3）地方政府能够垄断本辖区的工业用地出让，并在很大区间范围内自由确定工业用地出让价格；

（4）地方政府间吸引企业投资的主要竞争手段是降低工业用地出让价格，并各有两种策略选择：降价和不降价，地方政府间的博弈是非合作博弈；

（5）企业对工业用地价格水平很敏感，在其他条件基本一致的情况下，企业会选择入驻工业用地价格最低的地区。

5.2.2　博弈模型的描述

令地方政府 A 与 B 争夺的投资项目的收益为 R，其中包括工业用地出让金收益 R_1 和招商引资带来的资本、技术、人才、税收、就业等效应产生的收益 R_2，即 $R = R_1 + R_2$。其中，土地出让金收益 $R_1 = (P - C) \times T$，P 代表工业用地出让的市场价格，C 代表工业用地开发成本价格，且有 $P > C$，T 代表地方政府出让给企业的工业用地面积。令地方政府每一次降低工业用地价格的幅度都很小，用 d 表示。

由张清勇（2006）的合理性假设可知，如果地方政府 A 与 B 的工业用地出让价格是相同的，企业就会随机选择投资目的地，即两地获得项目的概率都为 0.5；如果其中一方的工业用地出让价格更低，则企业就会选择该地区进行投资，即该地区获得项目的概率为 1。

5.2.3　博弈模型的得益矩阵及纳什均衡解

根据上述假定和描述，当地方政府 A 与 B 都不降低工业用地价格，即以市场价格出让工业用地时，两地的期望收益均为 $\dfrac{(P - C) \times T + R_2}{2}$；当其中一方降低工业用地价格，另一方不降低工业用地价格时，降价一方的期望收益为 $(P - d - C) \times T + R_2$，不降价一方的期望收益为 0；当地方政府 A 与 B 都降低工业用地价格时，两地的期望收益均为 $\dfrac{(P - d - C) \times T + R_2}{2}$。这样就形成了博弈得益矩阵，见表 5 - 1。

表 5-1 　　　　　　　　　　　　　　第 1 次降价的博弈得益矩阵

地方政府 B

		不降价	降价
地方政府 A	不降价	$\dfrac{(P-C)\times T+R_2}{2},$ $\dfrac{(P-C)\times T+R_2}{2}$	$0,\ (P-d-C)\times T+R_2$
	降价	$(P-d-C)\times T+R_2,\ 0$	$\dfrac{(P-d-C)\times T+R_2}{2},$ $\dfrac{(P-d-C)\times T+R_2}{2}$

当地方政府 B 选择不降价时，地方政府 A 不降价的期望收益为 $\dfrac{(P-C)\times T+R_2}{2}$，地方政府 A 降价的期望收益为 $(P-d-C)\times T+R_2$，且有

$$(P-d-C)\times T+R_2-\frac{(P-C)\times T+R_2}{2}=\frac{(P-2d-C)\times T+R_2}{2} \tag{5-1}$$

又由于 $P>C$，d 为极小值，所以有 $P-2d-C>0$，则有：

$$\frac{(P-2d-C)\times T+R_2}{2}>0 \tag{5-2}$$

即有：

$$(P-d-C)\times T+R_2-\frac{(P-C)\times T+R_2}{2}>0 \tag{5-3}$$

因此，

$$(P-d-C)\times T+R_2>\frac{(P-C)\times T+R_2}{2} \tag{5-4}$$

所以，当地方政府 B 选择不降价时，地方政府 A 会选择降价。

当地方政府 B 选择降价时，地方政府 A 不降价的期望收益为 0，地方政府 A 降价的期望收益为 $\dfrac{(P-d-C)\times T+R_2}{2}$，由于 $P-d-C>0$，则有 $\dfrac{(P-d-C)\times T+R_2}{2}>0$。所以，当地方政府 B 选择降价时，地方政府 A 仍会选择降价。换言之，地方政府 A 在地方政府 B 采取不同策略下始终会选择降价。由于地方政府 A 和 B 是对称的，所以地方政府 B 在地方政府 A 采取不同策略下也始终会选择降价。由此可知，（降价，降价）是该博弈的纳什均衡解。

在第 1 次降价之后，地方政府 A 和 B 都有激励进行第 2 次、第 3 次，乃至持续到第

n 次的降价，即地方政府 A 和 B 为了吸引外来企业投资，竞相降低工业用地价格，进行工业用地价格竞次。第 n 次降价的博弈得益矩阵见表 5 - 2。

表 5 - 2　　　　　　　　　　　　第 n 次降价的博弈得益矩阵

地方政府 B

		不降价	降价
地方政府 A	不降价	$\dfrac{[P-(n-1)d-C]\times T+R_2}{2}$, $\dfrac{[P-(n-1)d-C]\times T+R_2}{2}$	0, $(P-nd-C)\times T+R_2$
	降价	$(P-nd-C)\times T+R_2$, 0	$\dfrac{(P-nd-C)\times T+R_2}{2}$, $\dfrac{(P-nd-C)\times T+R_2}{2}$

当地方政府 B 选择不降价时，地方政府 A 不降价的期望收益为 $\dfrac{[P-(n-1)d-C]\times T+R_2}{2}$，地方政府 A 降价的期望收益为 $(P-nd-C)\times T+R_2$；当地方政府 B 选择降价时，地方政府 A 不降价的期望收益为 0，地方政府 A 降价的期望收益为 $\dfrac{(P-nd-C)\times T+R_2}{2}$。因此，与第 1 次降价同理，当满足以下条件时，（降价，降价）即是第 n 次降价博弈的纳什均衡解，即地方政府 A 和 B 第 n 次一起降价就会发生：

$$\begin{cases} (P-nd-C)\times T+R_2 > \dfrac{[P-(n-1)d-C]\times T+R_2}{2} \\ \dfrac{(P-nd-C)\times T+R_2}{2} > 0 \end{cases} \quad (5-5)$$

简化之，得：

$$\begin{cases} \dfrac{[P-(n+1)d-C]\times T+R_2}{2} > 0 \\ \dfrac{(P-nd-C)\times T+R_2}{2} > 0 \end{cases} \quad (5-6)$$

由于 d 为极小值，所以当满足 $\dfrac{(P-nd-C)\times T+R_2}{2} > 0$ 即是第 n 次博弈达到纳什均衡解的条件。

当 $P-nd=C$，即工业用地价格降低至成本价格时，有：

$$\frac{[P-(n+1)d-C]\times T+R_2}{2}=\frac{-dT+R_2}{2} \qquad (5-7)$$

因此，当 $R_2>dT$ 时，第 $n=\dfrac{P-C}{d}$ 次降价博弈即会达到纳什均衡解，即工业用地价格会降低至成本价格。

当 $P-nd=0$，即工业用地价格降低至"零地价"时，有

$$\frac{[P-(n+1)d-C]\times T+R_2}{2}=\frac{-(d+C)\times T+R_2}{2} \qquad (5-8)$$

因此，当 $R_2>(d+C)\times T$ 时，第 $n=\dfrac{P}{d}$ 次降价博弈即会达到纳什均衡解，即工业用地价格会降低至"零地价"。

令 $\dfrac{(P-nd-C)\times T+R_2}{2}=0$，可得：

$$P-(n-1)d=d+C-\frac{R_2}{T}\approx C-\frac{R_2}{T} \qquad (5-9)$$

因此，地方政府 A 和 B 之间进行的工业用地价格竞次的最终底价为 $C-\dfrac{R_2}{T}$。由此可见，只要 R_2 足够大，工业用地价格甚至可以为负值。

依据前述地方政府用地行为分析可知，地方政府官员受政治晋升激励的约束，地方政府更加重视招商引资所带来的对资本、技术、人才、税收、就业等方面的溢出效应产生的收益 R_2，也是政治晋升考核中的经济绩效指标的关键组成部分，因此这部分收益可能是相当可观的。因此，地方政府不惜降低工业用地出让价格，以成本价格，甚至"零地价"向企业供地，直到打到底线。本书通过建立非合作博弈模型对地方政府间的工业用地价格竞次行为和工业用地价格的严重扭曲进行了深入剖析和清晰解释，为下一步研究工业用地价格扭曲对企业过度投资的影响机制建立了基础。

5.3 工业用地价格扭曲与企业过度投资之间关系的理论模型

5.3.1 模型建立的思路

要建立模型分析工业用地价格扭曲对企业过度投资的影响，首先必须对制度环境因素影响下的中国企业投资行为模式有一个清晰的认识。周黎安（2004）在研究重复建设

问题时提出这样的疑问：如果地方重复投资只是为了寻求高额利润和相应的税收利益，那么为什么有些地区在预期会亏损的情况下仍然要进行过度投资？他指出地方官员之间的政治晋升竞争会促使地区间进行竞争而非合作，由此导致这种亏损预期下的过度投资。但是，该研究并没有进一步解释：企业为什么会愿意投资于预期会亏损的项目？此外，正处于经济转轨时期的中国企业常常被冠以"投资冲动"或"投资膨胀"等非理性标签，那么，企业投资于预期会亏损的项目是出于非理性吗？

自 1994 年实施分税制改革以后，特别是加入世界贸易组织以来，中国国内市场一体化进程明显加快，与此同时，国有企业的改制和政企分开也在不断推进，地方政府参与经济的方式和地区竞争模式也随之发生变化。一方面，地方政府对本地所有的地方国有企业和乡镇企业提供各种形式支持的力度和直接干预企业投资决策的能力都在不断减弱。企业逐渐成为自主经营、自负盈亏的经济主体，企业是否对项目进行投资主要取决于收益成本原则。因此，在地方政府直接干预下企业投资于绝对亏损项目的情况不可能成为中国企业的普遍现象。另一方面，地方政府转而采取一种间接干预方式参与经济发展，通过控制要素市场，压低生产要素价格以吸引外来企业投资。就工业用地而言，地区工业用地价格扭曲会对入驻该地区的企业造成实质性补贴效应。在项目投资的初期，入驻企业以低价获取工业用地可以降低其土地使用权购置成本，这可以视为对入驻企业最直接的投资补贴；在项目实施的过程中，企业以高于土地使用权购置成本的市场价格将工业用地抵押给银行，获取大量银行低息贷款，这为企业降低了资金使用成本，也可以视为是对企业进行的投资补贴；在项目结束以后，企业可以以远高于获取成本的市场价格对土地使用权进行转让，巨大的中间价差为企业创造了额外巨额收益，形成对企业投资的巨额实质性补贴（江飞涛和曹建海，2009）。甚至许多不具备从事工业生产经营条件的企业都会冒着亏损风险积极进入工业领域，实际上都是冲着工业用地而来，其根本目的是获得工业土地增值所带来的超额利润（曹建海，2005）。换言之，只要工业用地价格扭曲所带来的实质性补贴能够超过或者弥补亏损，企业就有激励投资于预期要亏损的工业项目，导致过度投资。这里所说的亏损只是项目的相对亏损，而非企业的绝对亏损。所以，企业看似不理性的过度投资行为可能并不是因为企业的非理性，而是企业对工业用地价格扭曲所产生的实质性补贴的理性反应。

根据新古典投资理论，为了实现企业价值最大化，企业会选择所有净现值为正值的投资项目，若将可供企业投资选择的项目按照净现值由大到小进行排序，那么企业的投资决策点应该位于净现值等于 0 处，即企业不会放弃任何有利可图的投资机会（余明桂等，2013）。一些学者使用信息经济学理论来解释企业过度投资的形成机制。Myers（1984）、Myers 和 Majluf（1984）认为，企业的外部投资者与内部经理之间对企业现有资产价值或投资项目的预期现金流收益存在信息不对称，企业为投资项目所发行的股票价值有可能被外部投资者高估。Narayanan（1988）、Heinkel 和 Zechner（1990）指出，当股票价值高估所带来的收益能够弥补投资于净现值为负值的项目所造成的损失时，企业就会存在一个为负值的净现值投资决策点，所有高于该净现值的项目都会被接受，导致企业过度投资（潘敏和金岩，2003）。在本书的研究中，工业用地价格扭曲所产生的实质性补贴亦能够弥补投资于净现值为负值的项目所产生的亏损，且地区工业用地价格越扭曲，就相当于企业获得的补贴越多，此时企业能够投资的净现值为负值的项目就越多，企业的净现值投资决策点就向负方向继续推移，即企业过度投资的程度会更高。

5.3.2　基本假设

（1）目前可供企业选择的项目有 N 个，分别为 X_1，X_2，$\cdots$，X_N，记为 $X_i(i=1,2,\cdots,N)$。对于任意一个项目 X_i，它的投资额均为 I，在没有补贴的情况下，项目 X_i 的净现值为 $NPV_i = v \cdot \left(1 - \dfrac{i}{k}\right)$，其中 v 为正实数，k 为正整数[①]；

（2）企业选择项目进行投资的顺序是按照净现值由大到小进行的，而且企业投资且仅投资于可供选择的所有净现值 $NPV_i \geqslant 0$ 的项目。也就是说，企业会按照项目编号 i 依次由小到大选择项目进行投资，若存在 i，使得 $NPV_i \geqslant 0$，$NPV_{i+1} < 0$，则企业投资到第 i 个项目就不再投资，至此，企业总共投资了 i 个项目，投资总额为 $Inv = i \cdot I$；

（3）企业投资额越大，从政府获取的补贴额就越大，补贴额与投资额呈正比[②]。对于任意一个项目 X_i，它获得的补贴额均为 $sub = s \cdot I$，若企业总共投资了 i 个项目，则企业从政府获取的补贴总额为 $SUB = i \cdot sub$；

（4）在没有补贴的情况下，企业的投资总额为 Inv_{nosub}，在有补贴的情况下，企业的投资总额为 Inv_{sub}，则企业的过度投资额为 $OverInv = Inv_{sub} - Inv_{nosub}$。

5.3.3　投资补贴下的企业投资决策模型

在没有补贴的情况下，项目 X_i 的净现值为：

---

① 由于企业成长性、行业景气程度等因素的影响，可供企业选择的净现值特别高的优质项目和净现值大于零的可行项目的数量都是有限的，更多的是净现值小于零的不可行项目，因此，本文简单假设可选项目 X_i 的净现值 NPV_i 随 i 单调递减，具有合理性。

② 地方政府通常根据投资者的投资额来确定向企业出让工业用地的面积，即投资额越大，出让的工业用地面积越大，也即造成的实质性补贴越多，因此，本文假设补贴额与投资额呈正比，具有合理性。

$$NPV_i = \sum_{t=0}^{T_i} \frac{CI_{it} - CO_{it}}{(1+r)^t} \qquad (5-10)$$

其中，NPV_i 为项目 X_i 的净现值，CI_{it} 为项目 X_i 在第 t 年的现金流入，CO_{it} 为项目 X_i 在第 t 年的现金流出，T_i 为项目 X_i 的运营年数，r 为贴现率。对式（5-10）进行分解：

$$NPV_i = \sum_{t=0}^{T_i} \frac{CI_{it}}{(1+r)^t} - \sum_{t=0}^{T_i} \frac{CO_{it}}{(1+r)^t} \qquad (5-11)$$

其中，$\sum_{t=0}^{T_i} \frac{CI_{it}}{(1+r)^t}$ 即为项目 X_i 现金流入的现值，用 CI_i 表示，$\sum_{t=0}^{T_i} \frac{CO_{it}}{(1+r)^t}$ 即为项目 X_i 现金流出的现值，用 CO_i 表示，也即是项目 X_i 投资额的现值，由基本假设 1 有 $CO_i = I$。于是有：

$$\begin{aligned} NPV_i &= CI_i - CO_i \\ &= CI_i - I \end{aligned} \qquad (5-12)$$

由基本假设 1 知，在没有补贴的情况下，项目 X_i 的净现值为 $NPV_i = v \cdot \left(1 - \frac{i}{k}\right)$，带入式（5-12）有：

$$NPV_i = CI_i - I = v \cdot \left(1 - \frac{i}{k}\right) \qquad (5-13)$$

即有：

$$CI_i = v \cdot \left(1 - \frac{i}{k}\right) + I \qquad (5-14)$$

令式（5-13）中 $NPV_i = 0$，即：

$$NPV_i = v \cdot \left(1 - \frac{i}{k}\right) = 0 \qquad (5-15)$$

此时则有 $i = k$，也就是说，项目 $X_{i=k}$ 的净现值为 0，由基本假设 1 知，净现值 NPV_i 随 i 单调递减，再由基本假设 2 共同推知，若 $NPV_{i=k} = 0$，则必有 $NPV_{i=k+1} < 0$。也就是说，若项目 $X_{i=k}$ 的净现值为 0，则企业投资到项目 $X_{i=k}$ 就不再投资，企业总共投资了 X_1，X_2，$\cdots$，X_k 这 k 个项目。因此，在没有补贴的情况下企业的投资总额：

$$Inv_{nosub} = k \cdot I \qquad (5-16)$$

在有补贴的情况下，项目 X_i 的净现值为：

$$\begin{aligned} NPV_i &= sub + \sum_{t=0}^{T_i} \frac{CI_{it} - CO_{it}}{(1+r)^t} \\ &= sub + CI_i - CO_i \\ &= sub + CI_i - I \end{aligned}$$

$$= sub + v \cdot \left(1 - \frac{i}{k} \right) \qquad (5-17)$$

令式（5-17）中 $NPV_i = 0$，即：

$$NPV_i = sub + v \cdot \left(1 - \frac{i}{k} \right) = 0 \qquad (5-18)$$

此时则有 $i = \frac{k}{v} \cdot sub + k$①，即在补贴的情况下，企业总共投资了 $\frac{k}{v} \cdot sub + k$ 个项目，其投资总额为：

$$Inv_{sub} = \left(\frac{k}{v} \cdot sub + k \right) \cdot I \qquad (5-19)$$

由基本假设 3 可知：

$$\begin{aligned} SUB &= i \cdot sub \\ &= \left(\frac{k}{v} \cdot sub + k \right) \cdot sub \end{aligned} \qquad (5-20)$$

由基本假设 4 可知：

$$\begin{aligned} OverInv &= Inv_{sub} - Inv_{nosub} \\ &= \left(\frac{k}{v} \cdot sub + k \right) \cdot I - k \cdot I \\ &= \frac{k}{v} \cdot sub \cdot I \end{aligned} \qquad (5-21)$$

由此可得 $sub = \frac{v}{kI} \cdot OverInv$，将其代入式（5-20）则有：

$$SUB = \left(\frac{k}{v} \cdot \frac{v}{kI} \cdot OverInv + k \right) \cdot \frac{v}{kI} \cdot OverInv \qquad (5-22)$$

求解得：

$$OverInv = \frac{-1 \pm \sqrt{\frac{4}{kv} \cdot SUB + 1}}{2} \cdot kI \qquad (5-23)$$

又有 $OverInv = \frac{k}{v} sub \cdot I \geqslant 0$，故舍去其中小于 0 的解，可得：

$$OverInv = \frac{-1 + \sqrt{\frac{4}{kv} \cdot SUB + 1}}{2} \cdot kI \qquad (5-24)$$

———————————

① 实际上，此处 $\frac{k}{v} \cdot sub + k$ 不一定为整数，当不为整数时，i 应该等于 $\frac{k}{v} \cdot sub + k$ 的整数部分，此时，$NPV_i > 0$，$NPV_{i+1} < 0$，不存在净现值刚好等于 0 的项目，企业仍然总共投资了 i 个项目。为了简单起见，本书令 $\frac{k}{v} \cdot sub + k$ 为整数。

从式（5－24）可以看出，当 $SUB=0$ 时，$OverInv=0$，表明在工业用地价格不扭曲的情况，即企业没有获得实质性补贴时，企业不会进行过度投资；当 $SUB>0$ 时，$OverInv>0$，表明在工业用地价格存在扭曲的情况下，即企业获得实质性补贴时，企业会进行过度投资；且有 $\dfrac{\partial OverInv}{\partial SUB}=\dfrac{I}{\sqrt{\dfrac{4v}{k}\cdot SUB+v^2}}>0$，即 SUB 越大，$OverInv$ 也会越大，表明

工业用地价格扭曲程度越多，即企业获得的实质性补贴额越大，则企业过度投资的程度就越高。至此，本书从理论上证明地区工业用地价格扭曲对辖区企业造成的实质性补贴效应会导致企业过度投资，扭曲程度的增高会加剧这一行为。

5.4　工业用地价格扭曲作用下企业过度投资对产能过剩形成的作用分析

前述已经论证了工业用地价格扭曲对企业过度投资的促进效应，本节将深入剖析工业用地价格扭曲对产能过剩的影响效应，以期回答工业用地价格扭曲是否能够导致产能过剩，工业用地价格扭曲如何通过影响企业过度投资引发产能过剩等问题。

5.4.1　工业用地价格扭曲对产能过剩的影响机理

中国地方政府官员政治晋升标准是以经济绩效为主，而且绩效考核的重点并不在于本辖区经济绩效本身的高低，而在于本辖区经济绩效与竞争者所在辖区经济绩效的相对位次，因此地方政府官员为了使其所在辖区经济绩效处于相对领先位次而更加倾向于选择竞争而非合作（周黎安，2004）。在地方政府间的工业用地价格竞次中，竞次参与者主要是同一区域的具有竞争关系的地方政府，特别是经济发展水平处在同一个层次、相差不大的市县一级地方政府，更有激励为了辖区经济绩效的相对位次而展开工业用地价格竞次。随着工业用地价格竞次沿区域的邻近关系不断扩散蔓延，迅速形成了全国范围的工业用地价格竞次，最终造成全国性的工业用地价格扭曲。据数据调查表明，1991年全国有开发区 117 个，到 1992 年已经猛增到 1 951 个，到 1993 年各类开发区竟多达8 700 个，而且许多开发区为吸引外资所制定的招商引资政策一个比一个优惠，有的地区甚至不惜亏本（吴晓波，2007）。

因此，全国范围内蔓延的工业用地价格竞次所引致的全国性的工业价格扭曲会导致

大量企业过度投资，但是不同地区企业相对独立的投资为什么会形成某个行业的整体产能过剩呢（王立国和鞠蕾，2012）？这主要是由于我国存在严重的产业结构趋同问题，各个地方政府竞相进入同一行业，从而导致该行业的产能过剩。

中国地方官员政治晋升体制导致地方政府间倾向于竞争而非合作，所以各地方政府在制定经济发展规划时缺少产业整合和区域合作的激励，地方政府更倾向于追求"大而全"、"小而全"的完整工业体系，各省市区的长期规划，除了少数存在特色外，大多数都以"设想周到、门类齐全、样样都搞"为特点（沈立人和戴园晨，1990）。以振兴东北老工业基地为例，在具体落实振兴战略时东三省都提出要把石油化工工业列为本辖区的支柱产业来发展，而且是自成体系、大而全地发展，在"大东北"振兴战略之下由此又形成了辽宁、吉林和黑龙江三个"小东北"振兴战略，三省互不相通，各自为战，从而导致产业结构趋同的问题（周黎安，2004）。

此外，具有产值大、税收高等特点的重化工业是地方 GDP 增长和财政收入的主要贡献者，并能提供较多的就业岗位，所以地方政府普遍倾向于通过控制土地和贷款来推动企业投资于重化工业，从而形成显著的"重化工热"，这也是导致产业结构趋同的重要原因。同时，地方政府热衷于基础设施建设，一来完善基础设施有利于形成良好的城市形象进而为政绩加分，二来大型基建项目可以极大地促进地方 GDP 增长。而基础设施建设需要钢铁、化工、水泥等重化工行业作为支撑，这也促使地方政府在产业选择上更加偏好于重化工业。

同时，国家出台的产业政策也会导致企业过度进入某一产业。以太阳能光伏产业为例，国家出台了一系列促进太阳能光伏产业发展的政策。2009 年 3 月 23 日，中国财政部出台了"太阳能屋顶计划"，在该计划的实施细则"关于加快推进太阳能光电建筑的实施意见"中，中央政府明确表明了扩大国内太阳能发电市场的态度，支持房屋屋顶安装太阳能光伏计划，并且对地方政府制定相关财政补贴政策提出了要求。2009 年 7 月21 日，财政部、科技部、国家能源局联合启动"金太阳示范工程"，决定综合采取财政补助、科技支持和市场拉动方式，加快国内光伏发电的产业化和规模化发展。2010 年10 月 10 日，国务院出台的《关于加快培育和发展战略性新兴产业的决定》更是将太阳能光伏产业列入我国未来发展的战略性新兴产业重要领域。国家出台一系列产业发展政策支持太阳能光伏产业发展，许多地方政府积极响应纷纷出台地方各种优惠政策扶持本地光伏产业，导致企业过度进入太阳能光伏产业。数据调查显示，全国 31 个省市自治区都把太阳能光伏产业列为优先扶持产业，300 多个城市建立了数量不等的太阳能光伏企业，100 多个城市建设了光伏产业基地（高剑，2012）。

由此可见，各地区产业结构趋同导致全国大量企业都投资于相同的产业，在全国性的工业用地价格扭曲作用下，导致相同产业内的企业发生过度投资，进而导致行业性产能过剩，其作用机理见图 5 - 1。

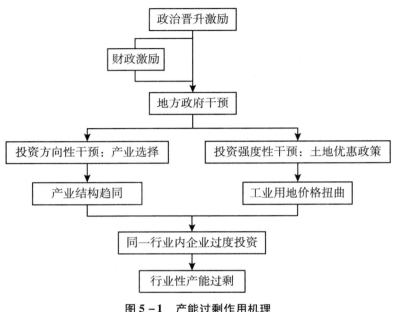

图 5 - 1　产能过剩作用机理

5.4.2　基本假设

（1）总共有 M 个地区，每个地区的工业用地价格扭曲程度相同，即每个地区的工业用地价格扭曲对企业产生的实质性补贴强度相同，如本章第三节所述，对于任意一个投资额为 I 的项目 X_i，它获得的补贴额均为 $sub = s \cdot I$，若企业总共投资了 i 个项目，则企业从政府获取的补贴总额为 $SUB = i \cdot sub$；

（2）每个地区都只有 1 个企业，且在 M 个地区中有 K 个地区的企业投资于产业 A，剩余的 $M - K$ 个地区的企业均不投资于产业 A，令 $\eta = \dfrac{K}{M}$ 表示产业同构率；

（3）投资额 Inv 与其所能形成的产能 Q 呈正比，即 $Q = \gamma \cdot Inv$；

（4）同时包括 5.3 节中所提出的所有基本假设，在此不再重复列出。

5.4.3　工业用地价格扭曲通过促进企业过度投资引发产能过剩的理论模型

结合 5.3 节的研究结论可得，在没有补贴的情况下，每一个投资于产业 A 的地区在产业 A 的投资额为：

$$Inv_{nosub} = k \cdot I \tag{5-25}$$

由于总共有 K 个地区的企业投资于产业 A，则产业 A 的投资总额为：

$$INV_{nosub} = K \cdot Inv_{nosub} = K \cdot k \cdot I = \eta \cdot M \cdot k \cdot I \tag{5-26}$$

此时，产业 A 所形成的总产能为：

$$Q_{nosub} = \gamma \cdot INV_{nosub} = \gamma \cdot \eta \cdot M \cdot k \cdot I \tag{5-27}$$

在有补贴的情况下，每一个投资于产业 A 的地区在产业 A 的投资额为：

$$Inv_{sub} = \left(\frac{k}{v} \cdot sub + k \right) \cdot I \tag{5-28}$$

由 $SUB = \left(\dfrac{k}{v} \cdot sub + k \right) \cdot sub$ 解得，$sub = -\dfrac{v}{2} + \sqrt{\dfrac{v^2}{4} + \dfrac{v \cdot SUB}{k}}$，则此时，产业 A 的投资总额为：

$$\begin{aligned} INV_{sub} &= K \cdot Inv_{sub} \\ &= K \cdot \left[\frac{k}{v} \cdot \left(-\frac{v}{2} + \sqrt{\frac{v^2}{4} + \frac{v \cdot SUB}{k}} \right) + k \right] \cdot I \\ &= \eta \cdot M \cdot \left(\frac{k}{2} + \sqrt{\frac{k^2}{4} + \frac{k \cdot SUB}{v}} \right) \cdot I \end{aligned} \tag{5-29}$$

此时，产业 A 所形成的总产能为：

$$Q_{sub} = \gamma \cdot INV_{sub} = \gamma \cdot \eta \cdot M \cdot \left(\frac{k}{2} + \sqrt{\frac{k^2}{4} + \frac{k \cdot SUB}{v}} \right) \cdot I \tag{5-30}$$

因此，获得补贴 SUB 且产业同构率为 η 的情况下，产业 A 的新增产能为：

$$\begin{aligned} \Delta Q &= Q_{sub} - Q_{nosub} \\ &= \gamma \cdot \eta \cdot M \cdot \left(\frac{k}{2} + \sqrt{\frac{k^2}{4} + \frac{k \cdot SUB}{v}} \right) \cdot I - \gamma \cdot \eta \cdot M \cdot k \cdot I \\ &= \gamma \cdot \eta \cdot M \cdot \left(-\frac{k}{2} + \sqrt{\frac{k^2}{4} + \frac{k \cdot SUB}{v}} \right) \cdot I \end{aligned} \tag{5-31}$$

从中可以看出，$\dfrac{\partial \Delta Q}{\partial SUB} = \dfrac{\gamma \cdot \eta \cdot M \cdot I}{\sqrt{\dfrac{4v}{k} \cdot SUB + v^2}} > 0$，即 SUB 越大，ΔQ 也会越大，表明工业用地价格扭曲程度越高，即企业获得的实质性补贴额越大，则产业 A 的新增产能就越多，由此导致产能过剩问题可能就越严重。同时，$\dfrac{\partial \Delta Q}{\partial \eta} = \gamma \cdot M \cdot \left(-\dfrac{k}{2} + \sqrt{\dfrac{k^2}{4} + \dfrac{k \cdot SUB}{v}} \right) \cdot I > 0$，即 η 越大，ΔQ 也会越大，表明产业同构率越高，即更多的地

区进入产业 A，则产业 A 的新增产能就越多，由此也会导致产能过剩问题可能会更加严重。至此，本书从理论上证明了工业用地价格扭曲和产业同构对行业性产能过剩的促进效应。

5.5　工业用地价格扭曲与企业过度投资之间关系的实证分析

5.5.1　研究假设

从 5.3 节的理论分析可知，地区工业用地价格扭曲所产生的对辖区企业的实质性补贴能够弥补投资于净现值为负值的项目所产生的亏损，且地区工业用地价格越扭曲，就相当于企业获得的补贴越多，此时企业能够投资的净现值为负值的项目就越多，企业的净现值投资决策点就向负方向继续推移，即企业过度投资的程度会更高。据此，提出：

假设 1：在其他条件一定的情况下，地区工业用地价格扭曲程度越高，辖区企业过度投资的程度越高。

值得注意的是，基本假说是否成立还依赖于一个基本前提，即企业必须能够从地方政府获得工业用地，而且企业从地方政府获得的工业用地越多，也就意味着其获得的实质性补贴就越多，则受这种促进效应的影响就越大。据此，提出：

推论 1：在其他条件一定的情况下，地区工业用地价格扭曲对辖区企业过度投资的促进效应对新增土地资产较多的企业更为显著。

从企业存续期的角度来看，企业在刚刚成立之初（即存续期较短时）往往是从地方政府获取工业用地的高峰期。换言之，存续期较短的企业从地方政府获取土地的可能性更大，也就意味着其获得实质性补贴的可能性更大，所以这类企业进行过度投资的可能性也更大。因此，预期地区工业用地价格扭曲对辖区企业过度投资的促进效应可能会集中于存续期较短的企业。据此，提出：

推论 2：在其他条件一定的情况下，地区工业用地价格扭曲对辖区企业过度投资的促进效应对存续期较短的企业更为显著。

为了追求辖区 GDP 增速，地方政府具有极大的动力快速做大经济规模。从企业规模的角度来看，地方政府更加重视大规模企业的发展，而忽视小规模企业的发展。与小规模企业相比，大规模企业从地方政府获得的工业用地会更多，能够享受到的实质性补贴可能会更大，其受此影响而进行过度投资的可能也更大。因此，预期地区工业用地价格扭曲对辖区企业过度投资的促进效应可能会集中于大规模企业。据此，提出：

推论3：在其他条件一定的情况下，地区工业用地价格扭曲对辖区企业过度投资的促进效应对规模较大的企业更为显著。

对于企业过度投资问题，必须考虑企业投资时面临融资约束，尤其是在企业过度投资时，往往要突破自有资金与融资能力的约束，而地方政府扭曲土地价格低价供地的行为为企业突破这种融资约束提供了重要工具。土地是天然的抵押物，地方政府低价甚至免费为企业提供土地的同时，也为企业提供了优良的融资抵押物与融资杠杆。企业以获取的土地作为抵押获取新的银行贷款用于支持投资，由于政府提供的工业用地远低于市场价格甚至成本价格，银行在提供抵押贷款时往往以市场价或者在市场价的基础上略微下浮来确定企业能够获得贷款的上限，这就使得企业以较少的资金通过获取廉价工业用地来撬动大量银行贷款，以突破企业过度投资时面临的融资约束。并且，工业用地价格扭曲程度越高，由此带来的融资杠杆率越高，企业就能获取更多的银行贷款。不同所有制属性的企业面临的融资约束存在巨大差别。国有企业具有政府的隐性担保，更少面临破产危险，商业银行给国有企业贷款风险大大为之减少；国有企业与政府具有天然的政治关联，政府热衷于干预银行信贷帮助国有企业获取银行信贷，银行体系更倾向于为国有企业贷款，国有企业基本不存在外部融资约束。银行体系这种贷款偏向却使得民营企业面临较强的外部融资约束。Guariglia（2011）基于2000～2007年工业企业数据库的实证研究表明，国有企业不存在外部融资约束，而民营企业则存在比较强的外部融资约束。因而扭曲的工业用地价格与获取廉价土地所带来的对外部融资约束的突破对国有企业并不具有吸引力，其过度投资程度并不会受到地方政府土地优惠政策的显著影响。

对于民营企业和外资企业来说，其所有制属性就决定了其过度投资的冲动会更多地受限于利润动机、对财务危机的担心以及融资约束，地方政府更多是以各种优惠政策利益诱导的方式来推动民营企业和外资企业进行过度投资。整体上，民营企业和外资企业过度投资程度主要更多受地方政府优惠政策力度的影响。同时，进入21世纪以来，民营企业与地方政府关系发生了一些深刻的变化，地方政府往往和当地规模较大的民营企业形成一种长期共谋或者利益联盟的关系，一方面，地方政府可以通过其控制的土地要素资源为本地大民营企业提供各种利益，并在这些企业发生危机时为其提供支持；另一方面，民营企业作为回报，为解决本地就业、推动本地经济发展，投资本身缺乏营利性的项目，从而进行过度投资。而对于外资企业而言，与本土的国有企业和民营企业相比，其投资决策过程也更为科学和稳健。外资企业投资决策的依据主要是企业整体利益的最大化，进行政企合谋或者受地方政府控制的可能性很低。但是，地区间竞争的加剧迫使地方政府更加重视对辖区内所控制的生产要素进行优化配置，以最大限度提高其使用效率，因此，地方政府更倾向于将有限的生产要素配置给效率更高的非国有企业，特别是资金实力更加雄厚、技术和经营管理经验更加先进的外资企业（黎精明，2010）。而且，外资企业也具有强烈的意愿充分利用地方政府提供的优惠政策，以实现企业利润最大化。因此，预期外资企业可能会更多地享受地方政府所提供的低价工业用地出让等优惠政策，其过度投资受工业用地价格扭曲的促进效应的影响最大。

　　总体上看，国有企业几乎不面临外部融资约束，其过度投资程度会更少受到地方政府土地优惠政策的影响；而对于民营企业，无论从利益动机还是从融资约束看，其过度投资程度都会更多地受到地方政府土地优惠政策的影响；外资企业在带来资金的同时，通过技术扩散、先进管理经验等外溢效应促进辖区产业结构升级和生产力水平的提高，是地方政府招商引资的主要对象，其过度投资程度受地方政府土地优惠政策影响最大。据此，提出：

　　假设 2：在其他条件一定的情况下，地区工业用地价格扭曲对辖区内外资企业过度投资的促进效应最为显著，民营企业次之，国有企业所受影响最小。

　　分行业属性看，重工业投资规模和产出规模大，一个项目能很快地带来显著的经济效应，且迁移性相对较小，重工业也因此成为各级地方政府招商引资的重点，也是各级政府优惠政策竞争最为激烈的领域，地方往往给予重工业的大项目更为优惠的地价、更加多的土地。因此，总体上，与轻工业企业相比，重工业企业过度投资程度受地方政府土地优惠政策的影响更大。进一步分企业所有制属性考察，对于国有企业，由于不面临外部融资约束，其过度投资程度会更少受到地方政府土地优惠政策的影响，所以，无论是国有重工业企业，还是国有轻工业企业，其过度投资程度受地方政府土地优惠政策影响都不显著；对于民营企业，其过度投资更多受地方政府土地优惠政策力度的影响，而地方政府又更加倾向于引进重工业，因此，与民营轻工业企业相比，民营重工业企业过度投资的程度受地方政府土地优惠政策影响更为显著；对于外资企业，是地方政府趋之若鹜的招商引资对象，为了吸引有限的外资企业到当地投资，竞相开出更加优惠的投资补贴条件，而不太可能在土地优惠政策上对外资重工业企业和外资轻工业企业进行区别对待，所以两者的过度投资程度对工业用地价格扭曲的敏感度应该基本相同。据此，提出：

　　假设 3a：在其他条件一定的情况下，地区工业用地价格扭曲对辖区内国有重工业企业和国有轻工业企业过度投资的促进效应均不显著。

　　假设 3b：在其他条件一定的情况下，与民营轻工业企业相比，地区工业用地价格扭曲对辖区内民营重工业企业过度投资的促进效应更为显著。

　　假设 3c：在其他条件一定的情况下，地区工业用地价格扭曲对辖区内外资重工业企业和外资轻工业企业过度投资的促进效应水平基本相当。

5.5.2 研究设计

5.5.2.1 样本选择与数据来源

这里企业数据来自国家统计局 1998～2007 年中国工业企业数据库,该数据库的统计对象包括全部国有企业和规模以上(主营业务收入超过 500 万元)非国有企业。与其他仅基于上市公司数据的研究相比,该样本不仅包含了上市公司,还包含了大量的非上市公司和中小企业,能够更加有效地检验工业用地价格扭曲对企业过度投资的影响。这里选取 GB/T13 - 37、39 - 43 共 30 个二分位制造业行业作为分析对象。我们对原始数据做了如下剔除处理:剔除法人代码重复或者缺失的样本;剔除营业状态为"停业、筹建、撤销、其他"或缺失的样本;剔除年平均从业人数小于 8 的样本;剔除"开工时间(年)"小于 1 900、缺失或者企业年龄小于 0 的样本;剔除资产总额小于 100 万或者缺失的样本;剔除主营业务收入、净资产、固定资产原价合计、固定资产总额为零、负值或者缺失的样本;剔除负债合计、累计折旧、本年折旧为负值或者缺失的样本;剔除流动资产合计、应收账款净额、存货、管理费用、利润总额、应交所得税、营业利润缺失的样本;剔除固定资产净额大于资产总额、流动资产合计大于资产总额、本年折旧大于累计折旧的样本;剔除上两年数据缺失的样本。此外,采用城市所属省份的固定资产投资价格指数对资本和城市工业用地价格进行平减。价格指数来自 1999～2008 年《中国统计年鉴》,均以 2007 年为基期。其中,西藏自治区相关指标未统计,以全国各年度固定资产投资价格指数替代。工业用地价格数据来自 2000～2007 年中国城市地价动态监测网站数据库,该数据库包括中国 49 个主要城市的工业地价数据。此外,采用 2007 年 1 月 1 日起实施的《全国工业用地出让最低价标准》中划定的中国各县市区的工业用地出让最低价标准作为各地区工业用地出让的基准价格。

5.5.2.2 企业过度投资的度量

Richardson(2006)利用上一年的企业数据考察企业所面临的投资机会和融资约束,并建立企业预期投资模型估计企业本年的合理投资水平,进而用该模型方程的残差来表示实际投资水平与合理投资水平的差值作为投资过度和投资不足的代理变量。若残差为正值,则表示投资过度的程度;若残差为负值,则表示投资不足的程度。Richardson 的方法被许多学者广泛采用(辛清泉等,2007;唐雪松等,2010;俞红海等,2010),我们借鉴 Richardson 模型度量企业过度投资的程度：

$$Invest_t = \beta_0 + \beta_1 Growth_{t-1} + \beta_2 LEV_{t-1} + \beta_3 Cash_{t-1} + \beta_4 Age_{t-1} + \beta_5 Size_{t-1} +$$
$$\beta_6 Invest_{t-1} + \sum Industry_i + \sum Year_i + \varepsilon \qquad (5-32)$$

模型中各变量含义说明如下：因变量 $Invest_t$ 为企业 t 年固定资产投资水平，其具体算法为：[t 年固定资产原价合计 $-(t-1)$ 年固定资产原价合计] $/(t-1)$ 年资产总额。$Growth_{t-1}$ 代表企业的增长机会，用主营业务收入增长率来表示。Richardson 模型中的自变量包括企业 $t-1$ 年的股票收益率 RET_{t-1}，但是我们的样本大部分为非上市公司，因而无法获得该变量，因此剔除。LEV_{t-1}、$Cash_{t-1}$、Age_{t-1}、$Size_{t-1}$ 分别为企业 $t-1$ 年末的资产负债率、现金持有量、企业存续期、企业规模；$Invest_{t-1}$ 为企业 $t-1$ 年的固定资产投资水平。此外，模型中还引入行业 $Industry$ 和年度 $Year$ 这两个虚拟变量，以控制行业因素和宏观经济的影响。

令 $\Delta Invest$ 表示 Richardson 模型的残差，$OverInv$ 表示过度投资的程度。若 $\Delta Invest \geqslant 0$，则 $OverInv = \Delta Invest$；若 $\Delta Invest < 0$，则 $OverInv$ 为 0。因此，对于一个企业而言，$OverInv$ 越大，表明该企业过度投资的程度越高。

5.5.2.3　工业用地价格扭曲的度量

中国各地方政府为了吸引外来企业到当地投资而压低辖区工业用地价格，这会造成工业用地价格相对于合理的工业用地基准价格出现负向偏离，即工业用地价格的负向扭曲。因此，如何确定合理的工业用地基准价格是对工业用地价格扭曲程度进行准确测度的关键。

2007 年 1 月 1 日起实施的《全国工业用地出让最低价标准》划定了中国各县市区的工业用地出让最低价标准。该标准将中国工业用地划分为 15 个等级，最低价标准从第一等级的 840 元/平方米递减到第十五等级的 60 元/平方米，并明确划定了中国各县市区的工业用地等级（汤小俊，2007）。赵松（2007）指出该工业用地出让最低价标准，不仅体现了现行条件下工业用地的基本价值，而且可以作为是否存在低价出让工业用地的判断标准；刘卫东和段洲鸿（2008）通过 SPSS 分析发现，该标准规定的最低工业用地价格与 2004 年中国典型城市工业总产值、建成区面积的相关性分别为 0.945 和0.871，较好地反映了不同地区工业用地的基本价值。因此，这里以该标准规定的工业用地出让最低价标准作为合理的工业用地基准价格，以测度工业用地价格扭曲程度。

值得注意的是，我们需要设计的工业用地价格扭曲程度指标是用于度量工业用地价格相对于合理的工业用地基准价格的负向偏离程度，而不度量工业用地价格的正向偏离。因此，为了准确地度量各地区的工业用地价格的负向偏离程度，这里使用工业用地出让最低价标准与实时监测的工业用地价格之间差值的比值来描述工业用地价格的负向扭曲程度，表示为：

$$Distort_{k,t} = \frac{LPS_k - LP_{k,t}}{LPS_k} \qquad (5-33)$$

其中，k 和 t 分别表示地区和年份，$Distort_{k,t}$ 表示地区 k 在 t 年的工业用地价格扭曲程度，LPS_k 表示地区 k 的工业用地出让最低价标准[①]，$LP_{k,t}$ 表示地区 k 在 t 年的工业用地价格，其中 $LP_{k,t}$ 已换算成 2007 年可比价。

5.5.2.4 模型的建立

为了检验假设 1 的正确性，构建如下 Tobit 模型：

$$OverInv_t = \beta_0 + \beta_1 Distort_{k,t-1} + \beta_2 \sum Control_i + \varepsilon \qquad (5-34)$$

其中，$OverInv_t$ 表示企业 t 年过度投资程度。考虑到工业用地价格扭曲对企业过度投资的影响存在一定的时滞效应，这里的工业用地价格扭曲变量取滞后一期项。$Distort_{k,t-1}$ 表示地区 k 在 $t-1$ 年工业用地价格扭曲程度。这里控制了描述企业自身特征的指标，包括自由现金流量 FCF_{t-1}、增长机会 $Growth_{t-1}$、管理费用率 ADM_{t-1}。同时，加入描述城市特征的指标，包括人均国内生产总值 $GDPPer_{t-1}$、失业率 $UnEmpRate_{t-1}$、城镇化率 $UrbanRate_{t-1}$。此外，还引入行业 $Indu$ 和年度 $Year$ 两个虚拟变量以控制行业因素和宏观经济的影响。预期 $\beta_1 > 0$，即地区工业用地价格扭曲程度越高，该地区企业过度投资程度越高。

为了检验推论 1 的正确性，构建如下 Tobit 模型：

$$\begin{aligned} OverInv_t = {} & \beta_0 + \beta_1 Distort_{k,t-1} + \beta_2 Distort_{k,t-1} \times NewLand_{t-1} + \\ & \beta_3 NewLand_{t-1} + \beta_4 \sum Control_i + \varepsilon \end{aligned} \qquad (5-35)$$

式（5-35）中，$NewLand_{t-1}$ 表示企业在 $t-1$ 年的新增土地资产，由于工业企业数据库中并不存在关于企业土地资产方面的数据，而土地资产属于无形资产的主要组成部分，这里直接使用企业无形资产来表示土地资产，以计算企业的新增土地资产，其具体算法为：若 $(t-1)$ 年无形资产 $> (t-2)$ 年无形资产，则取 $[(t-1)$ 年无形资产 $- (t-2)$ 年无形资产$]/(t-1)$ 年资产总额；若 $(t-1)$ 年无形资产 $\leqslant (t-2)$ 年无形资产，则取 0。预期 $\beta_1 > 0$、$\beta_2 > 0$，即地区工业用地价格扭曲对辖区企业过度投资的促进效应对新增土地资产较多的企业更为显著。

这里构建如下 Tobit 模型以验证推论 2：

---

① 《全国工业用地出让最低价标准》是根据土地等级来划定工业用地出让最低价标准，而很多地区都存在多个等级的土地，我们以该地区所占比例最大的土地等级为准，确定该地区的工业用地出让最低价标准。

$$OverInv_t = \beta_0 + \beta_1 Distort_{k,t-1} + \beta_2 Distort_{k,t-1} \times Age_{t-1} +$$

$$\beta_3 Age_{t-1} + \beta_4 \sum Control_i + \varepsilon \qquad (5-36)$$

预期 $\beta_1 > 0$、$\beta_2 < 0$，即地区工业用地价格扭曲对辖区企业过度投资的促进效应对存续期较短的企业更为显著。

针对推论 3，构建如下 Tobit 模型：

$$OverInv_t = \beta_0 + \beta_1 Distort_{k,t-1} + \beta_2 Distort_{k,t-1} \times Size_{t-1} +$$

$$\beta_3 Size_{t-1} + \beta_4 \sum Control_i + \varepsilon \qquad (5-37)$$

预期 $\beta_1 > 0$、$\beta_2 > 0$，即地区工业用地价格扭曲对辖区企业过度投资的促进效应对规模较大的企业更为显著。

通过计算企业不同产权性质实收资本金的比例，取实收资本金比例最大的产权性质为该企业的产权性质，进而将全样本划分为国有企业、民营企业和外资企业这 3 个产权类型。$Dum_{国有}$ 为企业是否为国有企业的虚拟变量，若企业的国有资本金在实收资本金中所占比例最大，则取 1，否则取 0。$Dum_{民营}$ 为企业是否为民营企业的虚拟变量，若企业的民营资本金在实收资本金中所占比例最大，则取 1，否则取 0。针对假设 2，构建如下 Tobit 模型：

$$OverInv_t = \beta_0 + \beta_1 Distort_{k,t-1} + \beta_2 Distort_{k,t-1} \times Dum_{国有} + \beta_3 Distort_{k,t-1} \times$$

$$Dum_{民营} + \beta_4 Dum_{国有} + \beta_5 Dum_{民营} + \beta_6 \sum Control_i + \varepsilon \qquad (5-38)$$

预期 $\beta_1 > 0$、$\beta_2 < \beta_3 < 0$，即地区工业用地价格扭曲对辖区外资企业过度投资的促进效应最为显著，民营企业次之，国有企业所受影响最小。

按二分位行业划分标准将 GB/T25 – 37、39 – 41、43 二分位行业归为重工业，将 GB/T13 – 24、42 二分位行业归为轻工业。$Dum_{轻工业}$ 为企业是否属于轻工业企业的虚拟变量，若企业属于轻工业企业，则取 1，否则取 0。构建如下 Tobit 模型以验证假设 3：

$$OverInv_t = \beta_0 + \beta_1 Distort_{k,t-1} + \beta_2 Distort_{k,t-1} \times Dum_{轻工业} +$$

$$\beta_3 Dum_{轻工业} + \beta_4 \sum Control_i + \varepsilon \qquad (5-39)$$

对于国有企业样本，预期系数 β_1 和 β_2 均不显著，即地区工业用地价格扭曲对辖区内国有重工业企业和国有轻工业企业过度投资的促进效应均不显著；对于民营企业样本，预期 $\beta_1 > 0$、$\beta_2 < 0$，即与民营轻工业企业相比，地区工业用地价格扭曲对辖区内民营重工业企业过度投资的促进效应更为显著；对于外资企业样本，预期 $\beta_1 > 0$，系数 β_2 不显著，即地区工业用地价格扭曲对辖区内外资重工业企业和外资轻工业企业过度投资的促进效应水平基本相当。

5.5.2.5 企业合理投资水平估算结果

基于模型（1）对企业合理投资水平进行估算，得到回归结果，见表 5-3。从表 5-3 可以看到，企业增长机会和现金持有量的参数估计值显著为正，资产负债率和企业年龄的参数估计值显著为负，这与现有的文献研究结论是一致的（Bates，2005；辛清泉等，2007）。$t-1$ 年末的企业规模和 $t-1$ 年投资水平对本年投资水平的影响显著为负，这与 Richardson（2006）相反，俞红海等（2010）认为这是由不同制度背景和市场发展阶段所造成的。

表 5-3　　　　　　　　　　　企业合理投资水平估算结果

变量	$Growth_{t-1}$	LEV_{t-1}	$Cash_{t-1}$	Age_{t-1}	$Size_{t-1}$	$Invest_{t-1}$	$Constant$	$Indu_i$	$Year_i$	R^2	$Obs.$	F 值
系数	0.0236 *** (57.46)	-0.0238 *** (-25.55)	0.0150 *** (10.54)	-0.0012 *** (-63.58)	-0.0099 *** (-52.77)	-0.0930 *** (-60.13)	0.1727 *** (70.72)	控制	控制	0.0294	876 684	450.81 ***

注：*、**、*** 分别表示在 10%、5% 和 1% 的水平上显著，这里采用企业层面的聚类稳健标准差来计算 t 值。
资料来源：作者利用 Stata 软件测算。

5.5.3　实证结果及分析

5.5.3.1　对研究假设及相关推论的检验结果

表 5-4 第 1 列报告了工业用地价格扭曲对企业过度投资的影响，被解释变量为企业过度投资程度 $OverInv_t$。结果发现，$Distort_{k,t-1}$ 的参数估计值为 0.0090，且在 1% 水平上显著，支持了假说 1，即地区工业用地价格扭曲程度越高，辖区企业过度投资的程度越高。这说明地区工业用地价格扭曲，即地方政府向入驻企业提供低价工业用地的投资优惠政策会对辖区企业造成实质性补贴效应，而且产生的实质性补贴可以超过或弥补投资于净现值为负值的项目所产生的亏损，此时企业投资于这类净现值为负值的项目变得有利可图，对企业过度投资产生了显著的促进效应。

从控制变量回归结果看，在企业层面的控制变量方面，企业自由现金流量越高，其过度投资程度越高，这与 Jensen（1986）的理论分析以及 Richardson（2006）、辛清泉和林斌等（2007）、杜兴强等（2011）的经验证据一致。企业主营业务收入增长率越高，其过度投资程度也越高。企业管理费用率对企业过度投资程度的影响并不显著。此外，在地区层面的控制变量方面，地区人均 GDP 和城镇化率均与辖区企业过度投资程度呈显著负相关关系，而失业率与辖区企业过度投资程度呈显著正相关关系。这是由于经济发展和维护社会稳定是地方政府官员执政绩效考核的两个重要方面，过低的人均 GDP 和过高的失业率都会使得地方政府官员面临更大的经济发展压力，而过低的城镇化率则表明该地区仍具有更大的发展空间，地方政府则更倾向于推动企业进行过度投资。

表 5－4 第 2 列中加入了新增土地资产量与工业用地价格扭曲程度的交互项。结果显示，$Distort_{k,t-1}$ 的参数估计值为 0.0078，且在 1% 水平上显著，$Distort_{k,t-1} \times NewLand_{t-1}$ 的参数估计值为 0.1256 且在 1% 水平上显著，表明与新增土地资产较少的企业相比，工业用地价格扭曲对新增土地资产越多的企业过度投资的促进作用更大，推论 1 得到经验证据的支持。这说明企业获取的工业用地越多，土地价格扭曲程度越高意味着其享受到的地方政府通过低价供地提供的补贴就越多，由此导致其过度投资程度就会越高。

表 5－4 第 3 列中加入了企业存续期与工业用地价格扭曲程度的交互项。其中，$Distort_{k,t-1}$ 的参数估计值为 0.0189，且在 1% 水平上显著，$Distort_{k,t-1} \times Age_{t-1}$ 的参数估计值为 －0.0007 且在 1% 水平上显著，表明工业用地价格扭曲对辖区企业过度投资的促进效应对存续期越短的企业更为显著，推论 2 得到验证。这主要是因为企业在成立之初获取工业用地的机会更多，导致其享受地方政府提供的低价供地补贴的可能性更大，这类新生企业的过度投资程度在整体上会更高。

表 5－4　　　　　　　　　　对假设 1 和假设 2 及其推论的检验结果

变量	所有样本	新增土地	存续期	规模	所有样本	国有企业	民营企业	外资企业
	(1)	(2)	(3)	(4)	(5)	(6)	(7)	(8)
$Distort_{k,t-1}$	0.0090 *** (5.00)	0.0078 *** (4.20)	0.0189 *** (7.48)	0.0136 (1.01)	0.0268 *** (4.84)	－0.0010 (－0.22)	0.0103 *** (4.43)	0.0239 *** (4.41)
FCF_{t-1}	0.2045 *** (22.33)	0.2050 *** (22.38)	0.2367 *** (25.62)	0.2089 *** (22.60)	0.2071 *** (22.53)	0.2319 *** (11.91)	0.2324 *** (17.33)	0.1379 *** (8.45)
$Growth_{t-1}$	0.0075 *** (4.40)	0.0071 *** (4.16)	0.0094 *** (5.51)	0.0048 *** (2.77)	0.0073 *** (4.30)	－0.0153 *** (－4.40)	0.0091 *** (3.73)	0.0188 *** (5.82)
ADM_{t-1}	0.0048 (0.43)	0.0013 (0.12)	－0.1372 *** (－11.40)	－0.0183 (－1.62)	0.0205 * (1.79)	0.0352 ** (2.43)	－0.0035 (－0.18)	－0.0213 (－0.66)
$GDPPer_{t-1}$	－0.0071 *** (－2.65)	－0.0073 *** (－2.72)	0.0029 (1.08)	－0.0083 *** (－3.10)	－0.0059 ** (－2.17)	－0.0363 *** (－7.47)	－0.0045 (－1.13)	0.0251 *** (4.39)
$UnEmpRate_{t-1}$	0.0090 *** (10.81)	0.0087 *** (10.49)	0.0073 *** (8.75)	0.0075 *** (－8.89)	0.0090 *** (10.84)	0.0069 *** (5.52)	0.0117 *** (9.11)	0.0088 *** (4.65)
$UrbanRate_{t-1}$	－0.0628 *** (－7.83)	－0.0595 *** (－7.41)	－0.0950 *** (－11.66)	－0.0797 *** (－9.81)	－0.0555 *** (－6.79)	0.0114 (0.74)	－0.0500 *** (－4.27)	－0.1262 *** (－7.59)
$Distort_{k,t-1} \times NewLand_{t-1}$	—	0.1256 *** (2.79)	—	—	—	—	—	—

变量	所有样本	新增土地	存续期	规模	所有样本	国有企业	民营企业	外资企业
	（1）	（2）	（3）	（4）	（5）	（6）	（7）	（8）
$NewLand_{t-1}$	—	0.4091 *** (10.88)	—	—	—	—	—	—
$Distort_{k,t-1} \times Age_{t-1}$	—	—	-0.0007 *** (-4.53)					
Age_{t-1}	—	—	0.0029 *** (30.00)	—	—	—	—	—
$Distort_{k,t-1} \times Size_{t-1}$	—	—	—	-0.0005 (-0.35)				
$Size_{t-1}$	—	—	—	0.0250 *** (28.79)	—	—	—	—
$Distort_{k,t-1} \times Dum_{国有}$	—	—	—	—	-0.0293 *** (-3.88)			
$Distort_{k,t-1} \times Dum_{民营}$	—	—	—	—	-0.0162 *** (-2.74)			
$Dum_{国有}$	—	—	—	—	-0.0040 (-0.96)			
$Dum_{民营}$	—	—	—	—	0.0247 *** (7.65)			
Constant	-0.1596 *** (-6.04)	-0.1610 *** (-6.09)	-0.2746 *** (-10.24)	-0.3969 *** (-14.11)	-0.1837 *** (-6.69)	0.1603 *** (3.46)	-0.1845 *** (-4.64)	-0.5361 *** (-9.17)
$Indu_i$	控制	控制	控制	控制	控制	控制	控制	控制
$Year_i$	控制	控制	控制	控制	控制	控制	控制	控制
Obs.	129 875	129 875	129 875	129 875	129 875	29 216	72 483	28 176
Pseudo R^2	0.0169	0.0181	0.0306	0.0272	0.0182	0.0279	0.0171	0.0311
chi2	1 715.15 ***	1 835.36 ***	3 104.10 ***	2 757.41 ***	1 851.96 ***	563.74 ***	1 027.40 ***	642.53 ***

注：*、**、*** 分别表示在10%、5%和1%的水平上显著，括号内为 t 值。
资料来源：作者利用 Stata 软件测算。

表 5-4 第 4 列中加入了企业规模与工业用地价格扭曲程度的交互项。结果显示，$Distort_{k,t-1}$ 参数估计值不显著，$Size_{t-1}$ 的参数估计值为 0.0250，且在 1% 水平上显著。这表明企业规模越大，企业过度投资程度就越高，且这种促进效应比工业用地价格扭曲的促进效应要显著得多。这说明大型企业与地方政府关系更为密切，能够最大限度地得到地方政府的支持，银行也更倾向于为与政府关系密切的大型企业提供廉价贷款，导致大型企业更容易进行过度投资。$Distort_{k,t-1} \times Size_{t-1}$ 的参数估计值也不显著，地区工业用地价格扭曲对辖区企业过度投资的促进效应对不同规模企业并未呈现出显著差异。推论 3 没有得到经验证据的支持，这可能说明地方政府土地优惠政策并不具有显著的规模偏好。

表 5 - 4 第 5 ~ 8 列报告了工业用地价格扭曲对不同所有制属性企业过度投资的影响。在第 1 列企业全样本回归结果中，$Distort_{k,t-1}$ 的参数估计值为 0.0268，且在 1% 水平上显著，表明地区工业用地价格扭曲程度越高，辖区内外资企业过度投资程度越高；$Distort_{k,t-1} \times Dum_{国有}$ 的参数估计值为 - 0.0293，且在 1% 水平上显著，$Distort_{k,t-1} \times Dum_{民营}$ 的参数估计值为 - 0.0162，且在 1% 水平上显著。这表明工业用地价格扭曲对辖区内外资企业过度投资的促进效应最为显著，民营企业次之，国有企业所受影响最小。进一步考察不同所有制属性企业子样本的回归分析结果，见表 5 - 4 第 6 ~ 8 列。在国有企业子样本中，$Distort_{k,t-1}$ 的参数估计值不显著，在民营企业和外资企业子样本中，$Distort_{k,t-1}$ 的参数估计值均在 1% 的水平上显著为正。这说明由于受到利益动机和融资约束的影响，民营企业和外资企业过度投资程度都更多地受到地方政府土地优惠政策的影响，由于不存在外部融资约束，国有企业过度投资受地方政府土地优惠政策的影响很小，由此验证了假设 2。

表 5 - 5 报告了工业用地价格扭曲对不同所有制属性和行业属性企业过度投资的影响。在第 1 列国有企业子样本的回归结果中，$Distort_{k,t-1}$ 和 $Distort_{k,t-1} \times Dum_{轻工业}$ 的参数估计值都不显著，表明工业用地价格扭曲对国有重工业企业和国有轻工业企业过度投资的促进效应都不显著，没有表现出显著差异。这说明虽然重工业是地方政府招商引资的重点，但国有企业由于存在预算软约束，导致其不存在外部融资约束，国有重工业企业的过度投资行为并不会受工业用地价格扭曲的影响，与国有轻工业企业不存在显著差异。第 2 列国有重工业企业子样本和第 3 列国有轻工业企业子样本的回归结果亦验证了这一观点。因此，假设 3a 得到验证。在第 4 列民营企业子样本的回归结果中，$Distort_{k,t-1}$ 的参数估计值在 1% 的水平上显著为正，表明地区工业用地价格扭曲程度越高，辖区内民营重工业企业过度投资程度越高，$Distort_{k,t-1} \times Dum_{轻工业}$ 的参数估计值在 10% 水平上显著为负，表明与民营重工业企业相比，地区工业用地价格扭曲对辖区内民营轻工业企业过度投资的促进效应相对更弱。这可能说明由于重工业项目能带来更为显著的经济效应，地方政府会给予民营重工业企业更多的低价工业用地，民营重工业企业受到优惠政策的利益诱导会进行更高程度的过度投资。假设 3b 得到经验证据的支持。在第 5 列民营轻工业企业子样本的回归结果中，$Distort_{k,t-1}$ 的参数估计值为 0.0069，在 10% 水平上显著为正，在第 6 列民营重工业企业子样本的回归结果中，$Distort_{k,t-1}$ 的参数估计值为 0.0126，在 1% 水平上显著为正，也支持了假设 3b 的结论。在第 7 列外资企业子样本的回归结果中，$Distort_{k,t-1}$ 的参数估计值在 1% 的水平上显著为正，表明地区工业用地价格扭曲程度越高，辖区内外资重工业企业过度投资程度越高，而 $Distort_{k,t-1} \times Dum_{轻工业}$ 的参数估计值不显著，表明与民营重工业企业相比，地区工业用地价格扭曲对

辖区内外资轻工业企业过度投资的促进效应并不存在显著差异。在第8列外资轻工业企业子样本和第9列外资重工业企业子样本的回归结果中，$Distort_{k,t-1}$ 的参数估计值也都在1%的水平上显著为正，支持了假设3c。这说明尽管地方政府更加热衷于引入重工业项目，但由于外资是地方政府竞相争夺的对象，不会在土地优惠政策上对外资重工业企业和外资轻工业企业区别对待，由此导致地区工业用地价格扭曲对辖区外资重工业企业和外资轻工业企业过度投资的促进效应水平基本相当。

5.5.3.2 稳健性分析

各模型中自变量的膨胀因子（VIF）均小于3，所以，模型不存在严重的共线性问题。为了进一步检验研究结论的可靠性，从以下三个角度进行了稳健性分析：

（1）采用 Biddle 等（2009）模型重新测算企业过度投资指标 $OverInv_t$，并替换由 Richardson 模型测算的企业过度投资指标，重新进行回归分析。

（2）考虑到工业用地价格扭曲对企业过度投资的影响可能存在更长的时滞效应，把回归模型中的工业用地价格扭曲程度变量替换为滞后两期项 $Distort_{k,t-2}$，重新进行回归分析。

（3）采用工业用地价格是否扭曲的虚拟变量作为工业用地价格扭曲程度的替代变量。若 $LP_{k,t-1} < LPS_k$，则认为该地区工业用地价格存在扭曲，对该变量取值为1；若 $LP_{k,t-1} \geq LPS_k$，则认为该地区工业用地价格不存在扭曲，对该变量取值为0。重新进行回归分析。上述结果与前文研究结论没有实质性差异。综上，我们的研究结论比较稳健。

5.5.4 政策建议

我们的理论分析表明，地方政府扭曲工业用地价格会对企业过度投资产生显著的促进作用，并且不同的所有制属性和行业属性对于企业过度投资的影响具有较显著的差异。由于不同所有制企业存在行为目标差异、融资约束的不同，工业用地价格扭曲对不同所有制属性和行业属性企业过度投资行为的影响是不一样的。利用1998～2007年中国工业企业数据和中国49个主要城市的地价监测数据，建立回归计量模型对理论分析进行实证检验，实证结果有力地支持了理论模型提出的几乎所有研究假设和结论，提供了"工业用地价格扭曲促进企业过度投资"的经验性证据。我们的实证研究还得到一些很有意思的结论：国有企业过度投资行为对于工业用地价格扭曲程度的敏感性较低，且国有重工业企业和国有轻工业企业在敏感度上不存在显著差异；民营企业过度投资行

表 5 - 5　对假设 3 的检验结果

变量	国有企业			民营企业			外资企业		
	所有样本	轻工业	重工业	所有样本	轻工业	重工业	所有样本	轻工业	重工业
	(1)	(2)	(3)	(4)	(5)	(6)	(7)	(8)	(9)
$Distort_{k,t-1}$	0.0013 (0.25)	0.0015 (0.16)	0.0011 (0.22)	0.0132*** (4.79)	0.0069* (1.70)	0.0126*** (4.66)	0.0187*** (2.83)	0.0380*** (3.85)	0.0204*** (3.17)
FCF_{t-1}	0.2446*** (12.64)	0.3160*** (8.81)	0.2120*** (9.21)	0.2355*** (17.61)	0.2585*** (9.96)	0.2261*** (14.55)	0.1379*** (8.45)	0.1952*** (6.06)	0.1198*** (6.42)
$Growth_{t-1}$	-0.0151*** (-4.33)	-0.0192*** (-2.68)	-0.0134*** (-3.38)	0.0087*** (3.59)	0.0116** (2.49)	0.0075*** (2.65)	0.0188*** (5.82)	0.0200*** (3.18)	0.0197*** (5.26)
ADM_{t-1}	0.0525*** (3.76)	0.0714*** (2.70)	0.0426*** (2.59)	0.0103 (0.54)	0.0789* (1.90)	-0.0106 (-0.50)	-0.0213 (-0.66)	-0.0635 (-0.95)	0.0077 (0.22)
$GDPPer_{t-1}$	-0.0395*** (-8.24)	-0.0533*** (-5.55)	-0.0338*** (-6.13)	-0.0057 (-1.45)	-0.0077 (-0.94)	-0.0053 (-1.20)	0.0251*** (4.39)	0.0120 (1.07)	0.0377*** (5.82)
$UnEmpRate_{t-1}$	0.0068*** (5.47)	0.0093*** (3.63)	0.0058*** (4.12)	0.0115*** (9.01)	0.0112*** (4.19)	0.0117*** (8.07)	0.0088*** (4.65)	0.0144*** (4.05)	0.0063*** (2.89)
$UrbanRate_{t-1}$	0.0190 (1.23)	0.0532* (1.79)	0.0037 (0.21)	-0.0478*** (-4.15)	-0.0795*** (-3.44)	-0.0359*** (-2.72)	-0.1262*** (-7.59)	-0.1393*** (-4.45)	-0.1243*** (-6.44)
$Distort_{k,t-1} \times Dum_{轻工业}$	0.0000 (0.00)	—	—	-0.0083* (-1.89)	—	—	0.0176 (1.61)	—	—
$Dum_{轻工业}$	0.0129** (2.50)	—	—	0.0051 (1.29)	—	—	-0.0400*** (-7.47)	—	—

续表

变量	国有企业			民营企业			外资企业		
	所有样本	轻工业	重工业	所有样本	轻工业	重工业	所有样本	轻工业	重工业
	(1)	(2)	(3)	(4)	(5)	(6)	(7)	(8)	(9)
$Constant$	0.1970*** (4.45)	0.3126*** (3.50)	0.1550*** (3.06)	-0.1457*** (-3.81)	-0.1331* (-1.66)	-0.1435*** (-3.34)	-0.5361*** (-9.17)	-0.3381*** (-3.04)	-0.5299*** (-8.14)
$Indu_i$	不控制	不控制	不控制	不控制	不控制	不控制	不控制	不控制	不控制
$Year_i$	控制	控制	控制	控制	控制	控制	控制	控制	控制
Obs.	29 216	8 396	20 820	72 483	22 196	50 287	28 176	10 279	17 897
Pseudo R²	0.0209	0.0288	0.0178	0.0147	0.0151	0.0152	0.0209	0.0227	0.0154
chi2	422.01***	178.64***	247.87***	884.94***	290.20***	618.08***	431.47***	168.25***	202.38***

注: *、**、***分别表示在10%、5%和1%的水平上显著,括号内为t值。
资料来源: 作者利用 Stata 软件测算。

为对于工业用地价格扭曲程度比较敏感，且民营重工业企业的敏感度比民营轻工业企业要高；外资企业的过度投资行为对于工业用地价格的扭曲程度最为敏感；且外资重工业企业和外资轻工业企业在敏感度上不存在显著差异。可见，工业用地价格扭曲、政府主导要素资源配置背景下偏好外资、重工业招商倾向的政策环境，均是导致企业过度投资的重要原因。为避免出现较为普遍与严重的企业过度投资问题，应从以下几个方面着手：

（1）加快推进要素市场改革，尤其是土地市场改革。尽管 2007 年《全国工业用地出让最低价标准》首次规定工业用地必须采用招标、拍卖和挂牌方式出让，其出让底价和成交价格均不得低于所在地土地等级的最低价标准，但是，很多地方政府为了吸引投资而打起擦边球，在工业用地出让中进行有事先意向的挂牌出让，显著压低了土地出让金，一些地方政府甚至会在出让后把部分出让金按投资额返还给企业（陶然等，2009）。因此，应当从根本上改变土地等重要资源配置由政府主导的局面，让市场机制在要素资源的配置中真正发挥起决定性作用。重点推进土地制度改革，明晰土地产权，确保公民在土地方面的合法权益不受侵犯，打破地方政府垄断土地市场并以之牟利的体制，改进国家对土地的公共管理职能，加快推进工业用地供应体系和流转体系改革，建设土地产权的市场化条件。推动土地的市场化改革，对于政府压低工业用地价格来推动企业过度投资的做法，是釜底抽薪之举。

（2）建立健全公平竞争的市场环境。地方政府出于促进本地经济快速发展或显示招商引资政绩等动机，对外资企业不加选择地引进，在招商引资中对外资企业给予低成本甚至无偿使用土地等优惠待遇，这是外资企业过度投资对地方政府土地优惠政策最为敏感的主要原因。应该制定全面、完善的公平竞争法，严格约束地方保护主义行为以及为本地企业提供损害公平竞争的各类补贴与优惠政策，切实保障各种所有制企业依法平等使用生产要素、公平参与市场竞争、同等受到法律保护。公平竞争的市场环境使得外资企业不能继续享受"超国民待遇"，从而避免外资企业过度投资行为，并对中国更好地利用外资推动科技创新和产业升级起到积极作用。此外，可以避免民营企业为寻求地方政府的荫庇而与地方政府"政企合谋"，以及由此带来的投资行为异化。

（3）加快产业结构调整步伐。放弃挑选特定产业、特定企业、甚至特定技术、特定产品进行扶持的产业政策模式，调整完善国家产业政策，抑制地方政府通过引进价高利大的重工业项目以追求短平快业绩的行为，避免重工业领域的低水平重复建设和产能过剩问题的持续恶化，减少地方政府对地方产业结构的过度干预和越位规划。建立由市场需求决定的项目设立机制，由市场需求来决定和选择产业结构调整的方向和路径，进而强化产业结构调整的市场化模式。有效避免地方政府土地优惠政策诱导下的重工业企业过度投资行为。

5.6 本章小结

本章介绍了中国地方政府用地行为模式，并从财政激励和政治激励的角度对地方政府差异化土地出让策略进行了深入剖析。在此基础上，建立非合作博弈模型描述了地方政府间工业用地价格竞次导致地区工业用地价格扭曲的具体路径。理论上通过建立基于净现值的投资决策模型证明地区工业用地价格扭曲对辖区企业造成的实质性补贴效应会导致企业过度投资，并造成行业性产能过剩。实证上采用 1998 ~ 2007 年中国工业企业数据和中国 49 个主要城市的地价监测数据，建立回归计量模型对理论分析进行实证检验，得出如下主要结论：

（1）由于受到财政激励和政治激励的影响，中国地方政府具有极大的动力参与地区间的招商引资竞争而非区域性合作。工业用地的使用成本是工业企业最主要的生产成本之一，而地方政府是辖区内集体土地唯一的收购方，也是商住用地和工业用地唯一的供应方，在土地交易的一级市场上占据了垄断地位。因此，地方政府普遍采取直接控制辖区工业用地价格以向企业提供廉价工业用地的方式来吸引外来企业投资。

（2）中国各地方政府为了吸引有限的外来企业投资而竞相压低工业用地价格，展开激烈的工业用地价格竞次。为了获得招商引资所带来的对资本、技术、人才、税收、就业等方面的溢出效应产生的收益，地方政府在工业用地价格非合作博弈中会重复性地选择降低策略，即降低工业用地出让价格，以成本价格，甚至"零地价"向企业供地，直到打到底线，最终导致工业用地价格扭曲。

（3）地区工业用地价格扭曲所产生对辖区企业的实质性补贴能够超过或者弥补企业投资于净现值为负的项目所产生的亏损，且地区工业用地价格越扭曲，就相当于企业获得的补贴越多，此时企业能够投资的净现值为负值的项目就越多，企业的净现值投资决策点就向负方向继续推移，即企业过度投资的程度会更高。同时，随着工业用地价格竞次沿区域的邻近关系不断扩散蔓延，迅速形成了全国范围的工业用地价格竞次，造成全国性的工业用地价格扭曲，再加上我国存在严重的产业结构趋同问题，各个地方政府竞相进入同一行业，最终导致行业性的产能过剩。

（4）工业用地价格扭曲会促进企业过度投资，而且这种促进效应对新增土地资产越多、存续期越短的企业更加显著。国有企业过度投资行为对于工业用地价格扭曲程度的敏感性较低，且国有重工业企业和国有轻工业企业在敏感度上不存在显著差异；民营企业过度投资行为对于工业用地价格扭曲程度比较敏感，且民营重工业企业的敏感度比民营轻工业企业要高；外资企业的过度投资行为对于工业用地价格的扭曲程度最为敏感；且外资重工业企业和外资轻工业企业在敏感度上不存在显著差异。

6

资源环境体制与原材料工业的产能过剩

内部成本外部化直接的结果是产能过剩与投资冲动并存。为了满足企业利益，地方政府利用其在要素市场上的干预能力，为企业提供低成本要素。这种地方政府的政策性补贴扭曲了要素市场价格，压低投资成本，体制上的根本性弊端扭曲了地方政府和国有企业的投资行为，大量增量资金投向投资驱动型领域，造成了普遍性的结构性产能过剩和投资效率、资源配置效率的下降。目前，内部成本外部化有三种方式：第一，以土地为手段的内部成本外部化；第二，以资本为手段的内部成本外部化，体现在地方政府，具体主要表现为其对银行等间接融资市场的干预；第三，以环境为手段的内部成本外部化，这使得原应由企业承担的环保成本甚至是污染成本都由社会来承担。而这种外部化可能会导致产能过剩，地方经济的增长一直是地方政府最为关注的目标，而在拉动经济增长的三驾马车中，企业投资成为主要方式。企业的投资决策需要考量自身的利益，为了满足企业的利益，地方政府便利用其在要素市场上的干预能力，为企业提供低成本要素，造成了内部成本外部化现象；在企业产能决策的过程中，内部成本外部化现象使得原应由企业承担的一部分成本转嫁到了社会大众身上，同时，企业成本的降低扭曲了企业的投资行为，加大了产能进入强度，增加了行业产能过剩的可能性；内部成本外部化现象造成了产能过剩与投资冲动并存，产能过剩尽管会造成产品价格下降，但只要能使得内部成本外部化程度加大，从而使自身成本下降幅度大于价格下降幅度，企业就能获得利润，在利润的驱动下企业便愿意进入。所以本章内容从资源环境体制扭曲，导致要素成本扭曲（水、土地、环境等要素成本扭曲），从而导致产能波动角度来分析产能过剩，同时也提出产能过剩化解长效机制可操作的政策建议。

6.1 我国资源环境体制的现状及问题

6.1.1 我国资源体制的现状及问题

6.1.1.1 资源价格扭曲的现状及问题

不同于商品价格，资源价格不仅需要考虑价值、成本和供求关系，还涉及国家的资源战略、各利益相关主体博弈等多种因素。由于各种资源的属性、意义和重要性存在较为明显的差异，其定价主体和价格的具体表现也相互不同。

1. 矿产资源价格

当前，我国矿产资源价格依然受到较多的行政干预，生产要素市场还未完善，资源价格形成机制也没有完全市场化，因此，矿产资源价格存在较大程度的扭曲。究其原因，归根结底也许还是价格机制的不完善。我国大部分矿产资源价格既没有反映资源的供求情况和稀缺状况，也没有考虑生态补偿和代际补偿。

（1）长期实行"资源无价"政策。

20世纪80年代前，在矿产资源储量的取得方面，我国一直沿用的是计划经济时期"审批制"办法。即政府对提出评审申请的企业进行资质评估，许可企业在一些特别限定的范围内开采限定的矿产资源。企业取得了经营权之后，除了需要缴纳少量的矿产资源税以外，基本上可以无偿使用矿产资源，矿产品定价并没有将勘探成本考虑入内。

随着改革开放，我国逐渐开始关注地勘成果、矿产资源有偿使用问题，但直到1994年前都未有大的作为。1994年，我国通过了《矿产资源补偿费征收管理规定》，我国矿产资源无偿使用的历史结束了。但与国外许多发达国家相比，我国矿产资源补偿费相对于资源的价格几乎微不足道。《矿产资源补偿费征收管理规定》的附录明确规定，具体矿种的征收费率须在 $0.5\% \sim 4\%$，平均为 1.18%，而国外同类矿种的费率一般为 $2\% \sim 8\%$。相比之下，我国石油、天然气、黄金等矿种的矿产资源补偿费费率更低，油气为 1%，黄金为 4%，远远低于国外水平，连矿产资源勘探成本都难以补偿。

（2）社会分工中存在对矿产资源提供者明显的价格不利因素。

当前，我国矿产资源主要由国家定价和垄断经营，市场难有作为。为了追求经济的高速增长，通过政府的价格管制手段，压低矿产品的价格，形成了上下游产品价格的剪刀差，从而降低了下游产业的成本，同时也扭曲了矿产资源价格。1978 年改革开放以后，商品价格逐渐放开，但是矿产品价格放开一直到 20 世纪 90 年代才被提及，政府相关部门的理由就是"避免增加（下游产业的）企业负担"。即使是到了现在，政府对部分矿产品的价格控制也依然存在。同时，由于矿产资源产品价格的扭曲，直接导致了我国钢铁行业、电解铝行业、有色金属冶炼行业存在严重的产能过剩。

（3）矿产资源价格构成不合理。

目前，关于矿产资源定价的方法，学术界的研究成果有边际社会机会成本法、机会成本法、影子价格法等。就理论上而言，唯有边际社会机会成本法能够真正反映利用一单位某种矿产资源的全部成本。社会成本是私人成本与外部成本之和，它表示整个社会从事某种活动时所付出的总的机会成本。边际社会成本等于边际外部成本和边际私人成本之总和。其中，矿产资源的边际私人成本即收获矿产资源所必须支付的生产成本，也就是矿产资源的边际生产成本。而矿产资源的边际外部成本主要由两部分构成：边际环境成本和边际使用者成本。也就是说，矿产资源的边际社会成本可以从理论上反映勘探利用单位自然资源全社会所付出的全部代价，而在目前我国的自然资源价格体系中，并没有反映边际使用者成本和边际环境成本，必然导致严重扭曲资源价格的结果。

可见，在我国目前的矿产资源价格体系中，资源价格不是一个完全的资源价格，一方面，它没有反映矿产资源的供求情况与稀缺状况；另一方面，它没有考虑本应该由企业承担的社会环境成本。这导致了在矿产资源供给日益紧张的同时，资源价格却十分低廉的现状。

2. 能源价格

长期以来，能源产品的价格扭曲问题非常严重，价格不能充分体现能源产品的价值和稀缺程度，带来了一系列消极后果，如企业生产积极性不高导致供应短缺，价格太低导致能源浪费严重等。

（1）能源价格未反映生态价值。

从社会发展角度看，我国能源储备量相对匮乏，长期实行的能源低价政策更是加速了我国能源枯竭速度。忽视了经济发展后引发的生态危机，现行能源价格只在一定程度上满足了经济发展的需要。目前，我国能源价格没有反映其生态价值，仅包括了劳动价值，即资源开发利用成本，使得以价格形式补偿的能源价值明显不足。能源价格没有体现开发利用过程中的外部性，引发了矿区地面下沉、水土流失及鸟类生存危机等一系列的生态问题及治理成本。同时，在一些资源富集地区，地方政府为了吸引投资，甚至会配给企业特定数额的资源开发权利，大幅降低了能源投资要素价格。

（2）国内市场价格滞后于国际价格。

从市场发展角度看，国家主导下的能源低价政策严重阻碍了我国经济增长方式的转变，使得能源资源的生产和消费受到了巨大的损害。以我国石油价格变动滞后与国际原油价格为例。1998年，我国通过了《原油成品油价格改革方案》，规定原油结算价格由中石油、中石化两大石油公司协商确定，价格包括基准价和贴水。其中，原油基准价由国家计委根据国际市场相近品质原油上月均价加关税确定，贴水由购销双方协商确定。成品油价格则由国家计委根据进口完税成本加合理流通费确定零售中准价，中石油、中石化再在此基础上在5%的浮动范围内确定具体零售价格。自此中国原油价格走上了与国际原油市场价格接轨的道路。通过1998年的改革，中国基本上确定了以市场形成为主、政府调控为辅的与国际油价接轨的石油定价机制。2001年底，中国对石油定价机制实行了进一步的改革，确立了以当时国际上最主要的石油市场——纽约、鹿特丹、新加坡三大石油市场一篮子价格的加权平均价作为中国原油基准价和成品油中准价的参照基础之定价原则，中石油、中石化两大石油公司可以在8%的浮动范围内具体确定原油或成品油价格。石油定价由政府直接定价的机制转变为政府反应式和预期式引导的定价机制。根据现行石油定价机制，按纽约、鹿特丹、新加坡三大石油市场上月一篮子价格加权平均数作为中国原油基准价和成品油中准价参照基础，再在此基础上加成确定中国石油零售价格，使中国的石油价格调节滞后于国际石油价格变动。

这种滞后会带来两个方面的影响：首先，投机者很容易根据国际石油价格走势判断出国内石油价格未来走势。在石油市场供求关系紧张时，很容易激发市场中的囤积、惜售等投机行为发生，不利于石油市场供给和石油价格的稳定。其次，在原油进口价格与国际市场同步、国内成品油价格调整滞后的情况下，当国际石油价格大幅上涨时，进口原油价格甚至可能超过成品油零售价格，进而影响石油供应企业的生产积极性，最终造成了能源市场价格的扭曲。

（3）价格低廉导致能源加速枯竭。

从能源行业发展角度看，我国现行能源价格政策导致能源行业的发展呈现出逐渐背离可持续发展战略的趋势。可持续发展要求将能源作为经济资源的同时作为生态环境的有机组成部分。而现行能源价格政策却加速了能源资源枯竭的速度，加剧了能源市场混乱的局面。以天然气价格为例，目前，我国天然气进口价格（直供工业）为1 355元／千立方米（2015年3月30日长庆油田）。在政府的价格管制下，一方面，天然气进口价格无法协调上下游企业利益矛盾，严重打击了上游企业的生产积极性。另一方面，管制价格与可替代能源价格比价不合理，导致市场需求过度膨胀，国内消费市场掀起一波又一波"油改气"、"煤改气"热潮。

（4）对外依存度高，且缺乏价格话语权。

一方面，随着工业化和城市化的推进，我国的能源资源需求不断增长。以煤炭为例，1978~2012 年，我国年煤炭消费总量从 5.7 亿吨标准煤上升到 36 亿吨标准煤，增长了 5.3 倍，见图 6-1。由此导致传统化石能源资源消耗迅速增加，能源供应总量问题凸显。当前，我国已经成为全球能源资源消费增长最快的国家之一。随着经济进一步发展和人均收入的提高，能源消费总量预计还将持续、大幅度增长。

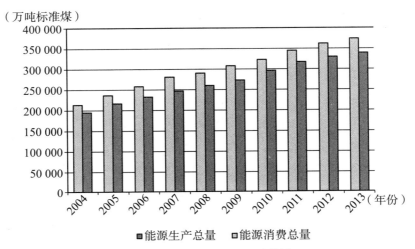

图 6-1 能源生产总量及消费量

数据来源：中华人民共和国国家统计局（Http：//data.stats.gov.cn/adv.htm？G1 = C01）。

另一方面，我国能源资源禀赋较差。储量有限，电、煤、油、气等能源供应时常紧张。1980 年以来，我国传统化石能源（煤炭、石油和天然气）勘探新增储量，远远低于能源生产和消费增长，储采比一直呈下降趋势。截至 2013 年底，我国石油、天然气和煤炭的经济可采储量分别为 25 亿吨、3.3 万亿立方米和 1 145 亿吨标准煤，储采比分别为 11.9 年、28 年和 31 年。（BP《2014 年世界能源统计报告》）中国分别在 1993 年和 2006 年成为石油和天然气净进口国，且进口占比持续上升。2013 年，原油和天然气净进口量分别占国内总消费量的 57% 和 30%。煤炭、石油和天然气人均探明储量占世界平均水平的 56%、11% 和 4.4%。2014 年我国原油对外依存度已经高达 59.6%，天然气对外依存度为 32.2%。从中长期来看，全球范围内的能源资源争夺战将愈演愈烈，我国煤炭、石油和天然气等能源资源供应将日趋紧张，对外依存度不断提高。不仅如此，我国进口的大宗商品价格话语权的缺失，使我国为此付出了巨大的代价。

6.1.1.2 资源领域市场化改革的现状及问题

新中国成立以来，资源管理工作可粗略归纳划分成四个阶段：第一阶段，计划管理阶段，所有的资源配置都由国家包办，不存在产权的概念；第二阶段，随着改革开放逐步深入，单一的国家所有体制被打破，资源领域产权开始出现分化的局面；第三阶段，随着资源领域相关法律的制定和完善，资源有偿取得和有偿使用制度逐步得到落实，资源的管理逐步走上正轨；第四阶段，按照国家矿产资源管理的法律法规，全国积极探索，大胆实践，推进矿产资源有偿使用制度改革，在不断探索中努力建立市场配置资源的新机制。近年来，资源性产品价格和税费改革加快践行市场在资源配置中起决定性作用的思路，而且配合当前通胀水平整体较低、能源供给相对宽松的有利局面，加快推进资源领域市场化改革具有较多有利条件。与此同时，完善税制、统一监管、打破准入等配套措施也正在协调推进，以期通过政策组合拳实现市场化改革最佳效果。

在我国的资源管理中，由于受到计划经济体制的长期影响，虽然市场经济的管理机制不断深化，但资源管理和使用仍不够规范，影响了资源有偿使用制度的完善。具体来看，资源市场化进程中主要存在以下问题：

（1）资源市场化问题积重难返。

我国在能源资源价格方面欠账太多，问题累积成堆。比如，长期实行粗放的经济发展模式，对资源价格长期实行严格的管制。价格机制严重扭曲，不能有效地反映资源的供给与需求和日趋紧缺的状况，起不到促进企业降低成本的激励作用；价格构成不完全，成本缺位和补偿不足。价格过低会抑制价格配置资源的作用，造成开发、利用的极大浪费和严重的污染等等。要改变这种状况，不得不面临许多的困难和问题。比如，在价格管制上则存在有的由市场形成、有的仍然由政府直接制定价格的矛盾。总之，深化资源性产品价格改革将是一场旷日持久的攻坚战。

（2）资源市场化改革受经济发展方式转变滞后的制约。

能源资源价格长期偏低，是我国"高消耗、高浪费、高污染、低效益"的落后经济发展方式得以长期存在的重要原因。因此，当能源资源价格体系进行市场化改革时，成本的增加、利润的下降必然导致维护落后发展方式的既得利益群体的阻挠。加上由于资金、技术等方面的制约和创新的滞后，转变经济发展方式，促进节能减排，发展低碳经济等目标无论是各级政府还是企业都难以在短期内适应和转变，由此形成了能源资源性产品价格改革的重重阻力或障碍。这是十几年来转变经济增长方式和能源资源产品价格改革无显著进展的重要原因。

（3）改革涉及和影响面大，各方面的利益矛盾难以协调。

改革在一定意义上是不同利益集团之间博弈和妥协的过程，改革的深化必将使一些既得利益者受损。改革面临公正和效率、就业和利润、代际成本等问题，还面临生产与消费各个环节的矛盾、地区（产地与销地）之间利益关系的协调、中央与地方之间利益分配、新资源与传统资源、可再生资源与耗竭性资源之间价格关系与发展的协调、资源性产品改革与其他改革之间的协调、资源性产品价格改革与外贸竞争力的矛盾，等等。这些矛盾解决不好，将成为改革顺利推进的障碍。

（4）稳物价与价格改革的两难抉择。

由于资源性产品价格长期扭曲和偏低，无论是改革还是调整，价格提高都将不可避免。受成本上升和其他不确定因素的影响，今后一段时间内市场价格将呈逐步上涨之势，管理通货膨胀预期、稳定市场物价是一项长期的任务。而资源性产品一方面是生产要素，另一方面又是老百姓的生活必需品。这种特殊性，使资源改革必然导致价格的一定幅度上涨，而价格上涨又会影响到每个家庭的生活，从而使改革将陷入两难境地。在深化改革的过程中也必须做好这方面的工作。

（5）现行的体制与垄断问题对改革的阻碍。

资源性产品的生产经营多是国有企业为主导，且又为垄断经营体制，加上产权不清，使得垄断企业不可避免地利用自己的特殊身份来影响价格，既难以通过价格改革实现充分的竞争和由市场形成价格，又容易成为一些垄断行业和利益集团牟利的工具，还会加大改革的成本。从已有的能源资源价格改革情况看，基本上是以调价代替改革，甚至是只调价不改革，每次价格改革的成果主要为垄断行业所占有，广大民众并没有享受到改革的成果，有的甚至因此而增加了负担，广大群众对改革热情下降甚至开始持反对的态度。而价格改革假如得不到群众的支持和参与，就必然会举步维艰。

（6）市场化改革与相关改革措施难以协调。

资源价格改革会导致生活必需品价格上涨，居民生活成本上升，对我国社会主义和谐社会的建设将带来一定的影响。这就需要协同推进收入分配改革、社会保障制度建设、资源税费改革、企业制度调整以及市场的发育与建设。

（7）顺利推进改革需内外兼修，也增加了改革的难度。

从国际环境看，中国国家实力逐步增强，国际地位不断上升，逐渐成为世界格局当中重要的一极。中国每一项改革推进都会受到来自国际社会的制约和压力，尤其是在对大宗商品的对外依存度不断提高的情况下更是如此。此外，进入后金融危机时代，发达国家实施的量化宽松政策，对新兴经济体形成巨大的通胀压力，这也加大了资源性产品价格改革和要素市场改革的难度和挑战性。

6.1.2　我国环境体制现状及问题

6.1.2.1　环境成本扭曲的现状及问题

环境成本是指在某一项商品生产活动中，从资源开采、生产、运输、使用、回收到处理，在解决环境污染和生态破坏时所需的全部费用。环境成本的发生必须是因保护环境而引起的。环境成本的扭曲，折射出的是我国经济增长和环境保护之间的深刻矛盾。

1. 企业环境成本管理体制不健全

作为发展中国家，我国在环境保护方面，至今没有建立起企业环境污染的影响评价体系，无法科学地对企业环境成本进行测算。对于企业环境成本的控制，通常采用事后处理法。在污染发生以后，企业才想尽各种方法进行清除，在核算的时候，把已经发生的有关环境支出统统计入环境成本中。此种方法，只看到要控制现在生产过程中所发生的环境支出，对企业日常生产经营活动的影响不是很大。

根据调查，现阶段在对企业业绩进行评价时，缺乏一个唯一的关于环境成本控制的考核指标。诸多企业仅见到眼前短期利益，事后才进行处理，不但预防环境污染的意识淡薄，并且还不能积极地治理已发生的环境污染，进而使企业甚至全社会环境治理费用过高，很多企业由此一度陷入财务危机中。

2. 企业环境成本控制的成本收益不匹配

目前，我国还存在较多"高污染、高环境风险"产品，这些产品的大量生产将会累积形成较高的环境损害，构成较大的环境隐患。但是，消除这些危害和隐患应付的环境代价尚未完全体现在企业经营成本中，实质上构成了不公平竞争，也不利于激发企业履行环保责任的内生动力。不同于路径明晰、相对可控的企业成本控制，环境成本因其滞后、外溢、隐晦等因素导致其难以一目了然。环境恶化的后果，往往要经历一个比较长的时段方能水落石出。传统会计所依赖的成本观念只核算微观的经济成本，对环境成本计量的潜在环境成本忽略不计。容易使企业收益虚增，间接鼓励了企业以破坏环境为代价、透支未来的方法，而来进行眼前利益的谋划。除此之外，企业在成本控制之时，一般注重企业内部实际成本的降低，对控制环境成本的目标不够明朗，甚至看不到企业的环境成本管理，一般不会去主动进行环境成本的考虑。

3. 环境污染具有外溢效应，企业将环境成本转嫁给社会

污染的大量生成及自然环境自我净化的缓不济急，让政府治污成为中国环境治理的惯用模式。以工业"三废"为代表的环境污染多由企业产生，但由于污染的外溢效应，企业可以运用各种技术手段将排污管道"一致对外"，在一个广阔的地理空间扩充、稀释污染，从而产生更多的污染承受者。企业产生污染，让本应由企业承担的环境成本转嫁给民众，进而获取最大利润。2013年5月，华北五省市先后公布了55家涉及地下水污染企业名单，其中许多被曝光企业均存在"废水排入无防渗措施的坑塘"行为。这种将污染转移地下，影响当地的地下水质量和人民的健康水平，堪称企业将环境成本转嫁社会之举。

污染是企业的，利润是企业的，治理是政府的，花钱是全民的。这样一种模式，让企业污染环境又多能置身法网之外。以邻为壑、企业排污，政府治理，诸如此类的事情在现实生活中不在少数。企业在生产过程中并未承担相应的环境成本，以种种或明或暗，或地上或地下的方式让社会大众承担各种污染。一旦污染积重难返，引发社会的广泛关注，由环境问题衍生波及面甚广的社会问题。"先污染、后治理"的模式将政府推向治污主体，最终还是用全民买单的方式治理污染。

6.1.2.2　环境领域市场化改革的现状及问题

长期以来，环境保护被看成是一种由政府承担的公益事业，游离于经济活动之外，或被视为造成环境危害的有关单位应该承担的一种责任和义务，造成政府财政资金短缺、服务效率低下、污染企业治污被动、公众参与积极性差，使环境问题成为制约国民经济发展的重要因素。近年来，随着经济市场化改革深化和生态文明建设的推进，探索实现环境保护市场化受到社会各界的密切关注。党的十八届三中全会明确提出，引入市场化机制，推行环境污染第三方治理。《关于推行环境污染第三方治理的意见》提出以环境公用设施、工业园区等领域为重点，改进政府管理和服务，健全第三方治理市场，不断提升我国污染治理水平。《政府购买服务管理办法（暂行）》提出要加大政府向社会力量购买服务的力度，将环境污染治理纳入政府购买服务指导性目录中的基本公共服务领域。探索推进环境保护市场化有利于转变政府职能，提高治理效率，促进环保产业发展。2015年3月24日，中共中央政治局召开会议审议通过《关于加快推进生态文明建设的意见》，提出了"绿色化"这一概念。

1. 环境领域市场化的现状

结合我国市场化改革目的与历程，我国环境领域市场化主要体现在两个方面：①将由政府和公共部门提供的环境保护服务和产品部分或全部交由市场，实现资源配置方式由政府行政配置向市场调节的转化；②提高市场对环境保护资源配置的效率、提高市场自身的规范化程度。

2014年11月26日，国务院发布《关于创新重点领域投融资机制鼓励社会投资的指导意见》（下称《意见》），提出推动环境治理市场化，大力推行环境污染第三方治理。近年来，主要依靠政府和"谁污染、谁治理"的原则进行环境污染治理的方式，在日益复杂的环境问题面前显得乏力。因此，"污染企业付费、专业化治理"的第三方治理模式被寄予厚望。《意见》提出，在电力、钢铁等重点行业以及开发区（工业园区）污染治理等领域，大力推行环境污染第三方治理，通过委托治理服务、托管运营服务等方式，由排污企业付费购买专业环境服务公司的治污减排服务，提高污染治理的产业化、专业化程度。稳妥推进政府向社会购买环境监测服务。建立重点行业第三方治污企业推荐制度。另外《意见》指出，推进排污权有偿使用和交易试点，建立排污权有偿使用制度，规范排污权交易市场，鼓励社会资本参与污染减排和排污权交易。

党的十八届三中全会明确提出："建立吸引社会资本投入生态环境保护的市场化机制，推行环境污染第三方治理"。通过市场化机制推行环境污染第三方治理，是环境保护管理体制的重大创新。2015 年 3 月 24 日，中共中央政治局召开会议审议通过《关于加快推进生态文明建设的意见》，首次提出了"绿色化"这一概念。"绿色化"强调一种绿色的生产生活方式，将生态文明摆到了极高的位置，力求达到"推动国土空间开发格局优化、加快技术创新和结构调整、促进资源节约循环高效利用、加大自然生态系统和环境保护力度"。可以看到，从 2005 年首提"生态文明"概念，到中共十八大首次将生态文明融入"五位一体"的国家发展总体布局，再到党的十八届三中全会全面推出生态新政，十八届四中全会全面推进依法治国。中国高层的战略选择已经明确：绿水青山就是金山银山，誓以制度保护绿水青山。

2. 环境领域市场化存在的问题

（1）环境理念落后。

新中国成立以来，人口多、底子薄一直是基本国情，因此我国一直将经济建设、人民温饱富裕作为首要行政目标。这种思想一方面成就了我国的经济奇迹，另一方面也造成了经济、社会与环境目标的巨大分歧。盲目追求效益的粗放式经济发展方式浪费了巨量的资源，也使我国的环境污染问题十分尖锐。同时，这种以经济建设为第一要务的思想至今还存留在我国各级行政单位的意识中，造成了深远的影响。具体来看，我国很多地方政府环境管理理念仍存在偏差，环保部门在环境管理体系中并未起到中流砥柱的作用。地方保护主义仍然大量存在，环境信息公开走形式、轻内容的现象也屡见不鲜。

（2）法律法规不完善。

目前，我国自然资源的环境管理是"条块相间"的。有按属性的横向管理，也有按产业的纵向管理。具体体现在资源环境立法中，就导致了法律覆盖范围的界定不清。例如，资源专门法，从整体上看，其规定了某项资源的开发利用与保护管理宏观规划，微观上看，又涉及到了该项资源的养护与恢复细节，以及围绕该项资源运行的产业管理要求。这种特点对于仅有一部专门法的领域表现得异常明显，如《草原法》、《野生动物保护法》等。覆盖范围过大会直接导致立法目标的难以操作，于是就衍生出具体的行政条例、部门规章、地方性法规来予以补足。而行政条例等低层级规范往往由于种种限制，很难按照专门法的水平详细补齐实施细则，现实中常常导致专门法中规定的制度实施不善。

（3）体制机制单一。

随着环境问题的日益严重，以往单一而陈旧的环境保护体制机制已经难以适应当前多样化、复杂化的环境问题，在保护环境方面已开始乏力，已经无法实现环境领域市场化的需求。因此，环境保护体制机制的完善及创新就显得尤为重要。要在有效地解决我国严重的环境污染问题的前提下，加快环境治理市场化的步伐，实现人们生活环境与社会经济发展之间矛盾关系的改善。例如，改变污染治理设施的费用投资、强化污染治理的力度与专业水平、将部分经济实力雄厚的企业纳入污染治理领域等措施。

（4）扶持机制缺少。

政府扶持对于环保企业无疑具有激励效应，但目前我国在环境领域市场化进程中，却缺少对应的扶持机制。激励机制是企业不可或缺的一部分，可以说，良好的扶持机制对于环境保护机制来讲也是一种激励机制。例如，在税收上，可以建立税收政策的优惠制度，鼓励企业提高环境治理的水平；在补助制度中，对于比较重大的环境问题给予补助资金可以在为企业提供资金支持的同时，打造公益性治理的宣传力度。

（5）监管力度不够。

环境监管过程中，"违法成本低、守法成本高"未得到根本改观，环境保护市场化推进的外部压力不足。地方政府环保监管能力还有待提高，个案执法力度虽大，但打击面不够广，部分违法企业仍存在侥幸心理，公平竞争环境尚未形成，企业污染治理的外部压力不够。随着新环保法生效实施，要做到"有法必依、执法必严、违法必究"，才能从根本上扭转环境违法现象屡禁不止的局面，充分释放环境污染治理的市场。

（6）责任界定不清。

"谁排放、谁负责"的责任界定机制未能从法规制度上加以明确，"谁污染、谁付费"的市场价值体系尚未建立，造成污染治理市场化动力不足。企业污染自治仍然是目前工业污染治理的主要方式，以往排污、治污二合一的经营方式下环保责任主体单一，责任易于界定；委托第三方治污产生了两个责任主体，出现问题须要排污企业和第三方企业共同承担，法律责任转移机制不明确，新环保法规定的法律和行政处罚的责任主体仍然是排污企业，严重影响了排污企业放开污染治理市场的积极性。

6.2 基于 MSVAR 模型的原材料工业产能过剩影响因素分析

对于产能过剩问题，国内学者较为关注其形成原因及影响因素。根据现有研究，导致产能过剩的原因及因素大致可概括为经济周期性波动、企业低水平重复建设（林毅夫，2007；林毅夫等，2010）、地方政府干预与投资冲动（江飞涛等，2012；韩秀云，2012；王立国和鞠蕾，2012）等。一些学者则试图对中国的产能利用率进行定量测算：沈利生（1999）利用峰值法估算我国的潜在 GDP 并计算出潜在产能利用率；龚刚、杨琳（2002）假设用电量与资本服务使用量的比值固定，然后以用电量代替资本使用服务量进而测算出设备利用率；韩国高等（2011）利用行业面板模型的广义矩估计法，估计了中国 28 个工业制造业的可变成本方程，并根据成本函数法计算了产能利用率；王维国、袁捷敏（2012）将产能界定为物质资本存量的函数并假定产能与物质资本存量为常数比例关系；杨光（2012）构建了一个含有微观基础的企业投资模型，得出企业设备利用率的定义式，并测算了中国的设备利用率。另外，IMF（2012）的报告也特别提到中国的产能利用率，但没有对测算方法进行说明。与发达经济体不同，除了以上一些影响产能过剩的因素外，在中国由于多种非市场因素的影响，诸如要素市场改革不彻底、相应的环境成本没有考虑到价格体系中。如 2013 年 10 月发布的《国务院关于化解产能严重过剩矛盾的指导意见》明确指出："一些地方过于追求发展速度，过分倚重投资拉动，通过廉价供地、税收减免、低价配置资源等方式招商引资，助推了重复投资和产能扩张；与此同时，资源要素市场化改革滞后，政策、规划、标准、环保等引导和约束不强，投资体制和管理方式不完善，监督检查和责任追究不到位，导致生产要素价格扭曲，公平竞争的市场环境不健全，市场机制作用未能有效发挥。"所以，本节在以原材料钢铁行业为例，基于 MSVAR 模型，系统考察了政府投资及国有企业、要素价格扭曲等因素对产能波动率的影响，试图为相关的理论研究提供一个经验证据。

6.2.1 基于 Markov 机制转换模型的钢铁行业产能过剩变动特征分析

6.2.1.1 Markov 机制转换模型介绍

Markov 机制转换模型最早由 Hamilton 在 1989 年提出，他在模型中引入一个不可观测的状态变量，状态变量符合一个 Markov 链运动。Markov 转换方法是将可能发生的事

件划分为 k 种状态，记为 $S_j(j=1, 2, \cdots, k)$，表示有 k 种状态机制。状态变量在各状态机制间的转换遵循一阶 Markov 过程。但是时间序列 y_t 不仅取决于 t 时刻的状态变量 S_t，还取决于 $t-1$ 时刻的状态变量 S_{t-1}，$t-2$ 时刻的状态变量 S_{t-2}，$\cdots$，$t-j$ 时刻的状态变量 S_{t-j}。下面以一个包含两状态的一阶滞后的 Markov 机制转换模型为例，对其参数估计过程进行介绍。该模型设定为：

$$y_t = C_{St} + \phi y_{t-1} + \varepsilon_t \tag{6-1}$$

其中，$\varepsilon \sim N(0, \sigma^2)$ 且独立同分布，y_t 表示所研究的时间序列；C_{st} 表示 t 时刻所处状态下的序列均值，不同状态下均值不同；ϕ 表示在 t 时刻的自回归系数。状态变量 s' 的值只取决于 $t-1$ 时刻所处的状态，符合一阶 Markov 链过程。状态变量 s_t 此时的取值为 $\{1, 2\}$，其相应的概率转移矩阵为：

$$P = \begin{bmatrix} P_{11} & P_{21} \\ P_{12} & P_{22} \end{bmatrix} \tag{6-2}$$

6.2.1.2 钢铁行业产能过剩变动区制转换模型的建立

根据前面对钢铁行业产能过剩变动非线性特征和机制转换特征的检验，可以看出钢铁行业产能过剩时间序列是一个非线性时间序列，并且在序列过程中存在机制转换。用一般的线性回归模型来刻画现货价格的波动显然不太合适，不能把现货价格波动的复杂变化过程刻画出来。Markov 机制转换模型能够捕捉到时间序列变量更为复杂的动态演化过程。下面将对铁行业产能过剩时间序列建立 Markov 机制转换模型。

一般来讲，钢铁行业产能过剩有扩张期和收缩期之分，所以本文在简单自回归模型中引入参数的区制转移性质构建了 MS – AR 模型。该模型与 AR 模型的最大区别在于所有参数都是可变的，由区制状态变量来控制，在同一区制内参数及方差不变，当区制发生变化时参数及方差将随之变化。因此，MS – AR 模型可以刻画出钢铁行业产能过剩在不同阶段、状态或机制下所具有的不同特征。

依据对数似然比统计量尽可能大，AIC、SC 和 HQ 准则尽可能小的原则，本文采用变截距和变方差，最优滞后阶数为 1 阶的 3 区制 MSIH（3）– AR（3）模型，模型具体形式如下：

$$y_t = u(s_t) + \phi_1 y_{t-1} + \phi_2 y_{t-2} + \phi_3 y_{t-3} + \varepsilon_t, \quad \varepsilon_t \sim iidN(0, \sigma^2(s_t)) \tag{6-3}$$

其中，y_t 为钢铁行业产能利用率，μ_{St} 代表 t 时刻所处状态下的截距项，它在不同的状态下有不同的值；ϕ 表示在 t 时刻的自回归系数；ε_t 是服从均值为 0，随状态而变化的方差 σ^2 的正态分布，而 $S_t=1, 2, 3$ 是状态变量，其值只取决于前一个时段所处的状态。在该模型中，我们假定产能过剩的变化过程中可能存在三种机制，即"扩张期"

$(S_t = 1)$、"收缩期"（$S_t = 2$）、"平稳期"（$S_t = 3$），截距 μ 和方差 σ^2 是依赖于状态变量的可变参数，并以一定的概率水平在不同区制间相互转换，通常假设模型在各区制间的转移概率满足一阶 Markov 过程。

6.2.1.3　Markov 区制转移模型估计结果分析

本节采用带有 MS – VAR 模块的 OX 软件对模型进行估计，结果见表 6 – 1。从表 6 – 1 的参数估计结果以及 LR 值可以看出，MSIH（3）– AR（3）模型的拟合效果较好，可以接受钢铁行业产能利用率存在明显的三机制，说明钢铁行业产能利用率确实发生了结构转变。从表 6 – 1 可得，钢铁行业产能利用率的变化可以由以下三种机制来描述：第一，产能利用率平均下降 0.93%，可视为钢铁行业产能过剩大幅扩张，其标准差为 1.15%；第二，产能利用率平均下降 0.06%，可视为钢铁行业产能过剩小幅扩张，此时的标准差较小为 0.08%；第三，产能利用率平均上升 0.23%，可视为钢铁行业产能过剩小幅收缩，此时标准差为 0.34%，表明钢铁行业产能过剩大幅扩张的过程中会面临更大的不确定性，比较容易受到市场或非市场因素的影响（表 6 – 2 和表 6 – 3 分别给出了 3 个区制的转移概率矩阵和转移情况）。

表 6 – 1　　　　　　　　　　MSIH（3）– AR（3）参数估计结果

参数	估计值	标准差	t 统计量
$u(1)$	– 0.0093	0.0115	– 0.8140
$u(2)$	– 0.0006	0.0008	– 0.8107
$u(3)$	0.0023	0.0034	0.6786
Φ_1	0.0485	0.0479	1.0139
Φ_2	– 0.1945	0.0401	– 4.8499
Φ_3	0.0205	0.0251	0.8165
$\sigma(1)$		0.0475	
$\sigma(2)$		0.0044	
$\sigma(3)$		0.0210	
对数似然比统计量		308.6417	
AIC		– 5.0628	
HQ		– 4.9182	
SC		– 4.7067	
LR		74.7875***	

表 6 - 2 区制转移概率矩阵

区制	区制 1	区制 2	区制 3
区制 1	0.8311	0.1636	0.0053
区制 2	0.0024	0.6637	0.3338
区制 3	0.0654	0.3000	0.6346

表 6 - 3 区制持续情况

区制	样本数	概率	持续期
区制 1	19.0	0.1617	3.07
区制 2	50.8	0.4368	22.19
区制 3	46.2	0.4014	18.54

钢铁行业产能利用率的各种机制的转换概率都小于 1，从各机制的转换概率可以得到以下推论：

（1）$p_{11} = 0.8311$，表示钢铁行业产能过剩大幅扩张后继续大幅扩张的概率约为 0.8311；$p_{12} = 0.1636$，表示钢铁行业产能过剩大幅扩张下月转为小幅扩张的概率为 0.1636；$p_{13} = 0.0053$ 表示钢铁行业产能过剩大幅扩张后下月反转为小幅收缩的概率为 0.0053，可能性几乎为零。可见钢铁行业产能过剩大幅扩张之后未来主要还是持续扩张，但主要表现为大幅扩张，小幅收缩的概率非常小。

（2）$p_{21} = 0.0024$，表示钢铁行业产能过剩小幅扩张后下月变为大幅扩张的可能性为 0.0024，概率非常小；$p_{22} = 0.6637$，表示钢铁行业产能过剩小幅扩张后继续小幅扩张的概率为 0.6637；$p_{23} = 0.3338$，表示钢铁行业产能过剩小幅扩张后下月反转为小幅收缩的概率为 0.3338。所以，当钢铁行业产能过剩小幅扩张后继续小幅扩张的可能性比较大，但也有一定概率出现小幅收缩。

（3）$p_{31} = 0.0654$，表示钢铁行业产能过剩小幅收缩后反转大幅扩张的可能性为 0.0654，可能性非常小；$p_{32} = 0.3$，表示钢铁行业产能过剩小幅收缩后反转为小幅扩张的可能性为 0.3；$p_{33} = 0.6346$，表示钢铁行业产能过剩小幅收缩后继续小幅收缩的概率为 0.6346，说明铁钢铁行业产能过剩小幅收缩后继续小幅收缩的可能性很大。因此，钢铁行业产能过剩小幅收缩后，较大可能会持续小幅收缩，但也有一定可能反转为小幅扩张。

前面介绍了 Markov 机制转换模型中各种状态平均持续期的推导，平均持续期算法 $T = 1/(1 - p_{jj})$，根据表 6 - 1 的参数估计结果，可以算得各机制的平均持续期分别为

3.07 个月、22.19 个月和 18.54 个月，即表示钢铁行业产能过剩大幅扩张的平均持续时间约为 3.07 个月；钢铁行业产能过剩小幅扩张的平均持续时间约为 22.19 个月；钢铁行业产能过剩小幅收缩的平均持续时间约为 18.54 个月。可以看出，钢铁行业产能过剩扩张的平均持续期比收缩的平均持续期要长，特别是小幅扩张的平均持续时间达到了 22.19 个月。

图 6 - 2 描述了我国钢铁行业产能过剩处于"大幅扩张区制"、"小幅扩张区制"、"小幅收缩区制"的平滑概率图，概率值越大表明我国钢铁行业产能过剩处于相应区制的可能性越大。如图 6 - 2 所示：2008 年国际金融危机以前，产能过剩小幅扩张和小幅收缩两个区制交织，在 2008 年底国际金融危机危机爆发，我国实行 4 万亿刺激政策，钢铁行业投资大大增加，我国钢铁行业产能过剩表现为大幅扩张，但这种状况没有持续多久，只在 2011 年末 2012 年初出现过一次，其余时间仍是在"小幅扩张"、"小幅收缩"两种状态间切换。

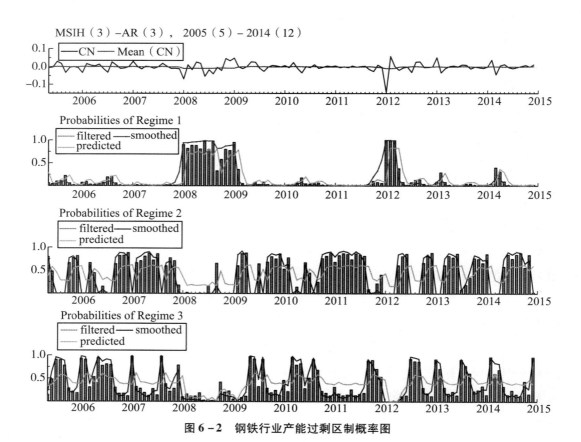

图 6 - 2　钢铁行业产能过剩区制概率图

6.2.1.4　钢铁行业产能过剩波动的实证结果

通过应用 BDS 检验以及马尔科夫区制转换模型对我国钢铁行业产能过剩的变动特征进行了刻画，结果显示：

（1）BDS 结果显示，随着嵌入区间 m 从 2 到 6 不断增大，BDS 检验值都为正，且在 1% 的显著性水平下，该统计量都拒绝零假设，表明我国钢铁行业产能利用率的变动存在非线性特征。

（2）MSIH（3）– AR（3）模型很好拟合了我国钢铁行业产能利用率的非线性变动特征，结果显示我国钢铁行业产能利用率存在显著的区制转移，估计结果显著支持"大幅扩张"、"小幅扩张"、"小幅收缩"3 区制的划分。

（3）在不同区制下，我国钢铁行业产能利用率具有不同的波动水平、转移概率和持续期，每个区制自身的持续概率均高于向其他两个区制转移的概率之和，说明每个区制都具有较高的稳定性；3 区制下，我国钢铁行业产能过剩大幅扩张的平均持续时间约为 3.07 个月，小幅扩张的平均持续时间约为 22.19 个月，小幅收缩的平均持续期最长约为 18.54 个月。总体而言，"小幅扩张区制"的持续概率最高，平均持续期最长，而"大幅扩张区制"的稳定性最强。

6.2.2　基于 MSVAR 模型的钢铁行业产能过剩影响因素的非线性效应分析

现有文献大多认为产能过剩与其影响因素的相互作用是线性化的，且对于一个研究样本区间而言，只存在着一种作用机制。但由于各国的经济系统中的重大经济事件冲击、钢铁行业产能利用率的变动等情况的存在，一国的经济系统中存在着结构变化，体制转换等问题。该种内生体制转换将影响各个因素冲击与产能过剩的建模与测度。由于中国的经济发展过程中伴随着体制转换，利用单一方程（VAR 等）刻画各个因素冲击与我国产能过剩的关系，虽然建模方法和参数估计方法较为成熟，但是其解释力度存在不足。针对上述问题，本章尝试利用 3 区制马尔科夫状态转移过程对各个因素冲击与我国钢铁行业产能过剩之间的关系进行建模刻画，在不同区制内分别描述各个因素冲击对我国钢铁行业产能过剩的动态影响，克服单一方程的建模缺陷，从而更好地把握各个因素冲击与我国钢铁行业产能过剩之间的内在关系。

因此，本章主要以非线性为研究框架，针对各个因素冲击对我国钢铁行业产能过剩的非线性动态影响进行研究，试图回答以下几个问题：各个因素对钢铁行业产能过剩的作用大小、作用方向及持续时间以及各个因素冲击在不同区制下的作用是否呈现差异性？为回答这两个问题，本章采用基于马尔可夫区制转换（Markov – Switching）的向量自回归模型（VAR），它是当前学术界较流行的一种非线性时间序列模型，可以描述金融变量在不同时期不同的机制生成特征，因此本文主要使用马尔科夫向量自回归模型（MS—VAR 模型）来刻画各个因素冲击与我国钢铁行业产能过剩的长期动态非线性作用关系。

6.2.2.1　理论框架及模型构建

1. 各因素影响钢铁行业产能过剩的内在机理分析

目前国内学者对于钢铁产业产能过剩原因进行了分析研究。万岷（2006）认为钢铁产业市场集中度偏低是造成钢铁产能过剩的重要原因，市场集中度偏低，直接造成钢铁企业"大者不强、小者不弱"的局面，未能获得规模经济效益，并且加剧了生产能力的过剩。江飞涛等（2007）认为，由于钢铁产业具有 GDP 拉动强、投资规模大等特点，有利于组织地方税收和解决就业，各级地方政府争相对钢铁企业提供各种优惠政策，以吸引在本地区上新的钢铁项目。韩英等人（2010）还认为产业集中度低导致中国在进口铁矿石谈判中陷入被动，铁矿石等原材料价格的持续上涨增加了钢铁企业的生产成本，使现有产能未能充分得以利用。黎友隆等人（2010）认为产业集中度不高必然会造成资源浪费和环境污染，阻碍产业技术创新，导致企业同质化产品产能过剩。陶忠元和褚丽彦（2011）认为长期的过度投资是导致钢铁产能过剩的直接原因，而出口增长的贡献乏力使产能过剩更为凸显。尹中立（2012）认为，钢铁产业出现严重的产能过剩主要由于房地产投资减速。何记东和史忠良（2012）研究认为，市场需求的长期性和产业政策的逆向激励是当前中国钢铁产业产能过剩情况下企业仍然继续扩张的两个主要原因。依据相关文献，本文拟从钢铁产业固定资产投资、国内市场需求状况、钢铁产品出口、地方政府行政干预和原材料价格变化等方面厘清各个因素影响我国钢铁行业产能过剩的机理。

（1）行业过度投资。

中国钢铁产业的固定资产投资一直呈快速增长态势。2012 年，中国钢铁产业固定资产投资为 5 055.5 亿元，约为 2003 年的 3.6 倍，十年间年均增长率高达 25%，投资总额创历史新高，已具备 9.7 亿吨的粗钢生产能力。钢铁产业长期大规模的投资主要有以下两方面原因：一是在工业周期的上升阶段，由于企业普遍对市场形势看好，投资热情较高，甚至出现投资的羊群效应。二是由于钢铁产业进入门槛较低，投资成本不高，企业能够轻易形成投资能力，从而扩大产能。

（2）国内市场需求减缓。

国内对钢铁的需求主要应用于建筑业和制造业，2012 年建筑业用钢需求占总需求的54%，制造业用钢需求占总需求的30%以上。自2010年以来，中国政府加大对房地产市场的调控力度，多城市分别实行了限购、限贷等一系列政策，致使房地产市场增速放缓，房地产市场的低迷使建筑业用钢需求量大幅下降。在制造业方面，受固定资产投资增速下滑和市场需求疲软影响，挖掘机、混凝土机械、起重机等产量下滑。2010年、2011年和2012年中国机械制造业工业总产值增速分别下滑了为1%、8.9%和12.4%，增速连续3年大幅回落，行业发展处于下行趋势，直接削弱了对钢材的需求量。在汽车产业方面，受各地政府限购政策和国外进口汽车冲击的双重影响，汽车销量增长率出现下滑，其中，2012年中国汽车销量1 852万辆，同比增长仅有2.6%，增速为近十年的最低，汽车产业发展速度放缓直接影响了对国内钢铁需求。总体来说，国内钢铁下游行业处于低位运行，对钢铁总体需求在大幅萎缩。

（3）钢铁产品出口受阻。

2001年入世后，中国钢材出口大幅增加，出口率增幅显著。但随后受金融危机和贸易摩擦增多的影响，钢铁产品的出口大幅萎缩。2009年钢材出口率低至3.5%，尽管随后几年钢材出口量和出口率小幅攀升，但出口率仅在6%左右，远低于金融危机前的水平。近年来，中国较低的钢材出口率，表明国际市场钢材需求不振，使得国内过剩的产能难以通过出口消化。

（4）地方政府的过度干预。

以考核GDP增长为核心的政府官员政治晋升体制以及财政分权政策发展过程中相应体制机制改革的滞后，使得地方政府具有强烈的干预企业投资和利用各种优惠政策招商引资的动机。对于地方政府而言，钢铁产业投资规模大、GDP产值高、就业和税收贡献大，能够带来政治业绩的快速提升与地方财政规模的迅速扩大。地方政府经济、政治利益的独立性与竞争性，往往导致其发展规划及产能调控与国家整体规划的出入，引发重复建设和过度投资。这种体制性障碍是形成中国钢铁产业产能过剩的深层次原因，直接导致国家屡次调控难见实效。

（5）原材料价格上涨。

目前，对钢铁企业生产成本影响较大的有铁矿石、焦炭、废钢、铁合金等。其中，铁矿石价格的大幅上涨并且呈高位波动影响最为突出。1993年以来，原材料中铁矿石价格上涨了2.7倍，焦炭价格上涨了1.1倍，废钢价格上涨了1.14倍，而钢材价格较1993年仅上涨5.5%。原材料价格上涨，特别是铁矿石的价格长期大幅度上涨，致使钢铁企业生产成本高居不下，抑制了企业充分利用产能的欲望；同时，也一定程度减少了下游行业对钢铁产品的需求，最终导致钢铁企业开工率不足，闲置产能增多。

2. MSVAR 模型构建

马氏域变模型是一种非线性计量模型，由 Quand（1958）提出，Goldfeld 和 Quandt（1973）、Hamilton（1990）等人逐步发展和完善，特别是自 Sims 等（1990）提出向量自回归模型（Vector Autoregression，VAR）以来，马氏域变模型与向量自回归模型结合的方法在研究变量间的相互关系方面得到广泛的应用。而马尔可夫区制转移向量自回归模型（MSVAR）就是在向量自回归模型（VAR）的基础上加上马尔科夫链（Markov Chain）特性的模型。

根据马氏域变向量自回归模型的构建机理，本文采用钢铁行业产能利用率（Y_1）、钢铁行业固定资产投资额（Y_2）、房地产投资增速（Y_3）、地方政府投资增速（Y_4）、钢材出口率（Y_5）和铁矿石价格（Y_6）来构建 MSVAR 模型。这些指标可以构成 6 维时间序列向量 $Y_t = (Y_{1t}、Y_{2t}、Y_{3t}、Y_{4t}、Y_{5t}、Y_{6t})$，该时间序列在状态 S_t 可构建 P 阶 VAR 模型，如下：

$$Y_t = v_t(S_t) + A_1(S_t)Y_{t-1} + \cdots + A_p(S_t)Y_{t-p} + u_t(S_t) \tag{6-4}$$

其中，S_t 为状态变量，其取值区间为 $\{1，2，3\}$。当 $S_t = 1$ 时是大幅扩张期，当 $S_t = 2$ 时是小幅扩张期，当 $S_t = 3$ 时是小幅收缩期。$u_t(S_t) \sim \text{NID}(0，\sum \sigma(S_t))$，而 $u_t(S_t)$、A_p 都是区制依赖的，MS 模型又被称为区制转移（Regime Switching，RS）模型，区制转移的概率可表述为：

$$P_{ij} = \Pr(S_{t+1} = j \mid S_t = i，\sum_{j=1}^{3} P_{i,j} = 1) \qquad \forall i，j \in \{1，2，3\} \tag{6-5}$$

S_t 遍历不可约的 3 个区制状态的转移概率可用马尔科夫转移矩阵表示：

$$p = \begin{bmatrix} P_{11} & P_{12} & P_{13} \\ P_{21} & P_{22} & P_{23} \\ P_{31} & P_{32} & P_{33} \end{bmatrix} \tag{6-6}$$

对于给定区制和滞后内生变量 $y_{t-1} = (Y'_{t-1}，Y'_{t-2}，\cdots，Y'_1，Y'_0，\cdots，Y'_{1-p})'$，在 $u_t(S_t)$ 服从正态分布的假设条件下，Y_t 的条件概率为：

$$P(Y_t \mid S_t = m，y_{t-1}) = In(2\pi)^{-1/2} In \left| \sum \right|^{-1/2} \exp\{(Y_t - \bar{Y}_{mt})' \sum\nolimits_m^{-1} (Y_t - \bar{Y}_{mt})\} \tag{6-7}$$

其中 $\bar{Y}_{mt} = E[Y_t \mid S_t = m，y_{t-1}]$，表示 Y_t 的区制为 m 的条件期望。进一步设定 $\xi_t = \begin{bmatrix} I(S_t = 1) \\ I(S_t = 2) \\ I(S_t = 3) \end{bmatrix} \left(I(S_t = m) = \begin{cases} 1 & if\ S_t = m \\ 0 & otherwise \end{cases} \right)$ 和 $\eta_t = \begin{bmatrix} P(Y_t \mid \xi_t = 1，y_{t-1}) \\ P(Y_t \mid \xi_t = 2，y_{t-1}) \\ P(Y_t \mid \xi_t = 3，y_{t-1}) \end{bmatrix}$ 可得条件概率：

$$P(Y_t \mid \xi_t, \ y_{t-1}) = \eta_t' p' \xi_{t-1} \tag{6-8}$$

将给定前样本 y_0 和特定观测值 $y \equiv y_T$ 的条件概率写成 $P(Y \mid \xi) = \prod\limits_{t=1}^{T} P(Y_t \mid \xi_t,$

$y_{t-1})$；与联合分布概率 $P(Y, \ \xi) = P(Y \mid \xi)P(\xi) = \prod\limits_{t=1}^{T} P(Y_t \mid \xi_t, \ y_{t-1}) \prod\limits_{t=2}^{T} \Pr(\xi_t \mid \xi_{t-1})$

$\Pr(\xi_1)$ 和 y 无条件分布概率 $P(y) = \int P(y, \ \xi) d\xi$ 相结合，可得既定观测信息条件下的

区制概率：

$$\Pr(\xi \mid y) = \frac{P(y, \ \xi)}{P(y)} \tag{6-9}$$

在实际应用中，可通过递归滤波算法、一步预测法和全样本平滑算法来计算 ξ。

6.2.2.2 数据选取

分析数据为月度数据，来源如下：钢铁行业产能利用率（CN）数据来源于中国钢铁行业协会，其他变量如钢材出口率（CKL）、钢铁行业固定资产投资额（GDZC）、房地产投资增速（FDC）、地方政府投资增速（DFZF）和铁矿石价格（TKS）来源于Wind 资讯金融数据库。样本区间为 2005 年 1 月至 2014 年 12 月。由于月度时间序列观测值常常显示出月度的循环变动，因此，本文首先对各个变量作季节调整。本文采用X12 季节调整法对各个变量的月度时间序列进行季节调整，季节调整的结果见图 6-3~图 6-8：

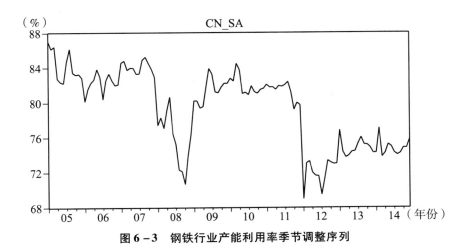

图 6-3 钢铁行业产能利用率季节调整序列

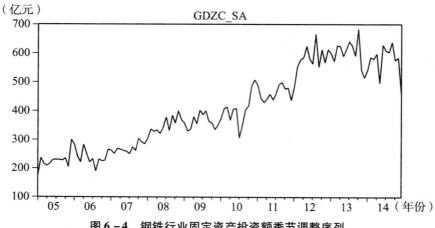

图 6 - 4　钢铁行业固定资产投资额季节调整序列

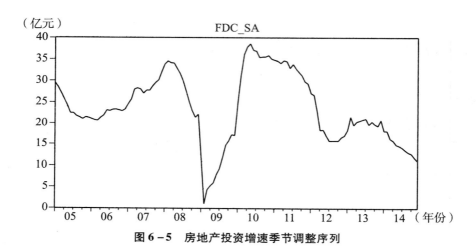

图 6 - 5　房地产投资增速季节调整序列

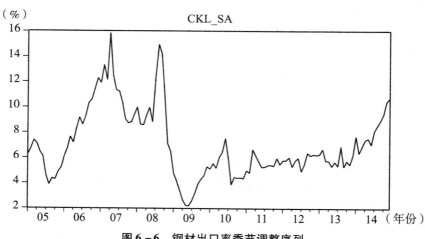

图 6 - 6　钢材出口率季节调整序列

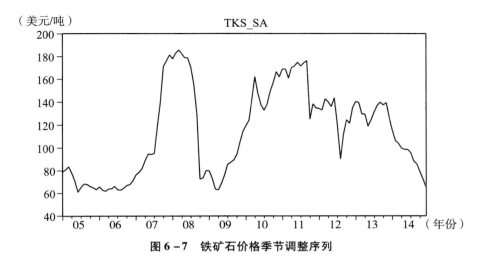

图 6 - 7　铁矿石价格季节调整序列

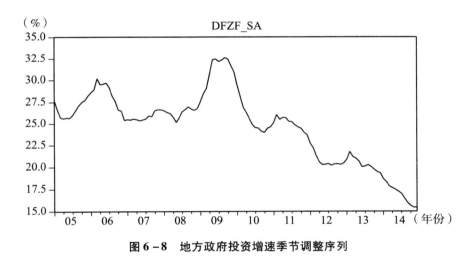

图 6 - 8　地方政府投资增速季节调整序列

从图 6 - 3 至图 6 - 8 中可以看出，通过 X12 方法进行季节调整后，季节要素和不规则要素已被取消，得到趋势循环序列，从而为下节的实证分析打下基础。为消除异方差，对各变量均取自然对数，分别记为 LCN、LCKL、LGDZC、LFDC、LDFZF、LTKS。

6.2.2.3　实证结果及分析

1. ADF 单位根检验

首先进行单位根检验，以确保时间序列数据的平稳性，避免伪回归。通常，ADF 检验是检验序列平稳性最常用的方法，其检验原理是对序列 X_t 的一阶差分进行如公式（6 - 10）所示的线性回归：

$$\Delta x_t = \rho x_{t-1} + \sum_{i=1}^{k} \gamma_i \Delta_{t-j} + \beta_t + \mu_t \qquad (6-10)$$

检验序列是否存在单位根可以通过检验 ρ 值来实现。通过观察原序列的曲线图，显示其呈非线性变化，并且序列的均值不为 0，因此在进行单位根检验时，选择的方程的具体形式为含有常数项和趋势项。本文采用 ADF 检验方法对六个变量进行单位根检验，考察其时间序列是否存在单位根从而判断其平稳性。ADF 检验结果见表 6-4 所示。

由表 6-4 可知，发现除固定资产投资序列外，产能利用率、钢材出口率、房地产投资增速、铁矿石价格和地方政府投资增速在 5% 显著性水平下都不是平稳序列，但其一阶差分都为平稳序列。这对 VAR 检验的有效性提供了保证。

表 6-4 　　　　　　　　　　　　各时间序列单位根检验

对数序列	ADF 统计值	P 值	一阶差分	ADF 统计值	P 值
LCN	-3.2947	0.0721	DCN	-12.1203	0.0000
LCKL	-1.6962	0.7471	DCKL	-9.4713	0.0000
LGDZC	-5.4882	0.0001	—	—	—
LFDC	-3.1433	0.1013	DFDC	-12.3254	0.0000
LTKS	-1.4786	0.8316	DTKS	-8.1851	0.0000
LDFZF	-2.3781	0.3890	DDFZF	-6.1828	0.0000

2. MSVAR 模型的选择

根据不同的设定，MSVAR 模型具体形式包括：MSI、MSIH、MSMH、MSIAH、MSM 等形式，根据 AIC、HQ、SC 等准则判断最优的模型，经比较发现 MSIA（3）-VAR（3）是最优模型。即向量自回归的滞后项为 3，区制数量为 3，这也与事前钢铁行业产能过剩存在的三种状态的估计一致，即产能过剩大幅扩张期、产能过剩小幅扩张期、产能过剩小幅收缩期。MSIA（3）-VAR（3）模型的 LR 检验值为 782.8232，卡方统计量的 P 值小于 1%，显著地拒绝线性系统原假设，因此选择 MSIA（3）-VAR（3）模型是合适的。

3. 模型参数估计结果

本节用 Krolzig 的 OX-MSVAR 包在 Givewin 平台对模型进行估计，通过参数估计，来探究在不同区制下钢铁行业产能过剩的影响因素。参数估计结果见表 6-5。

由表 6-5 可知，在不同区制下，钢铁行业产能过剩的影响因素也不同，在区制 1 下，钢铁行业产能过剩变动主要受到滞后第三期产能利用率、第一期钢材出口率的显著影响，DCN_{t-3}和$DCKL_{t-1}$上升10%，将导致当期产能利用率变化率分别下降11.305%和2.550%，铁矿石出口率上升，根据理论预期，将导致钢铁行业产能利用率上升，但实证结果显示相反，这主要是由于我国钢铁行业整体出口规模较小，且出口结构不合理，真正产能过剩的产品并未出口。

表6-5　　　　　　　　　　MSIA（3）-VAR（3）模型的参数估计结果

参数	区制1	区制2	区制3
	DCN_t	DCN_t	DCN_t
截距项	0.2212 -0.8519	0.06 -1.6211	-0.1847 ** （-2.5503）
DCN_{t-1}	-0.4785 （-0.6263）	-0.3468 *** （-4.6033）	-2.5732 ** （-2.6040）
DCN_{t-2}	-0.0179 （-0.0201）	-0.1705 ** （-2.1824）	-1.2773 *** （-4.0454）
DCN_{t-3}	-1.1305 *** （-2.9993）	0.0041 -0.0574	-0.15 （-0.4290）
$DCKL_{t-1}$	-0.2550 *** （-3.6042）	-0.0064 （-0.4782）	-0.0618 ** （-2.1155）
$DCKL_{t-2}$	-0.0387 （-0.5322）	-0.0181 （-1.3568）	-0.0215 （-0.7254）
$DCKL_{t-3}$	-0.0359 （-0.2969）	-0.0137 （-0.9408）	-0.0156 （-0.6864）
$DFDC_{t-1}$	-0.044 （-0.3735）	0.0278 -1.1216	-0.0247 （-1.0103）
$DFDC_{t-2}$	0.2159 -0.5002	0.0319 -1.2905	-0.0054 （-0.4631）
$DFDC_{t-3}$	0.1779 -0.2511	-0.0352 （-1.3865）	0.0019 -0.2736
$LGDZC_{t-1}$	0.0107 -0.2219	-0.0326 （-1.4829）	0.0312 -0.8091
$LGDZC_{t-2}$	-0.0758 （-0.8954）	-0.0025 （-0.1236）	-0.0608 （-1.3320）
$LGDZC_{t-3}$	0.0235 -0.2386	0.0245 -1.3389	0.0616 -1.3545
$DTKS_{t-1}$	0.0284 -0.1949	0.0104 -0.3827	0.1362 ** -2.5984
$DTKS_{t-2}$	-0.1369 （-0.5024）	-0.0283 （-1.2701）	-0.068 （-1.4361）

参数	区制 1	区制 2	区制 3
	DCN_t	DCN_t	DCN_t
$DTKS_{t-3}$	0. 3643 －1. 1993	－ 0. 0978 *** （ － 4. 3519）	0. 0009 －0. 0216
$DDFZF_{t-1}$	－ 0. 4204 （ － 0. 1805）	－ 0. 3708 *** （ － 3. 1387）	－ 0. 2503 （ － 0. 1112）
$DDFZF_{t-2}$	0. 2021 －0. 1053	0. 0049 －0. 0498	0. 498 －1. 5514
$DDFZF_{t-3}$	0. 6179 －0. 7268	0. 112 －1. 1464	0. 0617 －0. 2382

注：***、**、* 分别表示在 1%、5%、10% 的显著性水平下显著。

在区制 2 下，钢铁行业产能过剩变动主要受到滞后第一期、第二期产能利用率、第三期铁矿石价格、第一期地方政府投资增速的显著影响，$DTKS_{t-3}$ 和 $DDFZF_{t-1}$ 上升 10%，将导致当期产能利用率变化率分别下降 0. 978% 和 3. 708%。一方面，铁矿石价格上涨也一定程度减少了下游行业对钢铁产品的需求，最终导致钢铁企业开工率不足，闲置产能增多；另一方面，$DDFZF_{t-1}$ 远远大于其他影响因素的系数，导致地方政府过度投资，引发重复建设和过度投资，这种体制性障碍是形成中国钢铁产业产能过剩的深层次原因，直接导致国家屡次调控难见实效，本文的实证结论尤其支持这一点。

而在区制 3 下，钢铁行业产能过剩变动主要受到滞后第一期、第二期产能利用率、第一期钢材出口率、第一期铁矿石价格的显著影响，$DCKL_{t-1}$ 上升 10%，将导致当期产能利用率下降 6. 18%；$DTKS_{t-1}$ 上升 10%，将导致当期产能利用率上升 1. 362%。可见，在区制 3 下，钢材出口率和铁矿石价格是影响钢铁行业产能过剩的重要因素，其中，铁矿石价格变化对钢铁行业产能过剩的影响方向为正，与区制 2 下的作用方向截然相反，说明铁矿石价格的上涨，也在某种程度上致使钢铁企业生产成本高居不下，抑制了企业充分利用产能的欲望。

6.2.2.4 MSVAR 方法的有效性

总体来看，MSVAR 方法还是比较好地拟合了钢铁行业产能利用率变动与各个影响因素的变动。图 6 - 9 描述了各变量的实际值、1 步预测值和平滑值的关系，图 6 - 10 描述了 MSVAR 方法的实际残差的正态分布拟合结果。证明了 MSVAR 方法研究钢铁行业产能过剩影响因素方面的有效性。

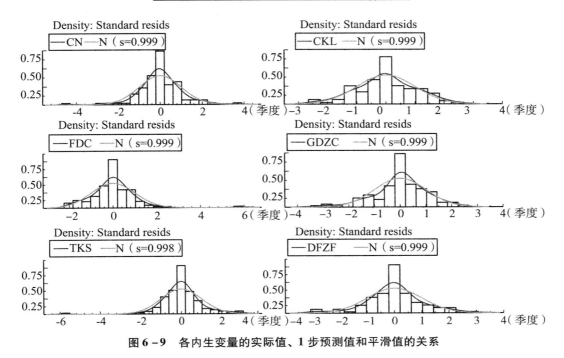

图6-9 各内生变量的实际值、1步预测值和平滑值的关系

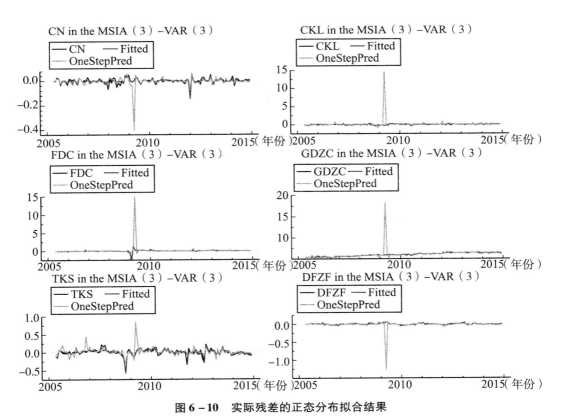

图6-10 实际残差的正态分布拟合结果

6.2.2.5　实证结果

本节采用 2005 年 1 月至 2014 年 2 月的月度数据，构建 MS - VAR 模型，研究了不同区制下，各个因素对我国钢铁行业产能过剩的影响机制，结果显示：

（1）在不同区制下，钢铁行业的产能过剩的影响因素是不同的，结果显示，随着钢铁行业产能过剩大幅扩张、小幅扩张、小幅收缩 3 种区制状态的变化，各个因素对产能过剩的影响方向、作用大小是不同的，显示影响机制也在发生变化。

（2）在区制 1 下，钢铁行业产能利用率变动主要受到钢材出口率的显著影响，在区制 2 下，钢铁行业产能利用率变动主要受到铁矿石价格、地方政府投资增速的显著影响，而在区制 3 下，钢材出口率和铁矿石价格是影响钢铁行业产能过剩的重要因素。

（3）地方政府过度投资，引发重复建设和过度投资，这种体制性障碍是形成中国钢铁产业产能过剩的深层次原因，直接导致国家屡次调控难见实效。

（4）我国钢铁行业整体出口规模较小，且出口结构不合理，真正产能过剩的产品并未出口，因此现阶段通过扩大出口化解产能过剩是不现实的。

（5）铁矿石价格在区制 2 和区制 3 下对钢铁行业产能过剩变动有着重要影响，但两者的作用方向与作用大小截然不同，显示铁矿石价格变化对钢铁行业产能过剩的影响方向不固定，取决于相应的区制状态。

6.3　资源环境体制与原材料工业产能过剩的关系

推动资源税改革，要以调节要素价格为核心。具体而言，要做好两方面的工作：一是税收手段，真实反映原材料资源的稀缺性。通过扩大资源税征收范围、调整计征方式，提升资源企业的投资成本，迫使资源使用效率低、产能过剩的企业不得不加快改革步伐，加速企业转型。二是建立油气、电、水和土地四方面的要素价格形成机制。通过深化资源性产品价格改革，实现资源的代际公平，对产能严重过剩行业进行清理整顿，取消优惠电价政策，同时严禁地方政府自行实行电价优惠或电费补贴，使生产要素的价格回归到正常水平，对投资起到正确的导向和抑制作用，从而从源头上减少产能过剩。所以本部分利用 DSGE 模型及动态 CGE 模型分析要素价格对我国经济及产能的影响，从更微观的角度提出化解产能过剩的长效机制。

6.3.1　原材料工业价格对中国宏观经济的影响—基于 DSGE 模型的分析

随着经济稳中有进的发展，中国已经成为世界上石油、铁矿石、基本有色金属等大宗商品主要的消费和贸易国，中国经济的持续发展对世界市场的依赖性正在逐步加大。国际石油、基本有色金属等原材料工业价格的剧烈波动，不仅仅会对国内价格水平造成很大的影响，加剧国内经济的动荡，甚至会严重危及中国的经济安全。因此，在理论上深入研究国际上大宗商品价格冲击对中国宏观经济的影响，理顺大宗商品价格对宏观经济的作用机理，对于新常态下如何规避大宗商品价格输入性风险无疑具有重要的现实意义。

围绕资源价格波动，国内外学者展开了一系列的研究，研究主要集中在三个方面：第一，资源价格波动对一国宏观经济的影响，包括对产出增长、居民消费价格指数、工业品出厂价格指数、汇率、股票市场等主要宏观经济变量的讨论。多数学者认为石油价格上涨对于产出的负向作用更大，如 Brown 和 Yucel（2002）以及柳明等（2013）的研究。丁志华等（2013）、王立杰等（2014）分别基于时变参数状态空间模型及 CGE 模型，分析了煤炭价格波动对我国 GDP 的影响。对于石油价格冲击对 CPI、PPI 等代表物价水平的指数的影响，不少学者从不同角度进行了分析，如 Ju 等（2014）将希尔伯特－黄变换与事件研究结合起来评估石油价格冲击对中国宏观经济的影响，研究表明石油价格冲击会对 CPI 产生积极影响；刘建等（2012）研究发现，国际原油价格的波动对我国 PPI 指数具有重要影响。对于有色金属价格波动对经济的影响，如 Peng 等（2014）研究发现期铜和期铝的价格波动率均能较好地预测不同时间区间的股票收益情况。然而，随着研究的进一步深入，部分学者认为能源价格对宏观经济的影响并不明显，如 Hooker（1996）发现 1985 年以后石油价格不再是导致美国宏观经济指标变量变动的主要原因；Luis 等（2011）研究发现，石油价格变化对西班牙和欧元区的居民消费价格指数影响有限；林伯强等（2008，2009）研究认为能源价格上涨对资源一般价格水平的影响并没有预期中那么严重。第二，关于非可再生资源定价机制的改革问题，它是基于我国当前的经济体制和非可再生资源定价机制的特殊背景下及对第一个问题的自然拓展，如孙泽生等（2014）利用 VAR 框架并构造冲击因子回归的方法，实证研究货币因素对中国有色金属价格的影响及其价格预期的形成，发现有色金属现货价格与货币等变量间存在稳定的长期均衡关系；Zhong 等（2013、2014）利用古诺均衡模型、斯坦克尔伯格产出决策博弈模型，分析优势金属矿产资源的定价权问题，为有色金属价格风险规避提供了技术支撑。第三，近十几年来，随着结构化 DSGE（Dynamic Stochastic

General Equilibrium）模型成为当前宏观经济分析的重要工具，DSGE 模型自然被运用到研究能源价格冲击的文献中，如 Estradcs 和 Terra（2012）构建了包含能源价格的 DSGE 模型，模型实证结果表明能源价格上涨对乌拉圭的经济增长有积极作用，但出口增长带来的利润被原油价格上涨部分抵消，因此需要制定一些政策来减轻价格冲击带来的负面影响；Zhao 等（2014）构建了开放型的 DSGE 模型，模型分析了四种类型的石油价格波动对中国目前宏观经济的影响；柳明等（2013）、李霜等（2012）通过构建包括石油价格冲击的 DSGE 模型，研究表明中国的货币供应机制对石油价格冲击做出反应具有必要性。这些研究在一定程度上分析了货币政策应该如何应对能源价格冲击。

由于能源、金属矿产作为重要的战略资源，素有"工业血液和工业粮食"之称，其价格的每次波动都对世界各国经济产生着不同程度的影响，因此，本研究选择有色金属、石油两类具有代表性的工业原材料，运用 DSGE 模型，实证分析其价格冲击对中国经济增长的影响。

6.3.1.1　有色金属价格波动对中国经济增长的影响——基于 DSGE 模型的分析

有色金属产品作为重要的战略性资源，是国民经济发展的重要原材料。我国从 2002 年开始就已超过美国而成为世界上最大的有色金属生产国和消费国，2013 年中国占世界有色金属生产和消费的比重分别超过 36% 和 40%。随着城镇化、工业化的快速发展，我国有色金属资源需求量将继续增长，其基础战略资源地位日益重要。同时，受国内对有色金属需求和冶炼能力的增长，矿产品进口总体呈增长态势，对外依存度大，尤其是铜矿、铝矿、镍矿等国内稀缺矿种。由于价格传导机制的作用，有色金属价格的波动将直接影响我国以金属为主要原材料的相关产业的成本，进而影响到物价、消费和产出，最终会对国民经济各领域产生重要的影响。而目前，我国有色金属行业除了传统的电解铝、铅锌冶炼、铜冶炼等产能过剩问题凸显，甚至多晶硅、稀土新材料等新兴产业也出现严重产能过剩。这是否与国际有色金属价格冲击有一定的关系。因此，在理论上深入研究国际上有色金属价格冲击对中国宏观经济的影响，理顺有色金属价格对宏观经济的作用机理，对于分析有色金属行业产能过剩问题无疑具有重要的现实意义。本研究借鉴 Ireland（2003）的模型，建立一个以新凯恩斯主义理论为基础的 DSGE 模型；利用 2001 年第一季度到 2014 年第四季度的季度数据对模型的参数进行估计。通过在传统的 DSGE 模型中加入有色金属价格冲击，分析有色金属价格冲击对中国宏观经济各主要变量的作用机理，并提出如何规避有色金属价格输入性风险。

1. DSGE 模型介绍

本研究构建的模型为封闭式的经济系统下的新凯恩斯 DSGE 模型，包括了四个经济主体：中间产品生产企业、最终产品生产企业、代表性家庭及货币当局。代表性家庭向中间产品生产企业提供差异化劳动并获取劳动报酬，同时提供资本进而分享中间产品生产企业的净利润，购买最终产品生产企业的消费品，并购买政府债券及接受政府的转移支付。中间产品生产企业从代表性家庭雇佣劳动，生产差异化的中间产品，并将其以一定的加成比例出售给最终产品生产企业。最终产品生产企业将中间产品生产企业生产同质的最终品用于家庭消费或政府支出。本研究在这里加入有色金属作为最终产品的一部分，被用于中间产品的生产和家庭的消费。货币当局根据货币政策规则制定货币政策。

（1）代表性家庭。

假设经济中存在无穷同质且无限存活的代表性家庭，家庭在每一时点上将其收入用于消费和货币持有，最大化其效用：

$$E_0\Big[\sum_{t=0}^{\infty}\beta^t U(C_t,\ M_t/P_t,\ L_t)\Big] \tag{6-11}$$

其中，U 表示效用函数，β 为贴现因子，E 表示期望算子。式（6-11）说明代表性家庭最大化的是其一生效用的现值。家庭的即期效用函数为：

$$U(C_t,\ m_t,\ M_t/P_t,\ L_t)=a_t\Big[\frac{\sigma_C}{\sigma_C-1}C_t^{\frac{\sigma_C-1}{\sigma_C}}+\frac{\sigma_M}{\sigma_M-1}\Big(\frac{M_t}{P_t}\Big)^{\frac{\sigma_M-1}{\sigma_M}}-\frac{\sigma_L}{\sigma_L+1}L_t^{\frac{\sigma_L+1}{\sigma_L}}\Big] \tag{6-12}$$

其中，C_t 表示当期消费的产品，M_t 表示家庭在 t 期末持有的货币量（名义值），M_t/P_t 表示实际的货币余额，P_t 为价格水平；L_t 表示当期劳动供给。参数 σ_C 表示消费的跨期替代弹性，σ_M 表示货币需求的利率弹性，σ_L 表示劳动供给弹性。a_t 为消费偏好冲击，定义为：

$$\ln(a_t)=\rho_a\ln(a_{t-1})+\varepsilon_t^a \tag{6-13}$$

其中 $\rho_a\in(-1,\ 1)$，ε_t^a 为消费偏好的外生冲击，具有均值为 0，标准差为 σ_a 的独立正态分布。

代表性家庭的收入支出要满足一定的约束才能实现预期效用最大化，其跨期预算约束为：

$$M_{t-1}+B_{t-1}+W_tL_t+R_t^kK_t+F_t+T_t\geqslant C_tP_t+I_tP_t+B_t/R_t+M_t \tag{6-14}$$

其中，M_{t-1} 和 B_{t-1} 为家庭在 t 期初持有的货币量和政府债券数额，W_t 为当期的名义工资，$R_t^kK_t$ 表示当期资本出租的名义回报，F_t 为家庭从中间产品生产企业获得的红利收入，T_t 为政府对家庭的转移支付；R_t 为债券 B_t 的名义收益率，即无风险利率，I_t 为当期的实际投资额。家庭的资本积累方程为：

$$K_{t+1} = (1-\delta)K_t + \left[1 - s\left(\frac{d_t I_t}{I_{t-1}}\right)\right]I_t \qquad (6-15)$$

其中，δ 为资本折旧率，s 为资本调整成本，根据 CEE（2005）我们假设稳态时 $s = s' = 0$，d_t 表示投资调整成本冲击，假设其对数服从如下的随机过程：

$$\ln(d_t) = (1-\rho_d)\ln d + \rho_d \ln(d_{t-1}) + \varepsilon_t^d \qquad (6-16)$$

其中 $\rho_d \in (-1, 1)$，ε_t^d 为资本调整成本的外生冲击，具有均值为 0，标准差为 σ_d 的独立正态分布。

假设家庭供给的劳动是异质的，代表性家庭可以采用 Calvo（1983）粘性价格的方式调整价格，即在 t 期，第 j 个家庭有 η_w 的概率不能最优化工资价格，此时工资率根据上期通货膨胀率进行指数化调整：

$$W_t(j) = \pi_{t-1}W_{t-1}(j) \qquad (6-17)$$

第 j 个家庭有 $1-\eta_w$ 的概率可以最优化工资价格，用 $\overline{W}_t$ 表示最优化价格。则可以得到总名义工资水平的决定方程为：

$$W_t = \left[\int_0^1 W(j)^{1-\theta_t^w}dj\right]^{1/(1-\theta_t^w)} = \left[\eta_w(\pi_{t-1}W_{t-1})^{1-\theta_t^w} + (1-\eta_w)\overline{W}_t^{1-\theta_t^w}\right]^{1/(1-\theta_t^w)}$$

$$(6-18)$$

其中，θ_t^w 表示劳动需求的工资弹性。令 $\gamma_{t+k}^w = \theta_{t+k}^w/(\theta_{t+k}^w - 1)$，从而定义工资加成冲击为：

$$\ln(\gamma_t^w) = (1-\rho_{\gamma^w})\ln(\gamma^w) + \rho_{\gamma^w}\ln(\gamma_{t-1}^w) + \varepsilon_t^{\gamma^w} \qquad (6-19)$$

其中，$\rho_{\gamma^w} \in (-1, 1)$，$\gamma^w$ 为稳态时的工资加成比例，$\varepsilon_t^{\gamma^w}$ 是均值为 0，标准差为 σ_{γ^w} 的正态分布随机变量。

记预算约束（6-14）的拉格朗日乘子为 λ_t，式（6-15）的拉格朗日乘子为 Q_t，家庭通过决定 C_t，M_t/P_t，B_t，K_t，I_t 的数量以最大化其效用函数（1），其最优决策问题的一阶条件如下：

$$a_t C_t^{\frac{1}{\sigma_C}} - \lambda_t P_t = 0 \qquad (6-20)$$

$$a_t\left(\frac{M_t}{P_t}\right)^{\frac{1}{\sigma_M}} + \beta P_t E_t\{\lambda_{t+1}\} - \lambda_t P_t = 0 \qquad (6-21)$$

$$\beta E_t\{\lambda_{t+1}\} - \lambda_t \frac{1}{R_t} = 0 \qquad (6-22)$$

$$\beta E_t\{\lambda_{t+1}(R_{t+1}^k + P_{t+1}Q_{t+1}(1-\delta))\} - \lambda_t P_t Q_t = 0 \qquad (6-23)$$

$$Q_t\left(1 - s\left(\frac{d_t I_t}{I_{t-1}}\right)\right) = 1 + Q_s'\left(\frac{d_t I_t}{I_{t-1}}\right)\frac{d_t I_t}{I_{t-1}} - \beta E_t\left\{Q_{t+1}\frac{\lambda_{t+1}P_{t+1}}{\lambda_t}s'\left(\frac{d_{t+1}I_{t+1}}{I_t}\right)\frac{d_{t+1}I_{t+1}}{I_t}\frac{I_{t+1}}{I_t}\right\}$$

$$(6-24)$$

（2）代表性生产企业。

假设经济体中仅包含两种企业，中间产品生产企业和最终产品生产企业。中间产品生产企业在技术和需求约束条件下对其利润最大化或对其成本最小化，最后在剔除劳动力成本及资本成本后，将垄断利润转移支付给家庭。最终产品生产企业将中间产品加工成最终产品，并提供给其他经济主体（如家庭的消费和投资以及政府购买等），通常假设最终产品市场处于完全竞争状态。

①中间产品生产企业。

代表性中间产品生产企业利用劳动 $L_t(i)$、资本 $K_t(i)$ 进行生产，生产函数采用 Cobb – Douglas 形式：

$$Y_t(i) = Z_t(u_t(i)K_t(i)^\alpha)L_t(i)^{1-\alpha} \qquad (6-25)$$

其中，α 大于零，$u_t(i)$ 为资本利用率。有色金属使用量与资本及资本使用率 $u_t(i)$ 满足如下等式：

$$\frac{m_t(i)}{K_t(i)} = \frac{u_t(i)^v}{v} \qquad (6-26)$$

Z_t 表示技术冲击，假设其对数遵循如下自回归过程：

$$\ln(Z_t) = (1-\rho_z)\ln(Z) + \rho_z\ln(Z_{t-1}) + \varepsilon_t^Z \qquad (6-27)$$

其中，$\rho_Z \in (-1, 1)$，Z 为稳态时的技术水平，等于 1，ε_t^Z 为技术外生冲击，具有均值为 0，标准差为 σ_z 的独立正态分布。

有色金属实际价格 $p_t^m = P_t^m/P_t$ 由国际市场决定，选择 LME 金属价格指数作为 P_t^m，假设其对数服从如下随机过程：

$$\ln p_t^m = (1-\rho_{p^m})\ln(p^m) + \rho_{p^m}\ln P_{t-1}^m + \varepsilon_t^{p^m} \qquad (6-28)$$

其中，$\rho_p \in (-1, 1)$，$\varepsilon_t^{p^m}$ 为有色金属价格的外生冲击，具有均值为 0，标准差为 σ_{p^m} 的独立正态分布。中间产品生产企业通过最小化成本，得到关于 $K_t(i)$、$L_t(i)$ 和 $u_t(i)$ 的一阶条件：

$$u_t = \left(\frac{v}{v-1}\frac{r_t^k}{p_t^m}\right)^{\frac{1}{v}} \qquad (6-29)$$

$$\frac{K_t}{L_t} = \frac{v-1}{v}\frac{\alpha}{1-\alpha}\frac{w_t}{r_t^k} \qquad (6-30)$$

$$MC_t = \frac{1}{Z_t}\{\alpha^{-\alpha}(1-\alpha)^{\alpha-1}(r_t^k)^\alpha w_t^{1-\alpha}(r_t^k/p_t^m)^{-\alpha/v}[v/(v-1)]^{(v-1)\alpha/v}\} \qquad (6-31)$$

其中，实际资本使用价格 $r_t^k = R_t^k/P_t$，实际工资 $w_t = W_t/P_t$。

假设中间产品生产企业根据 Calvo（1983）粘性价格的方式调整产品价格，即每一期，只有 $1 - \eta_p$ 比例的企业可以以最优化价格出售商品，其余的企业根据上一期的价格决定该期的价格。设第 j 个生产企业不能获得最优化价格，则它根据以下规则调整价格：

$$P_t(j) = \pi_{t-1} P_{t-1}(j) \tag{6-32}$$

其中，$\pi_{t-1} = P_{t-1}/P_{t-2}$ 表示上一期的通货膨胀率。总价格水平满足：

$$P_t = \left[\int_0^1 P(j)^{1-\theta_t^p} dj \right]^{1/(1-\theta_t^p)} = \left[\eta_P (\pi_{t-1} P_{t-1})^{1-\theta_t^p} + (1 - \eta_p) \overline{P}_1^{1-\theta_1^p} \right]^{1/(1-\theta_t^p)} \tag{6-33}$$

令 $\gamma_{t+k}^p = \theta_{t+k}^p / (\theta_{t+k}^p - 1)$，从而定义价格加成冲击：

$$\ln(\gamma_t^p) = (1 - \rho_{\gamma^p}) \ln(\gamma^p) + \rho_{\gamma^p} \ln(\gamma_{t-1}^p) + \varepsilon_t^{\gamma^p} \tag{6-34}$$

其中，$\rho_{\gamma^p} \in (-1, 1)$，$\gamma^p$ 为稳态时的价格加成比例，$\varepsilon_t^{\gamma^p}$ 是均值为 0，标准差为 σ_{γ^p} 的正态分布随机变量。

②最终产品生产企业。

假设最终产品生产企业使用中间产品生产企业生产的 $Y_i(i)$ 单位中间产品生产 Y_t 单位的最终产品，其生产函数满足如下形式：

$$Y_t = \left[\int_0^1 Y_t(i)^{\frac{\theta_t^p-1}{\theta_t^p}} di \right]^{\frac{\theta_t^p}{\theta_t^p-1}} \tag{6-35}$$

其中，θ_t^p 表示可变的需求价格弹性。每个企业看作是在给定的要素价格 $P_t(i)$ 和产品价格 P_t 下利用中间产品 $Y_t(i)$，实现自身利润最大化，从而得到最终产品生产企业对于中间产品的反需求函数为：

$$Y_t(i) = \left[\frac{P_t(i)}{P_t} \right]^{\theta_t^p} Y_t \tag{6-36}$$

在完全竞争条件下，每个最终产品生产企业的利润为零，可以得到如下价格水平：

$$P_t = \left[\int_0^1 P_t(i)^{1-\theta_t^p} di \right]^{1/(1-\theta_t^p)} \tag{6-37}$$

（3）货币政策当局。

当前我国货币政策部门——中国人民银行以货币供应量作为货币政策的中介目标，因此，假设中国人民银行的制度和实施货币政策时采用简单货币供应量增长规则。定义货币供应量增长率为 $\theta_t = M_t/M_{t-1}$，则货币增长率规则的具体表达式如下：

$$\hat{\theta}_t = \rho_\theta \hat{\theta}_{t-1} + \varepsilon_t^\theta \tag{6-38}$$

其中，$\rho_\theta \in (-1, 1)$，ε_t^θ 为货币供给的外生冲击，是均值为 0，标准差为 σ_θ 的正态分布随机变量。

2. 数据处理和模型参数估计

（1）实际数据处理。

选取 2001 年第一季度至 2014 年第四季度期间的季度数据，共 56 组。数据来源为国家统计局统计年鉴等。包括如下七种经济数据：社会消费品零售总额、固定资产投资完成额、全部从业人员劳动报酬、国内生产总值、货币供应量 M2，这五组数据分别作为模型中总产出、投资、货币、消费、工资的替代变量；通货膨胀率是以国家统计局公布的同比居民消费价格指数为基础计算出的季度通货膨胀率。有色金属价格用 LME 金属价格综合指数代替（LME 即伦敦金属交易所，该所的价格和库存对世界范围的有色金属生产和销售有着重要的影响。LME 金属价格综合指数包括铜、铝、铅、锌、镍、锡六种主要有色金属的期货价格，能够代表国际有色金属价格）。

为了使数据与模型变量的定义一致，首先利用 Eviews 软件中的 Census X – 12 方法对除货币供应量之外的季度数据进行季节调整（货币供应量的季节变化较小），然后采用 HP 滤波法对 7 个处理过的数据进行长期趋势和短期趋势的分离，得到各组数据的时间趋势序列和周期波动序列。

（2）参数估计。

模型参数分为两组：第一组参数控制模型稳态，即稳态参数，用校准的方法确定；第二组参数控制模型动态，即动态参数，用贝叶斯方法估计。

①稳态参数的确定。

对于设定的 5 个稳态参数：β，σ_L，δ，ζ，α 部分参考已有文献的研究成果，部分根据本文研究的具体情况计算取得。

β 为折现因子，表示季度贴现率，根据样本期内我国个人 3 个月定期存款利率的均值为 2.23%，可以算出 β 的校准值为 0.9782。σ_L 表示在消费边际效用不变的情况下劳动供给对工资跨期变化的弹性，参照 CMR（2007）的研究取 σ_L 为 1。δ 是资本折旧率，文献中普遍设为每季度 0.025，而刘斌（2008）采用每季度 0.035 的折旧率，故取折中值，$\delta = 0.03$。ζ 是价格对于边际成本的加成，根据 Ireland（2003），取 ζ 为 1.2。α 表示资本在中间产品产出中所占的比例，借鉴柳明（2013）的研究，取值为 0.4。

②动态参数的估计结果。

总共设定 20 个动态参数，其中 σ_C 刻画居民的消费行为，ψ 刻画投资调整成本，η_w 和 η_P 分别刻画工资及产品价格摩擦。另外，还有刻画 7 个冲击的 14 个动态参数。其中，ψ、ψ_u、η_w、η_p 及 7 个冲击的先验分布参照杨雪（2011），其余参数的先验分布参照刘斌（2008）。基于目前宏观计量的标准做法，使用完全信息的贝叶斯估计法对模型的动态参数进行估计，具体估计结果见表 6 – 6。

表 6 – 6　　　　　　　DSGE 模型中动态参数的先验分布和贝叶斯估计结果

参数	参数意义	先验分布			后验分布			
		分布类型型	先验均值	标准差	后验均值	标准差	90% 的置信区间	
σ_C	消费跨期替代弹性	正态	1	0.375	0.3981	0.375	0.1526	0.6241
σ_M	货币需求弹性	正态	0.62	0.05	0.5898	0.05	0.5022	0.6666
ψ	投资调整系数	正态	0.15	1.5	0.2167	0.075	0.1201	0.3378
ψ_u	资本利用参数	正态	0.17	1	0.1318	0.075	− 0.0254	0.2737
η_P	价格调整系数	贝塔	0.75	0.1	0.6462	0.15	0.554	0.738
η_W	工资调整系数	贝塔	0.75	0.1	0.4614	0.15	0.2742	0.7022
ρ_a	消费偏好冲击	贝塔	0.85	0.1	0.6333	0.1	0.3974	0.8577
ρ_d	投资调整冲击	贝塔	0.85	0.1	0.3434	0.1	0.1774	0.5093
ρ_{rw}	工资加成冲击	贝塔	0.85	0.1	0.7285	0.1	0.5038	0.9623
ρ_{pm}	有色金属价格冲击	贝塔	0.85	0.1	0.7341	0.1	0.5173	0.9555
ρ_z	技术冲击	贝塔	0.85	0.1	0.6509	0.1	0.3756	0.9266
ρ_{rP}	价格加成冲击	贝塔	0.85	0.1	0.7288	0.1	0.4752	0.9604
ρ_θ	货币政策冲击	贝塔	0.85	0.1	0.2615	0.1	0.1525	0.3743
σ_a	消费偏好冲击	逆伽玛	0.1	inf	0.0747	inf	0.0346	0.1262
σ_d	投资调整冲击	逆伽玛	0.1	inf	0.1432	inf	0.1101	0.1791
σ_{rw}	工资加成冲击	逆伽玛	0.1	inf	0.267	inf	0.0264	0.5959
σ_{pm}	有色金属价格冲击	逆伽玛	0.1	inf	0.0422	inf	0.0261	0.0624
σ_z	技术冲击	逆伽玛	0.1	inf	0.1606	inf	0.0405	0.2668
σ_{rP}	价格加成冲击	逆伽玛	0.1	inf	0.0955	inf	0.0223	0.2098
σ_θ	货币政策冲击	逆伽玛	0.1	inf	0.0298	inf	0.025	0.0346

根据贝叶斯估计结果可知，家庭消费跨期替代弹性 σ_C 的后验均值为 0.3981，这说明利率对家庭决定当前的消费水平影响较小；投资调整系数 ψ 的估计值为 0.2167，说明我国的投资行为从计划到实施的时间间隔比较短；价格粘性概率 η_P 的估计为 0.6462，表明我国产品价格粘性较高，每个季度大约有 65% 的企业不能调整价格；名义工资粘性概率 η_W 的估计值为 0.4614，而 SW（2003）的估计值为 0.9，说明相对于欧洲，我国的名义工资变化较快。

对于冲击的描述参数而言，ρ_a、ρ_d、ρ_{γ^w}、ρ_{pm}、ρ_z、ρ_{γ^p}、ρ_θ 表示冲击的持续性，其中 ρ_a、ρ_{γ^w}、ρ_{pm}、ρ_z、ρ_{γ^p} 的估计值均超过了 0.5，说明工资加成冲击、技术冲击、价格加成冲击、有色金属价格冲击及消费偏好冲击均具有一定的连贯性。同时，σ_a、σ_d、σ_{γ^w}、

σ_{p^m}、σ_z、σ_{γ^p}、σ_{θ} 表示冲击的相对波动，其中 σ_d、σ_{γ^w}、σ_z 的值都大于0.1，说明相对其他冲击来说，工资加成冲击、投资调整冲击和技术冲击的波动较大。

3. 脉冲响应分析

根据前文对固定参数的校准值以及贝叶斯估计的动态参数值，模拟有色金属价格冲击对于总产出、家庭消费、资本、投资、实际货币余额、名义利率、通货膨胀率、劳动需求、实际工资、资本投资价值、资本使用价格、有色金属价格12个关系宏观经济变量的脉冲响应图，从而分析有色金属价格的冲击对宏观经济波动的不同影响。图 6-11、图 6-12 为大小是1%的正向有色金属价格冲击的脉冲响应函数，纵轴表示各个变量偏离稳态的程度；横轴表示冲击作用的滞后期间数，本文选用了40个季度。

由图 6-11、图 6-12 可知，有色金属价格的上涨导致名义利率（r）迅速下降0.02%，在第10个季度左右大致恢复至稳态值。名义利率的下降推动资本投资价值（q）增加约0.5%，并于第3个季度接近2%的顶峰，之后便迅速下降，在第7个季度回归稳态；同时带来了投资（i）较大幅度的增长，约为2.5%，并随着资本投资价值的下降缓慢下降；投资的上涨导致资本存量（k）在随后的第15个季度左右上涨0.5%。因而产出（y）也迅速上涨1%，并在第5个季度之前达到最大值，之后迅速下降。图中显示，作为主要货币政策调控工具的货币供应量（m）迅速增加2%，同时由于名义利率下降的共同作用刺激消费（c）快速上涨1%。正的有色金属价格冲击导致

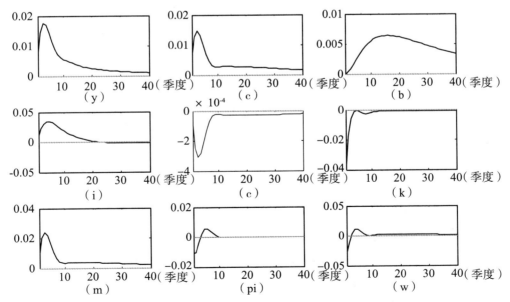

图 6-11　有色金属价格冲击的脉冲响应

资本使用价格（r_k）下降5%，并于第5季度上升2%，之后缓慢下降趋于稳态。有色金属价格上涨可能导致有色金属原料的投入值小于稳态值，而劳动（1）作为替代投入也有所下降，进而迅速拉低工资水平（w），使其下降约2.5%，但随后快速回升逐步达到稳态值。有色金属价格冲击对于中国的通货膨胀率（pi）也有着迅速的影响，当有色金属价格上升1%时，国内通货膨胀率下降约1%，之后又迅速回升，存在一定的滞后性。

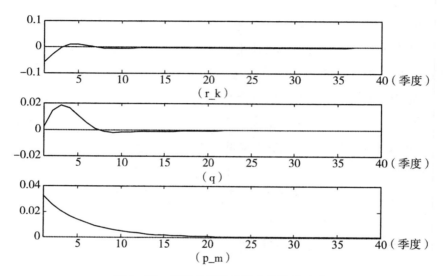

图6-12　有色金属价格冲击的脉冲响应

4. 结论

本研究在建立新凯恩斯 DSGE 模型的基础上，利用2001年第一季度到2013年第四季度的季度数据进行贝叶斯估计，同时利用脉冲响应函数分析有色金属价格冲击对中国宏观经济变量的影响，发现如下结论：

（1）相对其他模型，DSGE 模型具有无可比拟的优越性，能更准确地刻画国际有色金属价格对中国宏观经济的冲击作用，而且估计结果在不同的模型设定下很稳健，技术冲击、工资加成冲击、有色金属价格冲击、消费偏好冲击和价格加成冲击均具有一定的连贯性。

（2）国际有色金属价格冲击对我国宏观经济的影响程度较大，当有色金属价格上升1%，投资、资本使用价格、货币供应量、劳动需求、工资水平等经济变量的波动均在2%以上。表明我国有色金属资源对外依存度高。

（3）国际有色金属价格上升对我国 GDP、投资、消费等主要经济指标均有不利影响，但其不利影响有限，且存在一定滞后效应，有色金属价格的上升对我国经济发展的下行压力并不足以与我国现阶段经济快速增长的惯性相抗衡。

（4）国际有色金属价格对我国货币政策的影响比较复杂：一方面，会对我国货币供应量产生正向影响；而另一方面，则与我国利率负相关，但都存在大约两个季度的滞后效应。由于国际有色金属价格上升造成的物价上升需要紧缩的货币政策，同时，有色金属价格上升使经济增长速度放缓以及失业率相对增加，又需要扩张性的货币政策，这样一来，有色金属价格波动对我国货币政策的有效实施造成了困难。

虽然我国总量经济增长具有强劲的惯性，可以在短期内削弱有色金属价格上升对我国经济的负面作用，但有色金属价格冲击对我国总量经济的不利影响必然会随着时间的推移日益加剧，这一点在制定相关政策时要尤其注意，所以要进一步完善我国有色金属价格形成机制，大力发展期货市场，争夺有色金属定价的话语权，让市场决定有色金属的供求关系，从而使得价格传导机制更为及时。另一方面，我国货币政策并不能有效解决有色金属价格上涨带来的冲击效应，要通过调控和政策引导加强对有色金属的进口管理，推进进口来源和渠道的多元化；同时建立和健全相应的有色金属战略储备体系，以利用储备降低供求矛盾，平抑市场价格，这样才能有效缓解有色金属价格波动对我国宏观经济的不利影响。还有，由于金属价格的震荡回落，有色金属行业产能过剩现象依然严重，有色金属企业的盈利也从高位回落，因此亟须提高有色金属行业的自主创新能力及高端产品开发能力。

6.3.1.2 石油价格波动对中国经济增长的影响——基于 DSGE 模型的分析

石油是中国国民经济的基础性产品，也是关乎中国经济命脉的战略性物资，因此油价波动一直是国民经济发展的一个焦点问题。近年来，中国石油消费量随着经济的高速增长而迅速上升，并成为世界第二大石油消费国。最新资料表明，我国原油 2014 年消费量 5.1 亿吨，比上年增长 4%，净进口石油 3.08 亿吨，石油对外依存度达到 59.5%，而中国 2001 年石油进口依存度还只有 30%。由图 6-13 可以看出，2001~2008 年我国原油进口价格逐渐攀升，于 2008 年上升至 718.52 美元/吨的最高点，受金融危机的影响，2009 年油价剧烈下滑，但在随后的几年里又迅速恢复高位状态。随着我国石油需求的快速增长，国际原油价格的剧烈波动无疑会给我国经济发展带来越来越重要的影响。国际油价的剧烈波动对我国的经济增长、投资、物价水平和居民消费等各方面都会产生较大的影响，更会加剧金融市场的动荡。其中，国际原油价格的波动对国内物价水平的影响会直接影响到国内经济和社会生活的稳定，尤其值得我们关注。

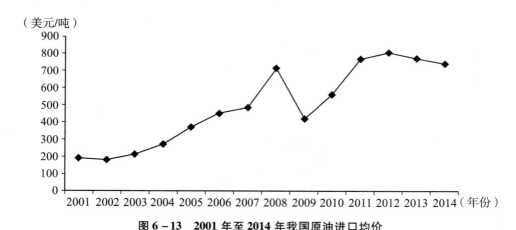

图 6 – 13   2001 年至 2014 年我国原油进口均价

数据来源：Wind 资讯。

同时，虽然国际油价近几年持续走高，但我国石化行业产能过剩的现象却依然严重。在政府、市场和企业三方共同努力下，2014 年石化行业的去产能化取得一定成效，部分过剩产品产能快速增长的势头基本得到遏制，产量也出现下降。其中尿素行业退出落后产能 500 万吨，烧碱产能退出 33 万吨，聚氯乙烯产能退出 21 万吨，电石行业淘汰落后产能 192 万吨。2014 年前 10 个月化肥总产量同比下降 13.3%，价格开始止降回稳，效益持续恶化的局面一定程度上得到了缓解；无机酸和无机碱制造业 2014 年的利润也实现了正增长。但是，在新常态背景下，在市场配置资源的前提下，行业化解产能过剩的任务还十分艰巨。国际石油价格如何影响中国宏观经济的呢？具体的影响程度又是如何的呢？国际石油价格波动对中国宏观经济产生负面影响又是多大呢？本节在 DSGE 模型分析的基础上，详细梳理石油价格波动对宏观经济的影响。

1. DSGE 模型构建

与前两节一样，本节构建的模型为封闭式的经济系统下的新凯恩斯 DSGE 模型，包括代表性家庭、最终产品生产企业、中间产品生产企业以及货币当局四个经济主体。本研究加入石油作为最终产品的一部分，被用于中间产品的生产和家庭的消费。模型中的方程除以下部分有所变动外，其余均与前两节相同，在此不再赘述。

代表性中间产品生产企业利用劳动 $L_i(i)$、资本 $K_i(i)$ 进行生产，生产函数采用 Cobb – Douglas 形式：

$$Y_i(i) = Z_t(u_i(i)K_t(i)^\alpha)L_t(i)^{1-\alpha} \tag{6-39}$$

其中，α 大于零，$u_t(i)$ 为资本利用率。石油使用量与资本及资本使用率 $u_t(i)$ 满足如下等式：

$$\frac{o_t(i)}{K_t(i)} = \frac{u_t(i)^v}{v} \tag{6-40}$$

Z_t 表示技术冲击，假设其对数遵循如下自回归过程：

$$\ln(Z_t) = (1 - \rho_Z)\ln(Z) + \rho_Z\ln(Z_{t-1}) + \varepsilon_t^Z \tag{6-41}$$

其中，$\rho_Z \in (-1, 1)$，Z 为稳态时的技术水平，等于 1，ε_t^Z 为技术外生冲击，具有均值为 0，标准差为 σ_Z 的独立正态分布。

石油实际价格 $p_t^o = P_t^o/P_t$ 由国际市场决定，选择原油进口平均单价作为 P_t^o，假设其对数服从如下随机过程：

$$\ln p_t^o = (1 - \rho_{p^o})\ln(p^o) + \rho_{p^o}\ln p_{t-1}^o + \varepsilon_t^{p^o} \tag{6-42}$$

其中，$\rho_p \in (-1, 1)$，$\varepsilon_t^{p^o}$ 为铁矿石价格的外生冲击，具有均值为 0，标准差为 σ_{p^o} 的独立正态分布。中间产品生产企业通过最小化成本，得到关于 $K_t(i)$、$L_t(i)$ 和 $u_t(i)$ 的一阶条件：

$$u_t = \left(\frac{v}{v-1}\frac{r_t^k}{p_t^o}\right)^{\frac{1}{v}} \tag{6-43}$$

$$\frac{K_t}{L_t} = \frac{v-1}{v}\frac{\alpha}{1-\alpha}\frac{w_t}{r_t^k} \tag{6-44}$$

$$MC_t = \frac{1}{Z_t}\{\alpha^{-\alpha}(1-\alpha)^{\alpha-1}(r_t^k)^\alpha w_t^{1-\alpha}(r_t^k/p_t^o)^{-\alpha/v}[v/(v-1)]^{(v-1)\alpha/v}\} \tag{6-45}$$

其中，实际资本使用价格 $r_t^k = R_t^k/P_t$，实际工资 $w_t = W_t/P_t$。

2. 数据处理和模型参数估计

（1）实际数据处理。

选取 2001 年第一季度至 2014 年第四季度期间的季度数据，共 56 组。数据来源为国家统计局统计年鉴、Wind 资讯等。除价格类数据外，其他数据与上节一样。国际石油价格用原油进口平均单价代替。

（2）参数估计。

稳态参数取值与上一节相同；对于动态参数，使用完全信息的贝叶斯估计法进行估计，具体估计结果见表 6-7。

根据贝叶斯估计结果可知，家庭消费跨期替代弹性 σ_C 的后验均值为 0.4856，这说明利率对家庭决定当前的消费水平影响较小；投资调整系数 ψ 的估计值为 1.1042，说明我国的投资行为从计划到实施的时间间隔比较长；价格粘性概率的估计为 0.7076，表明我国产品价格粘性较高，每个季度大约有 71% 的企业不能调整价格；名义工资粘性概率的估计值为 0.4518，而 SW（2003）的估计值为 0.9，说明相对于欧洲，我国的名义工资变化较快，每季度大约有 55% 的人可以调整工资。

对于冲击的描述参数而言，七个表示冲击连续性的参数的估计值均未超过 0.5，说明消费偏好冲击、投资调整冲击、工资加成冲击、石油价格冲击、技术冲击、价格加成冲击、货币政策冲击均不具有连贯性。同时，表示冲击的相对波动性的参数中 σ_a、σ_{rw}、σ_z、σ_{rP} 的值都大于 0.1，说明相对其他冲击来说，价格加成冲击、工资加成冲击、消费偏好冲击和技术冲击的波动较大。

表 6 – 7　　　　　　　　　　　DSGE 模型中动态参数的先验分布和贝叶斯估计结果

参数	参数意义	先验分布			后验分布			
		分布类型型	先验均值	标准差	后验均值	标准差	90% 的置信区间	
σ_C	消费跨期替代弹性	正态	1	0.375	0.4856	0.6435	0.3180	0.6435
σ_M	货币需求弹性	正态	0.62	0.05	0.6204	0.7052	0.5430	0.7052
ψ	投资调整系数	正态	0.15	1.5	1.1042	2.0763	0.2292	2.0763
ψ_u	资本利用参数	正态	0.17	1	0.4349	1.3458	− 0.4683	1.3458
η_P	价格调整系数	贝塔	0.75	0.1	0.7076	0.7709	0.6442	0.7709
η_W	工资调整系数	贝塔	0.75	0.1	0.4518	0.5781	0.3376	0.5781
ρ_a	消费偏好冲击	贝塔	0.5	0.2	0.4025	0.6152	0.2282	0.6152
ρ_d	投资调整冲击	贝塔	0.5	0.2	0.4557	0.5891	0.3012	0.5891
ρ_{rw}	工资加成冲击	贝塔	0.5	0.2	0.3842	0.5205	0.2506	0.5205
ρ_{Do}	石油价格冲击	贝塔	0.5	0.2	0.4882	0.6404	0.3392	0.6404
ρ_z	技术冲击	贝塔	0.5	0.2	0.3085	0.4510	0.1709	0.4510
ρ_{rP}	价格加成冲击	贝塔	0.5	0.2	0.4072	0.5920	0.2058	0.5920
ρ_θ	货币政策冲击	贝塔	0.5	0.2	0.2349	0.3134	0.1500	0.3134
σ_a	消费偏好冲击	逆伽玛	0.1	2d	0.1792	0.3722	0.0244	0.3722
σ_d	投资调整冲击	逆伽玛	0.1	2d	0.0511	0.0677	0.0360	0.0677
σ_{rw}	工资加成冲击	逆伽玛	0.1	2d	0.2541	0.3500	0.1429	0.3500
σ_{Do}	石油价格冲击	逆伽玛	0.1	2d	0.0785	0.1451	0.0267	0.1451
σ_z	技术冲击	逆伽玛	0.1	2d	0.2782	0.4184	0.1553	0.4184
σ_{rP}	价格加成冲击	逆伽玛	0.1	2d	0.1508	0.3092	0.0252	0.3092
σ_θ	货币政策冲击	逆伽玛	0.1	2d	0.0287	0.0327	0.0245	0.0327

3. 脉冲响应分析

根据前文对固定参数的校准值以及贝叶斯估计的动态参数值，模拟石油价格冲击对于总产出、家庭消费、资本、投资、名义利率、劳动需求、实际货币余额、通货膨胀率、实际工资、资本使用价格、资本投资价值、石油价格12个影响宏观经济的变量的脉冲响应图，分析石油价格冲击对宏观经济波动的不同影响。图6-14、图6-15为大小是1%的正向石油价格冲击的脉冲响应函数，纵轴表示各个变量偏离稳态的程度；横轴表示冲击作用的滞后期间数，本研究选用了40个季度。

由图6-14、图6-15可知，国际石油价格的上涨导致我国名义利率（r）在当期小幅下降0.002%，在第10个季度左右上升至稳态值，名义利率下降刺激消费（c）上涨0.2%，进而导致总产出（y）在随后的5个季度内小幅上升0.25%；名义利率变化很小的情况下油价上涨使资本投资价值（q）下降约1%，从而导致投资（i）较大幅度的下降，约为0.7%，进一步使资本存量（k）下降约0.1%。石油价格上涨可能导致石油密集型行业产出有所减少，同时导致第二产业劳动需求减少，即使劳动（l）下降约5%，进而拉低工资水平（w），使其下降约0.25%，但随后快速回升。石油价格冲击对中国的通货膨胀率（pi）也有着迅速的影响，当石油价格上升1%时，国内通货膨胀率下降约0.15%，之后又迅速回升至稳态值；通货膨胀下降使得货币供应量（m）增加。

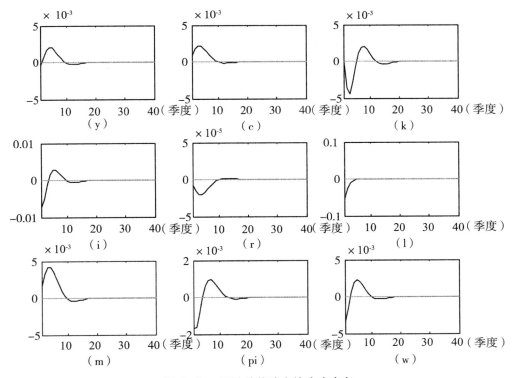

图6-14 石油价格冲击的脉冲响应

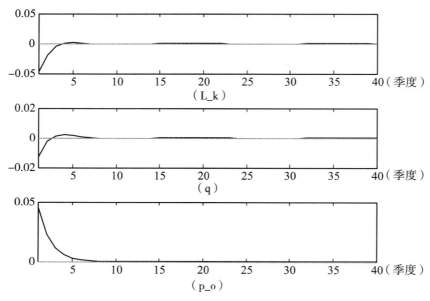

图 6 – 15　石油价格冲击的脉冲响应

4. 结论

本节利用脉冲响应函数分析石油价格冲击对中国宏观经济波动的影响，发现如下结论：

国际石油价格冲击对我国宏观经济的影响程度较大，当石油价格上升1%，资本使用价格、劳动需求、资本存量等经济变量的波动均在1%以上。表明我国石油资源对外依存度高。

国际石油价格对我国货币政策的影响比较复杂：在对我国货币供应量产生正向影响的同时与我国利率负相关。由于国际石油价格上升造成的物价上升需要紧缩的货币政策，同时，石油价格上升使经济增长速度放缓以及失业率相对增加，又需要扩张性的货币政策，这样使得石油价格波动对我国货币政策的有效实施造成了困难。

虽然我国总量经济增长强劲，但是由于石油属于稀缺性资源，其对外依存度高，会导致油价冲击对我国总量经济的不利影响日益加剧。特别是进入2015年之后，国际原油进口价格暴跌，一季度均价为417.2美元/吨，使得石化行业很多企业出现效益滑坡、经营困难、投资停顿的情况，对后期的市场走势也变为谨慎观望。低油价时代的到来，虽然使得石化行业获得了更便宜的原料，但却加剧了我国低端化工产能过剩的尴尬。长期来看，低油价将是一种新常态，这对煤化工行业带来了巨大冲击，煤化工的后续投资需慎重考虑。同时，国内经济增长放缓，经济下行压力仍在持续，石油化工产品需求减弱。在此背景下，我国石化行业产能结构性过剩矛盾凸显，传统产业进入低利润时代，转型升级和结构调整的任务十分艰巨。因此，中国石化产业必须依靠技术创新来进行转型升级，推进并适应原料多元化的趋势，开发应用先进适用技术，进而对传统石化产业进行优化调整。

同时，要改变我国目前粗放的石油消费方式，走节约高效的能源使用道路；另一方面，我国货币政策并不能有效解决石油价格上涨带来的冲击效应，要建立和健全石油战略储备体系，以利用储备降低供求矛盾，平抑市场价格，这样才能有效缓解石油价格波动对我国宏观经济的不利影响。

6.3.2　外部性成本对原材料工业产能的影响分析

6.3.2.1　原材料工业产能与外部性成本的关系分析

2013 年 10 月国务院发布的《关于化解产能严重过剩矛盾的指导意见》明确指出，产能过剩问题如不及时治理，将"造成行业亏损面扩大、企业职工失业、银行不良资产增加、能源资源瓶颈加剧、生态环境恶化等问题，直接危及产业健康发展，甚至影响到民生改善和社会稳定大局"，因此，"化解产能严重过剩矛盾是当前和今后一个时期推进产业结构调整的工作重点"。《关于化解产能严重过剩矛盾的指导意见》明确提出了产能过剩解决不好对环境外部性的影响，但是在产能过剩行业中涉及到原材料行业，其开采、冶炼、运输、生产过程中对环境产生影响，但在价格体系中并没有反映这种环境外部性，导致很多企业是低成本生产，低附加值生产，导致在开采、冶炼环节大部分的产能过剩；同时由于很多企业在成本中没有把环境外部性考虑在内，导致很多企业不愿采用高技术进行生产，从而导致产业结构不利于调整。

目前，国内关于产能过剩形成机理的研究大致分为两种：市场性因素和体制性因素。针对我国产能过剩的成因而言，从市场性或体制性因素角度进行的研究均具有一定的解释能力，但针对中国政府对产能过剩问题的预防和治理而言，体制性产能过剩的研究更具有现实意义，因为从现有的研究结果来看，单纯由市场性因素造成的产能过剩问题往往会随着市场机制本身的运行而逐渐消除，因此不需要进行治理，且不恰当的治理还可能加剧产能过剩的问题，而体制性因素所造成的产能过剩问题如不进行治理将会长期存在，因此应更多关注体制性产能过剩，加强对体制性因素造成产能过剩的研究将更有助于解决我国长期的产能过剩问题。在一定程度上讲，产能过剩是以投资拉动经济增长和政府过度干预经济运行模式的必然产物。要将产能过剩控制在市场和社会所能接受的范围内，就必须遵照《中共中央关于全面深化改革若干重大问题的决定》中"发挥市场配置资源的决定性作用和更好地发挥政府作用"的精神，减少政府不当干预，推动要素市场化改革，形成可以真实反映供求关系与资源稀缺性的合理价格信号，以此引导企业的投资和生产经营行为。

市场定价机制的形成一定要有能够信任的价格基准。可耗竭资源的价格基准，具体来说是指天然气出厂价格、原油价格和煤炭出矿价格等矿产资源价格的形成机制，它是整个原材料工业的产业链和价值链的基础和核心。如何建立科学全面反映可耗竭资源开发利用成本的核算体系，包括环境（生态）成本、资源成本和生产成本，已经成为可耗竭资源定价机制改革的一个核心问题。从价格的构成要素来看，我国矿产资源的价格仅仅反映了生产成本，而环境（生态）成本以及资源成本没有得到较好的反映，由此造成资源开发利用过程中环境污染与资源浪费的问题日益严重。一方面，正是由于资源价格没有完全反映耗竭成本和环境成本，以及我国对非再生资源的价格长期实行严格管制进而造成初级产品与加工产品价格之间的巨大剪刀差。地质勘探企业和开采企业创造的价值在扭曲的价格体系中被下游及相关产业隐性地分割，没有形成以矿养矿的良性循环。价格管制使得非再生能源资源开采和利用中的机会成本不能得到充分地体现和补偿，其实质却是把收入从未来消费者转移到当前消费者。另外，我国能源价格管制的问题还表现为合理管制的缺失。良好的自然环境是一种稀缺资源，但是由于环境的产权无法界定，市场不能通过自由交易生成环境的价格，致使出现"市场失灵"。此时，政府应适时介入，通过税费的形式对环境进行管制定价，从而纠正"市场失灵"并实现环境资源的有效配置。在我国，煤炭和石油消费已经造成相当严重的大气污染问题，而化石能源开采以及煤化工等生产环节的活动也对环境和生态造成一定程度的破坏。但是，包括资源税、污染税等在内的环境价格管制却长期缺位，致使能源价格无法包含其环境成本。应管未管下的环境价格缺失，不仅导致能源价格相比于其他商品总体偏低；还导致能源价格结构性失衡——相对于天然气和非化石能源等清洁能源，煤炭和石油的价格过低。相比之下，2012 年德国、法国和英国的汽油税费比重，分别高达 62%、61% 和 64%。随着居民收入的提高，因能源消费所产生的污染外部性成本（主要表现为健康成本）也将随之逐步增长。在此背景下，环境价格管制的缺失只会让能源价格偏离社会真实成本以及价格结构性失衡的问题愈演愈烈。

政府为刺激投资而确定或通过干预市场价格向企业发出的新的价格信号。从体制性产能过剩这一现象出发，政府价格信号可描述如下：政府为实现特定的政策目标，通过其所掌握的各项要素定价权或定价影响能力，以及其他经济资源的支配权，显著降低特定行业、特定企业投资、运行的关键性要素价格，进而大幅度地拉低相关主体预期的投资成本和运行成本所形成的价格信号。与正常的市场价格相比，政府价格显著偏低，从而激发企业强烈的投资动机，并最终导致企业过度投资和产能严重过剩。政府价格信号包括财政补贴、银行信贷、低廉的土地价格、低廉的资源价格、低电价水价等手段，与本节研究相关的就是低廉的资源价格。由此可见，在可耗竭资源的价格中，资源耗竭成本和环境成本没有得到很好的体现，同时由于政府的干预，无法形成合理的定价机制，造成其价格低廉，进而导致企业过度投资行为，最终形成越来越多的原材料工业产能过剩行为。

6.3.2.2 原材料行业外部性成本内部化对经济、产业产出影响的实证

宏观计量经济模型在宏观上分析了外部性成本内部化对中国经济的影响，为国家制定宏观政策提供了有用的价值参考，但未能给出外部性成本内部化对相关行业影响的细化分析。由于原材料行业外部性成本内部化对不同行业的影响不一样且政府对不同产业的发展重要性上有先后之分，也就不能实行"一刀切"的应对政策。如果想把握政策方向和力度的正确和精确，理顺外部性成本内部化对不同行业的不同影响则成为制定最优政策的前提。所以本部分借鉴动态可计算一般均衡分析外部性内部化（资源税改革）对宏观经济及各产业的影响。

1. 模型描述

以 2010 年我国的投入产出表为基础，合并整理成农业、轻工业、重工业、建筑业、交通运输及仓储业、服务业等 13 个部门，具体的部门划分见表 6 - 8。根据研究的需要，把金属矿采选业、金属冶炼及压延加工业和金属制品业分解成铜矿采选业、铝矿采选业、铅矿采选业、锌矿采选业、锡矿采选业、镍矿采选业和其他金属矿产采选业，构建基期的中国有色基本金属社会核算矩阵（Social Accounting Matrix，SAM）作为模型的数据基础，并用最小交叉熵法（Minimum Cross Entrophy，MCE）通过 GAMS 程序解决由于统计口径和资料来源不同造成的 SAM 表平衡问题。

表 6 - 8   CGE 模型和 2010 年投入产出表中部门对应划分表

	CGE 模型的部门划分	2010 年投入产出表的部门
1	农业	农林牧副渔业
2	轻工业	食品制造及烟草加工业、纺织业、纺织服装鞋帽皮革羽绒及其制品业、木材加工及家具制造业、造纸印刷及文教体育用品制造业

	CGE 模型的部门划分	2010 年投入产出表的部门
3	重工业	石油和天然气开采业、煤炭开采和洗选业、非金属矿及其他矿采选业、石油加工、炼焦及核燃料加工业、化学工业、非金属矿物制品业、通用、专用设备制造业、交通运输设备制造业、电气、机械及器材制造业、通信设备、计算机及其他电子设备制造业、仪器仪表及文化办公用机械制造业、工艺品及其他制造业（含废品废料）、电力、热力的生产和供应业、燃气生产和供应业
4	建筑业	建筑业
5	交通运输及仓储业	交通运输及仓储业
6	服务业	服务业
7	铜矿采选业	金属矿采选业、金属冶炼及压延加工业、金属制品业
8	铝矿采选业	金属矿采选业、金属冶炼及压延加工业、金属制品业
9	铅矿采选业	金属矿采选业、金属冶炼及压延加工业、金属制品业
10	锌矿采选业	金属矿采选业、金属冶炼及压延加工业、金属制品业
11	锡矿采选业	金属矿采选业、金属冶炼及压延加工业、金属制品业
12	镍矿采选业	金属矿采选业、金属冶炼及压延加工业、金属制品业
13	其他金属矿产采选业	金属矿采选业、金属冶炼及压延加工业、金属制品业

参数设定方面，以 SAM 表为基础求出中间投入成本和收入支出比例等转移参数和份额参数，对于指数参数的确定，通过文献估计法确定。

模型由收入支出模块、贸易模块、生产模块、矿产资源补偿费模块、均衡模块、社会福利模块和动态机制模块构成。包括政府、企业和居民三类主体，经济主体均为理性的经济人，政府以社会福利最大化为目标，生产者以成本最小化和利润最大化为目标，消费者以效用最大化为目标。

2. 模型基本结构

（1）生产模块。

本节的生产模块分为五层次嵌套：第一层为资本金属矿产劳动和中间投入的合成；第二层资本金属矿产资源和劳动的合成，即增加值的合成；第三层为资本和金属矿产资源的合成；第四层为有色基本金属和非有色基本金属的合成；第五层为铜铝铅锌锡镍六种矿产资源的有色基本金属合成。

①第一层嵌套，各部门产出的 CES 生产函数：

$$QA_a = \alpha_a^q (\delta_a^q \cdot QVA_a^{\rho_a^q} + (1 - \delta_a^q) QINTA_a^{\rho_a^q})^{\frac{1}{\rho_a^q}}, \quad a \in A \qquad (6-46)$$

生产活动总产出的最优要素投入：

$$\frac{PVA_a}{PINTA_a} = \frac{\delta_a^q}{1 - \delta_a^q} \cdot \left(\frac{QINTA_a}{QVA_a}\right)^{1 - \rho_a^q}, \quad a \in A \qquad (6-47)$$

生产活动的产值：

$$PA_a \cdot QA_a = (1 + tbus_a)(PVA_a \cdot QVA_a + PINTA_a \cdot QINTA_a), \quad a \in A \qquad (6-48)$$

利用 Leontife 函数表示出非金属矿产资源中间投入量和中间投入价格分别为：

$$QINT_{c,a} = ia_{c,a} \cdot QINTA_a, \quad a \in A, \ c \in C \qquad (6-49)$$

$$PINTA_a = \sum_{c \in C} ia_{c,a} \cdot PQ_c, \quad a \in A \qquad (6-50)$$

②第二层嵌套，"资本—金属矿产资源—劳动合成束"（增加值）的 CES 生产函数：

$$QVA_a = \alpha_a^v (\delta_a^v \cdot QL_a^{\rho_a^v} + (1 - \delta_a^v) QKM_a^{\rho_a^v})^{\frac{1}{\rho_a^v}}, \quad a \in A \qquad (6-51)$$

"资本—金属矿产资源—劳动合成束"（增加值）的最优要素投入：

$$\frac{WL \cdot (1 + tval_a)}{PKM_a} = \frac{\delta_a^v}{1 - \delta_a^v} \cdot \left(\frac{QKM_a}{QL_a}\right)^{1 - \rho_a^v}, \quad a \in A \qquad (6-52)$$

"资本—金属矿产资源—劳动合成束"（增加值）投入的价格关系：

$$PVA_a \cdot QVA_a = (1 + tval_a) \cdot WL \cdot QL_a + PKM_a \cdot QKM_a, \quad a \in A \qquad (6-53)$$

③第三层嵌套，"资本—金属矿产资源合成束"的 CES 生产函数：

$$QKM_a = \alpha_a^{km} (\delta_a^{km} \cdot QK_a^{\rho_a^{km}} + (1 - \delta_a^{km}) QMN_a^{\rho_a^{km}})^{\frac{1}{\rho_a^{km}}}, \quad a \in A \qquad (6-54)$$

"资本—金属矿产资源合成束"的最优要素投入：

$$\frac{PMN}{WK \cdot (1 + tvak_a)} = \frac{\delta_a^{km}}{1 - \delta_a^{km}} \cdot \left(\frac{QK_a}{QMN_a}\right)^{1 - \rho_a^{km}}, \quad a \in A \qquad (6-55)$$

"资本—金属矿产资源合成束"的价格关系：

$$PKM_a \cdot QKM_a = PMN \cdot QMN_a + WK \cdot (1 + tvak_a) \cdot QK_a, \quad a \in A \qquad (6-56)$$

④第四层嵌套，"金属矿产资源合成束"的 CES 生产函数：

$$QMN_a = \alpha_a^m (\delta_a^m \cdot QNN_a^{\rho_a^m} + (1 - \delta_a^m) QNON_a^{\rho_a^m})^{\frac{1}{\rho_a^m}}, \quad a \in A \qquad (6-57)$$

"金属矿产资源合成束"的最优要素投入：

$$\frac{PNON_a}{PNN_a} = \frac{\delta_a^m}{1 - \delta_a^m} \cdot \left(\frac{QNN_a}{QNON_a}\right)^{1 - \rho_a^m}, \quad a \in A \qquad (6-58)$$

"金属矿产资源合成束"的价格关系：

$$PMN \cdot QMN_a = PNN_a \cdot QNN_a + PNON_a \cdot QNON_a, \quad a \in A \qquad (6-59)$$

⑤第五层嵌套，铜矿、铝矿、铅矿、锌矿、锡矿和镍矿以 *CES* 生产函数合成为"有色基本金属投入合成束"。

$$QNON_a = (\lambda_a^e)^{\varepsilon_a^e - 1} \cdot \delta_a^e \cdot \left(\frac{PNON_a}{PQ_c}\right)^{\varepsilon_a^e} \cdot QNONI_{a',a}, \ a \in A \qquad (6-60)$$

各部门投入的金属矿产资源合成束的价格方程为：

$$PNON_a = \left[\sum_e \sigma_a^e \cdot \left(\frac{PQ_c}{\lambda_a^e}\right)^{1-\varepsilon_a^e}\right]^{\frac{1}{1-\varepsilon_a^e}}, \ a \in A \qquad (6-61)$$

$$QNON_a \cdot PNON_a = \sum_e \sigma_a^e \cdot QNONI_{a',a}, \ a \in A \qquad (6-62)$$

⑥商品加总的情况：

国内生产活动产出和商品的关系为：

生产活动的总产出：

$$QA_a = \sum_c QX_c \cdot mac_{a,c}, \ a \in A, \ c \in C \qquad (6-63)$$

生产活动的价格：

$$PX_c = \sum_a PA_a \cdot mac_{a,c}, \ a \in A, \ c \in C \qquad (6-64)$$

变量记号的第一个字母 *Q* 表示数量，变量记号的第一个字母 *P* 表示商品价格，变量记号的第一个字母 *W* 表示要素价格。生产模块参变量说明见表6-9。

表6-9 生产模块参变量说明

参变量名称	含义
A	所有生产部门的集合
QA_a	各部门的总产出
QVA_a	"资本—金属矿产资源—劳动合成束"的投入
$QINTA_a$	各部门非金属矿产资源的中间投入量
PVA_a	"资本—金属矿产资源—劳动合成束"总价格
$PINTA_a$	非金属矿产资源中间投入品总价格
$PINT_a$	a 部门的中间投入，$PINTa$ 由各部门的中间投入 $PINT$ 汇总而成
$QINT_{c,a}$	各部门非金属矿产资源中间投入矩阵
PA_a	生产活动的价格
QL_a	劳动投入
QKM_a	"资本—金属矿产资源合成束"的投入
WL	劳动价格
QK_a	资本投入
QMN_a	"金属矿产资源合成束"的投入

参变量名称	含义
PQ_c	国内市场商品 c 的价格
PMN	"金属矿产资源合成束"的价格
WK	资本价格
PKM_a	"资本—金属矿产资源合成束"的价格
QNN_a	"非有色基本金属合成束"的投入
$QNON_a$	"有色基本金属合成束"的投入
$QNONI_{a',a}$	六种有色基本金属的投入
$PNON_a$	"有色基本金属合成束"的价格
PNN_a	"非有色基本金属合成束"的价格
PQ_c	国内总产出品的价格
QX_c	生产活动产出的商品的数量
PX_c	生产活动产出的商品的价格
$mac_{a,c}$	对角线数值全部为 1 的单位矩阵，方便将 QA_a 转化成 QX_c
$tval$	企业的增值税税率
α_a^q	各部门产出的 CES 生产函数的转移参数
α_a^v	"资本—金属矿产资源—劳动合成束" CES 生产函数的转移参数
α_a^{km}	"资本—金属矿产资源合成束" CES 生产函数的转移参数
a_a^m	"金属矿产资源合成束" CES 生产函数的转移参数
δ_a^q	各部门产出的 CES 生产函数的份额参数
δ_a^v	"资本—金属矿产资源—劳动合成束" CES 生产函数的份额参数
δ_a^{km}	"资本—金属矿产资源合成束" CES 生产函数的份额参数
δ_a^m	"金属矿产资源合成束" CES 生产函数的份额参数
δ_a^e	各部门对不同有色基本金属需求的份额参数
ρ_a^p	各部门产出的 CES 生产函数的指数参数
ρ_a^v	"资本—金属矿产资源—劳动合成束" CES 生产函数的指数参数
ρ_a^{km}	"资本—金属矿产资源合成束" CES 生产函数的指数参数
ρ_a^m	"金属矿产资源合成束" CES 生产函数的指数参数
$ia_{c,a}$	生产每一个单位的总中间投入 a 所需要的 c 的投入量
λ_a^e	不同有色基本金属投入的效率因子
ε_a^e	不同有色基本金属间的替代弹性

（2）贸易模块。

在开放经济模型结构中，商品分为三个部分。一是国内生产出口部分，记为 QE；二是国内生产国内销售部分，记为 QD；三是市场上销售的进口商品，记为 QM。国内生产活动产出 QA 由 QE 和 QD 组成。国内销售的商品由 QM 和 QD 组成。所有生产部门的集合为 A，所有商品部门的集合为 C。国内生产活动的产出商品 QA 分为国内销售 QD 和出口 QE 两部分，其替代关系用 CET 函数代表（贸易模块参变量说明见表6-10）：

$$QX_c = \alpha_c^t [\delta_c^t \cdot QD_c^{\rho_c^t} + (1 - \delta_c^t) \cdot QE_c^{\rho_c^t}]^{\frac{1}{\rho_c^t}}, \ \rho_c^t > 1, \ c \in C \qquad (6-65)$$

国内生产国内销售的商品为 QD，其价格为 PD。出口商品价格为 PE。国内销售和出口相对价格的变化影响国内销售和出口的相对数量，这是由优化的一阶条件所决定的：

$$\frac{PD_c}{PE_c} = \frac{\delta_c^t}{1 - \delta_c^t} \left(\frac{QE_c}{QD_c} \right)^{1 - \rho_c^t}, \ c \in C \qquad (6-66)$$

国内活动部门的生产价格关系由国内销售和出口两个价格加权平均合成的：

$$PX_c \cdot QX_c = PD_c \cdot QD_c + PE_c \cdot QE_c, \ c \in C \qquad (6-67)$$

出口商品价格受国际市场价格和汇率影响：

$$PE_c = pwe_c \cdot (1 - te_c) \cdot EXR, \ c \in C \qquad (6-68)$$

表6-10　　　　　　　　　　　　　贸易模块参变量说明

参变量名称	含义
QA_c	国内总产出
QE_c	国内生产出口量
PA_c	国内总产出价格
PE_c	国内生产出口商品价格
QQ_c	国内总供应
QD_c	国内生产国内销售量
QM_c	进口产品销售量
PQ_c	国内市场商品销售价格
PD_c	国内生产国内销售价格
PM_c	进口产品国内销售价格
EXR	汇率
$IDENT_{a,c}$	单位矩阵元素
pwe_c	出口生产活动 c 商品的国际价格

参变量名称	含义
pwm_c	进口商品 c 的国际价格
I_{ac}	单位矩阵
α_a^t	国内总产出 CET 函数中的转移参数
δ_a^t	国内总产出 CET 函数中的份额参数
ρ_a^t	国内总产出 CET 函数中的指数参数
α_c^q	国内总供应 Armington 方程中的转移参数
δ_c^q	国内总供应 Armington 方程中的份额参数
ρ_c^q	国内总供应 Armington 方程中的指数参数

国内市场上供应的商品 c 是 QQ_c。在开放经济中，QQ_c 包括国产内销的部分 QD_c，其价格为 PD_c；以及进口的部分 QM_c，其价格为 PM_c。国内市场上供应的商品是国内各个主体包括消费者、企业和政府所需求的商品。除了这些最终需求外，还包括生产活动的中间投入的需求。QQ_c 在国内生产供应和进口之间的替代关系由 Arminton 条件来描述：

$$QQ_c = \alpha_c^q [\delta_c^q \cdot QD^{\rho^q} + (1 - \delta_c^q) \cdot QM_c^{\rho^q}]^{\frac{1}{\rho^q}}, \ c \in C \quad (6-69)$$

国内市场销售商品价格优化一阶条件：

$$\frac{PD_c}{PM_c} = \frac{\delta_c^q}{1 - \delta_c^q} \left(\frac{QM_c}{QD_c}\right)^{1-\rho^q}, \ c \in C \quad (6-70)$$

国内市场销售价格关系：

$$PQ_c \cdot QQ_c = PD_c \cdot QD_c + PM_c \cdot QM_c, \ c \in C \quad (6-71)$$

式（6-69）、式（6-70）、式（6-71）三个等式形成了在 PQ、PD、PM 价格下决定 QQ、QD 和 QM 三者之间按照 Arminton 条件供应分配的优化条件。进口商品的价格 PM_c 由国际市场价格、汇率和关税决定：

$$PM_c = pwm_c \cdot (1 + tm_c) \cdot EXR, \ c \in C \quad (6-72)$$

国内生产国内销售的活动和商品的价格和数量一致，有如下关系：

$$QD_c = \sum_a IDENT_{a,c} \cdot QD_a \quad (6-73)$$

$$PD_c = \sum_a IDENT_{a,c} \cdot PD_a \quad (6-74)$$

（3）收入支出模块。

①居民。

居民税前收入包括从劳动，资本投入获取的收入以及政府对居民的转移支付。居民的收入为：

$$YH = WL \cdot shif_{h,l} \cdot QLS + shif_{h,k} \cdot WK \cdot QKS + transfr_{h,gov} +$$

$$transfr_{h,ent} + transfr_{h,row} \qquad (6-75)$$

居民消费总额：

$$EH = mpc \cdot (1 - ti_h) \cdot YH \qquad (6-76)$$

居民的效用函数用 stone-geary 函数表示，商品需求函数用 LES 函数表示，有：

$$PQ_c \cdot QH_c = shrh_c \cdot mpc \cdot (1 - ti_h) \cdot YH, c \in C \qquad (6-77)$$

②企业。

企业税前收入包括从资本投入获取的收入以及政府对企业的转移支付，企业的收入表示为：

$$YENT = shif_{ent,k} \cdot WK \cdot QKS + transfr_{ent,gov} \qquad (6-78)$$

用货币计算的社会总投资 $ENIV$ 由各个部门的投资组成：

$$EINV = \sum_c PQ_c \cdot QINV_c, \ c \in C \qquad (6-79)$$

企业的储蓄定义为企业的收入减去所得税：

$$ENTSAV = YENT - YENT \cdot ti_{ENT} = (1 - ti_{ENT}) \cdot YENT \qquad (6-80)$$

③政府。

政府的税收来自于增值税，从居民和企业征收的直接税（所得税）以及进口关税，政府的收入表示为：

$$YG = \sum_a (tval_a \cdot WL \cdot QL_a + tvak_a \cdot WK \cdot QK_a) + \sum_a \frac{tbus_a}{1 + tbus_a} \cdot PA_a \cdot QA_a +$$

$$\sum_h ti_h \cdot YH + ti_{ent} \cdot YENT + \sum_c tm_c \cdot pwm_c \cdot QM_c \cdot EXR +$$

$$\sum_c te_c \cdot pwe_c \cdot QE_c \cdot EXR + tranfr_{g,row} \cdot EXR \qquad (6-81)$$

政府的收入和支出之差为政府净储蓄，如果为正（负），表现为财政盈余（赤字）。政府的总支出表示为：

$$GSAV = YG - EG \qquad (6-82)$$

$$EG = \sum_c PQ_c \cdot \overline{QG_c} + \sum_h transfr_{h,g} + transfr_{ent,g} \qquad (6-83)$$

政府支出包括政府在商品上的消费以及对居民和企业的转移支付。政府在各商品上的消费 QG_a 由 Gobb-Douglas 效用函数决定（收入支出模块参变量说明见表 6-11）：

$$PA_a \cdot QG_a = shrg_a \cdot (EG - transfr_{h,gov} - transfr_{ent,gov}) \qquad (6-84)$$

表 6 – 11　　　　　　　　　　　　　　收入支出模块参变量说明

参变量名称	含义
WL	劳动力价格（工资）
QLS	劳动力供应量
WK	资本市场的资本价格
QKS	资本要素的供应量
YH	居民以货币单位计算的收入
EH	居民消费总额
PA_a	经济活动生产商品的价格以及相关部门 a 的商品价格
QH_c	居民对 c 部门商品的需求
$YENT$	企业以货币单位计算的收入
$EINV$	以货币单位计算的总投资（企业从自身、政府以及居民储蓄中获得的融资来进行的投资）
$QINVA$	企业投资
$ENTSAV$	企业储蓄
YG	政府以货币单位计算的收入
EG	政府以货币单位计算的支出
$GSAV$	政府储蓄
QG_a	政府对商品 a 的需求
$shif_{h,l}$	劳动要素禀赋中居民的份额
$shif_{h,k}$	资本收入分配给居民的份额
$shrh_c$	居民收入对商品 c 的消费支出份额
$transfr_{h,gov}$	政府对居民的转移支付
$transfr_{h,ent}$	企业对居民的转移支付
$transfr_{h,row}$	国外对居民的转移支付
mpc	边际消费倾向
ti_h	居民的累进所得税税率
tm_c	进口税率
te_c	出口税率
$shif_{ent,k}$	资本收入分配给企业的份额
$tbus_a$	对生产活动 a 的营业税率，间接税率
$transfr_{ent,gov}$	政府对企业的转移支付
ti_{ENT}	企业所得税税率
$tranfr_{g,row}$	国外对政府的转移支付

参变量名称	含义
$tval$	劳动投入增值税
$tvak$	资本投入增值税
$shrg_a$	政府占商品总额消费的比例

（4）金属资源税模块。

对于金属的资源税征收总额为：

$$MINETAX = MINETAX_{ent} + MINETAX_h + MINETAXM \qquad (6-85)$$

$MINETAX$ 为针对企业产出品、居民消费品和进口品征收的矿产资源补偿费总额。其中，$MINETAX_{ent}$ 为针对企业征收的矿产资源补偿费，$MINETAX_h$ 为针对居民征收的补偿费，$MINETAXM$ 为针对进口产品征收的补偿费。

$$MINETAX_{ent} = \sum_c QA_c \cdot PA_c \cdot \tau_c^i \qquad (6-86)$$

$$MINETAX_h = \sum_c QH_c \cdot PQ_c \cdot \tau_c^i \qquad (6-87)$$

$$MINETAXM = \sum_c QM_c \cdot PM_c \cdot \tau_c^i \qquad (6-88)$$

τ_c^i 为各部门产品应缴纳的资源税税率。

考虑到资源补偿费的征收，需要修改模型中的部分方程以体现补偿费的影响。

对于国内产出品的补偿费用，要对方程（6-48）进行修改，改成：

$$PA_a \cdot (1 - \tau_c^i) \cdot QA_a = (1 + tbus_a)(PVA_a \cdot QVA_a + PINTA_a \cdot QINTA_a), \ a \in A$$

$$(6-48')$$

对有色基本金属的价格产生影响，对方程（6-61）进行修改，改成：

$$PNON_a = (1 + \tau_c^i)\left[\sum_e \sigma_a^e \cdot \left(\frac{PQ_c}{\lambda_a^e}\right)^{1-\varepsilon_a^e}\right]^{\frac{1}{1-\varepsilon_a^e}}, \ a \in A \qquad (6-61')$$

对于进口产品的补偿费，要对方程（6-72）进行修改，改成：

$$PM_c = pwm_c \cdot (1 + tm_c) \cdot (1 + \tau_c^i) \cdot EXR, \ c \in C \qquad (6-72')$$

（5）社会福利模块。

通过希克斯等价变动以检测外部政策的冲击对居民社会福利的影响。希克斯等价变动以外部政策实施前的商品价格为基础，测算居民在外部政策实施后的效用水平变化情况（以支出函数表示），计算公式为：

$$EV = E(U^s, PQ^b) - E(U^b, PQ^b) = \sum_c PQ_c^b \cdot HD_c^s - \sum_c PQ_c^b \cdot HD_c^b \qquad (6-89)$$

EV 代表居民福利的希克斯等价变动；$E(U^s，PQ^b)$ 代表政策实施后的效用水平，以政策变动前价格的支出函数计算；$E(U^b，PQ^b)$ 代表政策实施前的效用水平，以政策变动前价格的支出函数计算；PQ_c^b 代表第 c 种商品在政策实施前的消费价格；HD_c^s 代表第 c 种商品在政策实施后的居民消费数量；HD_c^b 代表第 c 种商品在政策实施前的居民消费数量。

根据以上公式计算希克斯等价变动 EV，当 EV 为正时，说明政策实施提高了居民的福利水平。反之，如果 EV 变动为负，说明政策实施会降低居民的福利水平。

（6）均衡模块。

①商品市场均衡。

国内市场供应和需求的条件为，所有国内生产国内供应的等于所有国内需求的。有：

$$QQ_c = \sum_a QINT_{c,a} + \sum_h QH_{c,h} + \overline{QINV_c} + \overline{QG_c}, c \in C \qquad (6-90)$$

②要素市场均衡。

要素市场出清，要求要素需求等于供给，有：

$$\sum_a QL_a = QLS \qquad (6-91)$$

$$\sum_a QK_a = QKS \qquad (6-92)$$

新古典主义的宏观闭合条件：

$$QLS = \overline{QLS} \qquad (6-93)$$

$$QKS = \overline{QKS} \qquad (6-94)$$

③国际收支平衡。

$$\sum_c pwm_c \cdot QM_c = \sum_a pwe_c \cdot QE_c + transfr_{h,row} + transfr_{ent,row} + transfr_{g,row} + FSAV$$

$$(6-95)$$

$$EXR = \overline{EXR} \qquad (6-96)$$

④投资储蓄均衡，如果模型正确，虚变量 $VBIS$ 应该为零。

$$EINV = (1 - mpc) \cdot (1 - ti_h) \cdot YH + ENTSAV + GSAV +$$
$$EXR \cdot FSAV + VBIS \qquad (6-97)$$

⑤名义 GDP 和实际 GDP（均衡模块未定义的参变量说明，见表6–12）。

名义 GDP：

$$GDP = \sum_c (QH_c + \overline{QINV_c} + \overline{QG_c} + QE_c + QM_c) \qquad (6-98)$$

实际 GDP：

$$PGDP \cdot GDP = \sum_{c \in C} PQ_c \cdot (QH_c + \overline{QINV_c} + \overline{QG_c}) + \sum_c PE_c \cdot QE_c -$$

$$\sum_c PM_c \cdot QM_c + \sum_c tm_c \cdot pwm_c \cdot EXR \cdot QM_c \qquad (6-99)$$

表 6-12　　　　　　　　　　　均衡模块未定义的参变量说明

参变量名称	含义
$\overline{QINV_c}$	c 部门的投资，投资由外生决定
$\overline{QG_c}$	政府在商品 c 的消费，外生决定
$\overline{FSAV}$	国外净储蓄
$\overline{EXR}$	外生决定的汇率
$\overline{QLS}$	外生决定的劳动力供应量
$\overline{QKS}$	外生决定的资本要素供应量
$VBIS$	虚变量
$transfr_{ent,row}$	国外对企业的转移支付
$transfr_{g,row}$	国外对政府的转移支付

（7）动态机制模块。

通过劳动供给与资本积累的增长驱动，本研究构建动态 CGE 模型采用递归动态（Recursive Dynamic）机制实现模型的动态化。假设各经济主体基于对数量和价格的静态预期进行决策，模型主要从劳动力增加的外生变化及资本积累的变化入手以实现模型的动态化。方程设定如下：

$$K_t = (1 - \sigma_t) K_{t-1} + I_t \qquad (6-100)$$

$$L_t = (1 + g') L_{t-1}, \; C_t = (1 + g') C_{t-1} \qquad (6-101)$$

其中，K_t 为本期资本存量，K_{t-1} 为上一期资本存量，σ_t 为折旧率，I_t 为本期新增投资，L_t 为本期劳动力的投入，L_{t-1} 为上一期劳动力的投入，g' 为劳动力增长率，C_t 为本期消费量，C_{t-1} 为上一期消费量。

递归的动态机制首先表现为资本的积累，下一期的资本存量等于当期资本存量折旧后的净值与当期投资之和；劳动供给的增长在（6-101）中表现为下一期社会劳动的总供给等于当期劳动供给乘以外生的人口增长率；同时存在随人口增长的消费增加。对 2015～2020 年进行模拟，通过查询 2010～2014 年的中国国家统计年鉴可以得到 2010～2014 年中国 GDP 的增长率以及就业人口和投资增长情况（见表 6-13），并且本文在模型中把这三者设为外生变量。2015～2020 年中国的 GDP 增长率和就业人口增长率的推算参考国务院发展研究中心课题组（2005）关于中国未来经济发展预测的研究成果，具体见表 6 - 14：

表 6 - 13　　　　　　　　2010~2014 年中国 GDP、投资和就业人口增长率

年份	GDP 增长率（%）	固定资产投资增长率（%）	就业人口增长率（%）
2010	10.45	24.70	0.35
2011	9.30	25.02	0.37
2012	7.65	20.56	0.41
2013	7.67	20.31	0.37
2014	7.40	16.86	0.37

表 6 - 14　　　　　　　　2015~2020 年中国 GDP 和就业人口增长率设定

年份	GDP 增长率（%）	就业人口增长率（%）
2015	6.80	0.02
2016	6.80	0.02
2017	6.80	0.02
2018	6.80	0.01
2019	6.80	0.01
2020	6.80	0.01

　　模型动态化过程中，劳动力增长率外生给定，2010~2014 年增长率为历史实际值，2015~2020 年劳动供给增长的计算方式为下一期社会劳动的总供给等于当期劳动供给乘以外生的人口增长率。资本的积累计算为，下一期的资本存量等于当期资本存量折旧后的净值与当期投资之和。关于基期（2010 年）的资本存量的设定，本书参考的是王铮和薛俊波（2007）对于行业资本存量的核算方法，首先估算行业的资本折旧率，其次利用投入产出表中已有的行业资本折旧量数据，用行业资本折旧量除以行业资本折旧率就可以得到各行业的基期资本存量。2010~2014 年的每期资本投入量可以通过国家统计年鉴数据获得。对于各行业的折旧率 δ_t，参考薛俊波和王铮（2007）、范巧（2012）以及梁伟（2013）对于已有相关文献的研究成果，最后设定如下表（见表 6 - 15）所示。

表 6 - 15　　　　　　　　　　各行业折旧率

行业	折旧率均值	行业	折旧率均值
农林牧渔业	0.0842	运输、邮电、IT 业	0.0542
食品制造及烟草加工业	0.1182	批发零售餐饮业	0.0791

续表

行业	折旧率均值	行业	折旧率均值
纺织服装业	0.1210	金融房地产业	0.1325
木材加工及家具制造业	0.1210	科教文卫社会服务业	0.0325
造纸印刷及文教体育用品制造业	0.1210	水利、环境、公共设施管理及其他服务业	0.0325
化学工业	0.1061	电力、热力的生产和供应业	0.0545
金属矿产采选业	0.0980	煤炭石油天然气开采业	0.125
非金属矿产采选业	0.0980	炼焦煤气及石油加工业和供应业	0.125
金属冶炼及制品制造业	0.1392	水的生产和供应业	0.0545
机械产品制造业	0.1267	建筑业	0.1390
其他制造业	0.1210	废品废料	0.0545

3. 基准数据的选择——社会核算矩阵的编制

（1）宏观社会核算矩阵的编制。

根据范京对于宏观社会核算矩阵的编制方法，编制了中国 2010 年宏观社会核算矩阵，并对数据来源进行说明，详细见表 6 - 16 和表 6 - 17。

（2）中国金属资源社会核算矩阵（SAM）的编制。

根据对 CGE 模型的部门划分、2010 年的投入产出表和上一节编制的宏观社会核算矩阵，建立本节的中国有色基本金属社会核算矩阵。具体的微观核算矩阵见表 6 - 18 和表 6 - 19。

4. 模型参数的标定

CGE 模型中主要有四类参数：内生变量、外生变量、内部调校参数和外部给定参数。内生变量由模型运算得到；外生变量由模型外的因素决定，为已知或约束变量；内部调校参数主要包括 CES 函数、份额参数、CET 函数的规模参数，生产税率、进口税率、所得税率，居民消费函数中对各类商品和要素的份额等；外部给定参数包括 CES 函数、CET 函数和 Armington 函数中的替代弹性系统、转化系数等。外部给定参数和内部调校参数需要在建模过程中设定。下面对主要参数的设定进行说明。

表 6－16　　中国 2010 年宏观社会核算矩阵（平衡表）

单位：亿元

		生产活动	商品	要素		居民	企业	政府	投资储蓄		国外	收入合计
				劳动	资本				固定资产投资	存货变动		
		1	2	3	4	5	6	7	8	9	10	
生产活动	1	—	1 252 644.87	—	—	—	—	—	—	—	—	1 252 644.87
商品	2	848 995.90	—	—	—	144 714.42	—	51 972.06	183 615.16	12 951.64	111 910.87	1 354 160.05
要素　劳动	3	191 008.92	—	—	—	—	—	—	—	—	—	191 008.92
要素　资本	4	152 729.20	—	—	—	—	—	—	—	—	—	152 729.2
居民	5	—	—	191 008.92	12 956.7	—	27 821.65	17 202.82	—	—	2 924.7	251 914.79
企业	6	—	—	—	141 004.48	—	—	—	—	—	—	141 004.48
政府	7	59 910.85	12 518.47	—	—	4 837.27	12 843.54	—	—	—	-18.4	90 091.73
投资储蓄　固定资产投资	8	—	—	—	—	102 363.1	100 339.29	20 759.91	—	—	-26 895.5	196 566.8
投资储蓄　存货变动	9	—	—	—	-1 231.98	—	—	—	12 951.64	—	—	12 951.64
国外	10	—	88 996.71	—	—	—	—	156.94	—	—	—	87 921.67
支出合计		1 252 644.87	1 354 160.05	191 008.92	152 729.2	251 914.79	141 004.48	90 091.73	196 566.8	12 951.64	87 921.67	—

表6-17　中国2010年宏观社会核算矩阵数据来源说明

行账户	列账户	数据来源	来源的具体账户
生产活动	商品	10年投入产出表	总产出
商品	生产活动	10年投入产出表	中间投入合计
	居民	10年投入产出表	居民消费支出合计
	政府	10年投入产出表	政府消费支出
	固定资产投资	10年投入产出表	固定资本形成总额
	存货净变动	10年投入产出表	存货增加+其他
劳动力	生产活动	10年投入产出表	劳动者报酬
资本	生产活动	10年投入产出表	固定资产折旧+营业盈余
	劳动力	中国统计年鉴2011	劳动者报酬
居民	资本	—	资金流量表中"住户部门"的财产收入来源
	企业	—	列余量
	政府	中国统计年鉴2011	行余量
	国外	—	国际收支平衡表中，"其他部门"差额，为4 320 411万美元，依据汇率1美元=6.7695元（人民币），合计为2 924.7亿元。
企业	资本	10年投入产出表	生产税净额
政府	生产活动	中国财政年鉴2011	生产税净额
	商品	中国财政年鉴2011	进口货物的关税及消费税、增值税
	居民	中国财政年鉴2011	个人所得税
	企业	中国统计年鉴2011	决算中的"企业所得税"
	国外	中国统计年鉴2011	国际收支平衡表中，"经营转移"中各级政府差额，-27 176

续表

行账户	列账户	数据来源	来源的具体账户
固定资产投资	居民	2010年资金流量表	万美元，折合人民币为-18.4亿元。
	企业	—	居民储蓄
	政府	2010年资金流量表	行余量
	国外	—	"政府部门"总储蓄
存货净变动	固定资产投资	10年投入产出表	列余量
	商品	10年投入产出表	存货增加+其他
国外	资本	中国统计年鉴2011	投入产出表中的货物进口，减去关税及进口产品消费税、增值税国际收支平衡表中经常项目的"投资收益差"，为-1 819 895万美元，折算人民币为-1 231.98亿元，
	政府	中国财政年鉴2011	政府对国外的"对外援助"与支付给国外的借款利息支出之和

表 6-18　　中国金属资源的微观社会核算矩阵（平衡表 1）　　单位：万元

		1-1 农业	1-2 轻工业	1-3 重工业	1-4 建筑业	1-5 交通运输及仓储业	1-6 服务业	1-7 铜矿采选业	1-8 铝矿采选业	1-9 铅矿采选业	1-10 锌矿采选业	1-11 锡矿采选业	1-12 镍矿采选业	1-13 其他金属矿产采选业
1 生产活动	1-1 农业													
	1-2 轻工业													
	1-3 重工业													
	1-4 建筑业													
	1-5 交通运输及仓储业													
	1-6 服务业													
	1-7 铜矿采选业													
	1-8 铝矿采选业													
	1-9 铅矿采选业													
	1-10 锌矿采选业													
	1-11 锡矿采选业													
	1-12 镍矿采选业													
	1-13 其他金属矿产采选业													

续表

		1-1 农业	1-2 轻工业	1-3 重工业	1-4 建筑业	1-5 交通运输及仓储业	1-6 服务业	1-7 铜矿采选业	1-8 铝矿采选业	1-9 铅矿采选业	1-10 锌矿采选业	1-11 锡矿采选业	1-12 镍矿采选业	1-13 其他金属矿产采选业
2 商品	2-1 农业	92 202 500	357 139 264	42 697 907	4 491 814	11 463 047	30 867 991	10	36	9	10	0	0	22 433 708
	2-2 轻工业	72 928 962	549 127 170	153 576 189	28 688 047	10 465 888	193 851 503	753	2 646	672	761	23	25	19 406 633
	2-3 重工业	75 408 546	206 831 025	2 669 268 203	376 457 377	156 666 788	318 396 102	20 865	73 287	18 604	21 064	628	706	269 294 191
	2-4 建筑	172 744	30 441 896	1 842 417	10 844 130	2 065 168	18 925 824	2	6	1	2	0	0	7 595 311
	2-5 交通	12 810 332	41 812 435	127 194 023	95 244 035	40 520 059	85 305 989	1 092	3 835	973	1 102	33	37	28 123 756
	2-6 服务	31 975 559	119 180 603	370 017 328	80 404 806	64 303 017	913 135 428	2 558	8 985	2 281	2 583	77	87	102 497 900
	2-7 铜矿产	92	762	19 364	6 237	200	571	1	3	3	1	0	0	20 869
	2-8 铝矿	322	2 676	68 014	21 905	701	2 007	3	10	1	3	0	0	29 192 272
	2-9 铝矿	82	679	17 266	5 561	178	510	1	3	1	1	0	0	18 608
	2-10 锌矿	93	769	19 548	6 296	202	577	1	3	1	1	0	0	341 419
	2-11 锡矿	3	23	583	188	6	17	0	0	0	0	0	0	4 660
	2-12 镍矿	3	26	655	211	7	19	0	0	0	0	0	0	2 126
	2-13 其他金属矿产	2 362 764	19 635 208	499 030 249	160 652 605	5 142 609	14 727 339	9 957	34 971	8 878	10 051	300	337	537 815 264
要素	3 劳动	385 628 326	94 002 356	339 453 300	151 844 891	77 725 375	670 682 843	3 284	11 535	2 928	3 315	99	111	84 632 993
	4 资本	18 924 174	120 049 077	484 128 255	72 596 373	96 133 118	630 277 465	4 082	14 338	3 640	4 121	123	138	105 201 823
5 居民														
6 企业														
7 政府		783 500	79 625 505	192 118 562	42 168 532	15 616 838	186 790 166	3 183	11 179	2 838	3 213	96	108	82 019 616
投资储蓄	8 固定资产投资													
	9 存货变动													
10 国外														
支出合计		693 198 000	1 617 849 473	4 879 451 862	1 023 433 008	480 103 201	3 062 964 353	45 791	160 836	40 829	46 227	1 379	1 549	1 288 601 150

表6-19　中国金属资源的微观社会核算矩阵（平衡表2）

单位：万元

		3 劳动	4 资本	5 居民	6 企业	7 政府	8 固定资产投资	9 存货变动	10 国外	收入合计
1 生产活动	1-1 农业									693 198 000
	1-2 轻工业									1 617 849 473
	1-3 重工业									4 879 451 862
	1-4 建筑业									1 023 433 008
	1-5 交通运输及仓储业									480 103 201
	1-6 服务业									3 062 964 353
	1-7 铜矿采选业									45 791
	1-8 铝矿采选业									160 836
	1-9 铅矿采选业									40 829
	1-10 锌矿采选业									46 227
	1-11 锡矿采选业									1 379
	1-12 镍矿采选业									1 549
	1-13 其他金属矿产采选业									1 288 601 150
2 商品	2-1 农业			121 702 382		4 977 112	33 947 967	3 861 074	8 446 627	734 231 460
	2-2 轻工业			390 846 156		0	12 287 181	23 486 017	219 623 493	1 674 292 119
	2-3 重工业			221 745 171		0	602 174 821	54 492 759	637 100 522	5 587 970 660
	2-4 建筑			12 483 648		0	932 683 064	0	9 812 178	1 026 866 391
	2-5 交通			31 404 025		12 031 091	3 423 559	0	36 963 221	514 839 598
	2-6 服务			664 098 335		450 854 704	146 008 258	0	177 112 227	3 119 604 736

续表

		3 劳动	4 资本	5 居民	6 企业	7 政府	8 固定资产投资	9 存货变动	10 国外	收入合计
2 商品	2-7 铜矿			189		0	176	29 621 937	2 789	29 673 190
	2-8 铝矿			663		0	617	2 460	9 796	29 301 453
	2-9 铅矿			168		0	157	625	2 487	46 324
	2-10 锌矿			191		0	177	707	2 816	372 799
	2-11 锡矿			6		0	5	21	84	5 596
	2-12 镍矿			6		0	6	24	94	3 178
	2-13 其他金属矿产			4 865 332		0	3 027 994	18 050 776	71 878 142	1 337 252 776
要素	3 劳动	1 803 991 355								1 803 991 355
	4 资本									1 527 336 728
	5 居民		129 567 000		278 216 500	172 028 200			29 247 000	2 413 050 055
	6 企业		1 410 044 800		128 435 400	3 502 300				1 413 547 100
	7 政府			48 372 700						852 561 907
投资储蓄	8 固定资产投资			917 531 084	207 599 100			-268 955 000	-184 000	1 863 070 384
	9 存货变动		-12 275 072			129 516 400				129 516 400
	10 国外					1 569 400				921 062 476
	支出合计	1 803 991 355	1 527 336 728	2 413 050 055	1 413 547 100	852 561 907.3	1 863 070 384	129 516 400	921 062 475.7	46 324

（1）弹性参数的设定。

CES 函数的替代弹性参数和 CET 函数的转移弹性系数一般通过两种方式确定：一是用计量的方法通过历史数据估计；二是根据其他研究者的结果或经验估计进行预先的设定，然后在应用过程中对弹性系数做敏感性分析。如果计量的方法和数据选用不当，参数值的估算偏差将过大。本文采用文献调研的方法，在参考其他学者参数设定的基础上确定本文的弹性参数值（见表 6-20，表 6-21，表 6-22）。

表 6-20　　　　　　　　　　生产函数替代弹性

行业 \ 参数	ε_a^q	ε_a^v	ε_a^{km}	ε_a^m	ε_a^e
农业	0.3	0.8	0.6	0.9	1.25
轻工业	0.3	0.8	0.6	0.9	1.25
重工业	0.3	0.8	0.6	0.9	1.25
建筑业	0.3	0.8	0.6	0.9	1.25
交通运输业	0.3	0.8	0.6	0.9	1.25
服务业	0.3	0.8	0.6	0.9	1.25
铜矿	0.3	0.8	0.6	0.9	1.25
铝矿	0.3	0.8	0.6	0.9	1.25
铅矿	0.3	0.8	0.6	0.9	1.25
锌矿	0.3	0.8	0.6	0.9	1.25
锡矿	0.3	0.8	0.6	0.9	1.25
镍矿	0.3	0.8	0.6	0.9	1.25
其他金属矿	0.3	0.8	0.6	0.9	1.25

表 6-21　　　　　　　　Armington 函数和 CET 函数的替代弹性

行业 \ 参数	ε_c^q	ε_c^t
农业	3	4
轻工业	3	4
重工业	3	4
建筑业	2	4
交通运输业	2	4
服务业	2	3
铜矿	3	4
铝矿	3	4

行业 \ 参数	ε_c^q	ε_c^t
铅矿	3	4
锌矿	3	4
锡矿	3	4
镍矿	3	4
其他金属矿	3	4

表 6 – 22   参数说明

参数	含义
ε_a^q	部门 a 的"资本—矿产资源—劳动合成束"和非矿产资源中间投入之间的替代弹性
ε_a^v	部门 a 的"资本—矿产资源合成束"和劳动投入之间的替代弹性
ε_a^{km}	部门 a 的资本投入和矿产资源投入与之间的替代弹性
ε_a^m	部门 a 的有色基本金属投入和非有色基本金属投入之间的替代弹性
ε_a^e	部门 a 的有色金属投入之间的替代弹性
ε_c^q	Armington 方程产品 c 进口商品与国内商品的替代弹性
ε_a^t	CET 函数部门 a 商品国内供应与出口的转换弹性系数

（2）转移参数和份额参数的设定。

CGE 模型中，一般通过校准法来实现份额参数和转移参数。以调平的 SAM 表为数据基础，通过已经设定好的份额参数和转移参数的方程式，将份额参数和转移参数作为求解变量求出值：

$$QA_a = \alpha_a^q (\delta_a^q \cdot QVA_a^{\rho_a^q} + (1 - \delta_a^q) \cdot QINTA_a^{\rho_a^q})^{\frac{1}{\rho_a^q}}, \ a \in A \tag{6-102}$$

$$\frac{PVA_a}{PINTA} = \frac{\delta_a^q}{1 - \delta_a^q} \cdot \left(\frac{QINTA_a}{QVA_a} \right)^{1 - \rho_a^q}, \ a \in A \tag{6-103}$$

其中，α_a^q 为转移参数，δ_a^q 为份额参数，ρ_a^q 为 CES 函数的指数参数。由公式（6-103）可以推出份额参数 δ_a^q 的计算公式为：

$$\sigma_a^q = \frac{QVA_a^{1-\rho_a^q} \cdot PVA_a}{QVA_a^{1-\rho_a^q} \cdot PVA_a + QINTA_a^{1-\rho_a^q} \cdot PINTA_a}, \ a \in A \tag{6-104}$$

假设基期的所有要素和商品的价格为 1，上式简化为：

$$\sigma_a^q = \frac{QVA_a^{1-\rho_a^q}}{QVA_a^{1-\rho_a^q} + QINTA_a^{1-\rho_a^q}}, \ a \in A \tag{6-105}$$

其中，

$$\varepsilon = \frac{1}{1-\rho} \tag{6-106}$$

ε 为 CES 函数中的替代弹性。对于 CET 函数，ε 为转化弹性。只要确定了 ε 的值后，即可求得指数参数的值，变量 QA_a、$QVA_a^{\rho_a^q}$、$QINTA_a^{\rho_a^q}$ 由平衡后的 SAM 表可得到，继而求出份额参数 σ_a^q 的值。

对于转移参数 α_a^q，由公式（4-1）可以推出：

$$\alpha_a^q = \frac{QA_a}{(\delta_a^q \cdot QVA_a^{\rho_a^q} + (1-\delta_a^q) \cdot QINTA_a^{\rho_a^q})^{\frac{1}{\rho_a^q}}}, \quad a \in A \tag{6-107}$$

同理，可推出：

$$\sigma_a^v = \frac{QL_a^{1-\rho_a^v} \cdot (1+tval)}{QL_a^{1-\rho_a^v} \cdot (1+tval) + QKM_a^{1-\rho_a^v} \cdot (1+tval)}, \quad a \in A \tag{6-108}$$

$$\alpha_a^v = \frac{QVA_a}{(\delta_a^v \cdot QL_a^{\rho_a^v} + (1-\delta_a^v) \cdot QKM_a^{\rho_a^v})^{\frac{1}{\rho_a^v}}}, \quad a \in A \tag{6-109}$$

$$\sigma_a^{km} = \frac{QK_a^{1-\rho_a^{km}}}{QK_a^{1-\rho_a^{km}} \cdot wfdt_{k,a} + QM_a^{1-\rho_a^{km}}}, \quad a \in A \tag{6-110}$$

$$\alpha_a^{km} = \frac{QKM_a}{(\delta_a^{km} \cdot QK_a^{\rho_a^{km}} + (1-\delta_a^{km}) \cdot QM_a^{\rho_a^{km}})^{\frac{1}{\rho_a^{km}}}}, \quad a \in A \tag{6-111}$$

$$\sigma_a^m = \frac{QNN_a^{1-\rho_a^m}}{QNN_a^{1-\rho_a^m} + QNON_a^{1-\rho_a^m}}, \quad a \in A \tag{6-112}$$

$$\alpha_a^m = \frac{QM_a}{(\delta_a^m \cdot QNN_a^{\rho_a^m} + (1-\delta_a^m) \cdot QNON_a^{\rho_a^m})^{\frac{1}{\rho_a^m}}}, \quad a \in A \tag{6-113}$$

$$\sigma_a^e = \frac{QNN_a}{QNN_a \cdot (\lambda_a^e)^{\varepsilon_a^e-1} \cdot QNON_{a,a'}}, \quad a \in A \tag{6-114}$$

$$\sigma_c^t = \frac{QDA_c^{1-\rho_c^t}}{QDA_c^{1-\rho_c^t} + QE_c^{1-\rho_c^t}}, \quad c \in C \tag{6-115}$$

$$\alpha_c^t = \frac{QA_c}{(\delta_c^t \cdot QDA_c^{\rho_c^t} + (1-\delta_c^t) \cdot QE_c^{\rho_c^t})^{\frac{1}{\rho_c^t}}}, \quad c \in C \tag{6-116}$$

$$\sigma_c^q = \frac{QDC_c^{1-\rho_c^q}}{QDC_c^{1-\rho_c^q} + QM_c^{1-\rho_c^q}}, \quad c \in C \tag{6-117}$$

$$\alpha_c^q = \frac{QQ_c}{(\delta_c^q \cdot QDC_c^{\rho_c^q} + (1-\delta_c^q) \cdot QM_c^{\rho_c^q})^{\frac{1}{\rho_c^q}}}, \quad c \in C \tag{6-118}$$

基于平衡后的 SAM 表和上述计算公式，得到份额参数和转移参数，见表6-23。

表6-23

份额参数和转移参数表

份额参数	农业	轻工业	重工业	建筑	交通	服务	铜矿	铝矿	铝矿	锌矿	锡矿	镍矿	其他金属矿产
α_c^q	0.7635	0.0027	0.0357	0.1566	0.1501	0.2798	0.1605	0.1605	0.1605	0.1605	0.1605	0.1605	0.7651
α_a^q	1.9067	1.2482	1.5467	1.8248	1.8163	1.9372	1.8299	1.8299	1.8299	1.8299	1.8299	1.8299	1.9055
δ_a^v	0.9739	0.3787	0.2093	0.3689	0.4180	0.5122	0.1399	0.1399	0.1399	0.1399	0.1399	0.1399	0.0697
α_a^v	1.1771	1.9527	1.7224	1.9448	1.9785	1.9995	1.5652	1.5652	1.5652	1.5652	1.5652	1.5652	1.3546
δ_a^{km}	0.9697	0.9533	0.4873	0.2101	0.9925	0.9981	0.1844	0.1844	0.1844	0.1844	0.1844	0.1844	0.0569
α_a^{km}	1.2816	1.3595	1.9996	1.7828	1.1263	1.0564	1.7382	1.7382	1.7382	1.7382	1.7382	1.7382	1.4013
δ_a^m	0.9999	0.9999	0.9999	0.9999	0.9999	0.9999	0.9998	0.9998	0.9998	0.9998	0.9998	0.9998	0.9617
α_a^m	1.0016	1.0016	1.0016	1.0016	1.0016	1.0016	1.0032	1.0032	1.0032	1.0032	1.0032	1.0032	1.2017
$\delta_{a,a1}^m$	0.2042	0.2042	0.2042	0.2042	0.2042	0.2042	0.2042	0.2042	0.2042	0.2042	0.2042	0.2042	0.0030
$\lambda_{a,a1}^m$	1.6016	1.6016	1.6016	1.6016	1.6016	1.6016	1.6016	1.6016	1.6016	1.6016	1.6016	1.6016	1.0123
$\delta_{a,a2}^m$	0.5338	0.5338	0.5338	0.5338	0.5338	0.5338	0.5338	0.5338	0.5338	0.5338	0.5338	0.5338	0.9694
$\lambda_{a,a2}^m$	1.9943	1.9943	1.9943	1.9943	1.9943	1.9943	1.9943	1.9943	1.9943	1.9943	1.9943	1.9943	0.0000
$\delta_{a,a3}^m$	0.1873	0.1873	0.1873	0.1873	0.1873	0.1873	0.1873	0.1873	0.1873	0.1873	0.1873	0.1873	0.0027
$\lambda_{a,a3}^m$	1.5594	1.5594	1.5594	1.5594	1.5594	1.5594	1.5594	1.5594	1.5594	1.5594	1.5594	1.5594	1.0113
$\delta_{a,a4}^m$	0.2056	0.2056	0.2056	0.2056	0.2056	0.2056	0.2056	0.2056	0.2056	0.2056	0.2056	0.2056	0.0276
$\lambda_{a,a4}^m$	1.6052	1.6052	1.6052	1.6052	1.6052	1.6052	1.6052	1.6052	1.6052	1.6052	1.6052	1.6052	1.0983
$\delta_{a,a5}^m$	0.0135	0.0135	0.0135	0.0135	0.0135	0.0135	0.0135	0.0135	0.0135	0.0135	0.0135	0.0135	0.0009
$\lambda_{a,a5}^m$	1.0504	1.0504	1.0504	1.0504	1.0504	1.0504	1.0504	1.0504	1.0504	1.0504	1.0504	1.0504	1.0039
$\delta_{a,a6}^m$	0.0148	0.0148	0.0148	0.0148	0.0148	0.0148	0.0148	0.0148	0.0148	0.0148	0.0148	0.0148	0.0005
$\lambda_{a,a6}^m$	1.0550	1.0550	1.0550	1.0550	1.0550	1.0550	1.0550	1.0550	1.0550	1.0550	1.0550	1.0550	1.0021
δ_c^t	0.7503	0.6145	0.6170	0.6313	0.6543	0.7150	0.6710	0.8809	0.6710	0.7719	0.7398	0.7046	0.6710
α_c^t	1.4541	1.8013	1.7987	19.3415	1.6118	1.6522	1.4977	0.0065	1.4977	0.1751	0.3682	0.7770	1.6356
α_a^t	0.7300	0.7514	0.6524	0.8371	0.7876	0.8805	0.1058	0.5011	0.6933	0.5109	0.5323	0.5701	0.7466
α_c^q	1.5890	1.7176	1.9992	16.1233	1.5201	1.3873	1.1999	1.0072	1.6455	1.0753	1.2082	1.4155	1.5728

5. 资源税改革对宏观变量影响结果的分析

（1）资源税改革情景设计。

根据前文的使用者成本所计算出的金属资源税率，选取 8%、13% 及 17% 三种税率，在动态 CGE 模型的有色基本金属部门设置不同税率的情景下，采用比较分析法分析资源税的变化对于宏观经济的影响，见表 6 - 24。

表 6 - 24　　　　　　　　　　　　　　模拟情景设计

编号	情景设计
FEE1	8% 的资源税
FEE2	13% 的资源税
FEE3	17% 的资源税

主要关注对 GDP、就业、进出口、社会福利和主要行业的影响，将有色金属的动态 CGE 模型递推至 2020 年，模拟 2016 年、2018 年、2020 年的变化。

（2）实证结果分析。

①对宏观经济的影响。

根据有色金属动态 CGE 模型中模块方程的设置，资源税税率的提高通过生产模块、收入支出模块、贸易模块、社会福利模块等影响到各个部门的产出，企业、政府、居民的收入和支出，进而对社会总投资、总储蓄、GDP 产生不同程度的影响。对 GDP 的模拟结果见表 6 - 25：

表 6 - 25　　　　　　　　有色金属资源补偿费对 GDP 的影响　　　　　　单位：%

	税率	2016 年	2018 年	2020 年
名义 GDP	8	- 0.5313	- 0.6124	- 0.5765
	13	- 0.8123	- 0.9124	- 0.8673
	17	- 1.4721	- 1.6384	- 1.5321
实际 GDP	8	- 0.5732	- 0.6321	- 0.5921
	13	- 0.8437	- 0.9347	- 0.9038
	17	- 1.5828	- 1.8364	- 1.6345

名义 GDP 由资本总收入、劳动总收入和间接税的总收入构成，资本总收入降低，劳动收入基本保持不变，间接税比例由于总产量的下降而下降，但间接税在名义 GDP

中所占幅度并不大，总体而言，提高资源税税率后，名义 GDP 承受了不同程度的损失。实际 GDP 由消费、投资、净出口等构成，整体消费量由于占主要消费的居民消费减少而减少，储蓄方面，虽然政府储蓄和居民储蓄有所上升，但是受企业储蓄减少的影响整体储蓄量降低，导致整体的实际 GDP 下降。在最高税率 17% 的情况下，实际 GDP 承受了 1.58% ~ 1.83% 的损失，损失程度较大。在税率 13% 和 8% 的情况下，GDP 的损失程度可以接受。但 2016 ~ 2020 年，GDP 受影响的程度逐渐减少。

有色金属的资源补偿费通过影响消费倾向来间接影响储蓄，对于企业、政府和居民而言，提升资源税税率会增加对有色金属的使用成本，同时资源税税率会产生收入效用和替代效用。对于政府而言，有色金属的补偿费用会增加政府储蓄。当税率为 13% 时对总储蓄影响达到最大，总投资发生相应的变化。2016 ~ 2020 年，资源税税率的提升对总储蓄和总投资的影响逐渐减弱，见表 6 - 26。

表 6 - 26　　　　　　金属资源补偿费对总储蓄和总投资的影响　　　　　单位：%

	税率	2016 年	2018 年	2020 年
总储蓄	8	- 0. 1543	- 0. 2235	- 0. 1953
	13	- 0. 2187	- 0. 3821	- 0. 3214
	17	- 0. 3764	- 0. 5121	- 0. 4234
总投资	8	- 0. 0421	- 0. 0621	- 0. 0537
	13	- 0. 0532	- 0. 0734	- 0. 0673
	17	- 0. 0874	- 0. 1284	- 0. 0933

从以上分析结果可知，资源税改革会提高原材料行业的税负比重，而资源税税负比重的提高，会导致总投资和总储蓄的减少。所以资源税改革会抑制投资劳动经济增长的模式，从而让市场机制来解决投资导致产能过剩的问题。这意味着资源税改革让我国经济增长方式转变到调结构上来。

②对行业产出的影响。

提高资源税税率，增收有色金属的资源补偿费，会对投入要素价格、部门总产出、部门产品价格造成不同程度的影响，进而通过生产模块影响到各个行业的产出。

有色金属的资源补偿费提高会导致总产出下降。资源补偿费提高会增加各行业有色金属的使用成本，成本提升会导致利润率下降，生产减少。另外，有色金属使用成本的提升会抑制部分需求，降低消费需求，从另一方面降低产出。从资源补偿费对行业的产出影响可以发现，首先是提升有色金属的资源税税率，对重工业的影响最大，其次是轻工业和建筑业，对农业的影响最小，这与各个行业对有色金属的中间投入量有关。重工业对有色金属的依赖性最强，需求最少的则是农业。从年份方面来看，2018 年产出影响的模拟结果值最大，但从 2016 年到 2020 年，有色金属资源税率的提升对行业产出的影响逐渐降低。从税率影响程度上来看，资源税为 17% 时对总产出影响最大，重工业达到了 1.43% ~ 1.73% 的影响，见表 6 – 27。

表 6 – 27　　　　　　　　　有色金属资源补偿费对部门产出的影响　　　　　单位：%

	税率	农业	轻工业	重工业	建筑业	交通业	服务业
2016 年	8	− 0. 0078	− 0. 2143	− 0. 6432	− 0. 2089	− 0. 0453	− 0. 1453
	13	− 0. 0321	− 0. 4346	− 0. 9532	− 0. 3867	− 0. 0932	− 0. 3124
	17	− 0. 0783	− 0. 7943	− 1. 4321	− 0. 7034	− 0. 2187	− 0. 6132
2018 年	8	− 0. 0092	− 0. 3243	− 0. 7363	− 0. 2854	− 0. 0683	− 0. 1865
	13	− 0. 0389	− 0. 5053	− 1. 2397	− 0. 4682	− 0. 1284	− 0. 4216
	17	− 0. 0875	− 0. 8384	− 1. 8521	− 0. 9218	− 0. 2745	− 0. 7684
2020 年	8	− 0. 0081	− 0. 2546	− 0. 6893	− 0. 2321	− 0. 0482	− 0. 1548
	13	− 0. 0343	− 0. 4523	− 1. 1421	− 0. 4164	− 0. 1035	− 0. 3545
	17	− 0. 0812	− 0. 8123	− 1. 7322	− 0. 7934	− 0. 2423	− 0. 6587

③对产品进口和出口的影响。

出口方面，金属补偿费用增加会提高产品的出口成本，进而削弱产品的国际市场竞争力，降低产品的出口量。进口方面，基于 SAM 表，由于总产出和出口量的降低，使得补偿费用的降低对进口造成负面影响。

由于中国的进口存在着为出口而进口的情况，出口的下降在一定程度上会带来进口的降低。在税率为 17% 的情况下，对进出口的负面影响最大。在税率为 8% 和 17% 的情景设计下，进出口的损失在经济可以承受的范围之内。2016 ~ 2020 年，税率提升对进出口的影响逐渐减弱。税率提升导致企业成本提升，这样有利于我国原材料行业的初级矿产品资源很难出口，而相应在海外控制资源，所以实现让产能"出海"，彻底释放外部消费需求，既能帮助庞大的外汇储备找到出口。推动产能国际转移，是发达国家消化原材料行业过剩产能的共性规律。工业革命以来，全球范围内出现过五次产业转移，形成了两种产业转移模式。现阶段，我国就是在资源税改革的基础上，让原材料产业结构调整具备全球视野，多途径探索在全球范围内消化原材料行业的过剩产能，见表 6 – 28。

表 6-28   金属资源税对进口和出口的影响   单位：%

	税率	2016 年	2018 年	2020 年
出口	8	-0.2485	-0.3272	-0.2876
	13	-0.4313	-0.5832	-0.5192
	17	-0.6867	-0.8103	-0.7437
进口	8	-0.0862	-0.1134	-0.0943
	13	-0.1437	-0.1632	-0.1545
	17	-0.3082	-0.3417	-0.3298

④对金属资源消耗量的影响。

有色金属的补偿税率提升，通过作用于有色金属的价格影响各部门对金属的消耗量。

从表 6-29 可以看出，受资源税税率提高的影响，所有部门对于有色基本金属的消费都大幅下降，且随着税率的不断提高，下降的幅度不断提高。随着资源税的改革，增加了有色基本金属的使用成本，部分的资源需求被抑制，减少了资源需求。对原材料资源需求减少，说明不同工业部门有可能提升技术水平，并改变产品结构，向高附加值产品转型，从而有利于产业结构的调整与转型，也抑制了原材料行业对资源开采、冶炼，有利于抑制过剩产能。

表 6-29   金属资源税对部门资源消耗的影响   单位：%

	税率	农业	轻工业	重工业	建筑业	交通业	服务业
2016 年	8	-0.8210	-3.8721	-6.8721	-3.1097	-0.6784	-1.3921
	13	-1.4902	-5.7342	-10.2311	-5.0381	-0.9312	-2.8913
	17	-2.1082	-8.1723	-17.3872	-7.8632	-2.1823	-4.0985
2018 年	8	-0.8732	-4.1231	-7.8290	-3.9102	-0.7930	-1.5238
	13	-2.0721	-6.9732	-12.7391	-6.8327	-1.1321	-3.2086
	17	-3.9811	-10.1014	-19.3218	-9.2173	-4.0721	-5.8772
2020 年	8	-0.8509	-4.1192	-7.1012	-3.3378	-0.7433	-1.4309
	13	-1.8788	-6.0337	-11.7459	-6.2134	-1.0109	-3.3219
	17	-3.0071	-9.4728	-18.3722	-8.3340	-2.8921	-5.5122

6. 结论

本节以可耗竭资源定价机制及内部成本外部化为核心并通过定性分析来研究体制性

因素对原材料工业产能的影响，其作用机理是：当前可耗竭资源的价格没有完全反映资源耗竭成本及生态补偿成本，同时由于政府的价格管控，导致原材料工业的过度投资，最终造成产能过剩；由于法律制度的不完善及地方政府和企业的短期趋利行为，企业生产经营过程中造成的环境污染没有反映在环境成本中，即企业没有为此付出足够的代价，因此同样会造成产能过剩现象。而实证结果显示：①资源税改革会提高原材料行业的税负比重，而资源税税赋比重的提高，会导致总投资和总储蓄的减少。所以资源税改革会抑制投资劳动经济增长的模式，从而让市场机制来解决对投资导致产能过剩的问题。这意味着资源税改革让我国经济增长方式转变到调结构上来。②税率提升导致企业成本提升，这样有利于我国原材料行业的初级矿产品资源很难出口，而相应在海外控制资源，所以实现让产能"出海"，彻底释放外部消费需求，既能帮助庞大的外汇储备找到出口。推动产能国际转移，是发达国家消化原材料行业过剩产能的共性规律。工业革命以来，全球范围内出现过五次产业转移，形成了两种产业转移模式。现阶段，我国就是在资源税改革的基础上，让原材料产业结构调整具备全球视野，多途径探索在全球范围内消化原材料行业的过剩产能。③随着资源税的改革，增加了有色基本金属的使用成本，部分的资源需求被抑制，减少了资源需求。对原材料资源需求减少，说明不同工业部门有可能提升技术水平，并改变产品结构，向高附加值产品转型，从而有利于产业结构的调整与转型，也抑制了原材料行业对资源开采、冶炼，有利于抑制过剩产能。

6.4 完善资源环境体制构建化解原材料产能过剩的长效机制

从本章的分析来看，要完善资源环境体制、构建化解原材料产能过剩的长效机制，需要主要从以下方面入手：

6.4.1 完善资源环境体制的总体思路

从环境资源体制与我国经济波动、产能过剩等关系分析，可以看出资源环境是影响产能过剩的重要机制，所以应该重视资源环境体制的改革。在资源环境体制改革解决产能过剩方面的考虑，就是要让外部性成本内部化，具体就是：首先，应建立健全可耗竭资源的定价机制，运用科学的方法测算资源耗竭成本和生态补偿成本，并将这两种成本反映到资源价格中，从而促进资源节约、减少环境污染，同时减缓产能过剩。其次，由于我国产能过剩存在体制性过剩这一本质特征，政府应减少不当干预，推动要素市场化改革，形成可以真实反映供求关系与资源稀缺性的合理价格信号，以此引导企业的投资和生产经营行为。最后，通过深化财税体制改革，实现要素市场价格合理化，从成本角度化解产能过剩。

内部成本外部化的能力来源于要素的非市场化，因此加快要素市场的改革，充分发挥市场在资源配置中的决定性作用是有效化解产能过剩问题的有效途径。而深化财税体制改革，则是实现要素市场改革、充分发挥市场在资源配置中决定性作用的有效手段。①以资源税改革为手段，调节要素价格以控制投资需求。一是通过扩大资源税征收范围、调整计征方式，提升资源企业的投资成本，迫使资源使用效率低、产能过剩的企业不得不加快改革步伐，加速企业转型。二是建立油气、电、水和土地四方面的要素价格形成机制，避免地方政府在要素市场扭曲、土地产权模糊的背景下采用税收减免、土地优惠、财政补贴、降低能源资源价格等方式进行过度的招商引资竞争。②以环境税为手段，把生态破坏和环境污染的社会成本内化到市场价格和生产成本中，实现环境成本的市场化调节，限制地方政府以牺牲环境的方式进行招商引资竞争。③以改进预算管理制度和建立事权和支出责任相适应的制度为手段，通过硬化银行预算软约束理顺地方政府与银行的关系，通过理顺地方政府与中央之间的利益分配机制消除地方政府不当干预企业投资的强烈动机，避免地方政府通过资本手段为企业投资提供财政补贴，导致企业开展过度产能投资，进而导致系统性产能过剩。

6.4.2 完善税费体制化解原材料产能过剩

6.4.2.1 构建资源税化解原材料产能过剩

以资源税改革为手段，可以从四个方面来调节要素价格以控制投资需求：

1. 扩大资源税征收范围

扩大资源税的征收范围，提高资源企业的投资成本，迫使资源使用效率低、产能过剩的企业不得不加快改革步伐，不仅可以推动企业兼并重组，更可以使企业加速转型。在投资成本上升的压力下，迫使部分企业转向国外投资成本低的国家，实现国内产业的转移。

2. 调整计征方式

目前我国资源税的计征方式主要是从量税和从价税。从量税自1994年起开始实施，之后政府屡次调整从量征收的定额，在推动金属资源的合理和有序开采以及行业的可持续发展等方面取得一定的功效。但随着经济的高速发展，尤其是在金属矿产产量快速增加、资源与环境的压力日益增大，以及政府对节能减排的重视的背景下，从量税的弊端日益显现。首先，从量税是根据销售量征收，因此对金属矿产市场价格的变动缺乏直接影响，而价格才是市场中最为关键的因素，因此从量税提高资源利用效率及促进资源优化配置的作用将受到约束。特别是在当前金属矿产价格处于高位时，低金属矿产开采利用效率导致的外部性影响更为显著，即由于现行资源税以销售量或自用量为计税依据，而且只对已开采销售或自用的资源征税，对那些开采后暂未销售或未使用的不征税，造成资源利用上的逆向调节和企业在开采矿产时"采富弃贫"现象。其次，在金属矿产价格大幅度上涨的情况下，从量征税无法从税收上反映价格变动，进一步削弱了资源税对金属矿产资源利用效率的影响，如资源税征收与资源价格无关，当资源价格大幅度上涨时，资源税具有累退性质，资源税的调节作用无法发挥，资源地政府也不能分享资源价格上涨所带来的收益。最后，不同品质的金属矿产销售价格有高低之分，从量征税割裂了价格与税收之间的联系，既无法通过价格体现金属矿产自身的价值高低，也有悖于资源稀缺性的基本原则。相比之下，从价税可以弥补从量税存在的上述问题。第一，从价税伴随价格波动的特性，能够使金属矿产价格更灵敏地反映金属矿产市场供需信号，促进金属矿产资源的优化配置，提高金属矿产利用效率并遏制浪费，与节约型社会转型的发展目标吻合。第二，税额随价格波动而变化，保证了与金属矿产价格上涨相对应的税收收入。第三，税额随商品价格而变动，能够合理反映不同金属矿产的质量差异，体现税收的公平性原则。而且，与从量税相比，从价税能够获得更高的税收收入以及社会福利。综上所述，从价税形式的资源税弹性更大、更灵活、更符合经济学原则，实施从价税将对金属产业链的效率以及要素市场结构的改善，都具有积极影响。因此，中国金属矿产资源税的改革应当尽快向从价税过渡。

6.4.2.2　全面推进资源环境领域的市场化改革

1. 建立油气、电、水和土地四方面的要素价格形成机制

加快完善土地、自然资源和资本等生产要素的市场价格形成机制。让投资主体在统一的、竞争性的生产要素市场上获取要素。避免在土地模糊产权、要素市场扭曲的背景下，地方政府采用税收减免、土地优惠、财政补贴、降低能源资源价格等方式进行过度的招商引资竞争，推动解决产能过剩问题。

首先，加快完善土地市场的价格形成机制。当前，我国土地市场的流转模式基本是：通过国家征收，从农民手中低价获得土地，通过土地整理等处理后，转为工业用地或转为建设用地；工业用地往往以比较低的价格出让给投资商，使其以较低的成本使用土地，往往造成土地的浪费；建设用地则往往以高出征用价格非常悬殊的价格出让给房地产商进行房地产开发。在这个过程中，可以看出，土地生产要素市场价格并不同意，工业企业的土地使用成本相当低而房地产开发企业的成本相当高，使得工业企业可以乱投资，乱建厂，造成了产品的过量生产。而房地产企业为了盈利只能把高价格的土地负担让消费者承担，进而大大降低了居民的消费能力，使得产能过剩得不到内需的消化。因此，尽快建立完善的土地市场价格形成机制十分有必要。

其次，实行国家指导价下的适度浮动价。可通过成本加成思路，以油气、电、水和土地四要素的标准成本为基础，加计一定比例的利润以形成资源性商品的国家指导价，市场中的经营主体再依据国家指导价和实际的市场状况进行适度调整，投资主体再进行公平公正的交易。

再次，实行资源性商品的合理比价和市场自由价。有研究表明，我国资源性商品比价与国际资源比价存在严重不对称关系。因此，可以借鉴国际通用的按热值计算的石油、煤炭和天然气比价，再结合我国实际的能源生产情况，对油气、电、水和土地价格进行一定幅度的上下调整，如适当下调石油价格，上调煤炭和天然气价格及平衡土地价格。

最后，可以在要素价格市场化的推进过程中运用税收、金融和财政等多种方式来完成调整。例如，发挥财税政策的作用推动资源价格改革，如加大对使用节能产品和低油耗、低排量环保汽车及建立节能建筑等具体的财税扶持力度，加大并真正推行对浪费、低利用资源行为的惩罚性税收政策。

2. 构建环境税化解原材料产能过剩

我国能源价格管制的问题还表现为合理管制的缺失。良好的自然环境是一种稀缺资源，但是由于环境的产权无法界定，市场不能通过自由交易生成环境的价格，致使出现"市场失灵"。此时，政府应适时介入，通过税费的形式对环境进行管制定价，从而纠正"市场失灵"并实现环境资源的有效配置。在我国，煤炭和石油消费已经造成相当严重的大气污染问题，而化石能源开采以及煤化工等生产环节的活动也对环境和生态造成一定程度的破坏。但是，包括资源税、污染税等在内的环境价格管制却长期缺位，致使能源价格无法包含其环境成本。应管未管下的环境价格缺失，一方面导致能源价格相比于其他商品总体偏低；另一方面导致能源价格结构性失衡——相对于天然气和非化石能源等清洁能源，煤炭和石油的价格过低。相比之下，2012年德国、法国和英国的汽油税费比重，分别高达62%、61%和64%。随着居民收入的提高，因能源消费所产生的污染外部性成本（主要表现为健康成本）也将随之逐步增长。在此背景下，环境价格管制的缺失只会让能源价格偏离社会真实成本以及价格结构性失衡的问题愈演愈烈。所以以环境税为手段，把环境污染和生态破坏的社会成本，内化到生产成本和市场价格中去，实现环境成本的市场化调节，限制地方政府以牺牲环境的方式进行招商引资竞争，有利于遏制产业过剩问题的恶化。

地方政府通过环境进行内部成本外部化的关键在于环境监督权的使用上。企业如果被强制要求花费资金去治理自身生产过程中所产生的污染物及保护企业周边环境，环境成本便成为企业成本的一个重要组成部分，特别是对于"两高一资"行业的企业。而市场中的企业是一个以盈利最大化为目标的社会组织，它必须最大限度地降低其成本以实现利润最大化，因此其没有动机主动治理环境更会逃避政府治理，于是企业所承担的环境成本的高低便取决于政府对其监督的力度。因此，加大企业的环境监督，尤其是"两高一资"行业的企业，可以促使企业重视自身的节能减排，加快生产技术的升级，减少过多的环境污染和产能过剩，提升企业竞争力。产能过剩的行业大多是高污染行业，地方政府就应该针对这些高污染的企业征收环境保护税，而实际上地方政府往往牺牲居民的生存环境来鼓励这些企业投资以实现地方经济增长，使得企业投资所承担的私人成本远远小于其应该承担的社会成本进而过度投资，导致地方出现严重的产能过剩甚至是环境污染问题。因此，地方政府应该逐步提高环境排放的标准，针对高污染的产能过剩行业征收环境保护税，使其承担污染环境的社会成本和经济责任，合理化其生产成本，进而减少不必要的生产，化解产能过剩。

中央政府应该加大对产能严重过剩行业和企业实施产业升级和结构调整的支持力度，各地财政可以结合实际专项资金予以配合。中央财政可以采取淘汰落后产能奖励资金和特权的方式支持产能严重过剩行业和企业压缩过剩产能。完善并促进实施企业兼并重组的优惠税收政策，鼓励企业重组，提高市场竞争力。在财政上政府应该设定差别税率，对绿色产品生产企业和生产高性能混凝土、高标号水泥及利用水泥窑处置产业废弃物和城市垃圾的相关企业给予税收减免等优惠政策，给予向境外转移过剩产能企业的出口产品及机器设备可按现行规定给予出口退税、免税等优惠政策，而对于高耗能高污染企业加征环境税和污染税，对污染生态环境的产品征收附加税，可以加快行业和企业的转型升级。

6.5　本章小结

本章从资源价格、资源领域市场化改革、环境成本、环境领域市场化改革四个方面介绍了我国资源环境体制的现状和问题。在此基础上，以钢铁行业为例，构建 MSVAR 模型对我国钢铁行业影响因素进行分析；建立新凯恩斯 DSGE 模型的基础上，利用 2001

年第一季度到 2013 年第四季度的季度数据进行贝叶斯估计，同时利用脉冲响应函数分析有色金属价格冲击对中国宏观经济变量的影响；最后，以可耗竭资源定价机制及内部成本外部化为核心，基于 CGE 模型研究原材料行业外部性成本内部化对经济、产业产出影响。研究发现：

（1）地方政府过度投资，引发重复建设和过度投资。这种体制性障碍是形成中国钢铁产业产能过剩的深层次原因，直接导致国家屡次调控难见实效。与此同时，我国钢铁行业整体出口规模较小，且出口结构不合理，真正产能过剩的产品并未出口，因此现阶段通过扩大出口化解产能过剩是不现实的。

（2）国际石油价格冲击对我国宏观经济的影响程度较大，表明我国石油资源对外依存度高。国际石油价格对我国货币政策的影响比较复杂：在对我国货币供应量产生正向影响的同时与我国利率负相关。由于国际石油价格上升造成的物价上升需要紧缩的货币政策，同时，石油价格上升使经济增长速度放缓以及失业率相对增加，又需要扩张性的货币政策，这样使得石油价格波动对我国货币政策的有效实施造成了困难。

（3）资源税改革会提高原材料行业的税负比重，而资源税税赋比重的提高，会导致总投资和总储蓄的减少。税率提升导致企业成本提升，随着资源税的改革，增加了有色基本金属的使用成本，部分的资源需求被抑制，减少了资源需求。

未来，应进一步完善资源环境体制、构建化解原材料产能过剩的长效机制。具体可从扩大资源税征收范围、调整计征方式着手。与此同时，全面推进资源环境领域的市场化改革，构建油气、电、水和土地四方面的要素价格形成机制，通过构建环境税化解原材料产能过剩。

7

渐进式改革背景下产能过剩的形成机理

7.1 问题提出

过去的十余年，钢铁、电解铝这类被政府视为涉及宏观经济或国计民生却具有竞争性行业特征的资本密集型产业在需求持续增长的情况下反复出现了较为严重的产能过剩，并呈现出一些有趣又难以理解的"怪相"：为什么在长达十余年的时间里，反复出现产能过剩的行业一直是钢铁、电解铝等行业？产能过剩意味着低利润率，但在政府文件指出存在严重产能过剩并进行严格产能管控的同时却仍有大量企业违规扩张产能，难道企业愿意冒着不赚钱的风险大规模扩张产能？为什么十年前同样存在严重过剩而政府却并不使用产能管制手段调控的纺织行业现在不存在严重的产能过剩，而这十余年国家屡屡"重拳"调控的钢铁、电解铝等行业却反复陷入严重产能过剩的怪圈[①]？

当前已有对于产能过剩成因的研究，大致可以分为四类：第一类文献从产业组织角度，认为低进入壁垒与高退出壁垒的行业结构性特征会造成"过度进入"；第二类文献从转轨经济时期市场体系不完善角度，认为转轨经济中公有制经济的预算"软约束"、地方政府行政干预企业的投资领域等不完善的市场体系造成了产能过剩；第三种理论认为地方政府之间的竞争造成其对当地企业投资的过度补贴，造成企业的过度投资产能，引发产能过剩；第四种理论是"潮涌"理论，认为发展中国家出于对发达国家过去成功经验的认知，容易对经济中下一个迅速起飞的行业形成共识，在对新进入企业数目信息不确知的前提下，就很可能会出现产能过剩。

---

① 详见 2014 全国政协十二届二次会议提案办理协商会议上江苏省社会科学院院长刘志彪的发言。

但仅用这四类理论并不能完美解释钢铁、电解铝这类资本密集的传统竞争性行业中产能过剩所呈现的上述"怪相"，有必要继续从其他角度探究其成因。江飞涛、曹建海的实证研究结果表明第一类理论的假设条件在这类行业中并不成立。至于第二类理论，若市场体系不完善主导着这些行业中十余年的产能过剩，那么随着中国市场化体系不断完善，产能过剩应呈现出逐渐减弱的趋势，而在现实情况中，产能过剩却在十余年内反复出现，且有"愈演愈烈"的趋势。第三种"政府补贴论"认为地方政府对投资的竞争性补贴扭曲了企业的投资成本，却忽视了不同行业市场化程度不同、政府管制程度不同、企业中不同所有制企业结构差异对于产能过剩形成与治理政策效果带来的显著差异。第四种"潮涌"理论从理论基础来看，对钢铁、电解铝等行业的共识并不存在，并且其理论中阐述的产能过剩是不完备信息假设下对均衡状态的偏离，仅为市场的常态。

本章认为，现有理论均忽视了渐进式改革背景下钢铁、电解铝这类被政府视为关系宏观经济、关系国计民生却同时具有竞争性行业特性的资本密集型行业中市场化进程滞后于中国经济市场化进程的特征。这一特征使得在经济市场化过程中逐渐显现其成本优势的民营企业有动力"侵蚀"在市场中产能占有较大比重却效率相对低下的国有企业的市场份额。本章从渐进式改革的静态和动态两个维度，将中央、地方政府共同施加产能管制过程中存在的利益不一致和信息不对称这一现实制度特征纳入分析框架，论证市场化进程滞后造成的钢铁、电解铝这类被视作涉及国计民生的资本密集型传统竞争性行业严重产能过剩。本章的核心结论为：市场化进程滞后的竞争性行业将收敛于一个自然产能过剩水平，现行的产能管制政策在短期内降低了产能过剩程度，但并不能改变行业的自然过剩水平，反而让产能过剩行业在出现自然产能过剩水平的同时积累大量潜在产能过剩风险。

7.2　渐进式改革背景下产能过剩形成的现实基础

7.2.1　部分关系"国计民生"的竞争性行业中国有企业占较大比重

部分关系"国计民生"的竞争性行业市场化进程滞后，国有企业占有较大比重。钢铁、电解铝这类行业被视为关系宏观经济发展、关系国计民生的资本密集型基础产业，其在中国渐进式市场化改革进程中呈现出行业市场化进程滞后、国有企业产能占比较大的特征。一方面，政府希望国有经济在这类产业中保持一定的"较强影响力"[1]，政府在这类行业中保留了大量管制性、干预性的产业政策（包括金融政策），倾向于支持国有企业（尤其是国有大型企业）的发展；另一方面，这类行业具有资本密集的特性，单个企业资本规模大、人员多，预算软约束的问题较为严重，政府不希望大企业破产退出市场造成 GDP 增速下滑、失业加剧，故而落后的国有企业难以退出市场。因而，国有企业得以大规模投资产能，落后、亏损的国有企业也难以退出市场，甚至出现亏损的山东钢铁（国有）兼并盈利的日照钢铁（民营）的事件，这就造成了国有企业仍在行业中占据着较大比重。

如图 7-1（a）所示[2]，黑色金属以及有色金属冶炼及压延加工业国有及国有控股企业资产占全行业资产比重一直都超过工业行业国有及国有控股企业资产占全行业资产的比重，特别是黑色金属冶炼及压延加工业，在 2000 年国有及国有控股企业资产占全行业资产比重甚至超过了 80%，在出现多次严重的产能过剩后，国有及国有控股企业资产占全行业资产比重在 2013 年仍居 50% 左右。

7.2.2　民营企业的效率优势逐渐得以显现

随着中国经济体制市场化进程的不断深入，民营企业的天然效率优势逐渐显现。较国有企业而言，民营企业在历史包袱、企业体制机制等方面具有相对优势，在资金、原材料、技术、规模等方面具有相对劣势，并受到了政策上的限制性束缚。中国经济体制市场化进程背景下，钢铁、电解铝这类竞争性行业中民营企业效率优势逐渐显现主要体现在以下三个方面：

一是经济体制逐步市场化后对民营经济的限制性束缚减少。在转轨经济体制下，不同所有制的企业在市场中进行着不公平的竞争，民营经济面临着法律制度、市场竞争体制、金融服务体制、社会化服务体制等体制性障碍，但随着市场化改革的深入，民营经济发展的政策环境不断改善。更为重要的是，20 世纪 90 年代以来，地方政府之间围绕经济增长展开的竞争加剧，地方政府对于本地民营企业以及来本地投资民营企业的支持，在一定程度上帮助了民营企业突破经济体制的限制性束缚。经济体制对民营经济的限制性束缚呈逐渐减弱的趋势。

---

[1]　详见时任国资委主任李荣融就《关于推进国有资本调整和国有企业重组的指导意见》的出台和国资委下一步工作部署接受新华社记者的专访。

[2]　限于数据可得性，我们用黑色金属冶炼及压延加工业、有色金属冶炼及压延加工业分别作为钢铁和电解铝行业的近似。

二是中小民营企业自身发展壮大过程中逐渐积累起生产规模、资金、技术、人才、经验等要素，从而弱化国有企业在这些方面的相对优势。如在钢铁行业的发展历程中，政府早期鼓励了一批民营企业进入市场，经过多年的发展壮大，涌现了一批诸如江苏沙钢、宁波建龙等优秀大型钢铁企业，这些民营钢铁企业在资金、技术、规模等诸多方面均不逊色于国有大型企业，并凭借其灵活的体制优势，取得了较好的绩效。

三是快速投产模式及技术的成熟使得民营企业迅速把握商机扩张产能成为可能。如在钢铁行业，随着设备的国产化产能投资成本大幅下降，早在 2003 年前后一个百万吨级别的生产普通钢材的钢铁厂固定资产投资仅需 10 余亿元人民币，且建设周期一年左右即可投产，在当时有些钢铁厂投产一年多便可收回大部分投资，这使得大量民营企业大规模迅速扩张产能成为可能。

考察不同所有制企业的资产利润率可以发现，钢铁、电解铝这类行业中国有企业的盈利能力要低于非国有企业，且差距呈逐渐拉大的趋势。由图 7-1（b）可知，在2000~2012 年中的绝大多数年份，黑色金属、有色金属冶炼及压延加工业中非国有企业资产利润率要高于国有及国有控股企业的资产利润率，并且差距不断拉大，特别是2007 年之后，非国有企业的盈利能力要大大高于国有企业。

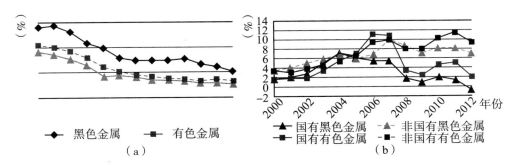

图 7-1　黑色（有色）金属行业国有资产占比（a）及不同所有制企业资产利润率（b）

注：根据中经网统计数据库整理所得。其中黑色（有色）金属代表黑色（有色）金属冶炼及压延加工业。

7.2.3　中央与地方政府产能管制政策的缺陷

中央、地方两级政府对产能过剩行业共同施加有缺陷的产能管制政策加剧了这些行业的产能过剩。对钢铁、电解铝等出现产能过剩的行业，中央政府制定了严格产能管制政策，对新建产能项目进行直接行政审批，并要求、监督地方政府配合执行。尽管中央政府对新建产能项目直接进行行政审批并对违规项目进行查处，但产能扩张项目是否能落地开工的决定权掌握在地方政府手中，地方政府直接为新建产能项目提供土地并办理环保、工商、税务等相关手续。

然而，在对产能过剩行业进行管制的过程中，同为管制实施者的中央政府和地方政府之间存在利益不一致和信息不对称等缺陷，这使得产能过剩行业中出现了大量违规新建产能项目[①]。

（1）利益不一致。中央政府力求避免产不过剩以减少资源浪费，地方政府则为追求地方经济高速增长而有放松产能管制允许企业扩张产能的动力。产能过剩造成了广泛的资源浪费，因而中央政府积极制定各项措施对产能过剩行业进行管制，并要求地方政府进行配合，共同管制。地方政府在受中央政府直接领导的同时，其本身还有追逐地方经济增长和财政收入的强烈动力（周黎安，2007；江飞涛，2012），而在当地新建产能恰是一条拉动地方经济增长的极好方式，从这个角度来看，地方政府希望当地的新建产能越多越好，因而地方政府在施加产能管制时有动力不顾产能过剩而放松管制，允许所辖区域企业扩张产能。

（2）信息不对称。中央和地方两级政府共同管制的另一个特征是管制过程中存在信息不对称，中央政府在管制执行上掌握的信息要明显少于地方政府掌握的信息。除中央直接进行行政审批外，中央政府对产能过剩制定的管制措施基本都需由地方政府配合执行。并且尽管中央政府上收了产能过剩行业新建产能项目的审批权，但新建产能项目的其他手续均需由地方政府办理（如工商、税务、环保等），新进入的企业也需要与地方政府洽谈相关的落户条件（如土地供应、水电配套基础设施等），地方政府掌握了项目是否能落地的实质权利。因而作为管制的实际执行者的地方政府掌握了全部的管制执行方面的信息，而作为管制政策制定者的中央政府并没有足够的能力对全国每个地区的管制政策执行情况进行监督，其所掌握的信息弱于地方政府。现实情况中大量未经中央政府审批的新建项目违规开工恰可以说明这点。

（3）中央政府的产能管制政策低估未来市场需求，给企业突破管制政策限制提供了动力。采用行政管制手段治理产能过剩，政策部门必须对未来供需形势、未来市场需求规模与需求结构进行准确预测。而从20世纪90年代以来，历次治理政策文件中对于钢铁、电解铝等行业未来市场的预测，均严重低估了市场需求增长的空间。往往突破前一轮政府管制政策进行产能投资的企业在接下来的市场需求高速增长中获利丰厚，这也为地方政府和当地企业合谋突破产能管制政策限制进一步提供了动力。

---

① 详见《关于钢铁工业控制总量淘汰落后加快结构调整的通知》（发改工业〔2006〕1084号）。

7.3 产能过剩形成机理分析

本部分首先建立本章的基准模型，论证渐进式改革的背景下市场化进程滞后的竞争性行业需政府主动施加一定强度的产能管制才可以避免出现产能过剩。第二小节考虑中央、地方两级政府"双头"管制中存在的利益不一致和信息不对称，在基准模型上内生产能管制强度，论证在这种管制体制下市场化进程滞后的竞争性行业必然将出现产能过剩。第三小节进一步内生行业市场化进程滞后程度，将模型动态化，以论证：长期而言，市场化进程滞后的竞争性行业将收敛于一个取决于过剩产能淘汰速度和经济市场化改革速度的自然产能过剩水平，产能管制无法改变这个自然过剩水平。

考虑产能从建设到投产需要一个较长的时期这一现实情况，并且产能建设为专业性投资，因而本文以下建立的模型认为产能的建设成本具有沉没成本的性质。Spence（1997）和 Dixit（1979）引入产能约束，解释了斯坦克伯格两阶段博弈中一家企业会具有先动优势的原因，证明了在生产能力是沉淀的假设下，产能投资具有承诺价值，因而可以在动态博弈中引入简约式利润函数。本文在渐进式改革的背景下，引入市场化进程滞后行业的上述三大特征，考虑国有企业在博弈初期已经具备大量产能这一前提假设下博弈均衡的产生以及产能过剩的形成。

根据第二部分对渐进式改革背景下产能过剩行业现实特征的描述，做出如下四个前提假设：

假设 1： 市场化改革滞后的竞争性行业中存在一家国有企业（企业 1）、一家民营企业（企业 2），国有企业拥有较大的初始产能 K_1，民营企业为新进入企业，两家企业生产单一、同质产品。

假设 2： 在技术、规模以及其他同等竞争条件下，民营企业具有成本优势，其单位生产经营成本（c_1）低于国有企业的单位生产经营成本（c_2）；但在实际运行中，民营企业受到不完善经济体制的限制性束缚，表现为给民营企业单位产能扩张及生产经营施加了一个额外成本 s。

假设 3： 在中国经济市场化进程中，经济体制对民营企业的限制性束缚逐渐减弱，民营企业效率优势逐渐显现，体现为 s 逐渐减小。

假设 4： 中央、地方政府的产能管制给新扩张产能一个成本 g，但地方政府在管制过程中表现出追求当地 GDP 的强烈动力，且两级政府之间存在信息不对称。

7.3.1　基准模型：竞争性行业市场化进程滞后与产能过剩

根据假设1、2、4，并考虑企业面临确定的线性市场需求 $p(Q) = a - Q = a - q_1 - q_2$，其中 q_1、q_2 分别为企业1、2在第二阶段的产量，企业之间进行一个两阶段博弈：第一阶段新进入的企业2观察到企业1的现有产能 K_1，决定投资产能数量 K_2；第二阶段企业1、企业2在现有产能约束下同时进行产量竞争。

行业市场化进程滞后于中国经济市场化进程，在静态的基准模型中，表现为经济体制给民营企业限制性束缚 s 较低，但相对低效率的国有企业在政策倾斜下拥有一个较大的初始产能 K_1。

采用逆向归纳法对这一博弈模型进行求解，可以得到这一博弈的纯策略纳什均衡。在这一博弈假设下，显然企业2在第一期建立第二期不能发挥作用的生产能力是毫无意义的（Dixit，1980），并且由于建立生产能力的成本是沉淀的，企业2在第一期选择的产能具有承诺价值。因此，在第二阶段的产量竞争中，企业2选择 $q_2^* = K_2$，企业1将最大化 $p_1 = (a - q_1 - q_2 - c_1)\, q_1$，企业2最大化 $p_2 = (a - q_1 - q_2 - c_2 - g - s)q_2$。

可以求得

$$\begin{cases} q_1^* = \dfrac{a - 2c_1 + c_2 + g + s}{3} \\[2mm] q_2^* = \dfrac{a + c_1 - 2c_2 - 2(g + s)}{3} \end{cases} \tag{7-1}$$

在第一期，企业1和企业2的产能为

$$\begin{cases} K_1^* = K_1 \\ K_2^* = q_2^* \end{cases} \tag{7-2}$$

当 $s + g < 3K_1 - a + 2c_1 - c_2$ 时，产能过剩的程度为

$$E = (K_1^* - q_1^*) + (K_2^* - q_2^*) = (3K_1 - a + 2c_1 - c_2 - s - g)/3 > 0 \tag{7-3}$$

很容易得到，$\partial E/\partial s < 0$，$\partial E/\partial K_1 > 0$，$\partial E/\partial c_1 > 0$。

行业总产量为

$$Y = q_1^* + q_2^* = [2a - c_1 - c_2 - (g + s)]/3 \tag{7-4}$$

要保证企业1的原有产能在第二期的生产阶段不过剩，政府应主动施加的管制强度为：

$$\bar{g} = 3K_1 - a + 2c_1 - c_2 - s \tag{7-5}$$

当政府不施加管制，则市场中将出现产能过剩 $E = (3K_1 - a + 2c_1 - c_2 - s)/3$，但产

出 $Y|_{g=0} > Y|_{g>0}$，即施加管制时行业总产量小于不施加管制时的行业总产量。

命题1：在渐进式改革过程中，政府须施加一定的产能规制强度 $\bar{g}$，才能保证市场化进程滞后的竞争性行业不出现产能过剩，但此时市场处于产出不足的状态；而若产能规制强度低于 $\bar{g}$，则行业中将出现过剩产能，且出现产能过剩的企业为效率低下的国有企业。

推论1：当政府管制强度一定时，产能过剩的程度随着行业市场化改革滞后程度加大而趋于严重（$\partial E/\partial s < 0$，$\partial E/\partial K_1 > 0$，$\partial E/\partial c_1 > 0$）。

市场化改革滞后的竞争性行业中，盈利能力较弱的国有企业在行业中存有大量产能，这给具有相对效率优势的民营企业一个较高的利润预期，促使其扩张产能。在不完善市场经济体制对民营经济的限制性束缚较大时，民营企业受其制约而无法建立产能。但随着中国经济市场化改革进程的深入，不完善市场经济体制对民营经济的限制性束缚减弱，且民营企业自身经过多年发展逐渐积累起规模、技术、人才、资金等要素弱化了国有企业的相对优势，因而民营企业的效率优势得以显现，从而得以进入市场扩张产能，并凭借其成本优势抢占国有企业的市场份额，这就必然将造成国有企业中效率较低的企业出现产能利用不足的情况，此时需要政府主动施加一定强度的产能管制才能保证行业产能不过剩。当政府管制强度一定时，随着该行业市场化进程滞后程度加大，民营企业受到的限制性束缚越弱，或是效率低下的国有企业在政策的支持下存有越多的产能，则效率较高的民营企业越有动力进入市场扩张产能，因而产能过剩的规模也将随着该行业市场化改革滞后程度加大而趋于严重。

为方便下文分析，对政府产能管制造成的潜在产能过剩风险做出定义。

定义1：本文将潜在产能过剩风险 $\bar{E}$ 定义为完全放松现有产能管制强度将造成的产能过剩程度。

由式（7-3）可得，对于政府实际施加的产能管制强度 g，$\bar{E} = g/3$。

7.3.2 拓展一：产能管制的现实制度特征与市场化进程滞后行业的产能过剩

在目前已有的关于政府间博弈的文献中，尚没有文献建立中央、地方两级政府共同对产能过剩行业管制的博弈模型，因而本节在参考 Ma（1995）关于政府间博弈研究的基础上，先根据现实情况对中央、地方政府在产能管制行为中的目标函数进行界定，继而根据所做出的界定选择效用函数的具体形式来得出更为简洁的解析结果，同时，本文还用隐函数证明了本节结论[①]。

[①] 可以证明，满足本书对两级政府效用函数界定的具体函数形式不影响结论，相关资料可向作者索取。

为方便分析，首先对中央和地方政府的管制行为做出简化[1]：将中央、地方政府共同管制的体制简化为中央政府根据其管制意愿要求并监督地方政府执行管制。根据上述简化以及本文第二部分对管制现实特征的描述，我们对中央政府和地方政府的目标函数做出如下界定：

（1）中央政府通过制定要求地方实施的管制强度[2]（简称"要求管制强度"）追求产能不过剩，但因地方政府与中央政府之间的利益不一致和信息不对称，中央政府实施该要求管制强度要付出一定的监督成本。令其效用函数为 $U_Z = f_Z(E, C_Z(g_Z))$，凹函数，其中 E 表示行业总的产能过剩，C_Z 表示中央政府对地方政府管制实施的监督成本，g_Z 表示要求管制强度。产能过剩 E 和监督成本 C_Z 均给中央政府带来负效用，并且中央政府能够容忍很小的产能过剩[3]，但厌恶大规模的产能过剩，即 $\partial f_Z/\partial E|_{E=0} = 0$，$\partial^2 f_Z/\partial E^2 < 0$，$\partial f_Z/\partial C_Z < 0$；其他条件不变的情况下，因中央、地方信息不对称，中央政府要求实施的管制强度 g_Z 越大，则其监督成本相应越大，并且当中央政府对地方政府管制无要求时，监督成本等于 0，即 $\partial C_Z/\partial g_Z|_{g_Z=0} = 0$，$\partial^2 C_Z/\partial g_Z^2 > 0$。

（2）地方政府受中央政府领导，其根据中央政府制定的要求管制强度来施加最终的产能管制强度，但其自身还有追求当地经济增长的动力。令其效用函数 $U_L = f_L(Y(g_L), C_L(g_Z - g_L))$，凹函数，其中 Y 表示经济总量，C_L 表示地方政府违背中央意愿放松管制的成本，g_L 表示地方政府最终选择实施的管制强度。中央政府的惩罚给地方政府带来负效用，但地方政府能够接受非常小的违规惩罚，即 $\partial f_L/\partial C_L(g_Z - g_L)|_{g_L=g_Z} = 0$，$\partial^2 f_L/\partial C_L^2 < 0$；地方政府与中央政府利益不一致，地方政府追求经济增长的意愿十分强烈（周黎安，2007），因而地方经济增长能给地方政府带来较大的正效用，$\partial f_L/\partial Y > 0$。由式（7-4）可知，某地的最终管制强度 g_L 减小，将为当地带来更多新建产能[4]，从而拉动地方经济增长，$\partial Y/\partial g_L < 0$；地方政府违反中央政府管制要求，违规允许当地企业新建产能（即放松管制强度 g_L），将受到中央政府的惩罚，且违规允许新建产能的总规模越大，受到的惩罚也越大，即 $\partial C_L/\partial(g_Z - g_L) > 0$，当 $g_L = g_Z$ 时，$C_L(0) = 0$。

不失一般性，根据上述对中央和地方政府效用函数的限制，假设 $U_Z = -\alpha E^2 - C_Z(g_Z)$，$C_Z(g_Z) = \beta g_Z^2$，$U_L = \gamma Y(g_L) - C_L(g_Z - g_L)$，$C_L(g_Z - g_L) = \delta(g_Z - g_L)^2$。可以检

---

[1]　关于这个简化的合理性论述，相关资料可向作者索取。

[2]　本书中央政府制定的"要求管制强度"不能简单理解为中央政府以文件等形式提出的管制目标，其还应包括中央政府的落实力度，如巡查地方政府违规的频率、惩处违规地方政府的态度等。

[3]　市场自然的运行中优胜劣汰的过程中也会出现轻微的过剩产能，但这是一个正常的结果，显然，中央政府会接受一个十分轻微的过剩。

[4]　尽管将产生部分过剩产能，但过剩的产能并不一定在放松管制强度的地区出现。

验，这两个效用函数及成本函数满足上述性质。其中，α 表示中央政府对产能过剩的容忍度，其值越大表示中央政府对产能过剩的容忍度越低，$\alpha \geq 0$；β 代表信息不对称的程度，其值越大表示信息不对称程度越高，假设 $\beta \geq 0$；γ 表示地方政府管制目标与中央政府管制目标的偏度程度，其值越大表示地方政府追求地方经济增长的意愿越强烈，$\gamma \geq 0$；δ 表示当地方政府违规时中央政府施加的惩罚力度，其值越大表示地方政府的违规成本越大，δ 也受信息不对称程度的影响，信息不对称程度越高则 δ 越小，$\delta \geq 0$。

联立上述效用函数与式（7-3）、式（7-4）、式（7-5）后，最大化地方政府效用函数，求得实际管制强度为：

$$g_L = g_Z - \frac{\gamma}{6\delta} \tag{7-6}$$

将其带入中央政府的效用函数，并最大化中央政府效用函数，可得：

$$g_Z = \left(1 + \frac{9\beta}{\alpha}\right)^{-1} \left(\bar{g} + \frac{\gamma}{6\delta}\right) \tag{7-7}$$

因而，我们可以得到在中央政府和地方政府博弈均衡下的施加管制强度为：

$$\bar{g}_L = \left(1 + \frac{9\beta}{\alpha}\right)^{-1} \bar{g} - \frac{9\beta}{\alpha}\left(1 + \frac{9\beta}{\alpha}\right)^{-1} \frac{\gamma}{6\delta} \tag{7-8}$$

很容易得到，$\bar{g}_L < \bar{g}$。

将式（7-5）代入式（7-8），再将得到的表达式带入式（7-3），我们可得内生管制强度情况下产能过剩程度关于行业市场化进程滞后特征以及中央、地方两级政府管制意愿特征的表达式：

$$E = \frac{1}{3}\left[\frac{9\beta}{\alpha}\left(1 + \frac{9\beta}{\alpha}\right)^{-1}(3K_1 - a + 2c_1 - c_2 - s) + \frac{9\beta}{\alpha}\left(1 + \frac{9\beta}{\alpha}\right)^{-1}\frac{\gamma}{6\delta}\right] \tag{7-9}$$

可以推得，$\partial E/\partial K_1 > 0$，$\partial E/\partial c_1 > 0$，$\partial E/\partial s < 0$。

潜在产能过剩风险为：

$$\bar{E} = \left[\left(1 + \frac{9\beta}{\alpha}\right)^{-1}(3K_1 - a + 2c_1 - c_2 - s) - \frac{9\beta}{\alpha}\left(1 + \frac{9\beta}{\alpha}\right)^{-1}\frac{\gamma}{6\delta}\right]/3 \tag{7-10}$$

命题2：考虑进行管制的共同执行者中央政府和地方政府间利益不一致和信息不对称后：（i）政府最终施加的产能管制强度必然弱于使得行业不出现产能过剩而需要的管制强度；（ii）市场化进程滞后的竞争性行业必然会存在产能过剩，并且存在一定产能过剩风险。

推论2：（i）竞争性行业市场化进程滞后程度越大，该行业产能过剩越为严重，潜在产能过剩风险也将越大（$\partial E/\partial K_1 > 0$，$\partial E/\partial c_1 > 0$，$\partial E/\partial s < 0$）；（ii）中央政府和地方政府间的利益不一致和信息不对称程度越深，该行业产能过剩越为严重（$\partial E/\partial \gamma > 0$，

$\partial E/\partial \beta > 0$），而潜在产能过剩风险则会减小（$\overline{\partial E/\partial \gamma} < 0$，$\overline{\partial E/\partial \beta} < 0$）。

市场化进程滞后的竞争性行业需要施加相应强度的产能管制才能维持产能不过剩的状态。但地方政府与中央政府间的利益不一致，地方政府有追求地方经济增长的强烈意愿。违背中央政府"要求管制强度"、放松管制强度能够带来地方经济增长，同时也会引发中央政府的惩罚。当地方政府不违背中央政府管制意愿时，地方政府稍微放松中央政府要求实施的管制强度带来的惩罚几乎为零①，而却能拉动经济增长，因而其将放松管制。最终，地方政府实施的管制强度将使得继续放松管制带来的经济增长为其带来的边际正效用与继续放松管制带来的惩罚给其造成的边际负效用相等。因此，地方政府实施的最终管制强度必然将小于中央政府要求的管制强度。中央与地方政府之间存在信息不对称，因而中央政府要监督地方政府偷偷放松管制强度的行为就必然需要付出一个监督成本，且监督成本随着中央政府要求的管制强度增大而增大。当中央政府要求实施的产能管制强度十分高，使得即使在地方政府偷偷降低实施的管制强度后行业中仍不存在产能过剩，此时产能过剩给其的边际负效用几乎为零，而其需承担的一个十分大监督成本给其造成的边际负效用十分大，因而中央政府因监督成本高昂而将降低要求实施的管制强度。这就使得地方政府实际实施的管制强度必然会小于使得产能不过剩需要的管制强度，因而市场化改革滞后行业必然会表现出产能过剩。

命题1和命题2共同解释了为什么在国家实施严格的产能管制政策背景下，仍有如此多的企业违规扩张产能。命题1表明，渐进式改革背景下，市场化进程滞后竞争性行业中效率较高的民营企业有强烈的扩张产能的意愿，因而需要一定强度的产能管制遏制其进入。但考虑中央地方共同施加的产能管制这一现实制度特征后，由命题2可知实际管制强度必然小于使产能不过剩的管制强度，地方政府实施的管制强度也必然要小于中央政府要求实施的管制强度，因而众多高效率的企业在较低实际管制强度下违背中央政府的意愿扩张产能，此时市场中必然存在过剩产能。

7.4 产能过剩"怪相"的再思考

为何常常是钢铁、电解铝这类行业长期出现严重的产能过剩？钢铁、电解铝这类行业具有两个十分重要的基本属性：它们是被政府视为关系宏观经济发展、关系国计民生的资本密集型基础产业；同时，这类行业的竞争属性较强。这两个基本特性决定着这类

---

① 轻微的产能过剩是市场的常态，中央政府愿意接受。

行业在经济市场化进程中将出现较为严重的产能过剩。

一方面，其关系宏观经济发展、关系国计民生的资本密集型行业属性决定着它们在渐进式改革过程中呈现出市场化进程滞后的特征。其被视为关系宏观经济发展、关系国计民生，故而中央政府利用倾向于大型国有企业的产业政策（包括金融政策）、兼并重组政策、管制政策来扶持国有大型企业在这些行业中的"较强控制力"；其资本密集型的产业特性使得落后、亏损的国有企业也难以退出市场。因而盈利能力较弱的国有企业仍在行业中占据着较大比重。另一方面，这类行业同时也是竞争性较强的行业，这一属性使得政府早期允许并鼓励中小型民营企业参与竞争、激活市场活力，也决定着行业中的中小民营企业能够在经济市场化改革不断深入的潮流中突破其所面临的不完善经济体制的各种束缚，不断扩张产能，发展壮大，展现出其在体制机制及历史包袱方面的较强天然效率优势及竞争活力，进而"侵蚀"落后的国有企业市场份额，这就造成了国有企业产能利用率不足。

要充分理解发生在这些行业中长期出现的严重产能过剩，还需进一步分析用于治理产能过剩的产能管制政策。产能管制给新扩张产能施加了一个额外的成本，其一方面避免了产能过剩的大规模爆发，另一方面却也使得国有企业中低效率企业在产能过剩情形下破产退出的压力显著减弱，使得行业的市场化进程进一步滞后。同时必须看到，产能管制是由中央政府要求而由具有强烈 GDP 增速追求意愿的地方政府实施的，其很容易在地方政府的默许下被部分突破。随着行业市场化进程的进一步滞后，民营企业对于未来市场盈利空间的预期增加，地方政府放松管制强度的幅度也进一步增加，产能过剩进一步趋于严重，因而产能管制将通过加大行业市场化滞后程度的途径使得产能过剩趋于严重。本文证明了，在其他条件不变的情况下，采用产能管制政策治理产能过剩只能是暂时降低行业的产能过剩程度，减缓行业向自然产能过剩水平收敛的速度，但并不能减小行业的自然产能过剩水平，反而使得行业逐渐积累起大量潜在产能过剩风险（详见命题3、4）。

在理解上述论述之后，便能理解为什么严重的产能过剩总是长期反复发生在钢铁、电解铝这类市场化进程滞后的传统竞争性行业中，而非市场化进程更加滞后、国有企业占比更大的电信、石油、石化这类行业，也非行业竞争属性更强的农业、电子电器这类行业。其原因在于尽管电信、石油、石化这类行业市场化进程相对更加滞后，但其行业的竞争属性较弱，而尽管农业、电子电器这类行业是属于竞争性十分强的行业，但其并非政府意图保持国有企业"较强影响力"的行业，行业的市场化进程并未因行政扭曲等因素而大幅度滞后。至于受政府政策扭曲致使市场化改革滞后的钢铁、电解铝等行业，行业市场化进程速度慢，落后产能的淘汰难，市场竞争属性强，则将趋向一个较高的自然产能过剩水平，并在产能管制政策实施的过程中逐渐积累起越来越大的潜在产能过剩风险。政府在不明白产能管制对产能过剩作用的内在机制时，不断提出要强化管制，却不知这些做法无助于改变长期的产能过剩水平，只是用长期的潜在产能过剩风险换取短期产能过剩程度的下降，并且延长了市场力量自发调整行业市场化改革滞后程度的时间，使得产能过剩长期存在。

进一步的，也能够理解为何企业不顾产能过剩、不顾产能管制政策仍大规模违规扩张产能。在这些长期产能过剩的行业中，尽管行业平均利润率较低，但低效率的企业大量存在给具有成本优势的民营企业足够的利润预期，因而其在地方政府的默许配合下仍有强烈的意愿扩张产能。

此外，还可以进一步理解为什么十余年前同样存在严重产能过剩却并未用产能管制治理的纺织行业到现在反而不存在严重的产能过剩。产能管制在给新扩张产能施加一个额外成本的同时，也破坏了行业市场化进程在市场竞争机制下自发调整的过程，管制政策事实上使得行业市场化进程进一步趋于滞后。故而，十余年前不使用产能管制政策治理产能过剩的纺织行业能够在市场的压力下逐渐自发调整行业市场化进程滞后程度，另外，纺织行业也并非政府认为关系国计民生的行业，在 20 世纪末"抓大放小"运动和著名的"压锭"事件中行业内大量国有企业进行了改制重组，这也大幅加快了行业的市场化进程。这样，纺织行业便成为一个不使用产能管制政策治理产能过剩反而到今天并不存在严重产能过剩的案例。

7.5　本章小结

7.5.1　结论

本文论证了中国渐进式改革背景下，市场化改革滞后的竞争性行业将收敛于一个自然产能过剩水平，长期用于治理产能过剩的产能管制政策并不能改变该水平，反而让产能过剩行业在出现自然产能过剩水平的同时积累大量潜在产能过剩风险。具体来看，主要有 3 个结论：从静态角度来看：①渐进式改革进程中，市场化改革滞后的竞争性行业需要政府施加一定强度的产能管制才能维持产能不过剩；②考虑中央、地方政府在产能管制过程中的利益不一致和信息不对称，政府产能管制不能完全遏制市场化改革滞后行业的产能过剩，产能管制降低了当期的产能过剩程度，但同时也使行业积累了相应的产能过剩风险。从动态角度来看：③在渐进式改革进程中，市场化改革滞后的竞争性行业将收敛于一个自然产能过剩水平，其高低取决于经济市场化改革速度以及过剩产能淘汰速度受政府推进该行业市场化进程意愿的影响。

7.5.2 政策建议

本文的结论具有十分重要的政策内涵。产能管制政策在维系国有经济在钢铁、电解铝这类竞争性行业中"较强控制力"的同时，也给经济带来了一定的产能过剩风险和效率损失，因此可权衡这二者的利弊而选择最优的产能管制强度。单就解决产能过剩而言，当前在政府施加了严格产能管制的情况下，钢铁、电解铝等行业仍存在严重过剩产能，这说明这些行业中积累着大量的产能过剩风险，因而目前应采取的政策路径是短期内大致维持现有产能管制的强度，而将重点放在调整倾向于国有企业的产业政策、加快推进过剩行业的国有企业改革以及健全市场化退出机制这些方面，在产能过剩逐步得到缓解后再相应放松产能管制。具体而言，目前主要应采取如下措施：

7.5.2.1 短期内应大致维持现有管制强度，并进一步探索产能管制政策的退出路径

对产能过剩行业施加的产能管制是一把"双刃剑"。一方面维系了国有经济在行业中的"较强控制力"，并避免了产能过剩在短期大规模爆发；另一方面，产能管制施加的强度越大、实施的时期越长，带来的产能过剩风险和效率损失也越大。在目前产能过剩行业已经实施严格产能管制的现实环境下，实际上许多行业已经积累了大量的产能过剩风险。因而在短期内，可以选择的政策路径只能是继续维持现有管制强度，否则，一旦放松管制，则产能过剩将突然间大规模爆发，因为尽管从表象上看产能过剩行业平均利润率已经非常低，但市场中效率低下的国有企业仍占有较大比重，若一旦放松产能管制，效率高的民营企业仍有动力扩张产能抢占国有企业的市场份额，这将造成更为严重的产能过剩。从长期来看，应尽量避免使用产能管制政策治理产能过剩，并尽快探索现存严格产能管制政策的退出路径。

7.5.2.2 调整倾向于国有企业的产业政策，加快推进产能过剩行业的国有企业改革

要根治钢铁、电解铝等竞争性行业中因市场化改革滞后而出现的产能过剩，根本途径在于加快产能过剩行业的市场化改革步伐。应避免产业政策向行业中低效率国有企业

倾斜，并放弃"扶大限小"的产业政策模式，避免国有企业在政策的激励下过度投资。同时要尽快进行能够提高国有企业效率的改革，加快以合资的形式吸收民营资本，提高企业效率，同时保障国有资本利益。对于可竞争性强并且政府难以控制进入的产能过剩行业，若国有企业效率难以提升，则应选择恰当的时机，尽快出售落后国有企业的股权，避免随着时间的推移在国有企业市场份额基本丧失后再以低价出售，造成国家利益损失。

7.5.2.3　健全市场化退出机制，规范地方政府补贴当地濒临破产企业

降低自然产能过剩程度的另一条途径是加快过剩产能的淘汰速度。目前，一方面，中央政府用行政手段要求地方政府强制淘汰当地"落后产能"，另一方面，地方政府仍在补贴当地濒临破产的企业。政府并不能充分掌握究竟哪部分产能是低效率产能，很可能在政策实施的过程中为保护国有企业的利益而要求非国有企业淘汰部分产能，这并未降低该行业市场化改革滞后程度，因而产能过剩将在短暂平息后又会趋于严重。因而要以市场化为导向健全退出机制，如可建立以援助失业人员为重点的行业援助退出机制，而不宜采用行政手段强制淘汰"落后"产能。第三方面，要规范地方政府对当地濒临破产企业进行各项补贴的行为，否则，过剩的落后产能将长期在市场中存活下去。

8

钢铁工业产能过剩问题及治理政策研究

我国钢铁工业产能过剩的性质已经由过去的"结构性过剩"转变为"全面过剩"，由"短期周期性过剩"转变为"中长期过剩"。除了下游需求市场增长放缓的影响外，体制性因素是钢铁工业产能过剩问题积重难返的深层次原因：地方政府长期对钢铁企业，特别是国有钢铁企业的新增投资给予的税收、土地、环境治理等方面的各类"隐性补贴"导致钢铁工业长期产能过剩的重要因素；渐进式改革背景下，钢铁工业市场化进程滞后、国有企业产能占比较大是钢铁工业长期反复产能过剩的另一重要原因。针对当前我国钢铁工业产能过剩问题的性质和特点，建议建立"短期与长期结合、引导与控制结合、增量与存量结合"的多层次治理体系。

8.1 中国钢铁行业现状与特点

8.1.1 企业分布广泛，产能区域集中

2013 年，中国钢铁企业分布在全国 28 个省份，按照区域划分，产能分布情况为：①河北省总产能 28 310 万吨，全国占比 28%；②江苏省总产能 10 458 万吨，全国占比 10%；③山东省总产能 9 210 万吨，全国占比 9%；④辽宁省总产能 8 175 万吨，全国占比 8%；⑤山西省总产能 5 095 万吨，全国占比 5%。5 省产能合计比例高达 61%，其他 23 省市产能合计 39 218 万吨，占比仅 39%。

环渤海湾周边省市粗钢产量占全国 43.7%，是中国钢铁生产的重心；中部省份粗钢生产占据重要地位，中国大陆 2 000 万~4 000 万吨粗钢规模级别的省份主要分布于中部；1 000 万~2 000 万吨粗钢规模级别的省份主要分布于中国大陆沿边沿海地区，见图 8 - 1。

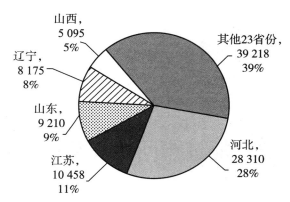

图 8 - 1　2013 年钢铁行业产能区域分布

8.1.2　重点区域企业所有者性质区别明显

国企产能分布主要集中在河北、山东、辽宁、上海、湖北等区域，主要包括河北钢铁、山东钢铁、鞍山钢铁、宝山钢铁、武汉钢铁等大型国有钢铁集团；民企产能区域分部主要集中在河北、江苏、山东、山西等区域，其中河北区域民企产能占全国民企产能近四成。重点区域民企平均产能均在 300 万吨左右，见图 8 - 2。

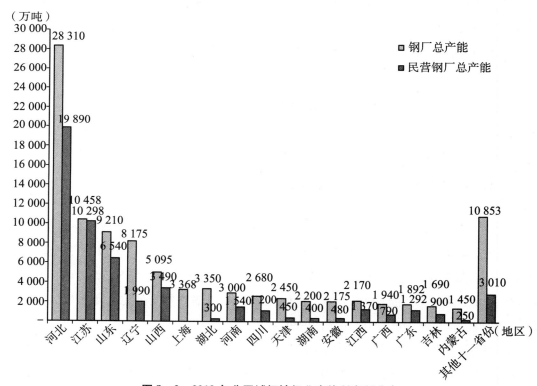

图 8 - 2　2013 年分区域钢铁行业产能所有制分布

8.1.3 行业集中度有所提升，但仍远低于发达国家

2013 年，我国具有粗钢产能的企业超过 230 家（集团企业合并后），前十大钢企业总产能为 3.6 亿吨，占全部钢企总产能的 35%。与欧美日相比，我国钢铁企业的数量太多，行业集中度较低，行业缺乏自律，陷入无序的恶性竞争。目前中国钢铁行业的产业集中度明显偏低，大型钢铁企业占全国钢铁比重太少。在钢铁行业十二五规划显示，2010 年行业前十家产业集中度仅为 48.6%，截至 2013 年上半年，国内前十大钢铁企业的产量占全国钢产量比例仅为 43.65%，集中度仍在下滑。而美国、欧盟、日本等发达国家排名前 4 位企业钢产量占全国比重为 50% 乃至 70% 以上，见图 8 - 3。

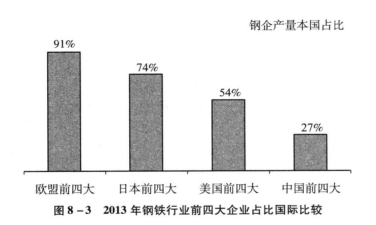

图 8 - 3 2013 年钢铁行业前四大企业占比国际比较

8.1.4 民企已占过半产能

2013 年，民企钢铁企业数量已经占总钢厂数 81%，全国钢铁企业共计 221 家，总产能 10.05 亿吨，其中国企 41 家，产能 4.63 亿吨，民企 180 家，产能 5.42 亿吨。呈现"国企数量少，单体规模大"，"民企数量多，单体规模小"的特点，41 家国企平均产能 1 130 万吨，180 家民企平均 301 万吨，见图 8 - 4。

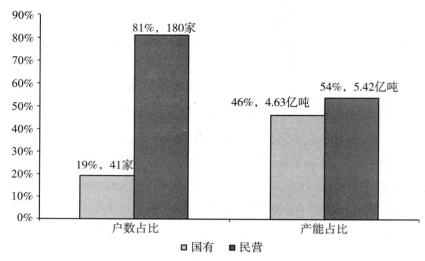

图 8 - 4   2013 年钢铁企业产能所有制分布

8.1.5   中等规模企业数量占比较高

目前钢企数量大部分集中在 100 万 ~ 500 万吨区域，这一部分企业共计 157 家，占比 71%，总产能 3.3 亿吨，占比 33%。其中 100 万 ~ 300 万吨区间钢企数量 115 家占比 52%，产能总量 1.9 亿吨，占比 19%；300 万 ~ 500 万吨区间钢企数量 42 家，占比 19%，产能 1.44 亿吨，占比 14%。民营钢企 100 万 ~ 500 万吨区域企业共计 140 家，总产能 3.0 亿吨。其中 100 万 ~ 300 万吨区间钢企数量 100 家，占全国同规模企业的比重为 56%，产能总量 1.6 亿吨，占全国同规模企业产能总量的 30%；300 万 ~ 500 万吨区间钢企数量 40 家，占全国同规模企业的比重为 22%，产能总量 1.37 亿吨，占全国同规模企业产能总量的 25%，见图 8 - 5。

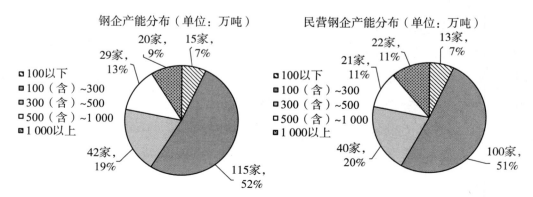

图 8 - 5   2013 年钢铁行业产能规模分布

8.1.6 产品产量增速明显放缓

国际金融危机以来，我国钢铁工业恢复增长，但较之危机前增速明显放缓。2013年，我国钢铁行业的生产保持快速增长势头，企业生产不断创下行业新高，市场弱势，生产强势的情况下，钢铁行业仍在探索生产顶峰。2013年，生铁、粗钢和钢材产量分别是70 897万吨、77 904万吨和106 762万吨，分别同比增长6.2%、7.5%和11.4%，增速比2012年提高。2014年，生铁、粗钢和钢材产量分别是71 160万吨、82 270万吨和112 557万吨，分别同比增长0.4%、5.6%和5.4%，增速比2013年下降有显著下降，见表8-1。在宏观经济的下行压力不断加大的情况下，行业的产能释放压力大等因素推动钢铁行业在效益并无明显改善情况下，生产继续快速释放，从而也导致了钢铁行业的市场价格继续走低。

表8-1　　　　　　　　　　2005～2014年钢铁行业产量情况

年份	生铁		粗钢		钢材	
	产量（万吨）	增速（%）	产量（万吨）	增速（%）	产量（万吨）	增速（%）
2005	33 040.47	31.19	34 936.15	28.23	37 117	24.81
2006	40 416.7	22.32	41 878.2	19.87	46 685.4	25.78
2007	46 944.6	16.15	48 924.1	16.82	56 460.8	20.94
2008	47 067.41	-0.20	50 048.80	1.10	58 177.30	3.60
2009	54 374.80	15.87	56 784.20	13.50	69 243.70	18.50
2010	59 021.80	7.40	62 665.40	9.30	79 627.40	14.70
2011	62 969.30	8.40	68 326.50	8.90	88 131.30	12.30
2012	65 790.50	3.70	71 654.20	3.10	95 186.10	7.70
2013	70 897	6.20	77 904.10	7.50	106 762.20	11.40
2014	71 160	0.4	82 270	5.6	112 557	5.4

数据来源：中国钢铁工业协会。

8.1.7 消费量峰值或将到来

2013年，国内粗钢产量是77 904.10万吨；出口钢材6 233.75万吨，钢坯0.40万吨，钢锭0.03万吨，坯锭合计0.43万吨，折合粗钢出口约6 632万吨；进口钢材1 407.76万吨，钢坯55.19万吨，钢锭5.90万吨，坯锭合计61.09万吨，折合粗钢进口约 1 559 万吨；国内市场粗钢表观消费量是 72 831.1 万吨，同比增长约 8.35%。2014
年，我国粗钢产量 82 270 万吨，出口钢材 9 378 万吨，同比增长 50.5%；进口钢材
1 443 万吨，增长 2.5%，折合净出口粗钢 8 153 万吨，占我国粗钢总产量的 10.2%，粗
钢表观消费量 74 117 万吨，比上年增长 1.76%，见表 8 - 2。随着我国经济进入新常态，
过度依赖投资驱动的经济增长方式将发生转变，粗钢消费量的峰值或将到来。

　　还需要看到，主要用钢行业对于品种、质量的要求越来越高的同时，产品单耗正在
大幅下降。高强钢使用更加普遍。无论是从降低成本、环境约束、减轻自重等方面来
看，高强钢都能满足家电、汽车、机械、船舶等行业转型升级过程中的用钢需求。当
然，各行业所需要的高强钢在具体品种、性能上会有不同的要求，如工程机械用钢除了
高强度外，还要求有高耐磨等特种性能；汽车用冷轧薄板除要求有高强度外，还要求有
良好的加工性能。板材使用厚度出现不断减薄趋势。这在家电产品中表现尤为明显。例
如，大型家电箱体板材厚度普遍出现减薄趋势，对厚度为 0.3mm、0.4mm、0.5mm 的
高强度薄规格板材需求量大幅增加；家电产品中具有高表面要求的涂装钢板、覆膜板应
用领域拓宽、需求量上升；具有抗菌性、散热性等新功能钢板，以及环保后处理钢板等
需求快速增加。产品单耗大幅下降。由于下游行业生产装备、工艺水平、产品档次的提
高，以及高强钢材的普遍使用，用钢产品钢材单耗呈现下降趋势。如机械工业的抽样调
查显示，与 2004 年相比，机械工业每万元产值的用钢量几乎下降了一半，船舶平均每
载重吨的钢材消耗也从 10 年前的 0.39 吨下降到目前的 0.2 吨。此外，家电、汽车、集
装箱等行业的钢材单耗也均呈现下降趋势。

表 8 - 2　　　　　　　　　　　2008 ~ 2014 年粗钢表观消费量变化情况

年份	粗钢表观消费量（万吨）	同比增长（%）
2008	45 285	2.89
2009	56 497.53	24.80
2010	59 939.55	5.02
2011	64 849.89	8.19
2012	67 216	3.65
2013	72 831.1	8.35
2014	74 117	1.76

8.2　近年来钢铁产业发展的政策环境

8.2.1　"十一五"与"十二五"发展规划中发展钢铁行业的基本思路

"十一五"期间,《中华人民共和国国民经济和社会发展第十一个五年规划纲要》(以下简称《"十一五"规划》)对于原材料工业发展的基本思路是,按照控制总量、淘汰落后、加快重组、提升水平的原则,加快调整原材料工业结构和布局,降低消耗,减少污染,提高产品档次、技术含量和产业集中度。具体到钢铁行业发展的基本战略,主要是:坚持内需主导,着力解决产能过剩问题,严格控制新增钢铁生产能力,加速淘汰落后工艺、装备和产品,提高钢铁产品档次和质量。推进钢铁行业发展循环经济,发挥钢铁企业产品制造、能源转换和废物消纳处理功能。鼓励企业跨地区集团化重组,形成若干具有国际竞争力的企业。结合首钢等城市钢铁企业搬迁和淘汰落后生产能力,建设曹妃甸等钢铁基地,积极利用低品位铁矿资源。

从钢铁行业"十二五"规划的指向来看,钢铁行业发展重心将由纺锤型向哑铃型转变。钢铁行业规划侧重于满足下游行业转型升级和战略性新兴产业发展的要求,以钢铁工业结构调整、转型升级为主攻方向,以自主创新和技术改造为支撑,提高质量,扩大高性能钢材品种,实现减量化用钢,推进节能降耗,优化区域布局,引导兼并重组,强化资源保障,提高资本开放程度和国际化经营能力,加快实现由注重规模扩张发展向注重品种质量效益转变。

8.2.2　近年来钢铁行业实施的主要产业政策

(1)《钢铁产业发展政策》。2005年,由国家发改委起草、国务院审议通过了国家级产业发展政策《钢铁产业发展政策》,它包括政策目标、产业发展规划、产业布局调整、产业技术政策、企业组织结构调整、投资管理、原材料政策、钢材节约使用、其它等九章,共四十条,分别提出了钢铁行业发展总体目标、产品结构调整、组织结构调整、产业布局调整目标以及技术经济指标和发展循环经济的要求等。

(2)《国务院关于加快推进产能过剩行业结构调整的通知》。2006年,国务院下发了《国务院关于加快推进产能过剩行业结构调整的通知》,该项政策为了抑制部分行业

（钢铁、水泥、电解铝等）严重的产能过剩问题，同时为了加快产能过剩行业的结构调整，提出了八条重点措施，包括：切实防止固定资产投资反弹；严格控制新上项目；淘汰落后生产能力；推进技术改造；促进兼并重组；加强信贷、土地、建设等政策与产业政策的配合；深化行政管理和投资体制、价格形成和市场退出机制等方面的改革；健全行业信息发布制度。

（3）《钢铁行业调整和振兴规划》。2009 年，国务院颁布《钢铁行业调整和振兴规划》，该规划中阐述了钢铁行业现状及面临的形势，明确了指导思想，提出应对危机与振兴产业相结合、控制总量与优化布局相结合、自主创新与技术改造相结合、企业重组与体制创新相结合以及内需为主与全球配置相结合五项基本原则，从总量恢复到合理水平、淘汰落后产能有新突破、联合重组取得重大进展、技术进步得到较大提升、自主创新能力进一步增强、节能减排取得明显成效等六个方面提出了具体政策目标。以此为基础，该规划要求重点做好八个方面的任务。为完成政策目标和重点任务，规划提出了共十二项政策措施。

（4）《关于进一步加大节能减排力度加快钢铁行业结构调整的若干意见》。2010 年，国务院特别针对钢铁业下发了《关于进一步加大节能减排力度加快钢铁行业结构调整的若干意见》，指导钢铁业节能减排和结构调整工作的推进。若干意见中明确要求钢铁产能过快增长现象要坚决抑制，并将此工作列为节能减排工作的重中之重。若干意见还对推动钢铁业加快结构调整作出了相关部署。其中要求钢铁业加快兼并重组，提高产业集中度；加大对钢铁业技术创新、技术改造的支持力度，提高资金使用效率，提高产品国际竞争力，促进产业升级。

（5）《钢铁行业生产经营规范条件》。2010 年，工业和信息化部公布《钢铁行业生产经营规范条件》。规范条件从产品质量、环境保护、能源消耗和资源综合利用、工艺与装备、生产规模、安全生产和社会责任六个基本方面，对钢铁企业生产经营规范条件进行了约束，也就是说，企业必须是上述六方面条件均满足方能具备钢铁生产资格。而六大方面的具体指标则是在遵循产业发展政策和发展规划下，结合当前行业发展水平，充分考虑到实用性及可操作性，选取的行业常用指标，其覆盖范围较广、综合性较强。规范条件的实施，将有力推动行业的结构调整和升级。

工信部于 2012 年 9 月 3 日发布了《钢铁行业规范条件（2012 年修订）》（以下简称《条件》）。当前我国钢铁工业正处于总结经验、转型升级的重要时期，以往的粗放经营模式已经不适用于未来的发展需要，钢铁行业的散乱局面需要得到治理，针对我国钢铁业现状，《条件》从产品质量、环境保护、能源消耗和资源综合利用等六个方面进行了阐述，较为全面地对钢铁行业的生产经营做出了规范，并且还将严格按照上述条件对钢铁企业进行审核，对于不符合要求的企业，将无法得到相关的政策支持。

8.2.3 钢铁产业政策的主要特征

从钢铁产业政策的演进与比较来看，《钢铁产业调整和振兴规划》在很大程度上是原有钢铁产业政策的延续，只是在一些细节上进行了修正、调整与补充，在很大程度上延续了过往产业政策中计划经济色彩浓厚的传统，在制定和实施过程中表现出直接干预市场、以政府选择替代市场机制与限制竞争的管制性特征，是典型意义上的选择性产业政策。

（1）《钢铁产业调整和振兴规划》具有直接干预市场的特征。中国钢铁产业政策一直就具有强烈干预市场的特征，对于微观市场的直接干预措施是产业政策最为重要的手段。2005 年的《钢铁产业发展政策》，对于钢铁企业新建产能投资设立了严格的审批程序与苛刻的条件，原则上不再大幅扩大产能。《钢铁产业调整和振兴规划》亦规定不再核准或支持单纯新建、扩建项目，《钢铁产业调整和振兴规划》还规定所有项目必须以淘汰落后为前提。淘汰所谓落后产能也主要靠行政手段推行，《钢铁产业调整和振兴规划》都强调的“严格实行节能减排、淘汰落后问责制”就是行政问责制，“继续实施有保有压的融资政策”实际上是强调以是否获取行政审批作为金融企业发放贷款的标准。在《抑制部分行业产能过剩和重复建设引导产业健康发展若干意见》中明文提出要采取必要的行政手段，实际上这一政策的实施主要依赖行政手段。

对于市场的直接干预还体现在准入管理上。政府在钢铁产业准入上除环境、安全方面的规定外，还对设备规模与工艺、企业规模、技术经济指标方面设定了一系列详细的准入条件。2010 年 6 月出台的《钢铁行业生产经营规范条件》（以下简称《规范条件》），作为《钢铁产业调整与振兴规划》的一项重要实施细则，对钢铁行业现有企业生产经营实行准入管理，并且作为有关部门核准或备案建设和改造项目、配置资源、核发建筑钢材生产许可证、规范铁矿石经营秩序及推进淘汰落后钢铁产能等事项的依据。工业与信息化部作为审核准入的主管部门，并且每年对准入公告企业进行抽查。每年各省、自治区、直辖市工业部门每年要对公告企业保持准入条件的情况进行一次监督检查，并将监督意见报告工业和信息化部。从准入条件来看，《规范条件》在环保、能耗标准外，还对设备规模和企业规模制定了明确的标准。《规范条件》根据《产业结构调整指导目录（2007）》对设备和工艺提出了更为详细的要求，在《产业结构调整指导目录（2007）》涉及到钢铁行业的目录中有鼓励类 13 项、限制类 19 项、淘汰类 34 项，都是对具体的工艺、装备和产品的规定。《规范条件》具有非常强的代表性，后续制定的一系列其他行业的准入管理办法都遵循这一思路。

（2）《钢铁产业调整和振兴规划》具有第二个特征是试图以政策部门的判断、选择来代替市场机制。这主要表现在对特定技术、产品和工艺的选择和扶持；表现在对产业组织结构、生产企业及企业规模的选择上；以及表现在以政府对市场供需状况的判断以及对未来供需形势变化的预测来判断某个行业是否存在盲目投资或者产能过剩，并以政府的判断和预测为依据制定相应的行业产能及产能投资控制措施、控制目标。

《钢铁产业调整和振兴规划》详细给出了未来鼓励、限制和淘汰的技术、产品和工艺，并提出要调整更新《产业结构调整指导目录》。在淘汰落后和行业准入政策中，也体现了政府的这种选择性特性。需要指出的是，在我国的投资管理体制下，这类指导目录、指南或者规划，是政府制定投资审批与管理、财税、信贷、土地等政策的依据，与其说这些政策是引导投资方向，不如说是在很大程度上选择了投资的方向，实际上是以政府对于产品、技术和工艺的选择，来替代市场竞争过程中对于产品、技术和工艺的选择。

《钢铁产业调整和振兴规划》以及后来《抑制部分行业产能过剩和重复建设引导产业健康发展若干意见》中，对于产能过剩行业及过剩程度的判断则是以政府对市场供需状况的判断以及对未来供需形势变化的预测来判断某个行业是否存在盲目投资或者产能过剩，并以政府的判断和预测为依据制定相应的行业产能及产能投资控制目标、控制措施。《钢铁产业调整和振兴规划》明确制定了提高集中度的具体目标，并选择特定企业打造成为大型企业集团，并指定具体规模目标，这实际上是以政府对产业组织结构、生产企业及企业规模的选择来代替市场过程的选择。

（3）《钢铁产业调整和振兴规划》具有的第三个特征是：保护和扶持在位的大型企业（尤其是中央企业），限制中小企业对在位大企业市场地位的挑战和竞争。实施这类政策往往以"充分利用规模经济，打造具有国际竞争力的大型企业集团；提高市场集中度，避免过度竞争"为理由。振兴规划中这类政策主要是通过以下手段来实施：制定有利于在位大型企业的行业发展规划；制定有利于大型企业发展和限制中小企业发展的项目审批或核准条件；制定有利于在位大型企业的准入条件或严格限制新企业进入；在项目审批和核准过程中照顾大企业的利益、优先核准大型企业集团的投资项目，对中小企业的项目进行限制。《钢铁产业调整和振兴规划》明确提出"全国要形成宝钢集团、鞍本集团、武钢集团等几个产能在 5 000 万吨以上、具有较强国际竞争力的特大型钢铁企业，形成若干个产能在 1 000 万 ~ 3 000 万吨级的大型钢铁企业。"

8.3 当前我国钢铁工业面临严重的产能过剩问题

2012 年以来，我国国民经济增长放缓，钢铁产品市场需求与产量增速显著放缓。根据中国钢铁工业协会发布数据，2014 年中国粗钢表观消费量为 7.41 亿吨，增速为 1.76% 增速已显著放缓。基础设施投资、房地产投资增速明显放缓，以及机械、汽车、家电、造船等行业的低增长或增速大幅下滑，是钢铁产品市场需求放缓的主要原因。受此影响，我国钢铁工业主要产品产量增速大幅回落，2014 年全国累计生铁、粗钢和钢材产量分别为 7.12 亿吨、8.23 亿吨和 11.26 亿吨，同比仅分别增长 0.4%、5.6% 和 5.4%，增幅同比均有回落。

随着需求与产量增速的显著放缓以及新建产能的不断释放，我国钢铁工业产能过剩问题非常突出。2012 年至 2014 年我国粗钢产能分别约 10 亿吨、11 亿吨和 11.6 亿吨，而全年粗钢产量约 7.2 亿吨、7.8 亿吨和 8.23 亿吨，产能利用率仅为 72%、70.9% 和 70.9% 左右。从产品上看，我国钢铁工业由结构性过剩转为全面性过剩。据 2012 年上半年的调查，我国螺纹钢、线材产能合计 39 861 万吨，不完全统计全年还将新增产能 3 460 万吨，而全年产量预计为 31 000 万吨，产能利用率不足 75%。不只低附加值产品出现较为严重的产能过剩，由于较长一段时期以来不锈钢、重轨、宽厚板、热轧和冷轧薄板、电工钢等中高端产品产能快速扩张，这些产品也开始出现明显的产能过剩。以中厚板为例，在 2012 年产能仍继续增加的情况下，前十个月特厚板、厚板、中板产量分别下降了 15.3%、10.4%、9%，产能过剩问题十分突出。2012 年，中国热轧产能已超过 2.2 亿吨，冷轧产能已超过 1.2 亿吨，电工钢产能将超过 1 530 万吨，产能利用率均处于历史较低水平。

钢铁企业经济效益的急剧恶化，这表明我国钢铁工业产能过剩形势非常严峻。国际金融危机以来，我国钢铁行业经济效益急剧恶化。2008 年 1~11 月，黑色金属冶炼及压延业利润降为 1 475 亿元；2009 年随着金融危机的蔓延和扩散，我国钢铁行业 1~11 月份利润更是下降到 812 亿元；2010 年随着经济复苏以及在国家各项刺激政策的作用下，我国钢铁行业 1~11 月利润回升至 1 283 亿元，但仍未达到金融危机之前的水平。2011 年，钢铁行业利润总额上升至 2 099 亿元；2012 年行业利润总额急剧下降至 1 229 亿元。从销售利润率指标来看，2006 年、2007 年的 1~11 月，规模以上钢铁企业销售利润率处于较高水平，分别为 5.1% 和 5.5%，受金融危机的影响，2008 年、2009 年 1~11 月销售利润率急剧下跌至 3.5% 和 2.1%，2010 年销售利润率小幅回升至 2.6%；2011 年销售利润率为 2.89%，略有上升。

2012 年以来，随着宏观刺激政策的退出，以及新增产能的释放，钢铁行业经济效益显著恶化。2012 年钢铁企业效益大幅下降，钢铁工业的亏损面达到 19.06%，比上年同期增加 6.2 个百分点，销售利润率急剧下降至 1.73%。2013 年、2014 年，钢铁行业销售利润率为 2.2%。重点统计钢铁企业 2014 年实现利税 1 091 亿元，增长 12.2%；盈亏相抵后实现利润 304 亿元，增长 40.4%。但行业销售利润率只有 0.9%，仍处于工业行业最低水平。但这并不意味着钢铁行业经济效益略有好转，这两年多数钢铁企业大幅度调低了固定资产的折旧率，导致账面效益看上去略好些，钢铁行业正面临比 2008 年更为严峻的形势。

我国钢铁行业已经步入低速增长的"高位平台期"，如果没有及时有效的治理措施，我国钢铁工业产能过剩问题将可能在未来很长一段时期内存在。我国国民经济经过三十年高速增长，已经进入必须转变发展方式与调整经济结构的新阶段。进入新阶段后，经济增长速度将放缓，以往过度依赖投资拉动和出口的增长方式亦将难以持续，粗钢的需求强度将明显降低，需求增速将显著放缓。目前我国人均钢铁消费量已经接近甚至高于发达国家的水平：2012 年，世界人均钢材消费量为 216.9kg，而我国人均钢材消费量为 477.4kg，虽然不及韩国人均 1 114.1kg 的水平，但已经远远超过欧盟 287.5kg 的平均水平；考虑到我国人口密度大、因而桥梁和建筑等钢结构基础设施使用效率高的特点，人均钢铁消费量缺口已经不可能成为驱动我国钢铁工业快速增长的主要动力。同时，鉴于当前我国已形成 11.6 亿吨粗钢生产能力，钢铁工业固定资产投资仍维持较高水平，加之我国钢铁工业优胜劣汰机制尚未真正建立，市场自发调节供需平衡与产能的机制不能很好发挥作用，未来较长一段时期较为严重的产能过剩将是困扰我国钢铁工业发展的重要问题。

8.4　本轮钢铁工业产能过剩形成的原因分析

国民经济增速放缓是本轮钢铁工业产能过剩形成的直接原因。国际金融危机以来，加大基础设施建设与刺激家电、汽车等产品消费需求等政策，为国民经济的企稳回升起到了极为关键的作用，同时也带动了钢材消费需求的快速回升，钢铁行业产能投资与产能随之恢复较快增长。随着政策的逐渐退出，基础设施建设投资增速明显放缓，家电、汽车等产品消费增长乏力，加之世界经济持续疲弱，钢材需求增速显著放缓。而近年来投资的新建项目不断形成新的产能，从而导致当前钢铁行业较为严重的产能过剩问题。

从某种意义上说，上一轮强劲的经济刺激政策正是本轮钢铁工业产能过剩的诱因。

要素市场扭曲与地方保护主义仍然是导致本轮钢铁工业产能过剩、产业兼并重组困难的根本原因。钢铁企业往往是当地经济、财政的支柱，地方政府大多积极支持本地钢铁企业尤其是地方国有钢铁企业的发展。根据我们近年调研的情况，地方政府通常都为本地钢铁企业产能投资提供大量廉价土地以及税收上的优惠，甚至环境治理上放松标准，企业陷入严重亏损时地方政府还会为企业提供财政补贴和资助。在地方政府的支持和保护下，钢铁企业往往具有强烈扩张规模与过度产能投资的倾向，并会倾向于对市场需求的增长做出过度反应，进而导致全行业产能过剩。

不当的产业政策干预是导致钢铁产业产能过剩的重要原因。中国钢铁产业政策中强烈的"扶大限小"的倾向，使得大中型钢铁企业为了争取政策重点支持、小钢铁企业为避免成为被产业政策限制甚至强行淘汰的对象并获得发展空间，而具有强烈的规模扩张动机，这在很大程度上扭曲了企业投资行为，使得企业有强烈过度投资的倾向，并进而会导致行业内产能过剩。政策部门习惯在产能利用率下降、竞争加剧的时候，便强化对于中、小企业（尤其是中小民营钢铁企业的限制）而保护在位大企业（尤其是国有大型钢铁企业）的做法，还会带来道德风险，进一步强化大企业过度投资行为。钢铁行业投资项目审批中设定比较高的设备规模标准，淘汰落后产能时以设备规模作为落后产能标准的做法，在一定程度上加深了钢铁行业产能过剩的严重程度。淘汰落后产能，以设备规模作为主要标准，导致小钢铁企业避免被淘汰而投资相对大规模的高炉和转炉，在投资审批过程中设定比较高的设备规模标准，使得企业在扩大规模时，不得不选择大规模设备和生产线；在准入标准中设定比较高的规模标准，则会使得小企业避免被淘汰而进行新的产能投资。这些都会进一步加深产能过剩的严重程度。

国有企业改革滞后是使得产能过剩加剧的重要原因。国有钢铁企业比重过高且大部分国有钢铁企业效率低下，进一步加剧了产能过剩和产能退出障碍的程度。2011年，黑色金属冶炼与压延加工业中，国有和国有控股企业仍然占规模以上企业资产总额的54.5%，占规模以上企业总产值的36.9%；国有及国有控股企业总资产贡献率、成本费用利润率分别为4.79%和1.19%，远低于行业平均水平的8.88%和3.39%。但由于地方政府的隐性补贴，一些低效率的国有企业仍能维持生存，严重阻碍了优胜劣汰的市场调节机制。另外，由于有大量低效率的国有钢铁企业存在，即使已经出现产能过剩的情况下，具有效率、管理、成本等多重优势的民营钢铁企业仍然会认为进一步扩大产能是合理的投资选择。这样一来，钢铁工业产能过剩势必出现雪上加霜的态势。

此外，钢铁工业缺乏公平竞争的市场环境，市场化解和调整过剩产能的内在机制难以发挥作用，是现阶段面临的突出问题。这主要表现在部分企业违规排污减少环境投入进行不正当竞争、各地方政府对本地企业的违规优惠和补贴政策、部分中小企业采取生产地条钢、无票销售逃税的违法手段进行不正当竞争，从而导致低效率企业、落后产能难以被淘汰出市场；不仅如此，这些低效率企业反而又利用所获得的成本优势进行恶性竞争，使得行业陷入日趋严峻的困局。

8.5 构建治理我国钢铁产业产能过剩的多层次政策体系

针对我国钢铁产业产能过剩问题的性质的特点，建议尽快建立"短期与长期结合、引导与控制结合、增量与存量结合"的多层次政策体系。

（1）短期政策目标应以尽快"消化"已有的过剩产能为主，同时辅以严格控制增量投资的政策。短期内，"关、停、并、转"都会遭到钢铁企业及其所在地方政府的抵制，政策执行的实际效果会比较有限。针对企业开工不足、销路不好、库存多、债务负担重的现实问题，当务之急是尽快设计一套能够消化现存过剩产能的政策体系：①提高"建材下乡"标准，推进"家电下乡"、"汽车下乡"、"新农村建设"和"农机补贴"政策。2010年开始的"建材下乡"对于扩大国内钢材需求，特别是钢板、棒材等建筑用钢材需求起到了一定的作用。但是，由于建材下乡试点单位多属于水泥、木材、家具等行业，钢铁企业参与较少；加之"建材下乡"本身推进较慢，对钢铁等相关行业的实际带动效用弱于"家电下乡"和"汽车下乡"。建议在不断增加建材下乡试点地区的同时，细化实施细则，提高新农村建设中住宅和公共建筑的标准，增加钢材使用量。同时，抓住农业机械化机遇，推出相应的"农机购买补贴"政策，推广适合农村建设和产业化生产使用的钢材产品。②加大城市"低标"钢结构建筑和设施的建设力度。城市设施中的公交车站、电话亭、护栏、岗哨、景观可以广泛采用钢结构或以钢为主的混合式结构，这些建筑对钢材品质要求较低，是供大于求钢产品的重要市场。③加大对新兴市场的出口力度。过剩情况更为严重的中低端板材主要应用于装备、机械产品，要通过国内现有下游产业消化过剩产能难度较大，也不符合这些产业转型升级的要求，更好的做法是调整优化钢材出口结构，通过出口消化国内产能，重点是鼓励、引导钢铁企业增加向发展中国家出口的比重，特别是向印度、巴西、南非等制造业发展较快的发展中大国的出口，提高国内板材产能利用率。④控制增量投资。在开拓钢材产品市场的同时，必须谨防由此引起的新的盲目投资，要严格控制中低端钢材产品的扩产和新建项目。

（2）中期的政策以技术升级和生产的技术标准为核心，将调控钢铁产能的产业政策工具逐渐由"控制产能规模"向"工艺和产品技术标准"转变。钢铁产业技术升级的方向应该更加明确和细化，不能简单地将板材比重的提高作为技术升级的目标，而是要不断提高高强度建筑用钢、汽车用钢、高端装备用钢、耐腐蚀钢等高端产品比重。在钢铁工业中长期发展规划框架下，进一步制定 1 ~ 2 年的钢铁中短期发展战略，形成促进钢铁工业工艺和产品技术标准动态进步、调整的政策体系。适应国内高铁和装备工业高速发展的要求，组成多家钢铁企业参与的联合攻关项目组，重点突破薄板热轧等关键工艺技术，在国内需求增长较快的钢材领域，逐步实现对进口高端钢材的替代。

（3）长期的政策以完善市场体制，推进兼并重组，优化产业组织结构为主。主要由地方政府的投资冲动导致的"盲目进入"和"过度进入"造成的产业集中度过低是中国钢铁产能过剩的症结所在，要根治过剩问题，就必须充分发挥市场优胜劣汰的机制，并以此提高产业集中度。我国过去几十年产业发展的经验表明，这一过程必须依靠通过市场推动的企业间兼并重组来实现。而形成市场驱动的产业重组机制，最关键的是逐步减少并最终消除地方政府在土地、税收和环境治理方面对钢铁企业给予的各类"隐性补贴"。建议设立由工信部牵头的清查小组，严查并禁止地方政府对本地钢铁企业给予的不符合国家产业政策要求的各种形式优惠和补贴；同时，利用钢铁市场低迷从而有利于市场结构调整的时机，加快推进地方低效率国有钢铁企业的改制。国家工业管理部门则应逐步退出行政管制的角色，工作重心集中于制定执行行业标准和规范市场竞争秩序，从根本上改变钢铁工业"过剩、治理、再过剩、再治理"恶性循环的局面。

此外，钢铁工业还应从以下三个方面加快推动过剩产能的化解工作。首先，构建公平竞争的市场环境。加强环境与生产安全监管的同时，取消钢铁行业不必要的审批、核准与准入；让不同所有制钢铁企业在税收负担、劳动者权益保护、环境成本承担等方面得到同等对待；建立健全相应政策法规，严禁地方政府为本地钢铁企业提供损害公平竞争的各类优惠政策；着力打击部分钢铁企业生产地条钢、无票销售等违法违规的不正当竞争行为。其次，强化对钢铁企业环境监管。通过建立污染物排放在线监测与遥感监测网络，实时监控钢铁企业污染物排放，对于违规企业按照相应法规予以严惩。最后，还应促进钢铁企业技术吸收能力和新产品开发能力的提升，将高端产品设备生产能力充分转化为高端产品制造能力。

8.6　本章小结

当前，中国钢铁工业产能过剩问题已转变为"全面过剩"和"中长期过剩"，如何对中国产能分散与产能过剩进行有效治理是亟待解决的问题。本章通过对中国钢铁行业分布的现状与特点进行阐述，指出当前我国钢铁工业面临严重的产能过剩问题，进一步对近年来钢铁产业发展的政策环境进行分析与探讨，发现中国钢铁工业当前产能过剩的根本原因在于地方政府采用税收、土地等"隐性补贴"手段长期对钢铁企业，特别是国有钢铁企业的新增投资予以扶持，并且，对于中国当前转轨背景下钢铁工业市场化进程滞后、国有企业产能仍然占有较大比重也是引致中国钢铁工业长期反复产能过剩的另一重要原因。鉴于此，有必要构建"短期与长期结合、引导与控制结合、增量与存量结合"的多层次治理体系，为钢铁行业的健康良序发展与公平竞争提供良好的市场环境，而非采取具有严重缺陷的选择性产业政策以应对扭曲的市场所结出的产能过剩"恶果"。

9

电解铝工业产能过剩问题及治理政策研究

9.1　电解铝工业发展特征

　　铝是工业发展的基础材料，也是推动社会前进的一种不可替代的绿色环保材料，在使用过程中不会污染环境，同时具有较高的回收利用性。而铝工业也是我国有色金属工业中社会贡献率最高的产业之一。在我国，铝已成为继钢铁之外的第二大金属材料，广泛应用航空、建筑、交通等各个领域。电解铝工业是铝工业关联度最高的产业，通过技术的引进及发展，电解铝工业得到了蓬勃发展。

9.1.1　电解铝工业的特征

　　当前世界上大部分国家的生产企业都在使用大型预焙槽，槽的电流强度很大，不仅自动化程度高，能耗低，单槽产量高，而且满足了环保法规的要求。我国已完成了230KA、280KA、300KA 的现代化预焙槽的工业试验和产业化。以节能增产和环保达标为中心的技术改进与改造，促进自焙槽生产技术向预焙槽转化，获得了巨大成功。

　　从铝的产业链情况来看，上游为铝土矿、氧化铝，下游为建筑、交运、家电等行业。房地产行业、交运行业对铝的需求量达到了铝需求量的一半，这两个行业的景气情况将直接决定电解铝的市场状况。

　　我国电解铝行业正面临"上下端遭挤压"的状况，就来源而言，我国铝土矿资源总量 38.7 亿吨，仅占全球的 3%，资源储量并不丰富，加之铝土矿质量较差，加工难，严重依赖于进口。2014 年 12 月，印度尼西亚宣布禁止出口一切原矿，把矿石精炼限制在国内，以提高矿产品出口附加值，我国电解铝行业更加雪上加霜。

就下游而言，产能过剩一直是近几年来我国电解铝行业面临的突出问题，不断增长的电解铝产量和日渐紧缩的产品需求量，是当前我们要设法解决的重大问题。

9.1.2　工业化进程与铝工业生命周期

9.1.2.1　工业化的基本特征

工业化一般是指工业在国民收入和劳动人口中所占的比重持续上升的过程。因此，我们从产业结构和人均收入水平来分析主要产铝国的工业化特征。

1. 电解铝主要生产国的产业结构

在本节的研究中主要分析了产铝国美国、日本和中国分别在 1970～1985 年、1960～1983 年、1997～2013 年的情况。表 9-1 具体说明了这三个主要研究国家的产业结构。

表 9-1　　　　　　　　　　　各国产业结构的比较

国家	年份	第一产业（%）	第二产业（%）	第三产业（%）
美国	1970	3.5	35.2	61.2
	1980	2.9	33.5	63.5
	1985	2.4	30.9	66.7
日本	1960	14	46.6	39.7
	1973	6	48	46
	1983	4	44	53
中国	1997	18.3	47.5	34.2
	2002	13.7	44.8	41.5
	2013	10.1	43.9	44.6

资料来源：世界银行数据库（http://data.worldbank.org.cn/indicator/NY.GDP.MKTP.KD.ZG）。

通过各国的比较发现，在各国的研究期内，尽管都以第二、第三产业为主导，但仍表现的各有特色。美国在产业结构上只是微调，美国第一产业的比重进一步降到 2.4%，第三产业明显超过第二产业且呈上升趋势。日本经历了第一产业快速下降，第三产业快速上升的产业结构调整过程。到 1983 年，日本第三产业超出了第二产业 9 个百分点。中国同样经历着第一产业下降，第三产业上升的过程。但和其他国家相比，中国的第一产业的比重仍然过高，第三产业比重过低。到2013年中国的第二产业和第三产业基本持平。

第二产业包括工业和建筑业，其中建筑业、汽车和轨道交通是主要的用铝的领域。从各个国家的比较来看，第二产业所中比重仍然较高，都在30%以上。可见，在研究期内，工业对经济增长的拉动仍然起着重要的作用，对用铝的需求仍然旺盛。

2. 主要产铝国研究期内的人均收入水平

美国经济学家钱纳里认为，经济增长是经济结构转变的结果，结构转变与人均收入有着规律性的联系。因此，钱纳里借助多国模型将随人均收入增长而发生的经济结构的转变划分为三个时期六个阶段，其中第六个时期是后工业时期，表9-2显示了钱纳里的具体划分标准，表9-3则显示了主要研究国的人均收入水平。

表9-2   各经济发展阶段的人均收入

时期	收入变动范围（美元）				发展阶段	
	1970	1980	1990	2000		
1	140 ~ 280	280 ~ 560	448 ~ 896	574 ~ 1 148	第一阶段	初级阶段
2	280 ~ 560	560 ~ 1 120	896 ~ 1 792	1 148 ~ 2 296	第二阶段	工业化阶段
3	560 ~ 1 120	1 120 ~ 2 240	1 792 ~ 3 584	2 296 ~ 4 592	第三阶段	
4	1 120 ~ 2 100	2 240 ~ 4 480	3 584 ~ 6 720	4 592 ~ 8 610	第四阶段	
5	2 100 ~ 3 360	4 480 ~ 6 720	6 720 ~ 10 750	8 610 ~ 13 776	第五阶段	发达经济阶段
6	3 360 ~ 5 040	6 720 ~ 10 080	10 750 ~ 16 128	13 776 ~ 20 664	第六阶段	

资料来源：陈元江，黄小舟. 工业化进程测度指标的实证与思考. 统计与决策. 2005 (07)：14-16.

表9-3   各国人均GDP（美元）

年份	美国	日本	中国
1960	—	462	—
1965	—	900	—
1970	5 247	2 003	—
1973	6 741	3 931	—
1979	11 695	8 953	—
1982	14 439	9 428	—
1985	18 269		

年份	美国	日本	中国
1997	—	—	774
2000	—	—	949
2005	—	—	1 731
2009	—	—	3 748
2013	—	—	6 807

数据来源：世界银行数据库（http：//data. worldbank. org. cn/indicator/NY. GDP. MKTP. KD. ZG）。

由于我国尚未采用人均收入指标，因此在实际操作中用人均国民收入来替代。结合表 9 - 2 和表 9 - 3 可知，美国在 20 世纪 70 年代已经进入发达经济阶段，日本在研究期应该经历由工业化中期到后期最终达到发达国家的过程，而我国从 1997 年到 2013 年经历了从工业化初期到工业化中期再到工业化后期的转变。

9.1.2.2　铝工业生命周期

所谓产业生命周期是指一个产业从产生到衰退的时间周期。一般认为一个产业会经历形成期、成长期、成熟期，最终到达衰退期。形成期是指某个产业出现后要素投入、产出规模和市场需求缓慢增长的时期；成长期是指产业的要素投入、产出规模和市场需求迅速增长的时期；成熟期是指某个产业的市场饱和、要素投入、产出规模进入缓慢增长的时期；衰退期是指某个产业的要素开始退出、产出规模和市场规模下降趋势日益增强的时期。

1. 美国、日本、中国铝工业生命周期的描述

（1）美国铝工业的生命周期。

在 20 世纪 20 年代到 80 年代，美国的铝产量快速的增加，尤其是 1980 年创造了美国原铝生产历史上的最高纪录，达 465.4 万。但随后美国的铝工业受到美国生产原材料和能源价格上升的影响开始步入成熟期，铝产量缓慢增长甚至出现小幅度的倒退，到 2000 年随着美国经济的增长点从工业领域向信息技术、生物工程等高科技领域转移，美国的铝工业也进入了衰退期（见表 9 - 4）。

表 9 - 4 美国铝工业生命周期

时期	年份	消费强度（KG/美元）	城镇人口比重（%）	人均铝产量（KG）	人均GDP（美元）	农业从业人口比重（%）	第二产业比重（%）	非农业产业平均比重（%）
形成期	1886～1920	—	53.5	0.52	—	—	—	—
成长期	1920～1980	0.00052	69.3	16.7	340	13.9	34.1	90.4
成熟期	1980～2000	0.002	79.6	41	2 262	3.02	28.4	97.1
衰退期	2000年至今	0.0008	80.26	32.7	4 502	1.9	21.5	98.8

数据来源：美国地质调查局（https：//www. usgs. gov/）、美国人口普查局（http：//www.census.gov/）、世界银行数据库（http：//data. worldbank. org. cn/indicator/NY. GDP. MKTP. KD. ZG）；表中数据皆为平均数。

2. 日本铝工业的生命周期

日本的铝工业从 1899 年生产第一张铝板开始，经历了一百年多年的历史。在此期间，该国工业经历了巨大的变化。第二次世界大战后，从军工需求转向民用消费，又因经受两次石油价格高涨的冲击，迫使铝工业萎缩。两次石油价格引起能源成本的高涨，给日本铝工业带来沉重打击，从而使日本的铝电解工业在国际上失去了竞争力。日本的原铝总产量曾在 20 世纪 80 年代后期达到每年 164 万吨的水平，现在已减少到每年 3.3 万吨的水平。

另外，日本对铝产品的需求一直在稳定增长，所需铝产品的总量 1988 年已达 134 万吨，这使日本在西方世界继美国之后成为第二个最大市场，表 9 - 5 给出了日本铝生命周期的具体情况。

表 9 - 5 日本铝工业铝生命周期

时期	年份	消费强度（KG/美元）	城镇人口比重（%）	人均铝产量（KG）	人均GDP（美元）	农业从业人口比重（%）	第二产业比重（%）	非农业产业平均比重（%）
形成期	1899～1940	—	28.5	—	—	—	—	—
成长期	1940～1972	0.00133	69.9	5.48	1 352	8.6	43.3	—
成熟期	1973～1981	0.00141	75.7	20.82	6 809	10.01	39.7	93.37
衰退期	1982年至今	0.00118	81.4	0.64	31 079	6.06	32.3	98.58

数据来源：美国地质调查局（https：//www. usgs. gov/）、日本统计局（http：//www. census. gov/）、世界银行数据库（http：//data. worldbank. org. cn/indicator/NY. GDP. MKTP. KD. ZG）；表中数据皆为平均数。

3. 中国铝工业的生命周期

中国的铝工业始建于 1919 年 9 月，在上海创建的益泰信记铝器厂成为中国第一家铝加工厂，然而中国的铝工业真正得到快速的发展却是在 1978 年改革开放以后，因此将 1978 年作为中国铝工业成长期的开始。在产能方面，我国电解铝产能自 2001 年以

433 万吨跃居世界第一位以来，已经连续 13 年稳居世界第一。2005～2012 年，电解铝产量逐年以平均 20% 以上的速度递增。至 2012 年底，我国电解铝产能超过 2 600 万吨，而产量只有 2 235 万吨，产能利用率仅为 72%。期间消费量虽然有所提升，但是仍然无法化解产能过剩问题。可以说我国铝工业虽然现在还在快速发展，处于生命周期的成长期，但是随着产能过剩的加剧，必将在近几年进入成熟期。表 9－6 显示出了我国铝工业生命周期的具体状况。

表 9－6   中国铝工业生命周期

时期	年份	消费强度（KG/美元）	城镇人口比重（%）	人均铝产量（KG）	人均 GDP（美元）	第二产业比重（%）	非农业产业平均比重（%）
形成期	1919～1978	0.0043	17.5	0.00045	137.05	38.54	73.86
成长期	1978 年至今	0.0069	33.1	8.64	1 150	45.5	79.9

数据来源：中国统计局（http：//data. stats. gov. cn/），中国有色金属工业协会.《中国有色金属工业年鉴 2011》，2012 表中数据皆为平均数。

9.1.3   工业化进程与铝金属需求

铝是消费量最大的金属之一，仅次于钢铁。进入 21 世纪后，我国铝工业发展迅速，2010 年我国原铝产量、消费量均占世界总量的 40% 左右，2000～2010 年，我国原铝产量、消费量的增加量分别为同期全世界增加总量的 82% 和 86%，是拉动世界铝工业发展的引擎。然而，我国在大规模发展铝工业的同时，给资源、能源和环境带来了较大压力。同时，也对世界铝工业格局及贸易产生重要影响。在此情况下，研究我国铝工业发展规律，揭示原铝消费量规律，对于预测未来我国铝工业走向、预测原铝消费的峰值和峰值期，并探索一条体现可持续发展理念、符合我国国情的铝工业发展之路，具有重要意义。

9.1.3.1   影响铝消费的主要因素

1. 城市化率

中国已经进入了工业化后期和城市化中期的发展阶段，相对于工业化的进程，城市化明显滞后。目前，中国已经将城市化作为中国迈向现代化的重要一步。在政策方面，党的十七大时，"大城市"和"城市群"成为主流认识；党的十八大时，会议要求工业化、信息化、城镇化、农业现代化良性互动，共同发展；2012 年 12 月中央经济工作会议上提出了"积极稳妥推进城镇化,提高城镇化质量"。2013年6月26日,第十二届全国人大委员会第三次会议上,国家发改委发布《国务院关于城镇化建设工作情况的报告》,首次明确城市化路径。表9-7给出了中国近几年城市化率的情况。

表9-7 中国近几年城市化率情况

年份	总人口（亿）	城市化率（%）	城镇人口（亿）	人均建筑面积（平方米）	城镇住宅总面积（亿平方米）	城镇住宅新增建筑面积（亿平方米）
2006	13.16	43.9	5.77	37	156	—
2010	13.6	47	6.39	30	192	36
2020	14.5	57	8.27	35	289	97

数据来源：罗普斯金铝业股份有限公司.《2009招股说明书》；其中2020年为预测值。

　　城市化过程中要求大规模的基础设施建设、住房、交通运输体系建设,城市化生活方式将促进家用电器、日用消费品的升级,而这些正是铝消费的集中领域,从而城市化率是影响铝消费的关键因素之一。

　　为了探索我国铝消费和城市化率之间的关系,本文通过回归分析对二者之间的关系进行实证分析。通过研究1995～2013年我国原铝消费和城市化率的数据,可知我国的铝消费和城市化率之间存在显著的正相关关系（见表9-8）。这说明在我国城市化过程中随着城市化率的提高,我国的原铝消费也必然增加,即城市化是影响铝消费的因素之一。

表9-8 城市化率和铝消费之间的相关性

		城市化率	铝消费
城市化率	Pearson 相关性	1	.950**
	显著性（双侧）	—	.000
	N	19	19

**. 在.01水平（双侧）上显著相关。

　　为了分析城市化率和铝消费量之间的具体关系,首先对我国1995～2013年的城市化率和铝消费量的数据做散点图（见图9-1）,可知二者之间符合一元二次方程的函数关系。运用eviews软件进行回归方程分析,并建立回归模型（表9-9）。

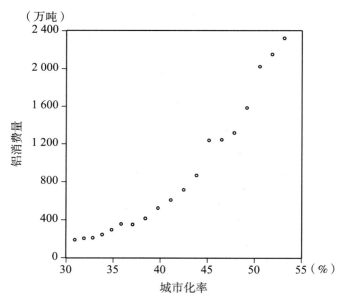

图9-1　城市化率和铝消费量散点图

表9-9　　　　　　　　　　　　城市化率和铝消费量回归方程分析

Variable	Coefficient	Std. Error	t - Statistic	Prob.
X^2	5.202956	0.420989	12.35890	0.0000
X	-337.6450	35.34446	-9.552984	0.0000
C	5700.868	725.3319	7.859668	0.0000
R - squared	0.990838	Mean dependent var		896.0768
Adjusted R - squared	0.989693	S. D. dependent var		736.1149

得出回归方程模型：$y = 5.2x^2 - 337.6x + 5700$。

2. GDP

近十几年来，我国的国民经济得到快速发展，然而其中也伴随着我国资源的大量消耗，尤其是在工业化的初期和中期，经济发展是以资源的消耗为支撑。原铝作为一种需求量巨大的资源，其消费必与经济发展密切相关。通过考察1995~2013年我国原铝消费量与GDP之间的关系（见表9-10），发现二者之间有比较明显的正相关关系。

表 9 - 10   GDP 与铝消费之间的相关性

		GDP	铝消费
GDP	Pearson 相关性	1	.994 **
	显著性（双侧）	—	.000
	N	19	19
** . 在 .01 水平（双侧）上显著相关。			

应用 eviews 软件，将铝消费量和 GDP 做散点图（见图 9 - 2），可知两者之间成线性相关，在 2008 年突然出现大的波动可能是由于我国经济受到了美国次贷危机的影响。之后运用 eviews 建立线性回归模型（见表 9 - 11）。

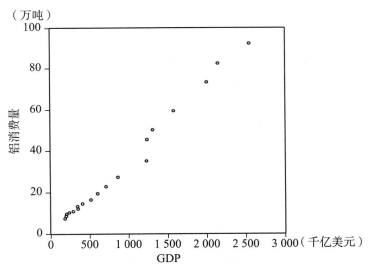

图 9 - 2　GDP 和铝消费量散点图

表 9 - 11   GDP 和铝消费量回归分析

Variable	Coefficient	Std. Error	t - Statistic	Prob.
X	27. 54387	0. 475197	57. 96310	0. 0000
R - squared	0. 986336	Mean dependent var		896. 0768
Adjusted R - squared	0. 986336	S. D. dependent var		736. 1149

得到线性回归方程：$y = 27.54x$，表明我国 GDP 每增加 1%，铝的消费量增加 27.54%。

3. 产业结构

铝有特定的消费领域，其产销与一个国家的工业化进程密切相关。实践证明一个国家所处的经济阶段决定了这个国家对铝的需求程度，农业社会对铝的需求程度最低；在工业化阶段，由于我国的基础设施建设刚刚开始，对铝的需求迅速扩张；随着工业化的完成和城镇化的减缓以及汽车行业的饱和，基础设施逐渐地完善，同时前期铝消费所形成的废铝的利用率也由于技术进步和节能环保力度的加强而迅速增加，加上高新技术产业对铝的消耗量较低，因此铝消费的增长速度就会出现放缓甚至负增长。

在我国工业化过程中必然伴随着制造业所占比重不断增加，农业比重不断降低的过程。经过研究发现，第一、二产业在三次产业所占的比重与铝消费量之间存在着非常显著的相关关系，本文应用了 spss 软件就第二产业在三次产业中所占的比重和铝消费量之间的相关关系进行了实证分析（见表 9 – 12、图 9 – 3、表 9 – 13）。

表 9 – 12   产业结构和铝消费量相关性

		产业结构	铝消费量
产业结构	Pearson 相关性	1	.819**
	显著性（双侧）	—	.000
	N	19	19

**. 在 .01 水平（双侧）上显著相关。

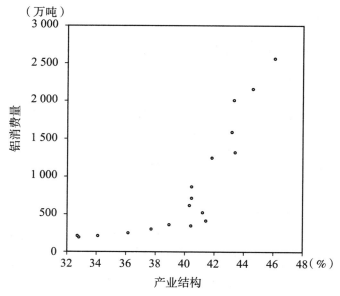

图 9 – 3 产业结构和铝消费量散点图

表 9 - 13　　　　　　　　　　　产业结构和铝消费量回归分析

Variable	Coefficient	Std. Error	t – Statistic	Prob.
C	29 514.96	5 760.824	5.123392	0.0001
X	– 1 657.756	297.8788	– 5.565203	0.0000
X^2	23.34381	3.823753	6.104946	0.0000
R – squared	0.901304	Mean dependent var		896.0768
Adjusted R – squared	0.888968	S. D. dependent var		736.1149

得到回归模型：$y = 23.3x^2 - 1\ 657.8x + 29\ 515$。

9.1.3.2　工业化进程与铝消费结构的变化

随着我国经济的快速增长，我国铝产量和消费量也得到了快速的扩张。2012年我国的铝消费量已超过 2 200 万吨，占世界铝消费量的45%以上，但消费结构与发达国家相比还有很大差别，"十二五"期间我国经济增长方式的转变对铝工业发展提出了新的要求，战略性新兴产业的兴起及节能环保产业的发展将成为拉动铝消费的新的增长点。而随着人们生活水平的提高，铝在建筑、汽车、轨道交通等主要领域的需求也将持续增长。在消费量增加的同时，我国铝消费结构也在悄然发生变化（见图 9 - 4）。

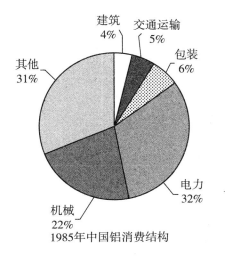

1985年中国铝消费结构

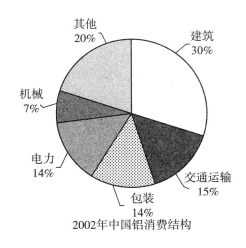

2002年中国铝消费结构

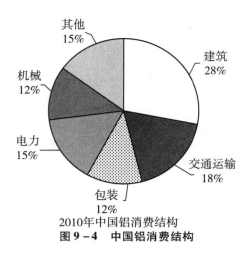

2010年中国铝消费结构

图 9 - 4　中国铝消费结构

　　由图 9 - 4 可知，1985 ~ 2002 年我国的铝消费结构发生了巨大的变化，建筑业、交通运输、包装所占比重不断上升，主要是因为在此轮的经济增长主要依靠基础设施和重工业投资来拉动，其中房地产行业和汽车行业是投资的重点领域，由此导致了铝消费结构的巨大变动。而把我国 2002 年和 2010 年的铝消费结构相比较可知，交通运输和机械的比重进一步增加，究其原因主要还是由于中国仍然处于工业化和城镇化的快速发展阶段。

　　近十几年来，建筑业一直是我国铝材第一大应用领域。随着我国城镇化的加快及国家对基础设施的投资力度的加大，未来建筑行业铝消费依然被看好。交通运输领域是我国铝消费的第二大市场，且其铝消费比重逐年上升。近年来，在铝消费中所占的比重基本上保持在 18% 左右。安泰科预计，2015 年中国在交通运输领域的铝消费量将达到 590 万吨。安泰科认为，汽车制造业铝需求将继续成为推动交通运输领域铝需求增长的关键动力。轨道交通、航天航空铝需求虽然在总需求中只占一小部分，但作为高端铝材消费领域，是交通运输领域铝消费的一个新亮点。此外，铝在电力领域，日用消费品领域都因为质轻、易回收、耐腐蚀等优良的性能得到更加广泛的应用。

　　然而和西方发达国家相比，我国铝消费结构仍有不同之处。在北美，铝在交通运输行业消费超过 35%，其次是包装 26%、工程领域 15%、建筑领域 12%。在西欧，铝在交通运输行业消费超过 34%，其次是包装 20%、建筑领域 19%、工程领域 18%。在日本交通运输领域更为突出，占 43%，其次为工程领域、建筑领域和包装领域。之所以出现这样的差距主要是因为在过去的十年里我国进行城镇化建设，建筑面积快速增长，带动建筑用铝型材消费大量增加，建筑型材大于工业型材所致。

　　但随着经济转型的推进，以高铁为典型的高端制造等领域有关的铝消费将有所增长。近年来，汽车轻量化政策的推行也将对铝消费结构的升级起到积极的推动作用。此外，消

费电子的快速增长、新能源的高速发展及工业节能的发展，都将推动铝消费结构的转变。

9.2　我国电解铝工业的发展历程与现状

9.2.1　我国电解铝工业的发展历程

中国的电解铝生产起步于 20 世纪 50 年代，经过 60 余年的发展，我国电解铝工业取得翻天覆地的变化。这 60 年的发展历程大致可以分为 4 个阶段：

第一阶段是 1919 年到 1978 年，中国铝工业处于创建初期的徘徊阶段。由于这一阶段我国电解铝工业刚刚形成，在经验上还不成熟，导致发展受阻，但总体上还是向前发展。

第二阶段是从 1978 年至 1992 年，我国电解铝工业步入稳步发展阶段。这一阶段在党的十一届三中全会指引下，改革开放的政策为我国电解铝工业增添了新的动力。1982 年 2 月，人民日报发表了"要重视有色金属工业"的社论，并提出了"优先发展铝"的方针。1983 年 4 月，中国有色金属工业总公司成立，加快了我国中西部地区发展铝工业的步伐。贵州铝厂与贵阳铝镁设计研究院合作开发了 186KA 大容量、高效能预焙槽；包头铝厂兴建了 135KA 预焙槽系列；青海铝厂在吸收消化贵州铝厂技术的基础上建成了 20 万吨电解铝厂等。这一系列项目的相继建成，预示着中国铝工业开始向规模化大生产方向发展。

第三阶段从 1992 年到 2000 年，中国电解铝工业跻身为世界电解铝工业大国。在这一阶段，电解铝工业发展的速度加快，生产技术日趋先进成熟，形成了多种所有制共同发展的格局，工业布局趋于合理。这一阶段的发展主要有四个特征：一是发展速度跃居世界前列。仅用 10 年时间，中国电解铝产量就从 1992 年的 109 万吨迅速发展到 2001 年的 342.46 万吨。全球排名从 1991 年的第六位跃居为 2000 年第一位，成为世界生产大国，并首次由净进口国成为净出口国；二是生产规模逐渐扩大，在 1995 年全国电解铝生产企业就达到了 53 家，电解铝产能 197 万吨，产量 168 万吨。到 2002 年中国电解铝企业猛增到 138 家，产能 546 万吨，产量 432.1 万吨，在全球排名第一；三是技术趋于先进，近几年中国新建和改扩建的电解铝工程都采用 200KA 以上的大型预焙槽，230KA、280KA、300KA 预焙槽型、干法净化、氧化铝自动下料和浓相输送、电解槽智能化控制等先进技术被广泛应用；四是中小型铝厂迅速发展。这一阶段，除国家重点铝厂迅速发展之外，以各种渠道集资筹办的地方铝厂（私人资本、中外合资、乡镇企业、地方国营等）发展更加迅猛。由于生产铝需要消耗大量的电能，所以我国的铝生产企业基本上集中在西部地区。

第四阶段是 2001 年至今，我国电解铝工业进入飞速发展阶段。2001 年开始，我国电解铝呈现"井喷式"高速发展，据国家统计局统计数据显示，我国原铝（电解铝）产量从2005年的778.68万吨增长至2013年的2 205.85万吨。2013年，我国原铝（电解铝）行业产量呈现增长态势，比2012年2 020.84万吨同比增长9.16%。然而近年来产能过剩问题越来越突出，引起了国家和社会各界人事的广泛关注。

9.2.2　我国电解铝工业的发展现状、问题及趋势

9.2.2.1　我国电解铝工业的发展现状

1. 产能快速增长

近年来，随着经济的快速发展和城市化建设的推进，以及交通运输业的发展，我国电解铝的产能快速增长。据国家统计局统计数据显示，我国原铝（电解铝）产量从2005年的778.68吨增长至2013年2 205.85万吨。2013年，我国原铝（电解铝）行业产量呈现增长态势，比2012年2 020.84万吨同比增长9.16%（见图9-5）。

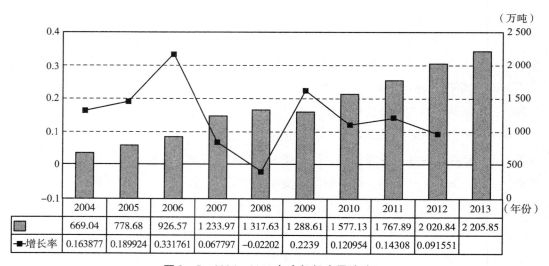

（万吨）	2004	2005	2006	2007	2008	2009	2010	2011	2012	2013
▨	669.04	778.68	926.57	1 233.97	1 317.63	1 288.61	1 577.13	1 767.89	2 020.84	2 205.85
■ 增长率	0.163877	0.189924	0.331761	0.067797	-0.02202	0.2239	0.120954	0.14308	0.091551	

图9-5　2004~2013年电解铝产量统计图

2. 产能向丰富地区转移

目前我国电解铝厂已遍及全国24个省、市、自治区，电解铝企业的布局主要是靠近资源和能源地区。在过去十年的高速发展时期，新增电解铝产能多数建在河南、山东、内蒙古、青海等资源和能源丰富地区。

随着国家西部大开发计划的实施，电解铝工业开始向西部发展。西部地区发展电解铝工业具有独特的国家政策优势，顺应了国家政策发展的要求，能够得到国家政策的优惠。同时，能够降低电解铝行业的电力成本，因此，长远来看，电解铝工业向西部地区

迁移和发展的趋势是必不可免的，随着国家相关法律的完善和政策的落实，电解铝工业在西部会得到较快发展。

3. 技术不断发展

2012 年 3 月 17 日，我国电解铝工业节能减排取得新突破，"低温低电压铝电解新技术"在中孚实业林丰铝电公司顺利通过国家科技部验收，吨铝直流电耗由 2008 年的 13 235 度降低到了 11 819 度，降幅达 10.7%，多项技术达到国际领先水平。如果在全行业推广，可实现我国电解铝工业年节电 275 亿千瓦时。

4. 企业集中度提高

经过多年的发展，我国电解铝行业的集中度得以提高。企业通过跨行业发展、兼并重组等形式，煤 – 电 – 铝及氧化铝、煤—电—铝—铝加工等产业链完整的企业正在逐步增加，企业综合竞争力逐步提升。目前我国电解铝行业已形成以中铝公司、中国电力投资公司和信发集团为代表的三大企业集团，三家电解铝生产能力约占全国的 37%。

9.2.2.2 我国电解铝工业存在的问题

我国电解铝工业得到迅猛发展，取得了相当多的成就，但也存在一些问题：

1. 总体上产能过剩，行业竞争激烈

2013 年氧化铝、电解铝的产能利用率不足 65%，铝型材产能利用率也仅为 87.5%。如果产能利用率低于 80% 就属于中度过剩，低于 70% 就属于严重产能过剩。我国氧化铝和电解铝行业目前都存在着严重过剩的情况。

2. 能源成本持续走高，铝电力成本加大

在 2012 年占比仍然高达四成，而国外电价在电解铝冶炼中的成本仅为两成。随着工业电价不断上涨，电解铝企业的利润更加微薄。铝冶炼行业还是高耗能、高排放的行业，近年来我国环保要求越来越高，企业环保压力和成本也在逐渐上升。除此之外，对于原材料的利用率偏低也是铝冶炼行业原料成本较高的主要因素。

3. 资源禀赋较差，对外依存度高

尽管我国铝矿资源储量也较多且集中，但是我国电解铝、氧化铝冶炼所需原料—铝土矿仍是以进口为主，而印度尼西亚从 2013 年 5 月开始限制铝土矿初级原矿的出口，对于我国未来原料供应有较大影响。

9.2.2.3 我国电解铝工业的发展趋势

1. 不断优化电解槽，以科技进步推动铝工业前进

近年来，计算机技术的应用，带动了电解过程物理场的深入研究和有关数学模型的建立，使电解槽的设计从经验向计算机辅助设计方向发展。采用大容量、高效能的智能化铝电解槽是电解铝技术发展的主流方向。这种电解槽具有电流强度大、单槽及系列槽的铝产量高、消耗低、电流效率高、使用寿命长、污染低等优点。

2. 建筑和交通成为铝消费主要领域

一是新型城镇化的机遇。新型城镇化将改变过去那种"摊大饼"的城市格局，而是通过"上天入地、陆海统筹"，优化配置空间资源，加上配套的交通等设施，需要大量重量轻、性能好的新型建筑材料。二是生态文明建设的机遇。铝的比重仅为钢铁的三分之一，可以多次回收循环使用，能够替代许多材料，随着生态约束日益严格，更多的行业将产生对铝材料的需求。三是经济发展新常态的机遇。在今后相当长一段时间内，交通、建筑、公用设施仍然是基础设施建设的重点，这些都将为扩大铝的应用提供更大的空间。

3. 努力增加国内短缺的高精深铝加工产品

虽然我国已经成为第一大生产和消费大国，但我国并不是铝工业强国。我国铝工业配置资源能力、产业集中度、技术装备水平、产品竞争力、技术创新等方面与世界铝工业强国相比，仍有一定差距。甚至一些高端的铝产品仍需国外进口，缺少高端技术。为缩小与先进水平的差距，提高与国际铝业公司竞争的整体实力，为其他工业技术提供基础服务，应在国内短缺的高精深铝加工产品上多做努力。

4. 继续技术创新，进一步节能降耗

电解铝工业的高耗能特征决定以节能降耗为主题的技术进步是一项长期的任务。虽然近几年的技术发展使得节能降耗取得了一定成效，但随着全球气候变暖问题的加剧，国际社会对减少碳排放的要求愈加严格。作为碳排放的大户，电解铝行业的生产成本势必大幅度提高。因此，继续研发节能槽型和其他节能技术，全方位降低碳排放，大力降低吨铝电耗指标已迫在眉睫。

9.3　我国电解铝产能过剩及治理政策的演变

9.3.1　电解铝产能过剩的基本情况与特征

在经济转型的过程中，我国近些年来出现了持续的产能过剩现象。而在历次工业产能过剩中，电解铝行业总是首当其冲。"九五"以来，我国电解铝工业取得长足发展，产量持续增长，产能持续扩张。回顾历史，自21世纪以来，我国出现了两轮大规模的电解铝产能过剩。

9.3.1.1 2002～2006年过度投资下的第一轮产能过剩

2000年，为了缩小地区差别，充分利用中西部地区资源丰富、劳动力价格低、市场广阔等比较优势，国家大力投资具有资源优势的稀土、氧化铝、电解铝等产业。受国内市场需求增长的拉动，以及国际市场氧化铝价格一度暴跌、电解铝价格上涨等因素影响，加之部分地区和企业受经济利益驱动，未经规定程序批准，违规建设、盲目投资电解铝项目，刺激了大量新厂商进入，粗放的扩张方式为行业过剩埋下了隐患。

1995年全国仅有53家电解铝生产企业，产能197万吨，产量168万吨。而到2002年，电解铝生产企业已经猛增到138家，产能546万吨，产量435万吨，我国一跃成为世界最大的电解铝生产国；到2003年，产能达到834万吨，产量556万吨，见表9－14。

表9－14　　　　　　　　　　电解铝产量达到不同百万吨级所用年限

电解铝产量（万吨）	100	200	300	400	500	600	700
所需年限	40	5	4	1	1	1	1
达到时的年份	1992	1997	2001	2002	2003	2004	2005

资料来源：中国有色金属工业协会.《中国有色金属工业年鉴2013》，2014。

2005年末电解铝产能1 070万吨，电解铝产量781万吨，消费量仅为712万吨，产能平均利用率仅75%～78%，大量产能闲置。2005年电解铝企业平均产量仅7.4万吨，产量在20万吨以上的企业仅9家，10万吨以上的企业仅占总数的28.3%，产能过剩问题严重。

9.3.1.2 2009年以来的新一轮产能过剩

1. 新一轮电解铝产能过剩基本情况

在国家一系列的宏观调控政策下，电解铝行业的产能过剩在一定程度上得到了遏制。在经历了2007～2009年低速极缓慢增长甚至负增长之后，从2009年4月开始，整个有色金属行业产量止跌回升，扭转大面积停产局面，虽然有色金属行业呈现出了良好的发展势头，但是电解铝产能过剩形式严峻，矛盾突出。从2008年金融危机后，中国电解铝产能利用率不足70%，产能过剩情况非常严重，自2012年起，产能利用率正在缓慢增加，由此可看出经过国家一系列针对产能过剩的政策实施，对遏制产能过剩起到一定的作用。但是产能过剩依然存在，情况也是相当严重。

2. 新一轮的产能过剩具有不同于上一轮的新特点

（1）新一轮电解铝产能过剩是行业大面积亏损下的严重产能过剩。

在产能方面，我国电解铝 2001 年以 433 万吨跃居世界第一位以来，已经连续 12 年稳居世界产能第一。2005~2013 年，电解铝产量逐年以平均 20% 以上的速度递增。然而，在我国 2013 年电解铝行业亏损 23.1 亿元背景下，2013 年底，我国电解铝产能达到 3 200 万吨，比上年增加 400 多万吨，而产量只有 2 205 万吨，产能利用率仅为 68.9%。消费量虽然有所提升，但是仍然无法抵消产能过剩的趋势。

（2）新一轮电解铝产能过剩是多轮淘汰落后产能后的新一轮总量性过剩。

我国《铝工业"十二五"发展专项规划》中指出，2015 年我国电解铝消费量将达到 2 400 万吨左右。而 2013 年电解铝产能已超过 3 200 万吨，当前电解铝在建产能约 1 000 万吨，这些都远远超出规划目标产能。我国已经步入工业化中后期，电解铝行业需求峰值已经出现或者临近。与此同时，我国电解铝行业生产技术水平普遍较高，高产能产线居多，仅仅依靠简单的淘汰落后产能无法解决本轮电解铝产能过剩问题。

（3）新一轮电解铝产能过剩是新增产能释放压力很大的长期性过剩。

随着近年我国产业政策导向由"保增长"转向"调结构、转方式"，经济刺激政策逐渐退出，投资与出口增速明显放缓，导致有色金属工业产能过剩问题突出。政府相继出台优惠政策，使得电解铝产能在向西部加速转移，产能转移区域以新疆、内蒙古、甘肃、青海等地区为主。2010 年以来，国内电解铝产能增量 90% 以上投向西部地区，2011 年电解铝新增产能 340 万吨，主要集中在新疆和青海。2012 年，在我国电解铝新建产能的地域分布中，西北地区占比 71%，华东地区是 10.3%，华中地区是 2.8%。中国西部地区在建和拟建电解铝规模超过 2 000 万吨。在我国电解铝行业向西部转移的过程中，新建产能呈爆炸式增长，使产能总量大幅攀升，存在着后续新增产能释放的巨大压力。

9.3.2　电解铝产能过剩治理政策的演变

9.3.2.1　2002~2006 年第一轮电解铝产能过剩的治理政策

为防止出现总量严重过剩和市场过度竞争，加剧铝土矿和煤炭资源的消耗，环境严重污染，引发一系列严重的经济和社会问题。2003 年 12 月 25 日，发展改革委、财政部、国土资源部、商务部、环保总局、工商总局六部联合中国人民银行共同出台了《关于制止电解铝行业违规建设盲目投资的若干意见》，以起到迅速遏制目前电解铝违规建设、盲目投资势头的作用。在《当前部分行业制止低水平重复建设目录（2004）》的第二项的限制类中也明确限制了电解铝项目（淘汰自焙槽生产能力置换项目及环保改造项目除外）的产能扩张，具体政策内容如下。

1. 加强产业政策和行业规划布局指导

贯彻落实国务院批准的《铝工业产业发展政策》，制定实施细则，推进产业结构调整。按照《铝工业发展专项规划》的要求，合理布局，实现有序发展。各地及中央企业要统筹考虑资（能）源、交通、环境等外部条件，规划铝工业发展，调整优化结构；加强市场信息发布，引导企业投资行为。严格控制总量的扩张，加强技术改造，优化产品结构。

2. 提高产业集中度，鼓励综合利用和节约资源

为企业兼并重组创造有利条件，加快企业通过经济手段联合重组的步伐。支持氧化铝、电解铝、铝加工企业联合重组，组建具有国际竞争力的企业集团，实现优势互补，提高产业集中度。鼓励骨干企业继续提高技术和管理水平，降低消耗。完善电解铝行业的电价形成机制，按照电压等级、负荷率等用电特性，制定电价政策。支持骨干电解铝企业申请电力直购试点，或参股电厂，实现多种方式的铝电联营。全面提升铝加工行业中小企业的技术和装备水平，提高资源利用率。支持再生铝企业提高环保水平，形成经济规模。支持电解铝骨干企业发出的关于加强行业自律、缓解供过于求局面的倡议。

3. 加强信贷政策和产业政策的协调配合，建立政策支持下的退出机制

严格执行电解铝建设项目35%及以上资本金比例的规定。根据国家宏观调控和产业政策要求，由金融机构合理配置信贷资金。对于符合国家产业政策和市场准入条件的电解铝企业，积极给予贷款支持；对于不符合国家产业政策和市场准入条件，工艺落后、属于禁止类目录或明令淘汰的企业不予授信支持。加强环保执法，淘汰落后能力。严格执行环保标准，淘汰落后的电解铝生产能力。由国家环保总局定期公布环保不达标电解铝企业名单，限期进行治理。利用国债资金等多种融资手段，支持企业的环保、节能改造。

4. 鼓励开发海外资源，从严控制电解铝出口

鼓励使用国外铝土矿资源，维持进口铝土矿零关税。实行5.5%的氧化铝进口关税。继续按照有关政策进行清理认定，增加一般贸易进口氧化铝企业数量。继续对电解铝产品出口执行取消退税和征收5%关税的政策，严格按照禁止加工贸易产品目录规定禁止氧化铝加工贸易。

9.3.2.2　2009 年以来电解铝产能过剩的治理政策

为解决我国电解铝行业的这些问题，除了上一轮产能过剩的治理方案之外，国家、各地方政府与企业也采取一些新的措施来化解本轮的产能过剩。

国务院发布《关于化解产能严重过剩矛盾的指导意见》，以"消化一批、转移一批、整合一批、淘汰一批"为宗旨；着力创新体制机制，加快政府职能转变，建立化解产能严重过剩矛盾长效机制，推进产业转型升级。提出八大主要任务：坚决遏制产能盲目扩张、清理整顿建成违规产能、淘汰和退出落后产能、调整优化产业结构、努力开拓国内市场需求、积极拓展对外发展空间、增强企业创新驱动发展动力、建立长效机制，具体政策如下。

1. 淘汰产能，禁止扩建

2009 年，国务院同意发展改革委等部门《关于抑制部分行业产能过剩和重复建设引导产业健康发展的若干意见》，坚决抑制产能过剩和重复建设，严格执行国家产业政策，三年内原则上不再核准新建、扩建电解铝项目。现有重点骨干电解铝厂吨铝直流电耗要下降到 12 500 千瓦时以下，吨铝外排氟化物量大幅减少，淘汰落后小预焙槽电解铝产能 80 万吨。2013 年，针对电解铝行业，提出在 2015 年底前淘汰 16 万安培以下预焙槽的严格政策。

2. 价格杠杆，阶梯用电

2014 年国家发展改革委、工业和信息化部发布《关于电解铝企业用电实行阶梯电价政策的通知》，决定自 2014 年 1 月 1 日起对电解铝企业用电实行阶梯电价政策，每吨铝液电解交流电耗越高的，电价逐级提高。《通知》规定，根据电解铝企业上年用电实际水平，分档确定电价。铝液电解交流电耗不高于每吨 13 700 千瓦时的，执行正常的电价；高于每吨 13 700 千瓦时但不高于 13 800 千瓦时的，电价每千瓦时加价 0.02 元；高于每吨 13 800 千瓦时，电价每千瓦时加价 0.08 元。严格落实电解铝企业阶梯用电制度，充分发挥价格杠杆在化解产能过剩、加快转型升级、促进技术进步、提高能效水平方面的积极作用，并落实监督检查。

3. 节能减排，持续发展

国务院办公厅发布的《关于加强节能减排标准化工作的意见》规定对产能过剩行业严格执行强制性节能标准，以强制性能耗限额标准为依据，实施固定资产投资项目节能评估和审查制度，对电解铝、铁合金、电石等高耗能行业的生产企业实施差别电价和惩罚性电价政策。同时，各政府部门联手推动实施推荐性节能标准，制定相关政策，在能源消费总量控制、生产许可、节能改造、节能量交易、节能产品推广、节能认证、节能示范、绿色建筑评价及公共机构建设等领域，优先采用合同能源管理、节能量评估、电力需求侧管理、节约型公共机构评价等节能标准。辅助以严格的监督，以节能标准实施为重点，加大节能监察力度，督促用能单位实施强制性能耗限额标准和终端用能产品能效标准。

9.4　电解铝产能过剩的主要原因

9.4.1　2002～2006 年第一轮产能过剩的主要原因

过度投资是造成我国电解铝产能过剩的根本原因。由于国内外电解铝市场价格基本接轨，利润空间较稳定，消费量也稳定增长，市场预期良好，拉动了电解铝行业的投资，导致本阶段过度投资的具体原因如下。

9.4.1.1　国际市场氧化铝价格暴跌成为电解铝行业投资过热的主要推手

2000 年底开始，美洲地区电力供应紧张，电力价格上涨，致使一些电解铝厂被迫关停，产能急速大幅减少，市场的变动使得氧化铝供应过剩，价格骤跌，电解铝利润空间扩大，刺激了该行业的投资热潮。

9.4.1.2　我国的体制弊端和法律体系不完善也推动了过度投资的"发展"

部分地方政府为拉动地方 GDP，积极地扩大投资于高回报、高利润的电解铝行业；另外，项目审批制度的不健全，存在漏洞，使一些未经过审批的、违规的项目投入建设，甚至存在地方越权审批的现象。由于电力部门停止了小火电厂的供电资格，一些违规建设的小火电厂开始配套建设电解铝厂，将电力自用于电解铝生产，加速了产能扩张。

9.4.1.3　国家给予的一些优惠政策也是促成电解铝行业过度投资的一大原因

从我国市场分析，2001 年我国出现了阶段性的电力供应过剩，电力部门为鼓励企业多用电，给予电解铝企业电价优惠。较高出口退税率也吸引了大量厂商的进入，最终导致了本轮产能过剩。

9.4.2　2009 年以来新一轮电解铝产能过剩原因

当前我国电解铝行业产能过剩的背后有着较为深刻的经济、体制、技术等多方面原因。

9.4.2.1　西部逆市投建热是当前电解铝行业产能过剩加剧的重要原因

近年来，西部地区在能源价格优势的基础上，还以配套煤矿资源、廉价土地等优惠政策推动电解铝生产企业大量产能投资，是电解铝行业西进的重要原因。2010 年以来我国电解铝新增产能 90% 以上在西部地区，鉴于西部地区能源价格较中东部地区有明显优势，随着电价不断上调和省际之间电价差距拉大，电解铝新建产能加速向新疆、内蒙古、甘肃、青海和云南等煤炭、水利资源丰富的西部地区转移，西部地区在建和拟建电解铝规模将突破 2 000 万吨。西部地区电解铝产量已成为电解铝第一大产区，西部电解铝逆市投建热是电解铝行业产能过剩加剧的重要原因之一。

9.4.2.2　我国经济进入深度调整期是本轮产能过剩凸显的直接原因

2007 年世界金融危机以来，国际市场持续萎缩。我国政府实施加大基础设施建设与刺激家电、汽车等产品消费需求等政策，为国民经济的企稳回升起到了极为关键的作用，同时也刺激了相关行业的产能投资。随着 2012 年我国国民经济进入深度调整期，经济增速放缓，产业政策导向由"保增长"转向"调结构、转方式"，经济刺激政策逐渐退出，投资与出口增速明显放缓，直接导致了电解铝产品需求疲软，电解铝产能无法及时消化，造成产能过剩。而近年来受强烈经济刺激政策影响，盲目投资的新建电解铝项目在不断形成新的产能，加深了本轮产能过剩的严重程度。

9.4.2.3　体制扭曲、资源错配是导致本轮产能过剩的深层次原因

一是在财政税收和政绩增长职位晋升的双重激励下，各级地方政府对于具有高投入高产出的电解铝行业都存在强烈的干预投资和利用各种优惠政策进行招商引资的动机。地方政府采用土地政策、税收政策、能源价格优惠甚至提供财政资助等政策性补贴方式进行招商引资竞争。这些措施都使得企业的竞争行为很大程度上遭受到扭曲，进而导致了电解铝产能过剩。二是过度的审批制度以限制产能、工艺以及能源消耗为手段，以淘汰落后产能为目的。但过高的行业审批进入门槛导致电解铝企业急于扩大产能，提高生产线技术水平，防止自身被淘汰。更多的高水平生产线的建设，更大程度上加大了产能

过剩的程度和趋势。三是不健全的退出机制使得企业、政府、职工等利益主体成为产能退出的阻力。

9.4.2.4　长期投资驱动的增长方式导致电解铝行业创新乏力，是本轮电解铝产能过剩难以短期内化解的根本原因

在我国经济高增长时期，电解铝行业普遍采用投资驱动的方式来获取利润，将越来越多的资金、能源、人力等成本投入到生产过程中，忽视了企业技术创新，进而导致企业创新驱动力不足。电解铝行业发展方式粗放，创新能力不强，产业集中度低，没有形成由优强企业主导的产业发展格局，导致行业无序竞争、重复建设严重。技术含量较高的下游铝材加工行业却因为技术限制、工艺落后等原因得不到长足发展。据统计，铝及铝合金等高附加值产品共有 300 多个国际牌号，而中国直到 2007 年 3 月才只有一个，缺乏通过新材料开发拉动化解电解铝产能过剩的技术能力。

9.5　我国电解铝产能过剩趋势的总体判断

产能过剩主要是指发生在工业部门的闲置富余产能超过某种合理界限的现象，通常伴随价格下降和利润减少以致持续亏损。产能利用率是判断产能过剩的主要指标，"合理界限"采用欧美国家的统一标准（产能利用率小于 79%，则说明可能存在产能过剩现象，产能利用率的正常值在 79%~83%，产能利用率大于 90%，则为产能不足）。产能过剩的强度要进行两个阶段的判断，第一阶段判断产能有没有过剩的可能，即是否小于 79%，第二阶段判断产销率的年差值是否小于 0，如果产能利用率小于 79%，产销率的差值又小于 0，那么为强过剩，产销率的差值大于 0，则为弱过剩。这里的产销率为每年铝的消费量与产量的比值。因此我们需要对铝未来的需求量、产量以及产能进行预测从而判断电解铝工业的产能过剩情况。

本书用灰色理论预测法来对我国未来电解铝的供需量进行预测，并根据现阶段各省对未来电解铝工业的产能规划（已建产能，在建产能和计划产能）大致估算出 2020 年我国电解铝总产能，通过计算 2020 年电解铝的产销率及产能利用率来判断电解铝产能过剩的情况。

9.5.1　我国铝需求预测

铝的供需受经济社会发展、产业结构、政策、时间等诸多因素的影响。其中各个具

体的影响力大小比例以及条件变量都无法确定，可以把它看作一个灰色系统。除了 GDP
的增长外，影响铝的消费量的还有产业结构，政策调整，为了排除对预测结果的干扰，
我们把后两种因素都归为经济增长，这样就只有 GDP 与时间 t 两个解释变量，我们这里
的解释变量为我国年 GDP 与时间年，被解释变量 Y 为我国铝的年消费量，从而可以建
立 G（1，2）灰色模型。我们用 2001～2014 年我国原铝消费量的数据进行建模计算，
参数如下：

GDP = ［86 992，102 540，126 534，159 453，183 617，215 904，266 422，
316 030，340 319，399 759，468 562，518 214，568 845，636 139…］；

Y = ［349，411，519，604，711，864，1 234，1 241，1 315，1 580，1 800，2 145，
2 480，2 805…］；

铝消费量与 GDP 总量的灰色关联度：$r = 0.7321$。

MATLAB 软件所输出结果说明我国铝消费量与 GDP 值关联度很大。得到模型：

$$\hat{X}_{k+1} = \left(X_1 - \frac{a}{b} \right) \left(e^{-ak} - e^{-a(k-1)} \right)，$$ 参数 $X_1 = 349$，$a = -0.1480$，$b = 396.2061$。

这里采用的是 2002～2014 年的数据，把上面参数带入即可，表 9 – 15 是对这 13 年
来铝的实际消费量和用灰色模型预测的模拟值进行对比，以及对 2015 年和 2020 年铝消
费量的预测。

由表 9 – 15 可传达的信息：这 13 年来铝的实际值与模拟值的平均相对误差为
5.4%，说明灰色模型对我国历年来铝消费量的模拟程度较好。经过灰色模型预测 2015
年、2020 年铝消费量分别达到 3 076 万吨、3 920 万吨。

表 9 – 15　　　　　　　　2002～2020 年铝的消费量与模拟预测值

年份	消费量（万吨）	模拟值（万吨）	相对误差（%）
2002	411	482	17.4
2003	519	559	7.8
2004	604	649	7.4
2005	711	752	5.8
2006	864	872	1
2007	1 234	1 011	17.9
2008	1 241	1 173	5.4
2009	1 315	1 360	3.4
2010	1 580	1 577	0.1

年份	消费量（万吨）	模拟值（万吨）	相对误差（%）
2011	1 800	1 829	1.6
2012	2 145	2 121	1.1
2013	2 480	2 459	0.8
2014	2 805	2 852	1.6
2015	—	3 076	—
2020	—	3 920	—

数据来源：中国有色金属工业协会.《中国有色金属工业年鉴2013》，2014。巨潮资讯网（http://www.cninfo.com.cn/cninfo-new/index）。

9.5.2 我国铝产量预测

如今铝的供需不平衡，部分也是因为铝产量预测不准，影响铝产量的因素很多，并不是单一的一元线性关系，通常是非线性的，我们用 G（1，1）灰色模型，以时间年 t 为解释变量、铝的年产量为被解释变量，对 2015 年和 2020 年铝产量进行预测，表 9－16 就是把 2002～2014 年铝的产量实际值和用灰色模型得出的模拟值进行对比。

表 9－16   2002～2020 年铝产量与模拟预测值

年份	铝产量（万吨）	模拟值（万吨）	相对误差（%）
2002	440	530	20.6
2003	550	610	10.9
2004	670	710	4.7
2005	780	806	3.4
2006	918	927	1
2007	1 256	1 066	15
2008	1 318	1 226	6.9
2009	1 285	1 410	9.7
2010	1 619	1 621	0.1
2011	1 806	1 864	3.2
2012	2 130	2 144	0.6
2013	2 490	2 465	0.9
2014	2 810	2 834	0.9

年份	铝产量（万吨）	模拟值（万吨）	相对误差（%）
2015	—	3 208	—
2020	—	4 089	—

数据来源：中国有色金属工业协会.《中国有色金属工业年鉴 2013》，2014。巨潮资讯网（http：//www. cninfo. com. cn/cninfo-new/index）。

　　由表 9 - 16 所得：这 13 年来铝的实际值和模拟值的平均相对误差为 5.97%，可知灰色模型对我国铝历年来的产量模拟程度较好。经过灰色模型预测 2015、2020 年铝产量分别达到 3 208 万吨、4 089 万吨。

　　上文我们对 2015 年和 2020 年的电解铝供需量进行了预测，从而可以直接得出 2015 年和 2020 年我国铝的产销率，接下来我们利用预测的产能与供给量来得出产能利用率，通过产销率与产能利用率来判断我国电解铝工业产能过剩未来发展趋势。

9.5.3　我国计划电解铝产能估算

　　目前产能过剩已成为全国难题，尤其是电解铝行业产能过剩严重，全国多家公司处于年年亏损状态，国家每年都要淘汰部分落后产能，亏损严重及规模较小的企业大部分都已关闭，十年来近一半企业被淘汰出局，但是电解铝产能依然过剩，因此我们对目前电解铝的建成产能、在建产能以及计划产能进行统计来初步估算下我国 2020 年计划所能达到的建成产能。表 9 - 17 罗列了全国各省 2015 年 9 月电解铝的在建产能、计划新增产能以及 2020 年最终达成产能。

表 9 - 17　　　　　　　　　　我国 2020 年各省电解铝计划所达产能

地区	2015 年 9 月建成产能（万吨）	计划新增产能（万吨）	2020 年达成产能（万吨）
江苏	10. 6	0	10. 6
浙江	15	0	15
陕西	86	0	86
河北	10	0	10
四川	92. 5	0	92. 5
宁夏	157	0	157
甘肃	304	0	304

地区	2015年9月建成产能（万吨）	计划新增产能（万吨）	2020年达成产能（万吨）
云南	158.5	0	158.5
辽宁	71	0	71
内蒙古	321.5	678.5	1 000
青海	292.5	0	292.5
贵州	121.5	0	121.5
广西	99.5	0	99.5
山西	121.3	78.7	200
河南	388	0	388
山东	737.8	162.2	900
湖北	29.8	0	29.8
重庆	71.5	0	71.5
湖南	33	0	33
新疆	674.5	295	969.5
福建	15	0	15
总计	3 810.5	1 214.4	5 024.9

数据来源：卓创资讯网（http：//www.sciqq.com），中铝网（https://www.cnal.com/）。

由表9-17中数据可知，山东省、新疆省、河南省、内蒙古和甘肃省是全国电解铝产能大省，而新增产能大部分都在我国西部地区，电解铝产能向西部转移可以调整优化产业布局，发挥西部地区能源价格优势，降低电解铝生产成本。

9.5.4 产能过剩判断

我们选取产品销售率作为辅助因素，依据两阶段识别思路，如果某种产品持续严重产能过剩，其市场需求应当持续低迷，产品库存大量积压，产品销售率不断下降。我们把2003～2014年分为三个阶段，第一阶段为2003～2006年，第二阶段为2007～2008年，第三阶段为2009～2014年，因为我国电解铝行业产能过剩始于2003年，至今出现明显产能过剩的是第一阶段和第三阶段，我们以这三阶段来进行阶段研究，然后算出每一阶段的产能利用率的年均值（CURA），再得到各年与上年产销率的差值从而计算出每一阶段年产销率差值的均值（SRDA），从而判断产能过剩强度。在产能利用率小于79%的前提下，产销率的差值均值又小于0，那么为强过剩，产销率的差值均值大于0，则为弱过剩（见表 9 – 18）。

表 9 – 18　　　　　　　　　　2003 ~ 2020 年产能过剩判断表

年份	2003 ~ 2006	2007 ~ 2008	2009 ~ 2014	2020
CURA	78%	79.95%	76.20%	81.37%
SRDA	− 0.015	——	0.009	——
过剩强度	强	——	弱	——
所在区间	过剩区	正常区	过剩区	正常区

由表 9 – 18 可以看出，第一阶段处于电解铝产能过剩区，它的产销率差值均值小于 0，可知该阶段整体的铝需求相对于铝产量处于下滑趋势，属于强过剩。而 2007 ~ 2008 年电解铝产能处于正常区，第三阶段电解铝平均年产能利用率只有 76.20%，但年产销率差值均值为正，说明整体的产销率是上涨的，这可能与国家近年来加大治理产能过剩力度有关。而 2015 年 1 ~ 9 月我国电解铝的产量约为 2 293 万吨，产能为 3 810.5 万吨，目前产能利用率仅为 60.17%。而根据 2020 年的铝需求、铝产量、铝产能的预测得出年产能利用率约为 81.37%，已处于产能利用率的正常水平，也就是说根据我国经济发展、铝需求和铝产量自身历史趋势以及各省目前对电解铝产能计划情况，2020 年电解铝行业将有很大可能走出产能过剩区，因此我们可以得出结论：随着对我国电解铝需求的拉动、国家加大落后产能的淘汰和新增产能的限制以及一个行业自身发展的周期规律，我国电解铝行业会慢慢消化多余的产能，到 2020 年我国电解铝产能利用率会恢复正常值。

9.6　化解电解铝行业产能过剩的政策建议

电解铝行业是高能耗行业，电力成本是电解铝生产成本的重要组成部分，已占 45% 的比重。西部地区煤炭资源丰富、价格相对低廉，新建产能具有很强的成本优势。因此，电解铝产能西进合乎市场逻辑。在此形势下，采取一刀切的行政方式严格控制新建产能，不应是本轮化解电解铝行业产能过剩的重点。化解本轮产能过剩的瓶颈在于电解铝行业 "转而不移"。

针对现阶段电解铝产能过剩的性质变化与新特点，应尊重经济规律和市场机制，调整思路，控增量、调存量、促升级。在增量方面，以 "抑制盲目扩张，合理引导退出"

为指导方针，在存量方面，以"适度扩大需求，鼓励企业转型"为指导方针，深化体制改革和机制创新，加快建立和完善以市场为主导的化解产能严重过剩矛盾长效机制。

1. 严格控制新增产能，遏制产能盲目扩张

应注重对电解铝项目土地使用以及准入标准的审核。准入标准的设立并不能仅仅依据设备大小、企业规模，还应该在考虑能耗水平以及环保标准的基础上，结合电解铝产品的主要消费领域进行标准设立。与此同时，考虑审批项目对外部环境产生的环境成本等也不容忽视。

2. 改革电力体制，推广新型电解铝生产模式

应当改革电力体制，严禁各地自行出台优惠电价措施，采取综合措施推动缺乏电价优势的产能逐步退出，鼓励企业自备电厂，鼓励企业形成"煤电铝"或"水电铝"等一体化生产模式。一体化生产模式能够很大程度上降低电解铝企业生产成本，增强行业内竞争，进而能够形成对高能耗、高排放、高成本的电解铝产品的淘汰机制。与此同时，一体化生产模式所带来的污染问题也应当得到重视。

3. 建立援助退出机制，减少社会成本

应当健全产业退出机制，在合理引导企业退出的同时加大对再就业问题的关注度，防止群体不稳定事件发生；建立援助退出基金，开展再就业培训和创业富民工程，扶持下岗失业人员以创业带动就业，缓解产能退出后对地区政府所产生的冲击。

4. 完善省际合作机制，引导电解铝产能转移

在我国中东部地区人力成本等要素价格不断增加的情况下，积极引导电解铝产能向能源丰富的西部地区转移、甚至向生产要素价格较低的东南亚转移，既能够有效利用该地区优势从而降低成本，又能够实现高电价地区电解铝产能实质性退出，缓解现有产能过剩压力。并且，对于国际化的企业尽早在东南亚地区进行产业布局，形成自身低成本优势，控制资源与市场也是大势所趋。

5. 拓宽电解铝用途，转变电解铝消费结构

目前我国人均铝的消费量约为15kg，与世界发达国家人均25kg的水平相比有一定差距。从2014年前七个月情况看，铝材消费的增长速度大大超过了电解铝产量的增长速度，尤其是交通运输等领域的铝材轻量化大规模应用将有利于消化电解铝产能过剩。尽快发布铝产业技术路线图，建立政产学研用的协同创新中心，加大国家和企业在铝高端应用研究的科技投入；鼓励并购境外掌握铝高端应用技术专利的企业，加强铝材企业与应用企业的交流合作，促使铝冶炼环节过剩产能退出，在高端铝材环节形成新的产能，将有助于从根本上化解电解铝产能过剩问题。

9.7 本章小结

本章介绍了中国电解铝工业发展特征、历程及现状，并对中国电解铝工业产能过剩及治理政策的演变进行了深入分析。在此基础上，分析了 2002～2006 年第一轮电解铝产能过剩和 2009 年以来新一轮电解铝产能过剩的主要原因。然后，采用灰色理论预测法来对中国未来电解铝的供需量进行了预测，并根据现阶段各省对未来电解铝工业的产能规划大致估算出 2020 年中国电解铝总产能，通过计算 2020 年电解铝的产销率及产能利用率来判断电解铝产能过剩的情况。最后，提出了化解电解铝产能过剩的政策建议。

10

水泥工业产能过剩问题及治理政策研究

　　水泥作为经济社会发展、人民生产生活不可或缺的基础性建筑原材料之一，关系国计民生。水泥的广泛大量使用为经济发展和社会进步做出了巨大贡献。世界水泥工业也随着全球经济社会的发展而不断进步。2013 年我国水泥产量达 24.2 亿吨，占世界水泥总产量 58.6%；2014 年我国水泥产量 24.76 亿吨，水泥工业已经成为我国产量最大的制造业之一，已连续 21 年位居世界第一。我国水泥工业的快速发展受益于经济持续高速增长、受益于工业化程度的不断提升、受益于城镇化率的不断提高、受益于城乡大规模基础设施建设。但我国水泥工业在快速发展过程中存在着技术结构、组织结构和产能过剩等问题。目前我国国内水泥市场已国际化，但作为世界水泥大国，我国水泥工业企业国际化水平却不高。

　　作为国民经济发展的先行产业，加上对资源和投资的高依赖性，水泥产业就像一根灵敏的温度计，可以测量出经济发展速度的"体温"。1997 年亚洲金融风暴使 20 世纪末我国区域性的水泥工业产能过剩问题显现，2008 年全球性金融风暴引发的全球性经济危机使我国水泥工业产能过剩矛盾突显，2009 年在国家 4 万亿投资的拉动下，不但掩盖了水泥工业产能过剩矛盾，还引爆了水泥产业投资的快速发展，结果使水泥产能过剩的矛盾凸现于市场面前[①]。

---

　　①　联合采访组，控制增量、优化存量、转型升级已成水泥行业当务之急——访中国建材联合会副会长、中国水泥协会会长雷前治［J］. 中国水泥，2012，6.

10.1 我国水泥工业的发展历程及现状

10.1.1 水泥工业特征

水泥工业是资源高消耗型和资本密集型行业，其主要的特点有：产品的无差异性、市场的区域性、消费的季节性、煤电成本的高占比性。

10.1.1.1 产品的无差异性

水泥属于典型的标准化无差异性产品。经过技术装备的改进升级，新型工艺方法生产的水泥，相同强度等级的产品，其质量在消费者心中并无差别，决定企业间的竞争主要在于价格和服务。当然，企业品牌和市场口碑也是企业在激烈的市场竞争中获胜的关键。

10.1.1.2 市场的区域性

水泥产品的价值量低、用量多、体重大，决定了其市场范围受到产品运输半径和运输工具的影响。因为不同的运输方式，其运输成本不一样，决定其经济的运输半径也有所差异。水运成本最低，运输半径最大，运输半径在1 000km左右；铁路运输成本相对较高，运输半径次之，运输半径在500km左右；公路运输成本最高，运输半径最小，其经济运输半径在200~300km。水泥产品经济运输半径的存在，决定水泥产品市场是个区域性市场。因为水泥市场具有区域性这一特性，容易出现区域性的季节性产品短缺。由于水泥主要受区域供求关系的影响，决定各地水泥产品价格差别较大。如图10-1显示，1997~2010年，六大区域水泥价格差异较大。

10.1.1.3 消费的季节性

水泥也有保质期，一般而言，超过出厂日期30天的水泥强度将有所下降。储存三个月后的水泥其强度下降10%~20%，一年后降低25%~40%。由于水泥产品的保质期较短，决定水泥生产和消费具有明显的季节性。水泥产品保质期短，决定作为房地产、基础设施建设等行业的上游行业，水泥的生产和消费具有一定的周期性和季节性波动。一般而言，5~6月以及10~12月是一年水泥消费的旺季。

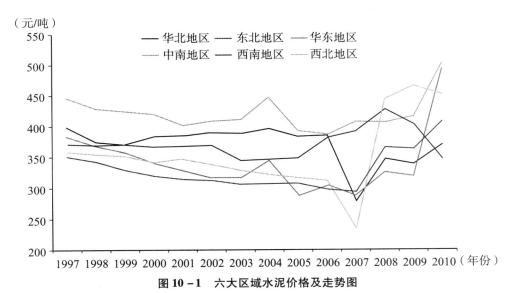

图 10 - 1 六大区域水泥价格及走势图

资料来源：栾庆帅. 水泥行业研究报告. 国民财经研究中心，2011 - 1 - 27.

10.1.1.4 煤电力成本高占比性

水泥生产成本主要由煤炭、电力、原料、折旧等构成。煤炭价格与水泥价格走势基本一致。煤炭和电力成本占水泥生产成本的60%以上，尤其是煤炭成本，占比一般在32% ~ 35%，见图10 - 2。新型干法水泥占比的提高和生产工艺的改进，综合煤耗的降低以及余热发电技术的提升，水泥的综合成本不断发生变化，但煤炭、电力价格仍是每个水泥企业最为关注的成本因素，煤炭、电力短期供需所导致的价格涨跌对水泥成本影响较大。

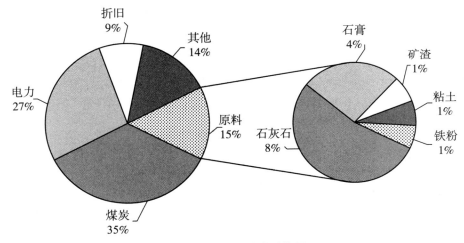

图 10 - 2 水泥成本结构图

资料来源：栾庆帅. 水泥行业研究报告. 国民财经研究中心，2011 - 1 - 27.

10.1.2　我国水泥工业发展历程①

中国水泥工业从 1889 年建成的"唐山士敏土厂"水泥厂开始，已有 127 年的历史。中华人民共和国成立前，中国只有很少数量的水泥厂，水泥工业发展极其缓慢。1949 年新中国成立时，只有水泥生产企业 35 家，水泥总产量 66 万吨，人均水泥产量 1.46kg，居世界第 26 位，水泥工业远落后于西方国家。新中国成立 60 多年以来，我国水泥工业实现了大发展，特别是在改革开放以来，水泥工业发展尤为迅猛。雷前治和张建新（2009）将新中国成立以来的水泥工业划分为新中国成立初的恢复和初步发展阶段（1949～1957）、"大跃进"的起落和经济调整阶段（1958～1965）、"三线"建设与"文革"曲折前进阶段（1966～1978）、水泥工业恢复调整阶段（1979～1984）、水泥工业蓬勃发展阶段（1985～1995）、水泥工业结构调整部署阶段（1996～2000）、新型干法高速发展阶段（2001～2009）等七个阶段。

从水泥工业是否能满足市场对水泥的需求角度，可以将水泥工业划分为两个时期：

一是水泥供不应求时期（1949～1995 年）。新中国成立初期和"一五"时期，经过战后三年恢复时期，水泥工业得到全面恢复，1952 年底全国水泥产量达到 286 万吨。"一五"时期，随着重工业的建设，对水泥需求旺盛，政府对水泥工业高度重视，集中人力、物力和财力，新建、改建、扩建了一批水泥企业，1957 年我国水泥产量达 686 万吨，为新中国水泥的发展奠定了坚实基础。"二五"时期，水泥工业是"保证国家基本建设的需要，支持地方发展小型水泥厂"。从丹麦和西德进口了五套设备，我国水泥工业生产、建设开始全面好转，开发研制了国产水泥制造设备，确定了"华新型窑"和"小屯型窑"作为我国发展的主导窑型，我国水泥工业设计及装备制造开始走上自力更生的道路。到 1965 年水泥产量达到 1 634 万吨。"文革"时期，各地大办农田水利建设，对水泥需求增加，为满足建设需要全国掀起新建地方水泥厂的高潮，地方水泥厂增加了 2 500 多家，1978 年我国地方水泥产量达到 4 253.3 万吨，占全国水泥产量的 65.2%，地方水泥厂的发展为我国农田水利建设做出了贡献。1978 年水泥产量为 6 000 万吨，到 1985 年水泥产量发展到 1.45 亿吨，水泥产量增加了约 8 500 万吨，年均增长 1 200 万吨。水泥工业的快速发展主要依靠以立窑生产技术为主的小型水泥生产线实现。1985 年我国水泥产量为 1.45 亿吨，1995 年水泥产量达到 4.7 亿吨，五年间增加了 3.25 亿吨，年均增加 3 250 万吨，但以新型干法为主要生产技术的大中型水泥生产线的产

---

①　2014～2015 年中国水泥行业发展状况分析，http://www.chyxx.com/industry/201509/344520.html.

量，从 3 158 万吨发展到 4 765 万吨。以立窑生产技术为主的小型水泥生产线则由 1. 14 亿吨发展到 4. 28 亿吨，占水泥总产量 82%，成为我国水泥工业数量的主体。地方水泥工业的发展在我国水泥工业的发展中占有绝对重要的地位。立窑水泥是在我国特定的环境中应运而生和发展壮大的，对国民经济发展作出了不可磨灭的贡献，但也成为后期的落后产能。1995 年在我国水泥工业中是具有历史意义的一年，从 1995 年开始，我国结束了水泥供不应求的历史，同时也开始步入水泥产能过剩的时期。

二是水泥工业产能过剩时期（1996 年至今）。1992 年水泥工业行业取消了"双轨制"，水泥工业告别了计划经济体制进入市场经济体制，市场经济给水泥工业发展带来了生机与活力。1986 年，我国自行设计的江西水泥厂日产 2 000 吨水泥熟料新型干法生产线建成投产，是我国水泥工业科技攻关的重大成果，是我国水泥工业发展史上的一个里程碑，标志着我国水泥生产将进入新的技术阶段。1996 年，江泽民同志亲自为我国自行研发的第一条日产 4 000 吨干法水熟料生产线投产点火。2000 年海螺集团在获港建设的两条日产 2 500 吨熟料生产线，标志着水泥技术装备"国产化"、"低投资"基本实现。新型干法水泥生产线的投资大大降低，由原来的吨投资 1 000 ~ 1 200 元降低到 400 左右元，从而为 21 世纪水泥工业的加快发展奠定了坚实基础，同时也为水泥产能过剩创造了条件。2004 年，国内第一条万吨线铜陵海螺万吨生产线点火成功，在中国水泥发展史上具有里程碑的意义。2001 年，水泥协会在海螺集团召开新型干法水泥技术改造高级管理人员研讨会，从此我国的新型干法水泥驶上了快车道，水泥工业结构调整迎来了"黄金时代"，新型干法水泥生产线建设出现前所未有的高潮。1995 年我国新型干法水泥 2 853 万吨，仅占总产量的 6%。到 2013 年新型干法水泥生产线达到 1 700 条，水泥产量达 22. 61 亿吨，占 2013 年水泥总量的 93. 48%。新型干法已经成为水泥行业的主流。经过水泥工业的高速发展，2014 年我国水泥总产量达到 24. 76 亿吨，水泥产能达到 34 亿吨，产能利用率只有 72. 8%，水泥行业进入总量过剩、全面过剩的严重过剩状态。

10.1.3 我国水泥工业的发展现状、问题及展望

10.1.3.1 水泥行业发展现状

1. 水泥产量创新高

2014 年全国水泥产量再创新高，达到 247 613. 52 万吨，是 2001 年水泥产量的 3. 75 倍。见表 10 - 1，进入 21 世纪以来，2000 ~ 2011 年中全国水泥产量只有 2000、2002、2008 三个年份保持在一位数的增长速度；2003 年增长速度最快，达到 18. 91%；2009

年达到15.48%；2012年开始水泥产量增速放缓，降低到10%以下，其中2014年创新低，增速为2.35%。2003年以来，只有2008年和2014年我国水泥产量年新增量低于1亿吨，其中2009年、2010年、2011年、2013年年新增水泥产量达到2亿吨。而这恰恰是我国实行4万亿投资后，引爆的水泥投资高潮。我国水泥出口量较少，除2006～2009年外，水泥出口量占我国水泥产量的比重不到1%。

2. 销售总收入和利润不断增加，但区域苦乐不均

在2001～2011年，我国水泥行业毛利率均保持两位数，2011年最高达到19.45%。水泥行业销售收入增长率也是保持两位数。2001～2011年，除2005年外，水泥行业利润增长率也保持两位数。2012年，对于中国水泥工业来说似乎成为一个历史的转折点，水泥产量增长率低于10%（见表10-1）、水泥行业毛利率下降到个位数、水泥销售收入和总利润额增速均下降（见表10-2）、水泥投资增长率为负（见表10-3）。

表 10 - 1 　　　　　　　　　　　1999～2014 年水泥产量及增长率

年份	水泥产量（万吨）	比上年增加产量（万吨）	增长率（%）	水泥出口量（万吨）	出口量占比（%）
2014	247 613. 52	5 689. 63	2. 35	1 454	0. 587
2013	241 923. 89	20 939. 81	9. 48	1 200	0. 496
2012	220 984. 08	11 058. 22	5. 27	1 061	0. 480
2011	209 925. 86	21 734. 69	11. 55	1 616	0. 770
2010	188 191. 17	23 793. 39	14. 47	1 561	0. 829
2009	164 397. 78	22 042. 05	15. 48	2 604	1. 584
2008	142 355. 73	6 238. 48	4. 58	3 301	2. 319
2007	136 117. 25	12 440. 77	10. 06	3 613	2. 654
2006	123 676. 48	16 791. 69	15. 71	2 216	1. 792
2005	106 884. 79	10 202. 8	10. 55	704	0. 659
2004	96 681. 99	10 473. 88	12. 15	533	0. 551
2003	86 208. 11	13 708. 11	18. 91	518	0. 601
2002	72 500	6 396. 01	9. 68	621	0. 857
2001	66 103. 99	6 403. 99	10. 73	605	0. 915
2000	59 700	2 400	4. 19	—	—
1999	57 300	3 700	6. 90	—	—

数据来源：中华人民共和国国家统计局（http：//data. stats. gov. cn/adv. htm？cn = C01）

表10－2   2001～2014年水泥行业销售收入、总利润及毛利润率

年份	总利润（亿元）	利润增长率（%）	销售收入（亿元）	销售收入增长率（%）	毛利润率（%）
2001	30	—	1 296	—	18.34
2002	46	53.33	1 440	11.11	17.45
2003	110	139.13	1 796	24.72	18.77
2004	136	23.64	2 290	27.51	17.06
2005	80	−41.18	2 608	13.89	13.3
2006	150	87.50	3 217	23.35	14.4
2007	251	67.33	3 859	19.96	16.61
2008	356	41.83	4 977	28.97	17.74
2009	478	34.27	5 684	14.21	16.65
2010	610	27.62	6 716	18.16	17.11
2011	1 020	67.21	9 198	36.96	19.45
2012	657	−35.59	8 833	−3.97	7.74
2013	765.5	16.51	9 695.7	9.77	7.89
2014	780	1.89	9 792.11	0.99	7.97

数据来源：中华人民共和国国家统计局（http：//data. stats. gov. cn/adv. htm？ cn＝C01）；和数字水泥网（http：//www. dcement. com/）。

表10－3   2001～2014年水泥行业投资额、新型干法产量（条）及其占比

年份	水泥产量（亿吨）	新型干法产量（亿吨）	新干法水泥产量占比（%）	新型干法（条）	水泥投资（亿元）	水泥投资增长率（%）
2001	6.61	0.94	14.22	168	113.97	—
2002	7.25	1.23	16.97	222	159.58	40.02
2003	8.62	1.9	22.04	320	321.07	101.20
2004	9.67	3.16	32.68	504	433.4	34.99
2005	10.69	4.73	44.25	624	412.51	−4.82
2006	12.37	6.02	48.67	715	402.77	−2.36
2007	13.61	7.15	52.53	802	654.07	62.39
2008	14.24	8.58	60.25	934	1 051.46	60.76
2009	16.44	12.7	77.25	1 113	1 700.72	61.75
2010	18.82	14.9	79.17	1 273	1 950	14.66
2011	20.99	18.6	88.61	1 513	1 439	−26.21
2012	22.09	20.24	91.63	1 637	1 379	−4.17

年份	水泥产量（亿吨）	新型干法产量（亿吨）	新干法水泥产量占比（%）	新型干法（条）	水泥投资（亿元）	水泥投资增长率（%）
2013	24.19	22.61	93.48	1 714	1 300	− 5.73
2014	24.76	—	—	1 759	—	—

数据来源：中华人民共和国国家统计局（http：//data. stats. gov. cn/adv. htm？cn = C01）武洪明．中国水泥市场观察与分析。

利润表现区域各异，总体呈现"南好北差"的区域特点。2014 年南部地区占全国 75% 的水泥产量，贡献了行业 90% 的利润，北部地区占全国 25% 的水泥产量，仅实现行业 10% 的利润。从盈利能力来看，见图 10 - 3，近三年华东、中南及西南的盈利水平呈稳步抬升态势，而华北、东北及西北则恰好相反，其中华北与东北的降幅更大。

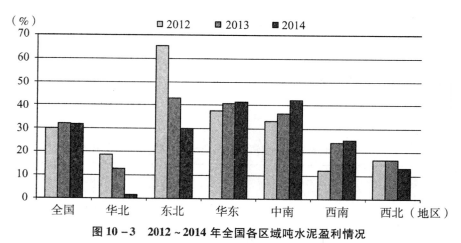

图 10 - 3　2012 ~ 2014 年全国各区域吨水泥盈利情况

资料来源：毛春苗，2015 年水泥市场分析与展望（http：//www. ccement. com/news/content/7910885661712. html#Top）.

从区域亏损面分析，见图 10 - 4，东北、华北、西北行业全面亏损，尤其东北 2014 年微利的情势已不在；华东、中南同比 2014 年分别缩水 50%、42%，西南更是下降 82% 以上，连续三年的新增产能大幅扩张的市场冲击力已显现。

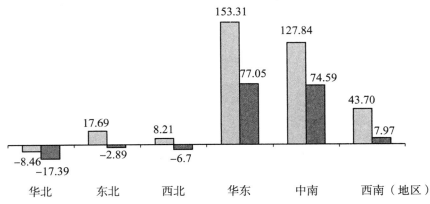

图 10 - 4　2014～2015 年上半年全国各区域行业利润对比（亿元）

资料来源：毛春苗，2015 年水泥市场分析与展望（http://www.ccement.com/news/content/7910885661712.html#Top）。

3. 新型干法水泥产量占比不断提高

从 1979 年购买日本石川岛播磨重工株式会社设备，建设我国第一条日产 4 000 吨水泥熟料新型干法生产线开始，到 1986 年我国自行设计的江西水泥厂日产 2 000 吨水泥熟料新型干法生产线建成投产，到 2000 年海螺集团在荻港建设的两条日产 2 500 吨熟料生产线投产。这 22 年间，代表先进技术的新型干法水泥生产工艺在我国并没有快速发展，其主要原因是当时建设新型干法生产线投资高、建设周期长、达产达标慢。随着我国有效地解决了新型干法水泥生产设备国产化、使基建投资由 1 000 元/吨以上降低到 300～400 元/吨，达到了工程项目建设工期短、工程质量好、达标达产快的目标，新型干法水泥产量才快速增长，在水泥总产量中的占比不断提高。实现"国产化、低投资"是我国全面进入新型干法水泥时代的关键。

2001 年我国新型干法水泥生产线只有 168 条，2014 年是 1 759 条，为 2001 年的 10.47 倍。2013 年新型干法水泥产量达到 22.61 亿吨，为 2001 年的 24 倍。新型干法水泥产量占水泥产量总量的比重也从 2001 年 14.22% 提高到 2013 年的 93.48%。新型干法生产技术已经成为水泥行业的主流技术。伴随新型干法生产线不断增多、新型干法水泥产量不断提高的是水泥行业投资不断增加。如表 10 - 3 所示，2003 年水泥行业投资额是 2002 年的 1 倍多。2008～2013 年，水泥行业投资突破 1 000 亿元，2010 年投资额达到 1 950 亿元，即使在产能已明显过剩，国家不断出台调控政策的背景下，2009 年投资增长率达到 61.75%。

2003 年，我国新型干法生产线处于初级发展阶段，新型干法熟料生产能力比重不到全国熟料总产能的20%，其中4 000 吨及以上生产线实际运营能力仅占新型干法总运营能力的25.2%，新型干法生产线平均日产规模1 800 吨。随着我国新型干法技术的逐渐成熟、技术水平的不断提高以及水泥产业化进程的不断推进，新型干法技术得到长足发展，到2013 年末，新型干法熟料产能占全国熟料总产能的比重已超过95%，4 000 吨及以上生产线实际运营能力所占比重已超过全国新型干法熟料总运营能力的60%，其中1 000 吨级生产线有11 条，新型干法生产线平均日产规模达到3 300 吨。2013 年上半年投产的19 条新型干法生产线中，4 000 吨及以上有15 条，设计能力占新增设计能力的87.4%，水泥生产线大型化趋势愈加明显（见图10 – 5）。

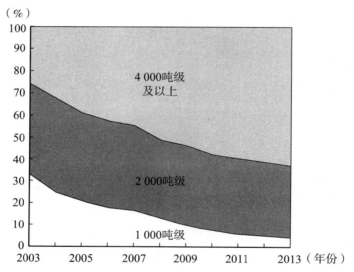

图 10 – 5　2003 ~ 2013 年年末实际运营新型干法生产线日产规模构成情况

资料来源：冯帅. 水泥行业产能变动情况分析. 广东建材，2014（10）.

4. 水泥产能向中西部转移

随着国家西部大开发和中部崛起战略的不断推进，政府对中西部地区投资逐渐加大，从"十五"开始，水泥产业出现明显的向中西部地区转移趋势（图10 – 7、图10 – 8）。2006 年东部地区水泥熟料产能占全国熟料总产能的45.1%，水泥产能占50.6%，超过全国的一半；到2014 年上半年，东部地区熟料比重下降到31.0%，水泥产能下降到37.1%，中、西部熟料比重分别比2006 年末提高0.8 和13.5 个百分点，水泥产能比重分别提高3.8% 和9.7%。目前统计的水泥熟料生产线建设项目中，中西部地区建设项目设计能力占建设项目设计总能力的近90%，水泥产业向中西部地区转移步伐仍在继续。跟随产能转移的是水泥产量的转移，从2006 年开始，中南地区、西南地区、西北地区水泥产量占全国比重不断上升（见图10-6）。

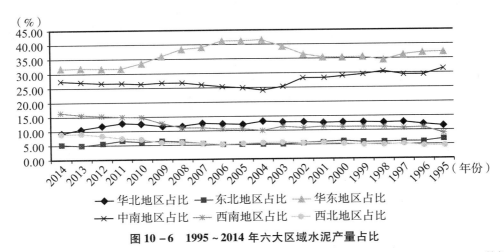

图10-6　1995～2014年六大区域水泥产量占比

数据来源：根据中华人民共和国国家统计局 http：//data. stats. gov. cn/adv. htm？ cn = C01，数据整理制图。

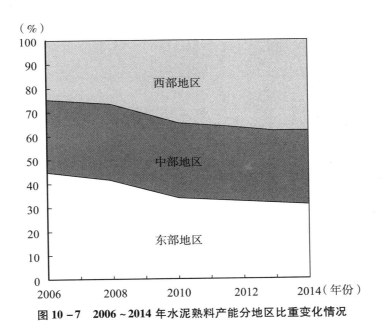

图10-7　2006～2014年水泥熟料产能分地区比重变化情况

数据来源：冯帅. 水泥行业产能变动情况分析. 广东建材，2014（10）.

自2010年3月29日至30日，2011年5月27日至29日，两次全国对口支援新疆工作会议召开后，新疆维吾尔自治区水泥产量从2010年的2 470.9万吨增加到2013年5 190.32万吨，年均增长900多万吨，见图10-9。

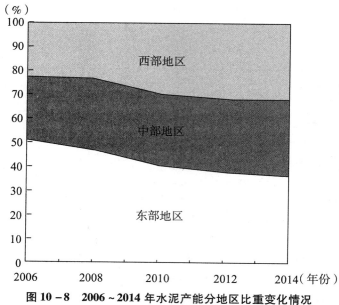

图 10 - 8　2006 ~ 2014 年水泥产能分地区比重变化情况

资料来源：冯帅. 水泥行业产能变动情况分析. 广东建材，2014（10）.

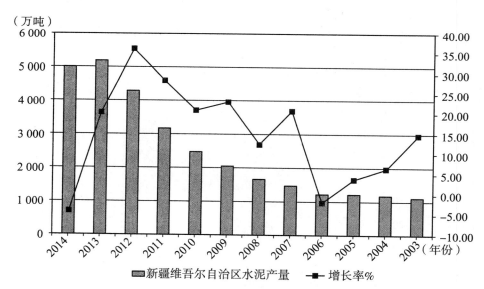

图 10 - 9　2003 ~ 2014 新疆维吾尔自治区水泥产量及增速

数据来源：根据中华人民共和国国家统计局 http：//data. stats. gov. cn/adv. htm？cn = C01 数据制图。

5. 产能利用率低

水泥行业与国家固定资产投资紧密相关，2003 ~ 2012 年全国固定资产投资增速均保持在 20% 以上，水泥产能随之不断扩大。在此期间，虽然产能增速起伏较大，但十年内平均增速达到 12.2%，尤其是 2009、2010 年，水泥产能增速连续两年超过 15%（见图 10-10），2012 年底突破 30 亿吨，到 2014 年上半年超过 34 亿吨（见图 10-11），固定资产投资快速增长直接刺激了水泥产能的持续扩张。

随着 2003 年以来固定资产投资的稳定增长，水泥行业迎来高速发展期，主营业务收入及利润增速均保持高位，直至 2011 年达到行业历史顶点，当年水泥主营业务收入和利润总额增速分别达到 27.62% 和 67.21%，销售利润率 15.3%，与此同时水泥产能也达到近 30 亿吨。由于水泥产能扩展速度较快，2007 年以后水泥产能利用率开始出现下降（见图 10-12），产能过剩导致行业利润持续下滑，产能过剩直接影响产品价格和企业效益水平。但由于市场需求旺盛，水泥行业整体效益仍然保持增长；2010 年以后随着国家固定资产投资的持续放缓，水泥市场需求走弱，到 2012 年市场供需矛盾凸显，水泥价格下降，行业效益下滑，2012 年全国水泥行业实现利润总额 657 亿元，低于 2011 年和 2010 年的水平，同比下降 32.81%（见图 10-13）。水泥产能绝对过剩已是不争的事实，而且已经严重影响水泥行业经济运行。

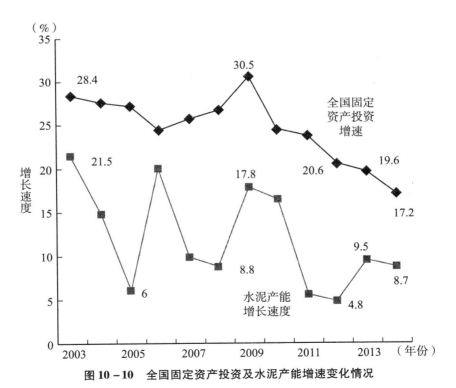

图 10-10　全国固定资产投资及水泥产能增速变化情况

数据来源：冯帅. 水泥行业产能变动情况分析. 广东建材，2014（10）.

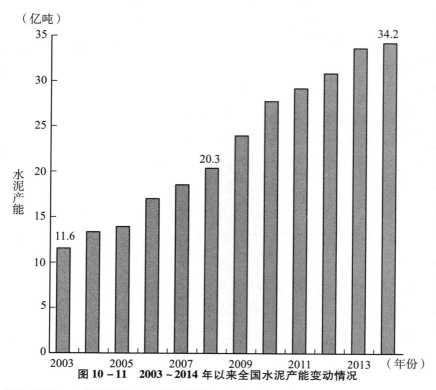

图 10 - 11 2003 ~ 2014 年以来全国水泥产能变动情况

数据来源：冯帅.水泥行业产能变动情况分析.广东建材，2014（10）.

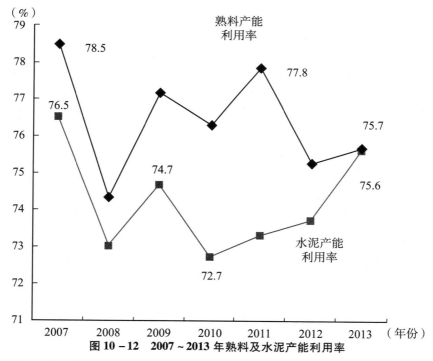

图 10 - 12 2007 ~ 2013 年熟料及水泥产能利用率

数据来源：冯帅.水泥行业产能变动情况分析。广东建材，2014（10）.

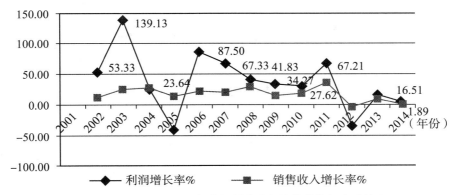

图 10 - 13　2002～2014 年水泥制造业经济效益指标变动情况

数据来源：冯帅. 水泥行业产能变动情况分析. 广东建材，2014（10）.

6. 国内水泥行业整体集中度较低，但区域集中度较高

我国水泥企业的平均规模较小，产业集中度较低。根据排名企业数据统计，截止到 2014 年底，中国（不含港澳台）前 50 家大企业集团的水泥熟料设计产能共计 13 亿吨，占全国总产能的 74%，前 20 家占全国总产能的 61%，前 10 家占全国总产能的 53%。当前，我国水泥产能集中度依旧不高，能够参与国际竞争的大企业集团还不多。水泥行业整体的集中度较低，但就局部区域而言，水泥企业的市场集中度并不低。华东地区前五强集中度高达 53.4%，西北地区前五强集中度甚至高达 62%，集中度非常高。

水泥的运输方式主要有水运、铁路和公路。见表 10 - 4，我国港口水泥吞吐量加上铁路水泥货运量总和占全国水泥产量的比重不超过 10%。我国水泥运输主要依赖于公路运输，公路运输的经济半径最小，市场区域范围更小，区域内竞争更加激烈。

表 10 - 4　　　　　1998～2013 年港口、铁路水泥运输量及占比

年份	主要港口水泥吞吐量（万吨）	国家铁路水泥货运量（万吨）	港口与铁路量合计（万吨）	全国水泥产量（万吨）	港口与铁路运量占全国水泥产量比重（%）
1998	992	3 710	4 702	53 600	8. 77
1999	957	3 861	4 818	57 300	8. 41
2000	983	3 900	4 883	59 700	8. 18
2001	1 198	3 930	5 128	66 103	7. 76
2002	1 203	3 596	4 799	72 500	6. 62
2003	1 622	3 652	5 274	86 208	6. 12
2004	2 115	3 700	5 815	96 681	6. 01

续表

年份	主要港口水泥吞吐量（万吨）	国家铁路水泥货运量（万吨）	港口与铁路量合计（万吨）	全国水泥产量（万吨）	港口与铁路运量占全国水泥产量比重（%）
2005	2 230	3 470	5 700	106 884	5. 33
2006	2 960	3 799	6 759	123 676	5. 47
2007	3 362	3 540. 58	6 902. 58	136 117	5. 07
2008	3 245	3 549. 28	6 794. 28	142 355	4. 77
2009	2 620	3 740. 35	6 360. 35	164 397	3. 87
2010	3 048	3 526. 4	6 574. 4	188 191	3. 49
2011	4 521	3 638. 52	8 159. 52	209 925	3. 89
2012	4 571	3 425. 67	7 996. 67	220 984	3. 62
2013	5 513	3 568. 57	9 081. 57	241 923	3. 75

数据来源：中华人民共和国国家统计局（http：//data. stats. gov. cn/adv. htm？cn = C01.）

7. 兼并重组步伐加快，水泥产业向大型企业集中

兼并重组是企业加强资源整合、实现快速发展、提高竞争力的有效措施，是化解产能严重过剩矛盾、调整优化产业结构、提高发展质量效益的重要途径。国务院在 2014 年出台的《关于进一步优化企业兼并重组市场环境的意见》中提出有利于企业兼并重组的金融、财税、土地、职工安置等政策措施，使一批企业通过兼并重组做大做强，形成具有国际竞争力的大企业大集团，进一步增强产业竞争力，提高资源配置效率，化解过剩产能优化，产业结构。根据数字水泥网不完全统计，2014 年中国水泥行业发生的项目并购 67 起，总交易额达到 150 亿元以上。其中，水泥熟料企业并购项目 24 起，水泥粉磨并购企业 13 起，商品混凝土并购企业 26 起。见图 10 - 14，2005 年前十大水泥企业市场集中度为 15%，到 2014 年前十大水泥企业市场集中度也只有 36%，水泥行业市场集中度仍然很低，且提升速度较为缓慢。2014 年前五位企业的市场集中度只有 27.59%，最高的为中国建材市场集中度为 9.45%。2014 年全国前十大水泥企业熟料产能集中度约为 52%，前五大水泥企业熟料产能集中度为 40%。

8. 人均消费已接近饱和

对照人均水泥消费量和各国城市化率可以发现，目前我国城市化率仅为 54.77%，但人均水泥消费量已超过 1 500kg，远超过城市化率较高的西欧、德国和日本。即使按照目标 2020 年我国城市化率达到 60%，仍远低于其他发达国家，目前我国人均水泥消费量已达 1 810kg/人，相对于其他发达国家的人均年消费峰值已明显偏高，人均消费已接近饱和，未来仍存在上涨空间，但出现大幅增长的概率较低。

前十大水泥企业市场集中度（%）

图 10 - 14　前十大水泥企业市场集中度

资料来源：数字水泥：前十大水泥企业市场集中度 36%。http：//www.dcement.com/Item/135338. aspx。

表 10 - 5　　　　　　　　　　　　　全球水泥消费高峰期分析

国家及地区	消费高速 增长期（年份）	消费峰 值年份	人均年消费 量峰值（KG）	城市化率（%）
德国	1950～1982	1982	800	80
西欧	1950～1970	70 年代	600～700	97（比利时）
东欧	1950～1980	80 年代	650～780	64
日本	1950～1991	1991	700	82
韩国、新加坡	1960～1990	90 年代	1 000	90
中国台湾	1950～1993	1993	1 350	80
中国	—	—	1 810（2014 年）	54.77

数据来源：邓海清，沈荣. 水泥行业国际比较：兼并重组是必然趋势. 宏源证券.

10.1.3.2　水泥行业发展中存在的问题

1. 污染严重

水泥工业作为能源和资源消耗密集型产业，消耗大量不可再生资源和能源，并排放大量 CO_2。水泥行业在促进经济发展的同时，也带来了高能耗、高排放的问题。相关数据显示，2012 年，我国水泥工业年排放二氧化碳约 12.5 亿吨，占全国排放总量的 12%；水泥工业颗粒物排放占全国排放量的 15%～20%；二氧化硫排放量占全国排放量的 3%～4%；氮氧化物排放量约占总量的 10%，水泥工业的氮氧化物排放已成为继火电厂、机动车之后的第三大污染源。除了水泥工业生产过程中自身排放对环境带来的污染，水泥工业还需要消耗大量的煤炭、电力等资源，包括运输等环节，而在这个过程中对空气的污染也不容轻视。

2. 行业集中度不高

中国水泥协会根据 2014 年中国水泥行业前十大水泥企业合计水泥销量（不含熟料）占全国水泥总销量的比重测算，中国水泥行业前十水泥企业市场集中度为 36%，与上一年相比提高了两个百分点。2005～2014 年，全国前十大水泥企业的市场集中度逐年提升，由 15% 提升至 36%，但总体来看，水泥行业的市场集中度仍然很低，且提升较为缓慢。2014 年，水泥销量达到亿吨以上的企业只有中国建材和海螺水泥两家，两大企业水泥销量合计为 4.53 亿吨，约占全国水泥总销量的 18.3%，其中，中国建材水泥销量为 2.34 亿吨，海螺水泥销量为 2.19 亿吨；前五家水泥企业合计水泥销量占全国的比重约为 27%。前十水泥企业中，除了中国建材和海螺水泥在全国的水泥市场占有率分别为 9.45% 和 8.84% 外，其他企业基本在 3% 以下。2014 年底，全国前十大水泥企业熟料产能合计约为 9.2 亿吨，熟料产能集中度约为 52%，其中，前五大水泥企业合计熟料产能占全国总熟料产能比重约为 40%。世界排名前十位水泥企业水泥产量占全球总量比例超过 50%。水泥企业数量众多，市场集中度低，在产能过剩时期恶性竞争竞相压价，造成企业利润低下缺乏发展后劲，中国水泥工业组织结构调整任重道远。

3. 产品结构不合理

我国是全球最大的水泥生产国，但产品结构与国际水泥市场存在较大的差距。产品结构不合理，高端水泥需求比例低，中低档需求为主。由于过去立窑水泥占比较大，导致我国低等级产品较多，高标号优质产品供给不足。从需求角度分析，国内级别在 52.5 以上的高端水泥产品需求比例仍然较低，主要集中在 42.5、32.5 级别的水泥，占比 85% 左右。

4. 产业链短附加值较低

我国水泥工业在技术结构上主要存在立窑水泥比例过高的问题，政府采取引导政策，调整水泥工业的技术结构，企业投资新建新型干法水泥生产线，2013 年我国新型干法水泥产量占全国水泥总产量的 93.47%。快速发展起来的大企业也把大量资金投资在新增水泥产能方面，做水泥产业链的延伸的企业很少。产业附加值较低，大部分企业仍以供应水泥产品为主，产业链发展模式还未充分建立，市场竞争手段单一，市场机制对产业的优化作用得不到充分发挥。

5. 产能严重过剩

水泥行业产能过剩问题突出，水泥产业产能利用率在 75% 左右，明显低于国际通常水平，然而，实际状况是水泥新增生产线越来越多。从 2010 年到 2012 年，水泥行业每年新增产能分别为 4.4 亿吨、3.7 亿吨、3.6 亿吨左右，但每年淘汰产能分别为 1.4

亿吨、1.6 亿吨、2.8 亿吨左右，在产能利用率日益下降的情况下，每年仍有新增产能。

6. 自主创新能力不足

我国是世界水泥产量大国，但不是水泥强国，在水泥行业主要国际机构中的席位为零，话语权和影响力也很小，水泥行业缺乏合格的国际化人力资源团队。现行生产水泥的第六代预分解窑技术，经过 40 多年的反复实践与改进，已无多大改进空间。更先进更环保的第七代水泥生产技术正在酝酿孕育萌动之中。水泥行业高科技人才相对缺乏，企业自主研发能力较弱，自主创新能力不足，产品升级换代慢，严重制约了水泥行业的发展。

10.1.3.3　中国水泥工业发展趋势

1. 实施绿色发展

十八届五中全会提出"坚持绿色发展"。坚定走生产发展、生活富裕、生态良好的文明发展道路，加快建设资源节约型、环境友好型社会，形成人与自然和谐发展现代化建设新格局，推进美丽中国建设。水泥工业是继火电厂、机动车之后的第三大污染源。水泥工业要适应市场需求变化，根据科技进步新趋势，健全节能减排激励约束机制。走绿色发展道路是国内水泥工业发展趋势之一。

2. 加快淘汰产能

目前还有占水泥总量 6% 左右的落后生产能力，在水泥产能利用率较低的背景下，新干法水泥产能也是过剩的，不仅要加快淘汰落后的产能，而且需要推进行业内资源的整合，通过兼并重组淘汰部分产能，提高企业的市场份额及区域控制能力。引导水泥企业从追求产量规模向追求质量和效益的提升转变，由粗放式无序竞争向规范有序的竞争转变。加快淘汰产能是我国水泥工业发展趋势之一。

3. 发展自主创新能力

目前我国水泥工业很少在第七代水泥生产技术方面研究创新，更多的在平行推广成熟工艺技术和成熟的国产化装备。面对激烈的市场竞争，我国水泥工业将全面进入技术结构升级阶段。水泥工业只有加快培育发展自主创新能力，构建可持续发展的技术支撑体系，才能在激烈的市场竞争中赢得先机。企业培育发展自主创新能力是国内水泥工业发展趋势之一。

4. 推进兼并重组

习近平在 2014 年 12 月 9 日至 11 日召开的中央经济工作会议上指出，过去供给不足是长期困扰我们的一个主要矛盾，现在传统产业供给能力大幅超出需求，产业结构必须优化升级，企业兼并重组、生产相对集中不可避免。2014 年中国水泥行业前十水泥企业市场集中度为36%，前五家水泥企业合计水泥销量占全国的比重约为27%，水泥行业集中度不高。面对严重产能过剩，水泥行业优化存量加快企业兼并重组是控制增量的关键。未来我国水泥行业结构调整的重点是企业兼并重组。

5. 延长产业链

水泥市场分为水泥工程建设市场、水泥产品销售市场两种。水泥工程建设市场是建设水泥生产线形成生产能力的市场。水泥工程建设市场有熟料、独立粉磨和水泥熟料生产线三种类型。水泥产品市场是指专用水泥、特种水泥和通用水泥等胶凝材料实物进行买卖交易的市场。目前国内水泥企业竞争主要在于水泥产品销售市场，企业利润空间越来越小。水泥企业在产品市场的产业链延伸主要向原材料工业和水泥制品深加工方向延伸，由产品生产商向应用服务供应商转型，由单纯追求水泥产能规模和数量向质量和效益转型，提升行业的竞争力和盈利空间。技术先进的企业向水泥工程建设市场延伸，响应国家的"一带一路"战略，向水泥技术装备和工程总承包等方面延伸，占领国际高端市场。水泥工业通过内生和外延式发展，积极拓宽发展空间。

6. 国际化发展

十八届五中全会提出"坚持开放发展"，顺应我国经济深度融入世界经济的趋势，推进国际产能和装备制造合作。把立足国内开发与加强国际合作结合起来，充分利用国内外两个市场两种资源，不断增强经济社会发展的能源资源保障能力，我国水泥企业需要充分利用国际国内"两种资源、两个市场"，创新企业发展战略。我国水泥工业经过几十年的发展，在水泥工业设计、设备制造、工程施工建设等方面达到了国际先进水平，在优化设计、降低单位生产力投资成本、装备国产化、缩短建设周期等方面达到新的水平，我国水泥工业企业国际化具备一定优势。水泥工业企业国际化发展是我国水泥工业发展趋势之一。

10.2 我国水泥工业产能过剩特点研究

10.2.1 水泥工业三次产能过剩回顾[①]

自1995年我国结束几十年的水泥短缺后，水泥工业共出现过三次产能过剩。

---

① 联合采访组. 控制增量、优化存量、转型升级已成水泥行业当务之急——访中国建材联合会副会长、中国水泥协会会长雷前治［J］. 中国水泥. 2012（6）.

（1）第一次水泥产能过剩。1996 年水泥市场上第一次出现供大于求局面，是我国水泥发展史上第一次水泥产能过剩。邓小平南巡讲话后，我国掀起一股投资热，由于基本建设投资的拉动，特别是以海南为代表的房地产热，对水泥的需求急剧膨胀，水泥工业得到快速发展。1995 年我国实施经济软着陆的政策，经济增速回落，市场对水泥的需求开始疲软，水泥市场出现供过于求，水泥价格低迷。1997 年亚洲金融风暴加剧了过剩状态，并逐步向全国蔓延，水泥工业陷入产能过剩状态。水泥工业的特征是立窑式水泥生产工艺，立窑几个月就能建成投产。立窑水泥产量占水泥总量的 82%。水泥产能过剩的特征是结构性的、区域性的过剩。竞争的结果是使国产化、低投资的新型干法窑技术与装备获得市场的认同，推动了以国产设备为主的中小型新型干法窑的发展。这次产能过剩也带来了积极意义，就是出现了后来的水泥工业新型干法大发展时期。

（2）第二次产能过剩。经过亚洲金融风暴后，我国确定以房地产业作为国民经济新的增长点，加上 2001 年加入 WTO，我国经济社会发展步入快车道，市场对水泥需求增加，随着新型干法水泥技术的成熟和水泥工业工程设备国产化、低投资、建设周期短、建成达产快等特点，新型干法水泥获得了前所未有的高速发展直到产能严重过剩。2003 年新型干法水泥产量占总量的 22%，立窑等落后产能的产量占总产量的 78%，到 2009 年新型干法窑水泥的比重由 2003 年末的 22% 提高到 72%。产能过剩的结果是推动了大型化新型干法窑的高速发展和以湿法窑和立窑为代表的落后产能迅速退出市场，有力促进和推动了水泥工业的大联合、大重组。这次水泥产能过剩发生在我国经济高速发展时期，不存在水泥需求减少的问题，是区域性的水泥产能过剩。

（3）第三次产能过剩。2008 年美国次贷危机引发金融危机和全球的经济危机，我国实施 4 万亿的投资计划，拉动了水泥的需求，也使水泥工业得到进一步快速发展，2014 年我国水泥产能达到 34 亿吨。我国西南地区由于灾后重建的市场需求，西北地区在两次"新疆会议"之后，都在短时间集中了大量水泥建设投资，导致西南、西北地区产能严重过剩。2014 年我国经济进入新常态，经济社会发展对水泥需求减少。目前水泥生产线基本都是新建的新型干法线，技术比较先进。过剩背景下，水泥企业的竞争主要在大企业集团之间，表现为水泥资本的竞争。竞争将推动大型企业集团快速成长，生产集中度快速提升。此次全国水泥行业的产能过剩已经不再是局部、阶段性、结构性的产能过剩，而是全国性的、全局性的、绝对性的，甚至可能是永久性的产能过剩。

水泥工业的第一次产能过剩是代表落后生产技术的立窑生产能力过剩，市场竞争的结果是先进技术新型干法水泥取代了立窑，水泥行业完成了一次化危为机、产业转型升级。第二次水泥产能过剩是发生在经济增长速度较高，水泥市场需求旺盛时，代表先进技术的新型干法生产技术与落后生产技术产能间的竞争，其实质上是水泥工业企业生产成本间的竞争，推动了大型化新型干法窑的高速发展。依靠大企业的兼并重组，部分落后产能被关停，水泥行业的产业集中度得以提高。这两次产能过剩是相对的、结构性的、区域性的水泥产能过剩。经过21世纪前十年发展，我国水泥产业结构发生了巨大变化，代表先进生产力的新型干法水泥产量比重达到了90%，绝大部分落后产能已经退出。在经济社会进入新常态的背景下，此次水泥产能过剩是全国性的、绝对的、全局性的过剩。

10.2.2 水泥产能过剩原因分析

10.2.2.1 投资过度导致产能过剩

2008年以来水泥产能过剩是在政府投资拉动经济增长，造成市场对水泥产品的高需求，掩盖了第二次产能过剩，在高利润的回报下，进一步加大对水泥工业的投资，水泥产能扩张速度远超过市场对水泥的需求速度。见表10 - 2、表10 - 3，2008年至2013年的6年间水泥总投资达到8 820.18亿元，年均投资1 470亿元。2008年新干法生产线934条，水泥产量8.58亿吨，到2014年新干法生产线达到1 759条，比2008年增加825条。2013年新干法生产线水泥产量达到22.61亿吨，比2008年增加14.03亿吨，是2008年的2.64倍。超需求增量的连续过度投资，让本已产能过剩的水泥行业加剧了产能过剩矛盾。

10.2.2.2 利益驱动导致新增产能，加剧产能过剩

见表10 - 2，2001年至2014年水泥行业平均销售收入毛利率达15%，统计24家水泥上市公司2014年的平均毛利率高达23.4%。在高利润的回报下，加大了对水泥工业的投资。

10.2.2.3 淘汰落后产能导致新增产能加大

按"等量淘汰"原则，新建生产线的熟料产能往往部分取代了被淘汰的总量，实际上水泥熟料产能是增加的。从2010年到2013年，水泥行业每年新增产能分别为4.4亿吨、3.7亿吨、3.6亿吨、3.4亿吨左右，但每年淘汰产能分别为1.4亿吨、1.6亿吨、2.8亿吨左右。2010年水泥建设规模高达9.9亿吨，到2013年水泥建设规模仍然还有6.3亿吨。2013年累计新增生产能力还有4.1亿吨，在水泥工业已处于严重过剩的情况下，水泥产能还在继续增加（见表10 - 6）。

表 10 - 6   2008～2013 年水泥新增生产能力

指标	2013 年	2012 年	2011 年	2010 年	2009 年	2008 年
水泥新增生产能力（万吨/年）	34 030.23	36 095.01	36 945.9	43 611	37 960.12	23 547.37
水泥累计新增生产能力（万吨/年）	41 055.84	43 987.86	45 857.15	54 751	48 244.87	29 085.57
水泥新开工规模（万吨/年）	31 296.54	39 515.71	37 871.75	42 074	61 802.58	48 084.19
水泥施工规模（万吨/年）	50 340.72	63 432.75	64 822.5	83 307	93 978.81	75 704.54
水泥建设规模（万吨/年）	62 865.07	76 595.31	81 839.05	99 503	107 291.81	83 273.24

资料来源：中华人民共和国国家统计局（http：//data. stats. gov. cn/adv. htm？ cn = C01）

10.2.2.4 地方政府等非市场因素助推产能过剩

以 GDP 为导向的政绩考核机制和不合理的财政分权体制使得地方政府也成为产能过剩的主要推手之一。水泥行业是最早一批由省级主管部门核准的项目建设。后来，无须经省级政府部门核准，市、甚至有些县一级的政府都有权核准水泥项目。由于地方政府拥有土地资源和财政税收资源，多年以来，一些地方依靠大项目、大投资来拉动经济增长，增加财政收入和就业，而对市场经济和产业发展的正常规律有所忽略。这些非市场化因素对水泥行业产能过剩起着推波助澜的作用。

10.2.2.5 水泥行业技术门槛下降致使水泥产能扩展加快

作为传统产业，水泥行业发展创新相对较慢，水泥行业的技术发展进步基本上都是对既有技术的改进和拓展，缺乏革命性的技术变革，生产技术方法等已基本普及，成为发展共识。随着水泥技术装备"国产化"，新型干法水泥生产线投资强度由原来的吨投资 1 000～1 200 元降低到 400 左右元，加上水泥的生产原料主要是石灰石，分布广泛，容易获得，水泥行业的进入门槛降低致使水泥产能扩展加快。

10.2.2.6 缺乏有效干预手段，新增产能难以控制

从 2003 年 12 月起，国家先后发布《关于制止钢铁电解铝水泥行业盲目投资若干意见的通知》、《关于抑制部分行业产能过剩和重复建设引导产业健康发展若干意见的通知》，明确提出严格控制新增水泥产能；2009 年 10 月，环境保护部印发《关于贯彻落实抑制部分行业产能过剩和重复建设引导产业健康发展的通知》，进一步对新增水泥项目的建设进行环保条件上的约束。但事实上缺少干预手段的有效性。从 2009 年至 2014 年底，全国又新建 646 条水泥生产线，新增有效水泥产能 9.93 亿吨。同时新增水泥生

产线的建设大都没有满足国务院和环保部门相关文件的要求，也未经过相关审批，最终导致我国水泥行业盲目发展、无序建设情况严重。水泥市场布局混乱，新增产能难以控制。

10.2.3　水泥产能过剩特征的判断

10.2.3.1　水泥需求量估算[①]

依据世界发达国家和地区的经验，一个国家或地区的水泥需求量或消费量与该国或该地区所处的经济发展阶段密切相关，水泥需求量一般遵从"S"形曲线规律。见图10 – 15。当一个国家或地区处在经济起步阶段时，水泥需求量呈缓慢上升态势，当一个国家或地区经济进入高速增长期时，水泥需求量呈快速增长态势；而达到水泥需求的高峰期亦称拐点（饱和点或顶点）时通常处于经济高速增长时期的大规模建设阶段。当一个国家或地区的经济进入成熟期后，水泥需求量会逐渐下降并趋近于一个常量。

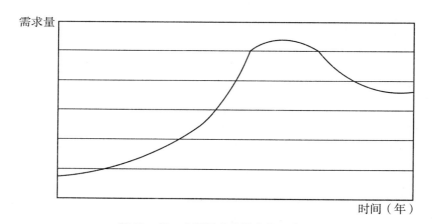

图10 – 15　水泥需求趋势变化示意图

我国水泥发展主要经历了三个阶段，见图10 – 16。起步阶段从1949～1984年，共经历了35年，该阶段年人均水泥消耗量50～100kg。高速发展期从1984年开始，需求呈现快速增长，平均每年的经济增长率和水泥增长率都保持在10%左右，预计这一阶段将在2015～2020年陆续结束。随后，水泥发展逐渐进入成熟期，进入成熟期后水泥

① 史伟. 2011年到2050年中国水泥需求量预测［R］. 中国11省市硅酸盐发展报告（2011）.

产量将逐步回落，接近稳定后，年人均水泥消耗量为 400～600kg，与发达国家目前的情况类似。

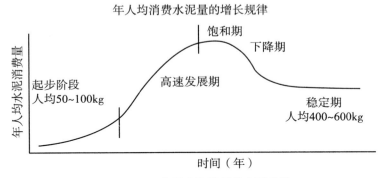

图 10 - 16　中国水泥发展的主要阶段

依据史伟（2011）的研究结论，我国水泥消费量将在 2015 年前后达到峰值，即进入饱和阶段，该阶段的水泥消费量为 19～24 亿吨，水泥消费量自 2020 年开始逐年下降，在 2040 年前后进入稳定期。然而，由于我国各地区间经济发展的不平衡，因此出现进入饱和阶段的时间也不相同（见图 10 - 17、图 10 - 18）。

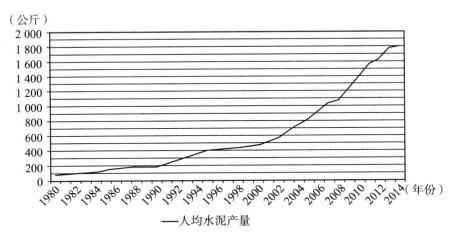

图 10 - 17　1980～2014 年我国人均水泥产量

资料来源：中华人民共和国国家统计局（http：//data. stats. gov. cn/adv. htm？cn = C01）.

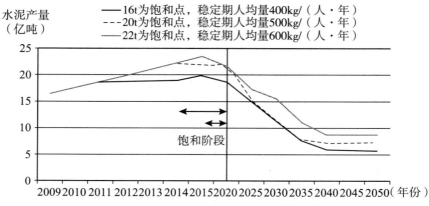

图 10 - 18　2011～2050 年中国水泥消费量预测

资料来源：史伟，2011 年到 2050 年中国水泥需求量预测，中国 11 省市硅酸盐发展报告（2011）。

10.2.3.2　我国水泥产量和消费量间的关系

从图 10 - 19 可以看出我国水泥的消费量近似等于水泥产量。由于水泥具有价值低、重量大、保质期短、市场区域性等特征，水泥远距离运输不经济，导致我国水泥进出口量均不大且较稳定。每年出口量占水泥总量的比重不到 2%（见表 10 - 1）。水泥在使用、运输过程中的损耗也较少。所以水泥产量和消费量近似相等。水泥产量的增长速度和消费量的增长速度基本一致。

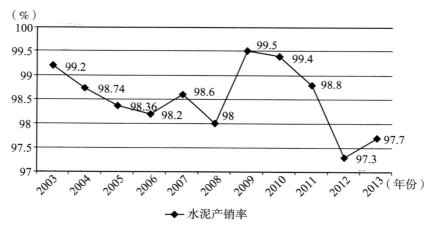

图 10 - 19　2003～2013 年我国水泥产销率

数据来源：根据表 10 - 1 数据整理。

10.2.3.3　我国水泥工业处于产能全面过剩、绝对过剩、长期过剩状态

见表 10 - 1，2014 年全国水泥产量达到 24.76 亿吨。2015 年 1 ~ 8 月全国水泥产量达 15.05 亿吨。2014 年我国水泥产能达 34.2 亿吨（见图 10 - 11）。见表 10 - 7，我国人均水泥用量 2014 年达到 1 810kg。从 2000 ~ 2014 年北京、天津、上海三个直辖市的人均水泥用量处于稳定期，其中北京 15 年间人均年水泥用量在 588kg、天津 15 年间人均年水泥用量在 519kg、上海 15 年间人均年水泥用量在 364kg，比较符合史伟（2011 年）的研究结论。西南地区和西北地区省份人均水泥用量很高，主要因为过去经济发展速度一直较低，对水泥需求量和人均水泥用量均比较少，在国家实施西部大开发后，近年来经济增长速度，水泥需求量才开始上升。但其人均水泥用量已超过全国平均数，而且也有现实的产能满足市场的需求。综上所述，从全国层面来看，我国水泥现在的产能已远远超过经济社会发展的需求，水泥产能过剩呈现全面性和绝对性特点。从区域和各省的情况来看，各区域和各省的水泥产能均能满足市场的需求而且还有剩余，水泥产能也呈现出全面性和绝对性特点。考虑到人口因素，我国现有水泥产能和能生产出来的水泥量完全可以满足我国经济社会进入饱和点前对水泥的需求量，我国水泥产能过剩又呈现出长期性的特点。

表 10 - 7　　　　　　　　　**2002 ~ 2014 年我国全国及各省人均水泥用量**　　　　　单位：kg

人均水泥量	2014 年	2013 年	2012 年	2011 年	2010 年	2009 年	2008 年	2007 年	2006 年	2005 年	2004 年	2003 年	2002 年
全国	1 810	1 776	1 632	1 558	1 403	1 232	1 045	1 030	941	817	744	667	562
北京市	327	426	426	457	535	581	495	697	794	770	813	686	621
天津市	631	647	600	696	640	570	455	551	567	497	510	446	375
河北省	1 446	1 738	1 802	2 007	1 778	1 519	1 281	1 405	1 250	1 122	1 114	1 006	857
山西省	1 288	1 405	1 406	1 142	1 026	803	608	820	794	689	715	588	510
内蒙古自治区	2 513	2 577	2 435	2 619	2 199	1 763	1 401	1 182	916	679	536	397	298
辽宁省	1 323	1 374	1 254	1 323	1 094	1 084	944	906	771	635	592	580	511
吉林省	1 345	1 233	1 179	1 383	1 121	1 343	944	697	661	633	488	414	329
黑龙江省	966	1 062	1 039	1 142	937	681	515	430	388	318	304	292	251
上海市	283	311	336	343	291	341	358	465	576	553	529	422	205
江苏省	2 437	2 271	2 134	1 903	2 012	1 853	1 634	1 534	1 434	1 276	1 170	1 049	815
浙江省	2 249	2 270	2 113	2 233	2 078	2 051	1 959	2 046	1 962	1 829	1 781	1 481	1 202
安徽省	2 124	2 022	1 838	1 604	1 355	1 187	964	883	750	548	556	499	391
福建省	2 039	2 095	1 937	1 831	1 603	1 494	1 239	1 246	953	785	675	685	489
江西省	2 165	2 041	1 681	1 532	1 404	1 399	1 198	1 147	991	858	722	593	466

续表

人均水泥量	2014 年	2013 年	2012 年	2011 年	2010 年	2009 年	2008 年	2007 年	2006 年	2005 年	2004 年	2003 年	2002 年
山东省	1 685	1 668	1 596	1 564	1 538	1 484	1 475	1 604	1 791	1 560	1 403	1 089	907
河南省	1 810	1 783	1 583	1 473	1 230	1 252	1 085	1 012	810	692	545	489	466
湖北省	1 963	1 905	1 795	1 651	1 571	1 225	1 080	989	914	786	637	606	520
湖南省	1 790	1 691	1 593	1 420	1 332	1 195	947	894	724	592	505	471	414
广东省	1 379	1 262	1 084	1 210	1 112	991	959	1 014	1 028	895	843	840	842
广西壮族自治区	2 252	2 312	2 132	1 883	1 630	1 325	1 061	912	775	709	568	549	498
海南省	2 383	2 222	1 886	1 735	1 455	1 086	725	749	700	539	520	491	433
重庆市	2 236	2 071	1 889	1 718	1 602	1 273	1 104	1 065	933	796	713	727	622
四川省	1 795	1 720	1 667	1 804	1 663	1 100	746	784	619	546	477	497	406
贵州省	2 696	2 338	1 937	1 531	1 095	815	570	567	517	452	366	411	292
云南省	2 036	1 946	1 720	1 466	1 257	1 104	850	791	737	637	521	469	394
西藏自治区	1 076	948	931	768	730	634	570	552	585	458	367	459	220
陕西省	2 418	2 286	2 035	1 761	1 472	1 208	971	856	680	587	549	498	363
甘肃省	1 903	1 714	1 417	1 076	947	726	612	604	571	556	522	458	427
青海省	3 190	3 179	2 460	1 845	1 441	1 097	826	791	678	683	633	575	498
宁夏回族自治区	2 710	2 947	2 496	2 290	2 247	1 706	1 432	1 340	1 175	952	987	852	654
新疆维吾尔自治区	2 165	2 293	1 933	1 436	1 131	948	781	706	597	620	611	583	515

数据来源：依据国家统计局数据计算。

10.3　我国水泥工业产能过剩治理对策研究

对于化解产能过剩的最好办法，就是由市场进行淘汰。由于我国水泥产能过剩呈现出全面性、绝对性和长期性的特点。仅仅依靠市场可能无法解决产能过剩的问题，还须发挥政府和行业协会的作用。

10.3.1　鼓励企业兼并重组，提高市场集中度

兼并重组既是控制增量的关键，也是积极优化存量的有效举措。通过兼并重组做大企业规模，提升企业竞争力和区域市场控制力，能有效提升区域市场的集中度，减少甚至杜绝区域内新增产能，做到市场合理布局，资源有效配置。企业做大后，还能积极优化存量产能。企业做大规模、资源整合完成后，可以关掉旗下部分工厂，减少并退出过

剩产能。关掉的工厂只是大企业的子公司，并不影响企业的整体运作，也不影响债权债务等问题。如果关掉的是独立的小企业，关闭一家就是关闭一个独立法人企业，企业停产倒闭了，呆坏账问题、就业问题、资源能源浪费问题就会随之出现。

推广通过交叉持股推进企业间合作与重组，提倡在同一区域内交叉持股，发展各种股份制和混合所有制经济；通过交叉持股和重组，使水泥企业从产权制度、股权结构、经济体制构架方面产生变化，推动企业间的联合经营。兼并重组是市场行为，但也需要发挥政府的作用。国家应出台新的优惠政策，推进企业兼并重组。

10.3.2　坚持绿色发展，利用环保机制升级淘汰产能

水泥工业要向绿色水泥工业道路发展，使经济、资源、环境协调发展。加大淘汰相关政策中规定的落后产能的力度。严格督促行业加强环保技术投入，提高行业技术准入门槛，充分利用环保机制倒逼产业升级，淘汰落后产能和暂时还不落后的过剩产能。发展绿色水泥工业，提高自然资源综合利用率，研发先进技术，尽可能地采用低品位燃料及绿色能源和可燃废弃物燃料，最大限度地使用再生资源和再生能源。转变观念，使水泥企业向环保型企业转型。充分利用水泥工业在消纳工业废渣、处置城市垃圾和危险废物方面的优势，推广水泥窑协同处置，发展循环经济。

10.3.3　鼓励企业国际化发展，充分利用"一带一路"战略机遇

坚持开放发展，顺应我国经济深度融入世界经济的趋势，推进国际产能和装备制造合作。我国水泥企业需要充分利用国际国内"两种资源、两个市场"，创新企业发展战略。我国水泥工业企业在水泥工业设计、设备制造、工程施工建设等方面达到了国际先进水平，是名副其实的水泥制造大国、水泥技术装备出口大国。水泥企业走国际化发展道路，向跨国企业转型势在必行。国际化是我国水泥工业做强的标志，是水泥企业转变经济发展方式的重要途径。

在"一带一路"战略指引下，发挥水泥行业龙头企业的引领作用，针对沿线部分国家公共基础设施薄弱、在基础设施建设和经济发展过程中需要中国产能和技术的实际，以效益最大化为目标，带着资金和技术投资发展水泥项目。在投资建设水泥项目的同时，带动中国大型装备出口、成套设备、工程总包、产品和劳务输出等相关业务在海外的拓展，为促进国家战略的实施、加强多边经贸合作、推动我国水泥工业资源全球化配置贡献力量。

10.3.4　加强产业技术创新，提升国际竞争力

经过十多年的快速发展，目前我国水泥工艺技术和工程技术已经比较成熟，进入世界先进行列，但是与世界领先水平相比还有一定差距。水泥工业企业着重在基础理论、节能减排、资源综合利用、环境保持、协同处置废弃物技术及其他具有行业共性技术方面进行技术研发创新。特别是节能减排技术创新，如采用废弃物来替代燃料，使水泥的生产成本大幅度下降。发展循环经济方面，注重如何更多地利用一些废弃物。利用科技创新减少成本增加效益，促进产业升级，达到创新驱动发展、调整行业结构的目的。加快第二代新型干法水泥装备技术的研发，从窑体和预热器的节能减排功能方面要有所突破；加快节能减排服务产业链的构建，从能耗、环保排放测定、评估、达标等方面建立完整的服务产业链。通过一系列的创新，开发新品种、新工艺、新技术和新装备，不断提升我国水泥工业的国际竞争力，为水泥企业走向国际市场奠定基础。提高自主创新能力，加大自主创新研发投入，国家应出台相应的支持政策。

10.3.5　延长产业链，提高企业盈利能力

积极优化存量、延长产业链，不但是向上向下延伸，还要延长至服务、流通、产品的装备配送等产业链。从单一的产品制造加工向产品服务方向延伸，以服务到用户的意识，改变传统经营观念，减少采购、销售等中间环节。通过产业链的延伸，扩大企业盈利空间和范围，提高盈利能力。加快节能减排服务产业链的构建，从能耗、环保排放测定、评估、达标等方面建立完整的服务产业链。以绿色、环保、节能建筑为导向，发展绿色环保建材、节能建材。

10.3.6　发挥水泥协会的监督、信息引导功能

水泥行业协会做好信息统计、信息传递、行业交流、媒体宣传等服务。协会要开展国内外水泥行业发展动态信息收集、进行行业发展现状调研、统计、分析、整理，定期发布行业信息。研究水泥行业发展的方向和目标，为政府决策提供有效依据，为企业经营提供有价值的资讯，引导行业结构调整和健康发展。制定行业标准，参与新增产能的审查、监督、表决，参与淘汰落后水泥产能的核查。

10.4　本章小结

本章通过对我国水泥工业的发展历程及现状进行阐述，对我国水泥工业产能过剩特点进行了详细的分析，提出了我国水泥工业产能过剩治理对策。总体来看，我国水泥工业的产能过剩具有"阶段性、结构性、区域性和相对性"等特点，其深层次原因就在于：政府过度投资、利益驱动导致的新增产能、淘汰落后产能加剧了已有产能过剩、地方政府采用隐性补贴等非市场因素对产能过剩的推波助澜、水泥行业技术门槛下降和缺乏有效的干预手段等因素。对此，本章提出了几个方面的对策：加强市场引导和宏观调控，鼓励企业兼并重组，减少地方政府对水泥投资的干预，利用环保机制倒逼产业升级淘汰落后产能，鼓励水泥企业国际化，加强产业技术创新，充分利用"一带一路"，延长产业链和发挥水泥协会的监督、信息引导功能。

11

船舶工业产能过剩问题及治理政策研究

11.1 我国船舶工业的发展历程及现状

11.1.1 我国造船业的发展历程

中国是世界四大文明古国之一，内陆有众多的江、河、湖，沿海有 18 000 海里长的海岸线，面临太平洋的浩瀚大海。中国造船业的历史非常悠久，工业化之后发展也非常迅猛，目前又进入调结构的关键时期。总的来说，中国造船业的发展可以分为以下几个阶段：

11.1.1.1 小农经济低水平时代

唐代到新中国建立之前，造船业处于小农经济低水平时代。中国造船业历史悠久，从唐代至元明时期，我国的造船业一直处于世界最高水平，而随后的禁海和闭关锁国等政策使得我国的造船业一落千丈，到第二次世界大战期间，中国的造船业几乎处于停产阶段。这个阶段我国造船业整体处于低产量低增速阶段，而且主要是非金属造船。

11.1.1.2 工业化起步时期

从新中国成立开始至改革开放之前，随着世界造船业重心向亚洲国家转移，我国造船业也有了一定的发展，但是受制于计划经济的影响，以及我国当时进出口经济不发达，对船舶需求较低，中国造船业并有长足的发展，总体来说开始出现国有化的大型的金属造船厂，并且造出了一批具有工业化基本水平的船舶。

11.1.1.3 工业化高速增长时代

1978 年开始中国进行改革开放，我国工业化进程开始步入正轨，随之而来的也是我国造船业的高速增长时代。20 世纪 80 年代以前，我国造船业一直是以国内的内航船舶为主体，造船生产量小，甚至没有以 100 吨以上的商船为对象的劳德船级统计记录，在世界造船行业所占份额也不大。中华造船厂于 1980 年建成了第一艘大开口多用途货船。20 世纪 90 年代，我国研制了具有高技术、高附加值的大型与超大型新型船舶，研制了具有先进技术装备的战斗舰艇，研制了具有高附加值的海洋工程装置。1993 年以来，我国造船总吨位已连续十年居世界第三位，2001 年中国造船产量超过了 400 万载重吨，占世界 10.2% 的份额，我国造船业占世界造船份额节节攀升，发展速度较快，但是与日韩等造船强国还有一定的差距，而且主要以小成本低技术含量的船只为主。

11.1.1.4 "入世"后飞速发展时期

加入世界贸易组织到 2010 年中国造船业登顶世界第一，中国造船业处于工业化的飞速发展时期。"入世"给中国造船业带来了新的春天，同时也推进了世界造船业的飞速发展。"入世"后中国造的船舶开始大量销往世界各地，造船业三大指标增速都十分惊人，造船完工量增长了将近 9 倍，新接订单量翻了 5 倍，手持订单量更是翻了 11 倍，至 2010 年三大指标全面超越韩国，登顶世界第一。其中造船完工量 6 120.5 万载重吨，占比 41.9%，新接订单量 5 845.9 万载重吨，占比 38.3%，手持订单量 19 291.5 万载重吨，占比达 40.8%。而且从 2010 年之后中国造船业的三大指标一直稳居世界第一，并且还在慢慢拉开和日韩等造船强国的差距。

11.1.1.5 后工业化高端化时代

2010 年至今，受全球经济与中国政策的影响，我国造船业经历了"入世"以来最大的调整，经历了 2012 年的低谷，开始进入缓慢增长时期并且船舶工业高端化比重逐渐增大。2010～2012 年全国三大指标都急速下跌，手持订单量更是下跌了 50%，主要是由于世界经济的乏力以及中国造船业结构化过剩导致。2012 年至今，中国造船业随着世界经济的复苏也慢慢回归高位，同时中国造船业结构也有了一定的调整，高端船只占比逐步攀升，尽管高技术含量的船只我们离日韩还有一定的差距，但是中国正在努力缩小这种差距。随着船舶企业的兼并重组，造船业产业结构的调整，落后产能的淘汰，中国正在将船舶企业做大做强，在高端高利润市场谋求发展，相信 21 世纪中国必将领跑世界高技术造船业的发展。

11.1.2 我国船舶工业的发展现状

我国造船业三大指标从 2010 年开始至今一直稳居世界第一，是世界第一大造船国。2013 年，全国规模以上船舶工业企业 1 650 个，大型企业 123 个，中型企业 330 个，小型企业 1 227 个，有 4 家企业新接订单量位列世界前十名。虽然我国是造船大国，但是还不是造船强国，例如船舶制造缺乏高端船只，船配方面未掌握核心技术，中国的造船强国之路还任重道远。

11.1.2.1 中国造船业三大指标稳居世界第一

三大指标近十多年增长迅猛，经历了金融危机的调整后，目前已经慢慢回归高位。从图 11 - 1 中我们可以看出，中国造船完工量近十多年整体增长迅猛，2012 年之后处于出现急速下跌。中国造船完工量从 2002 年的 461 万载重吨增长到 2014 年的 3 905 万载重吨，翻了 8.5 倍，增速十分可观。新接订单方面，2014 年造船业新接订单数重回高位，从 2002 年至 2014 年整体实现了跨越式的增长，同时起伏变动也很大。从 2002 年的 1 231 万载重吨到 2014 年的 5 995 万载重吨，我国造船业新接订单数增长了 4.9 倍，年均复合增长率为 14.2%。手持订单方面，从 2002 年至 2008 年增长迅猛，2008 年以后略有下滑，但是整体保持稳定。从 2002 年的 1 361 万载重吨到 2014 年的 14 890 万载重吨，增长了 10.9 倍，年均复合增长率达到了 22%，整体处于高速增长时期。整体来看"入世"以后我国三大指标都飞速增长，中间都经历了 2012 年的低谷期，随着世界经济的回暖，三大指标也渐渐回暖回归高位。

中国造船业三大指标已经坐稳，并且将长期占据第一的宝座。从 2010 年我国三大指标全面超越韩国成为世界第一到现在，三大指标一直领先世界，2014 年全年中国造船业三大指标已经大幅领先韩国和日本，其中造船完工量 3 629 万载重吨，全球占比 39.9%，新接订单量 5 102 万载重吨，全球占比 46.5%，手持订单量 14 972 万载重吨，全球占比 47.2%。图 11 - 2 为 2014 年世界主要造船国的对比情况。

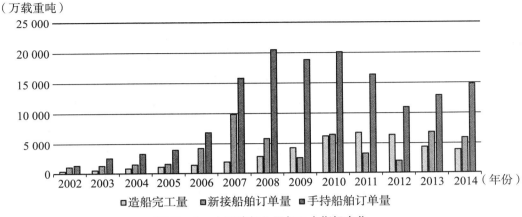

图 11 - 1 中国造船业历年三大指标变化

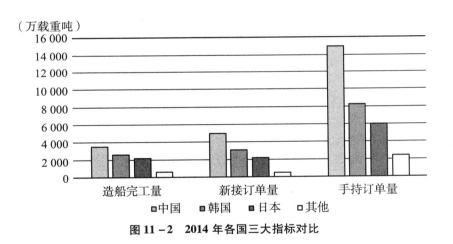

图 11 - 2 2014 年各国三大指标对比

11.1.2.2 我国造船业的产业布局进一步优化

1. 民营船企快速发展

近年来，中国船舶行业取得突飞猛进的发展，民营造船企业异军突起，形成了南北方两大造船集团和民营船企三分天下的局面，产能接近 1 亿载重吨。从下表中历年的产值变化可以看出，从 2009 年至 2012 年国有企业产值只增长了 5%，而私营企业以及有限责任公司增幅分别为 53% 和 54%，增速超过国企的十倍。目前我国民营船企总产值已经大幅超越国有企业，这主要是由于民营企业数量庞大导致。表 11 - 1 为我国各类船企工业总产值：

表 11-1　　　　　　　　　　各类内资船企工业总产值　　　　　　单位：亿元

年份	船舶工业总计	国有企业	私营企业	有限责任公司	其他
2009	3 818.9	569.5	1 380.3	1 623.1	245.9
2010	4 580.8	577.5	1 657.3	2 079.3	266.6
2011	5 274.8	719.9	1 966.7	2 268.8	319.4
2012	5 541.9	600.9	2 118	2 508.3	314.8

数据来源：中国船舶工业协会. 中国船舶工业年鉴。

2. 区域和产业集中度进一步提高

我国造船业依然主要分布在三大区域：以大连、葫芦岛、青岛为主的环渤海湾，以上海、苏中地区、舟山为主的长江三角洲，以广州为主的珠江三角洲三大造船基地，这三大基地造船完工总量占比超过 90%。同时产业集中度进一步提高，全国造船完工前 10 家企业占完工总量的 50.6%，前 20 家企业占 71.6%，前 30 家企业占 83.8%。

从表 11-2 可以看出，我国造船业主要分布在江苏、浙江、山东、辽宁、广东、上海以及湖北这七个省份，2013 年七省造船厂占全国总额的 78.3%，其中仅长江三角洲三省就占据 47.4%，造船业区域集中度处于较高水平。

表 11-2　　　　　　　　　主要省份船舶制造企业数　　　　　　单位：个

年份	江苏	浙江	上海	山东	辽宁	广东	湖北	安徽	其他
2009	568	321	140	172	193	169	94	83	280
2010	620	364	145	168	188	174	118	108	330
2011	451	243	96	136	129	116	80	84	256
2012	462	233	93	149	144	120	91	89	269
2013	468	235	93	158	148	122	92	90	274

数据来源：中国船舶工业协会. 中国船舶工业年鉴。

11.1.2.3　造船业产品结构偏向低端

中国现在是造船大国，但还远远不是造船强国，总量很大但是高技术船只缺乏。我国船舶工业在快速发展的同时，暴露出诸多问题，主要表现在：技术创新能力不强，海洋工程装备及高技术高附加值产品开发迟缓，与日韩造船强国相比，造船业的整体水平和综合实力仍存在较大差距。特别是目前受国际金融危机的深远影响，世界经济增速放缓，航运指数持续走低，国际运力和建造能力过剩，船舶产品需求结构发生变化，高技术高附加值及海工等特种船市场需求旺盛。我国的造船竞争能力明显乏力，承造的船舶大部分仍停留在三大主流船型，从图 11 – 3 中可以看出 2013 年中国新接订单中三大主流船型占比达到 90%，全球这一数据仅为不到 80%，中国海工辅助船型占比为 9.7%，而全球海工辅助船这一比例为 17.8%，中国 LNG 船占总订单量比例为 0.9%，全球这一比例为 2.5%，是中国的将近三倍。因此中国造船业高端船只方面离世界平均水平仍有一定差距，与日韩等国差距则更加明显。

2013 年我国海工装备新接订单占世界订单的 38%，仅比韩国低 5 个百分点，但是，我国企业基本不具备承担总包项目的技术能力和管理能力。因此导致我国企业所获订单基本都是装备的建造订单，甚至不具备自主选择配套设备的能力，丢失了采购、工程、服务等具有高额附加值的环节，在竞争中处于被动地位。在前景被看好的海洋工程领域，2005 年至 2013 年 3 月，全球海上平台订单金额为 1 400 亿美元，其中韩国企业占55%，而中国企业仅占有 7%。另外，钻井船领域也是韩国企业独霸天下，三星重工手握 124 亿美元的钻井船订单，而中国至今没有一家企业具备钻井船制造技术。

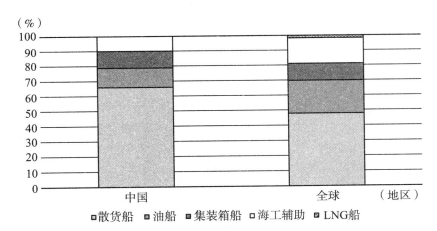

图 11 – 3　2013 年中国与全球新接订单量不同船型结构对比

因此，中国造船业目前主要还是过于偏向低端主流船型，尽管高端船型已经开始有了一定的市场份额，但是与日韩还有一定差距，核心技术掌握得不够。随着中国政府对高端船型研发的重视，相信未来中国造船业将会在高端船型市场有长足的发展。

11.1.2.4　产业链结构逐步优化

我国造船业产业链结构十年来得到了很大的改善和优化，船舶配套行业发展迅速。从图 11 – 4 中可以看出 2004 ~ 2014 年十年间中国船舶制造企业数量翻了一倍多，与此同时船舶配套设备制造翻了 4.3 倍，拆船行业则下降了 50%。2004 年船舶制造企业数占比为 50.3%，2014 年我国船舶制造企业数为 53.1%，比例变化不大；而 2004 年船用配套设备制造企业占比为 19.7%，2014 年这一比例上升到了 40.4%，船舶配套行业在整个产业链结构中发展规模已经十分可观。同时拆船企业数由 2004 年的将近 30% 下降到 2014 年的 7.1%，在整个产业链中所占份额下降较为严重。

尽管船舶产业规模增长迅速，总量较大，但核心技术储备少，设计研发能力弱，70% 的核心零部件和关键配套设备需要进口，配套产业发展相对滞后。一直以来，"造壳"被认为是中国造船业的一个真实写照，而船配方面特别是高技术船配设备占据了造船行业的大部分利润。近年来，虽然我国船舶配套设备在个别产品技术上已经具有国际领先水平，但是在整体技术水平、技术创新及售后维修服务体系建设等方面仍与发达国家存在较大差距，与我国船舶制造业的发展水平不相匹配。

在总量规模较大但是技术含量低的当下，我国船舶配套设备行业的健康发展比以往更需要技术创新，按照国际新标准、新规范，自主研发具有知识产权的产品。市场的发展要求对船舶配套设备生产企业进行整合，整合过剩产能，减少重复建设，提高产业集中度，完善产业链，形成具有国际竞争力的船舶配套设备产业。

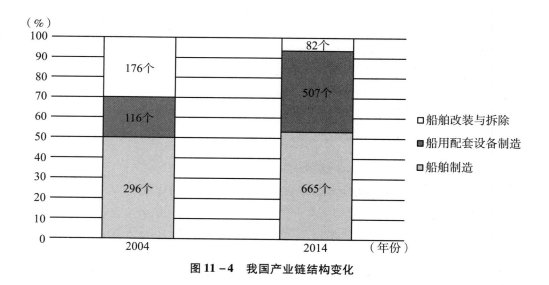

图 11 - 4　我国产业链结构变化

拆修船行业方面，其中修船行业整体维持稳定，没有太大变化，拆船产业则面临很大压力。由于拆船行业是属于劳动密集型的产业，而且对环境污染较为严重，因此这部分现在已经开始向东南亚等国转移，是世界造船业的普遍的一个规律。我国应该积极引导落后的拆船产能淘汰，同时应当鼓励发展高机械化以及信息化的拆修船行业。

11.2 当前我国船舶工业产能过剩的理论分析

11.2.1 世界造船业发展的周期性分析

世界造船业是一个周期很明显的行业。19 世纪及以前世界造船业处于低速发展时期，伴随着帝国主义的加速扩张，造船业经历了两次世界大战期间的空前繁荣和战后低谷，伴随着战后经济的恢复，造船业逐渐回暖再创新高，石油危机的爆发结束了这一高潮，急速下跌之后随着中国以及其他发展中国家的发展，造船业恢复快速增长，并且一连创造新高。截至目前世界造船业发展至今大致经历了四大周期：

周期一：1886 ~ 1927 年，世界造船业经历了 1886 ~ 1913 年的平稳发展时期，然后迎来第一次世界大战的高峰期，以及一战之后的低潮期。这个周期内世界造船业的产能总体稳定在一个较低的水平，即便是一战的高峰期也没有到达 1 000 万吨的新船交付量。

周期二：1927 ~ 1952 年，也是在第二次世界大战期间迎来造船业的顶峰时期，以及第二次世界大战之后的迅速下滑。第二次世界大战前后的造船业总体比第一次世界大战有了很大的提升，造船量比第一次世界大战时期翻了一番。但是大周期一和大周期二显然主要和战争有着强烈的关系，对我们今天造船业的借鉴意义并不大。

周期三：1952 ~ 1987 年，第 3 个长周期发展过程对造船业现在的发展最具有借鉴意义。在日本、欧洲推进工业化的驱动下，全球造船交付量在第 3 个长周期内从 1963 年步入快速上升阶段，1975 年达到顶峰。1973 年底爆发的第一次石油危机严重打击了世界经济增长，捅破了航运与造船行业的泡沫，也拉开了航运、造船行业长达 13 年的去产能进程。直到 1987 年，造船交付量第 3 个长周期才见底。

周期四：从 1988 年开始，造船业进入第 4 个长周期的上升阶段。韩国的工业化与世界经济的良性发展促进了世界造船业的发展，但 1988 ~ 2001 年的 12 年间，造船交付量只是缓慢复苏，始终没有达到第 3 个长周期 1975 年高点。直到 2001 年底，中国加入 WTO，全球海运贸易迎来新一轮快速增长，全球造船进入强势增长阶段，2001 ~ 2011 年新船交付量直线上升，2011 年由于金融危机的影响才放缓增速。四个大周期交付量的变化见图 11 - 5：

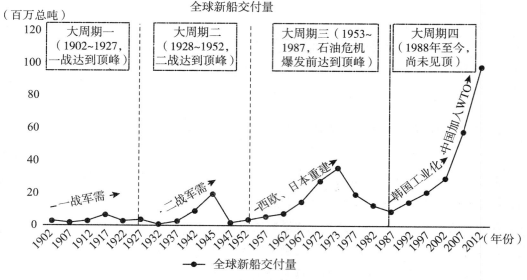

图 11 - 5　全球造船业的四大周期

造船业之所以形成周期，前两个大周期主要是由于战争的军需，后两个大周期主要与全球经济发展周期以及新型工业化国家的发展有关。

1. 新兴工业化国家对造船业周期的影响

第三个大周期与第四个周期造船业的发展与衰落都与新兴工业化国家的发展息息相关。第二次世界大战结束后日本与西欧重建，1988 年开始韩国工业化的快速发展以及我国加入 WTO 之后外贸经济的飞速发展都很大程度上推动了世界造船业的发展。这些新兴工业化国家一方面会对海上贸易量的增长做出突出的贡献，其次在其工业化初期会积极引进劳动密集型的造船业，因此其工业化会推动世界造船业的发展，另一方面，新兴国家工业化进程的推进又会淘汰过剩的产能，产能的转移需要时间来完成，导致交付量进入下滑周期。

2. 世界经济对造船业周期的影响

世界船舶市场的周期与全球经济的发展也具有较大的相关性。全球经济增长情况与全球贸易之间具有高度的相关性，而船舶的需求尤其是海上运输这部分的船舶需求是国际贸易的派生需求，两者间具有高度的相关性。因此，船舶行业受全球经济增长情况影响较大。世界经济的良好发展会推动全球贸易的增长，从而推动造船业的发展；另外，造船业经历的危机又都是伴随全球经济危机的发生所进行的，可以说全球经济危机是导致船舶业危机的主要原因。经济危机爆发时，宏观经济环境恶化，世界各国经济实体都会受到强烈冲击，这时各国都会首先保护本国企业的发展，而导致世界贸易不景气，贸易量发生下滑现象。随后伴随经济繁荣时期各国新接订单的完成，全球船舶供给会出现暴增，供给远远大于需求，供需失衡将导致费率下降，各方对未来船舶行业的发展看跌，这就对新船市场造成较大的负面影响，进而给船舶市场另外增加一种向下的压力。当经济形势恢复时，国际市场对于船舶的需求又会随着经济的繁荣而增长，国际贸易的增加导致各国船舶企业新接订单数大量增加，船东对行业发展保持乐观，此时需求大于供给，大量订单堆积。

11.2.2 产能过剩的特征

11.2.2.1 当前船舶工业属于全球性过剩

1. 全球造船业市场低迷

2008 年金融危机以来，世界经济进入深度调整期，国际航运市场低迷，造成造船行业需求不足。据英国克拉松公司统计，2013 年，世界造船完工量 15 215 万载重吨，相比 2011 年高峰时期（15 891 万载重吨）下降 32.3%；2012 年新接订单 4 548 万载重吨，相比 2008 年高峰时期（15 438 万载重吨）下降 71.6%，2013 年略有回升；2012 年手持订单 26 059 万载重吨，相比 2008 年高峰时期（67 710 万载重吨）下降 61.6%（见图 11 - 6）。全球规模以上造船企业数量，从 2008 年 7 月的 620 家减少到 2014 年 6 月的 482 家。这 482 家中有 86 家在 2013 年一季度手持订单为零。

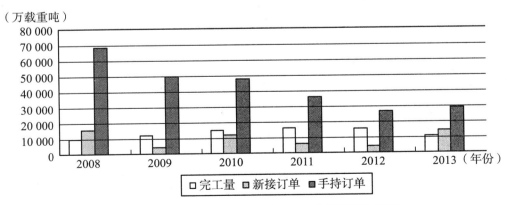

图 11 - 6 2008 ~ 2013 年世界造船业三大指标变化趋势

2. 全球船队运力过剩严重

通过分析历年全球海运需求与目前船队规模，我们可以看出造船业的供需情况，从而判断全球造船业的产能过剩情况。

表 11 – 3 为海运需求增速统计，综合了 1993 ~ 2013 年的海运需求变化以及增长速率，从表中数据可以看出三大船型中集装箱船型需求增速有所下滑，5 年复合增速仅为 20 年复合增速的不到一半，其他两种船型需求增速整体维持稳定，略有上浮。

表 11 – 3　　　　　　　　　　　　　　**历史海运需求增速统计**

年份	油品海运需求 （百万吨）	散货海运需求 （百万吨）	集装箱海运需求 （百万集装箱）
2013	393	4 307	160
2008	343	3 298	137
2003	289	2 453	84
1998	250	1 946	54
1993	237	1 693	—
过去 5 年复合增速	2.8%	5.5%	3.2%
过去 10 年复合增速	3.1%	5.8%	6.7%
过去 20 年复合增速	2.6%	4.8%	7.5%（＊）

资料来源：Clarksons、兴业证券研究所。

表 11 – 4 为 20 年全球三大船型船队规模变化及其增速，油品运输船规模近 5 年增速高出 20 年复合增速 2%，但是都维持在 5% 以下，散货船近 5 年和 10 年的复合增速分别为 11.5% 和 9.1%，增速基数大而且规模扩张越来越快，集装箱船增速有所放缓，但是增速基数较大，近 5 年复合增速也达到了 7%。

表 11 – 4　　　　　　　　　　　　　　**全球三大船型船队规模增速**

年份	油轮船队规模 （百万载重吨）	散货船队规模 （百万载重吨）	集装箱船队规模 （百万标准箱）
2013	452	722	17.1
2008	362	418	12.2
2003	287	302	6.6
1998	266	264	4.2
1993	270	219	—
过去 5 年复合增速	4.6%	11.5%	7.0%

年份	油轮船队规模 （百万载重吨）	散货船队规模 （百万载重吨）	集装箱船队规模 （百万标准箱）
过去 10 年复合增速	4.7%	9.1%	10.0%
过去 20 年复合增速	2.6%	6.1%	—

资料来源：Clarksons、兴业证券研究所。

　　从表 11 – 5 中可以看出各大船型过剩情况都在逐年上升，而且不同船型的过剩率相差很大，全球造船业结构化过剩较为严重。其中油品船型过剩情况较为良好，直到 2013 年过剩率也只有 14%，集装箱船只过剩率为 32%，过剩情况较为严重，主要原因是全球经济放缓，中国出口贸易受挫导致集装箱货运需求增长较慢。过剩最严重的是散货船只，过剩率到达了 36%，一方面货运需求增速在逐年放缓，另一方面是散货船型增速并没有下降，反而略有加速。因此总体来看造船业产能过剩是全球性的，且主流船型中散货船过剩最为严重。

表 11 – 5　　　　　　　　　　　　船队运力过剩情况测算

年份	油品		散货		集装箱	
	货运需求	船队规模	货运需求	船队规模	货运需求	船队规模
2006	1	1	1	1	1	1
2007	102%	102%	108%	107%	111%	114%
2008	102%	106%	111%	114%	116%	128%
2009	103%	113%	107%	125%	106%	136%
2010	109%	120%	121%	146%	117%	149%
2011	111%	128%	128%	168%	125%	160%
2012	115%	133%	137%	185%	130%	170%
2013	117%	133%	145%	196%	136%	179%
2013 年供给 过剩情况	14%		36%		32%	

　　注：1）假设 2006 年，三大船型基本供需平衡；2）过剩情况基于以下公式测算，即（船队规模 – 货运需求）/货运需求。

　　资料来源：Clarksons、兴业证券研究所。

11.2.2.2　造船业三大指标持续下滑

我国三大指标增速放缓，近五年频繁出现负增长。从图 11 - 7 中可以看出我国造船完工量增长幅度从 2010 年开始直线下滑，从 2007 ~ 2011 年是造船完工量增速最快的时期，这五年的年均复合增长率达到 29%。在 2011 年之后，造船完工量开始出现负增长，2012 ~ 2014 年我国完工量三年复合平均增长速度为 -22%。手持订单方面，2002 ~ 2014 年年均复合增长率达到了 22%，从 2005 ~ 2008 年，中国手持订单数迅猛增长了 5.1 倍，年均复合增长率为 72.8%，增长速度惊人，但是从 2009 年开始出现负增长，2010 ~ 2014 年年均复合增长率为 -7.3%。新接订单量每年随机因素比较多，变化较大，但是从图 11 - 7 中可以看出近四年有三年出现了负增长。因此整体来说，我国三大指标下滑严重，造船业整体低迷。

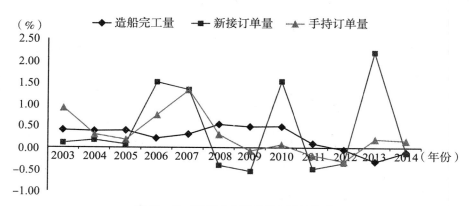

图 11 - 7　我国三大指标历年增速变动

数据来源：中国船舶工业协会. 世界造船三大指标。

11.2.2.3　中国造船业结构化过剩矛盾突出

由近三年我国造船业各船型的新接订单量与造船完工量的平均数之间的对比，可以一定程度上反映出造船业的过剩情况，其中三年平均造船完工量与新接订单量相对比例越大，我们可以认为该船型市场供需情况越不乐观，产能过剩情况越严重。表 11 - 6 为我国各船型完工与接单情况。

通过分析，我们可以看出中国造船业存在较为严重的结构化过剩，其中散货船与油船过剩较为严重，集装箱船供需情况较为良好，不存在较大的产能过剩。表中数据显示，三年平均每年完成油船订单 228 艘，但是仅接到订单 151 艘，相对比例达到 1.51，过剩情况最为严重，其次是散货船，相对比例也达到了 1.49。相比之下技术含量较高的集装箱船型近几年新接订单量呈现逆向增长的趋势，需求形势乐观。

表 11 - 6   我国各船型完工与接单情况   单位：艘

指标名称	油船	散货船	全集装箱船	总计
新接订单量	151	482	89	2 180
造船完工量	228	720	79	2 730
相对比例	1.51	1.49	0.89	1.25

注：1）为减少系统误差，表中数据皆为 2011 ~ 2013 年三年的平均数；2）相对比例 = 某船型造船完工量/该船型新接订单量。

数据来源：中国船舶工业协会．中国船舶工业年鉴。

11.2.2.4 新船价格下跌压低船企利润

新船成交价格下跌严重，不少中小船企甚至亏本接单。金融危机的影响造成了国际航运市场对船舶需求的下降，自 2008 年以来，全球造船业新船成交价格持续下滑，而且下滑的幅度远远超出人们的预料，目前，船价比高峰期已经跌去了 50% 甚至更多。2008 ~ 2012 年，全球船舶订单量从 5 438 万载重吨下降到 548 万载重吨，下降幅度达到 71.6%。世界船舶市场需求严重失衡，供需关系的严重不平衡造成了船企之间的明争暗斗，新船成交价格不断降低，造船企业利润空间不断减少，一些中小船企甚至亏本接单。

2008 年以来，金融危机导致全球新造船市场船价持续走低。克拉克松统计数据显示：2009 年新船价格指数下降至 137.7 点，价格下跌了约 22%，达到 13 年来的最低点。一些集装箱船价格下跌幅度达到 41%。2013 年克拉克松新造船价格指数为 126 点，比 2009 年下跌 9%，价格基本稳定于历史低位。

如图 11 - 8 所示，克拉克松船价指数 2013 年 1 ~ 5 月持续稳定在 126 点，6 月还上升 1 点，为 2011 年 8 月持续下滑以来首次上升，7 月为 128 点。从主要船型船价分析，大部分船舶船价略有上涨，但涨幅大多仅为 1% ~ 3%，未能随成交量放大而上扬，支付条件也未能改善，多数船厂依然亏损接单。

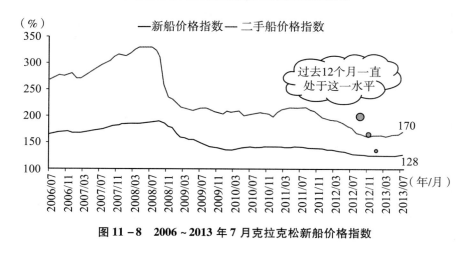

图 11 - 8 2006 ~ 2013 年 7 月克拉克松新船价格指数

11.2.3 船舶工业产能过剩的形成原因

11.2.3.1 世界经济进入深度调整期，国际市场低迷导致需求不足

造船业是中国市场化和国际化最早的行业。船舶的制造主要分为军用和民用两大类，军用船舶的生产受国家政策的指导，有准入资格的限制，属于计划经济，基本不存在产能过剩的问题。民用船舶在发展的早期面向的就是国际市场，产品直接参与国际市场的竞争，在"文革"时代，中国船舶制造就已经接近国际水平并基本掌握核心技术。我国造船行业与汽车业不同，基本没有合资企业，中国加入 WTO 以后对造船业也没有像其他产业一样要保护多少年以后再开放，因为它已经在国际竞争市场上了。可以说造船业是中国实现市场化、国际化最早的产业之一。因此，造船业的市场需求与国际经济形势息息相关，是国际形势的晴雨表。经济发展好的时候，市场需求旺盛，经济衰退的时候需求低迷。因此，中国经济与世界经济进入深度调整期，国际经济形势的下滑，国际市场需求低迷，是造船业产能过剩的主要原因。有数据显示，2014 年造船行业三大指标两升一降，54 家重点监测的造船企业完工 3 580 万载重吨同比下降 4.9%。承接新船订单 5 545 万载重吨，同比下降 7.5%。此外值得注意的是，2014 年承接出口船订单 5 101 万载重吨，同比下降了 8.7%。在企业经济效益方面，87 家重点监测企业实现主营业务收入 2 930 亿元，同比增长了 12.3%，但是其利润仅为 51 亿元，同比下降 3.5%。同时，综合各方统计数据，2015 年全球船舶市场存在下滑风险，近 5 年全球船量年均增速在 6% 上下，超过了航运量增速 2%，市场供大于求的局面没有改变。从目前的数据来看，全球商船船队规模超过 16.7 亿载重吨，且船龄普遍年轻，若 15 年全球

航运量需求没有明显的上升，则造船行业将面临更严峻的供大于求的局面（中国船舶工业行业协会，2015）。

11.2.3.2　船舶生产周期性需求和寿命周期性需求峰值点重合导致需求急剧扩大和产能的非理性扩充

船舶属于大宗商品，其生产具有周期性，导致船舶的需求也呈现出周期性的特点。船舶的使用也有其固有的寿命周期，根据国家有关规定，服役到期的船只必须强制报废。当第一批船只达到报废期的时候，船舶的更新换代将导致需求的急剧增加；这一需求的增加与船舶生产的周期性需求的峰值重合，导致该时点造船业市场需求急剧扩大，从而造成产能相对不足。船价上涨，造船业利润上升，市场出现造船热，热到造船厂只要有船可以直接在市场上卖掉的程度。在利润的驱使下，大量热钱涌入造船业，产生了一大批民营船厂。这种产能的非理性扩大是金融危机来临、市场需求不足时产生产能过剩的根本性原因。具体情况见图11－9：

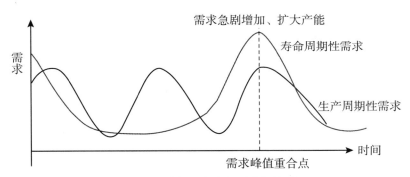

图11－9　造船业产能急剧增加的原因

11.2.3.3　船舶制造水平不高与世界造船绿色化、高技术化趋势不匹配导致结构性过剩与国际船舶绿色化发展趋势不匹配

2013年10月中国承揽订单量占世界总量的70%左右，中国造船业在近几年内的迅速发展改变了国际市场的竞争格局。造船行业力量逐渐向亚洲移动，国际海事利益格局正在悄然发生着变化，因此这也成为改变标准的原动力。船舶行业作为一个技术资本密集的行业，其标准一直在不断提升，而每一次行业产品标准（来自IMO国际海事组织、IACS国际船级社协会等组织）的提升必然会给行业带来一定冲击，具体表现为新产品、新船型的出现、老船型的淘汰、世界竞争格局调整等。在接下来的标准变化中，绿色、节能、环保无疑将是未来的发展方向，将受到国际船舶行业发展的青睐。表11－7为近

几年生效的 IMO 海事新规，从中可以看出"绿色、环保"是这些新规的共同特征。

　　2013 年全球船市回暖，前三季度，全球新船订单总量为 1 307 艘、3 022 万修正总吨，按修正总吨计，同比增长 62.65%，其中新型节能环保型船舶订单明显增加是 2013 年国际船市的一个显著特征（中国海事服务网，2013）。可以看出，绿色环保船已经开始在国际造船行业崭露头角，同时日韩等造船大国已经发力，在环保船型上大做文章。目前，船舶行业的主要技术主要集中在日韩两国，而日韩和一些西方发达国家也利用他们在国际中的话语权将自己手中的新技术指定为 IMO、IACS 的新规，以此来抢占未来国际市场。相比之下，我国大部分船舶企业还在关注其他国家已经逐渐放弃的产业低端的市场，在新技术的研发方面有待发展。虽然部分实力强大的船舶企业也在进行绿色船舶和环保船舶的开发，但因起步较晚，仍显得比较被动。

表 11 - 7　　　　　　　　　　　　近期生效的 IMO 海事新规情况

标准名称	生效时间
新船能效设计指数	2013 年
香港国际安全与无害环境拆穿公约	2012 ~ 2014 年
协调共同结构规范	2014 年
目标型新船建造标准	2012 年
压载水公约	2012 ~ 2013 年
柴油机 NOX 牌坊 TierIII 标准	2016 年
原油货船油舱涂层性能标准	2012 年

　　面对这样的情况，国家"十二五"规划明确提出下一步的重点工作之一为加强规划引导，完善扶持政策，将绿色经济、低碳经济发展理念和相关发展目标纳入"十二五"规划和相关产业发展规划中，抓紧研究制定《节能环保产业发展规划》、《新兴能源产业发展规划》、《发展低碳经济指导意见》、《加快推行合同能源管理促进节能服务业发展的意见》等。制定促进绿色经济、低碳经济发展的财税、金融、价格等激励政策（国家"十二五"规划）。而对于船舶工业行业来说，绿色船舶的核心内容是在其全寿命周期中（包括设计、制造、营运、报废拆解），通过采用先进技术，制造能经济地满足用户功能和使用性能的要求，并节省资源和能源，减少或消除环境污染，且对劳动者（生产者和使用者）具有良好保护的船舶（《绿色船舶的最新发展》，中国船舶重工股份有限公司）。

11.2.3.4　国内经济增长方式调整带来的船舶工业高附加值、高技术化发展趋势

我国造船业产品主要集中在散货轮、油轮、集装箱船三大主流船型，这些船型的建造技术要求较低，属于劳动密集型、资金密集型产品，这部分产品利润不高，受市场波动影响最明显。2014年三大主流船型的出口额为154.9亿美元，占比超过了六成半。其中，散货船出口额为81.2亿美元，占比为34.1%，集装箱船全年出口额为51.1亿美元，占比为21.5%，其中集装箱船的占比远超全球平均水平。

我国船舶工业创新能力不强、高端产品薄弱、配套产业滞后等结构性问题较为突出，市场潜力大的绿色环保船舶、专用特种船舶、海洋工程装备等高技术含量船舶制造技术不足，导致了低端市场产能过剩、高端市场产能不足的结构性过剩局面。

受国际金融危机深层次影响，国际船舶市场需求大幅下降，产业发展下行压力不断加大；国际航运和造船新规范、新公约、新标准密集出台，船舶产品节能、安全、环保要求不断升级，国际船舶需求结构正在发生变化。日本、韩国等造船企业忙于技术改造、制定技术标准和推行自己的技术标准，中国造船企业不关注技术创新，只注重接单造船，有可能在下一轮的市场竞争中丧失竞争力，甚至，有可能会出现造出来的船因满足不了新的国际标准而下不了水的尴尬局面。

“十二五规划”指出我们国家要改变目前的增长方式，以“构建扩大内需长效机制，促进经济增长向依靠消费、投资、出口协调拉动转变”作为转变经济增长方式的主攻方向、把科技进步和创新作为转变经济增长方式的重要支撑（十二五规划纲要，2011），这意味着以往过度依赖投资拉动和粗放式规模扩张的经济增长方式将不再持续。我国船舶行业一直积极开发国际市场，导致我国造船行业具有较高的对外依存度，易受到国际经济周期的影响。在我国经济转型过程中要抓住扩大内需的增长机会，为企业创造新的增长点。近年来国内市场发展迅速，并且具有较大的潜力，为建设渔业强国，农业部等有关部门鼓励造船企业加大力度开发高附加值、高效、节能、环保的远洋渔船；随着我国对船舶安全、环保要求的不断提高，交通运输部等有关部门及地方政府出台了利好政策，鼓励快速发展以LNG为燃料的内河船舶（中国水运报，2013）。海洋工程装备、环保型船、LNG船等都是高附加值产品，这意味着未来造船业的发展逐渐向高附加值和高技术化方向转变。因此，我国的造船企业在经济转型期间，国内造船企业要充分利用国内外的技术资源，培育原始创新能力，以技术作为造船企业发展的支撑，注重高附加值船种的开发与生产，保证企业具有足够的实力应对这一发展趋势。

2012年我国船舶企业造船完工量占世界各国完工量的42.5%，新接订单数占比

41.8%，手持订单数占比42.2%，虽然从数量上看我国占据较大国际市场，但是这与日韩两国的战略措施也有一定关系，我国船舶企业所关注和抢夺的大部分是附加值较低的传统船舶，涉及的高端产品较少。而从现有情势来看，日本正在高防腐钢材方面进行战略布局，将所研究出来的产品和技术在越南、新加坡等新兴造船大国进行注册专利。可以预见，下一步，日本将凭借其在国际船舶业较高的地位在接下来的绿色船舶准则制定中提出实用新型钢材，这对我国来说是十分被动的。当下一轮经济形势上升时，我国将会面临原材料不符合新标准，不能承接新型船只或者新船不能下水等问题，进一步影响我国船舶企业在国际上的竞争能力和利润分配。因此，除了保证现有合同之外，对绿色船舶的产品转型和技术攻关将是未来一段时间我国船舶企业关注的重点。

11.3 船舶制造业产能过剩的系统动力学仿真

11.3.1 船舶工业产能发展的系统动力学理论分析

造船业产能过剩的原因是多方面的，既有国际经济形势的影响、也有造船业自身产品生产周期和寿命周期的影响。从造船业的发展特点来看，其产能发展主要受到宏观经济、市场供需结构、国家政策和市场投机等因素的影响。

11.3.1.1 宏观经济

船舶制造行业具有明显的周期性特点，船舶工业的发展与世界宏观经济具有很强的关联度。从产业链的角度来看，船舶工业主要为世界航运市场服务，其兴衰与航运市场的发展与繁荣息息相关，而国际航运市场的发展又受到国际贸易的影响，同时，国际贸易的规模和增长变动与世界宏观经济具有很强的相关性，受此影响，船舶工业的发展也显示出与世界宏观经济的高关联度。

从船舶工业发展的历史数据来看，历次世界宏观经济放缓或者经济危机发生时，船舶工业都受到明显的影响。1960～2007年全球新船订单与世界GDP增长率数据显示二者之间呈现出强相关性，世界经济危机的发生在全球新船订单数上常常能够得到体现。历史数据显示，船舶工业每次经历的危机都是伴随全球经济危机的发生所进行的。因此，宏观经济是船舶工业产能发展的重要影响因素。

11.3.1.2　市场供需结构

造船市场由需求、供给和价格三个基本要素构成。市场通过价格影响供给与需求，而供需结构则影响到企业对产能的投资决策，从而影响到产能的新增或淘汰。当市场价格高于船舶的均衡价格时，船舶工业市场需求将大于造船市场供给，此时，造船市场供不应求，市场价格被进一步拉升，偏离均衡价格，行业投资者预期新船价格不断被拉升，从而产生投机性需求，这不仅将加大了供求的不均衡，还会进一步拉高新船价格。假如市场长期处于供不应求的状态，船厂将进一步扩大产能来满足市场需求。

如果船舶的市场价格低于市场均衡价格，船舶工业的市场需求将低于造船市场供给，此时，市场供过于求。供过于求将导致市场价格进一步降低，从而进一步偏离均衡价格。长期的供过于求将导致产能利用率的下降，从而出现产能过剩。

宏观经济、国际贸易和航运市场的周期性变化对船舶的供给、需求和价格产生影响，导致整个船舶工业的周期性震荡，商品周期起伏的主要表现即商品供需失衡，这时需要在一个长期的反馈过程中通过价格变化平滑供需，因此供需因素是新船价格长期波动的主要影响因素。如图 11 – 10 所示，D 表示造船市场需求曲线，S 表示造船市场供给曲线，图中可以看出，需求曲线斜率大于供给曲线斜率。当造船市场外部环境没有大的变化，造船市场需求量只会沿着造船市场需求曲线变化，即向偏离造船市场均衡点的方向移动。但是这种偏离并不是无止境的偏离，当造船市场外部环境发生变化，造船市场需求曲线和供给曲线会发生整体的移动，均衡价格点也会发生变动，从而改变新船价格偏离的方向。

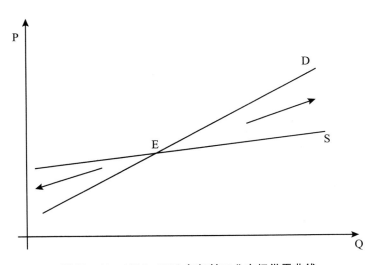

图 11 – 10　1996 ～ 2008 年船舶工业市场供需曲线

当造船市场外部环境发生重大变化时，造船市场需求曲线和造船市场供给曲线会发生整体的移动。但通常由于造船市场需求对外部环境极其敏感，而造船市场供给相对具有刚性，所以，需求曲线一般会先于供给曲线发生变动。例如，2008 年全球出现金融危机，世界经济陷入低迷，造船市场需求急剧减少导致造船市场需求曲线下移，见图 11 – 11，需求曲线 D1 下移至 D2 位置。

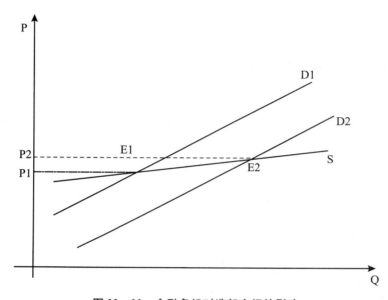

图 11 – 11　金融危机对造船市场的影响

2008 年金融危机前造船市场一直处于供不应求状况，新船价格不断攀升，新船价格在均衡点 E1 对应的均衡价格 P1 之上，但还未达到均衡点 E2 对应的均衡价格。当造船市场外部环境发生变化，造船市场需求曲线整体移动到 D2，造船市场均衡点也相应发生变化移动到 E2。此时新船价格低于造船市场的均衡价格，市场供过于求，新船价格向偏离均衡点的方向移动，即新船价格将不断走低，而同时，造船市场中大部分投机需求也会由于市场价格的不断下跌抽离造船市场，此时，由于市场的萧条，行业产能利用率降低，产能过剩问题开始凸显。

11.3.1.3　国家政策

改革开放以来，中国的市场化进程取得了巨大的成绩，基本建立了市场经济制度，但是中国的市场经济具有显著的中国特色，国家政策对于国民经济的发展具有重要的影响。中国是造船大国，造船业是我国国际化最早和国际化程度较高的行业之一，自新中国成立以来就一直作为国家战略性产业。为了加快船舶工业的发展，提高我国船舶工业的竞争力，国家在政策引导、信贷支持等多方面给予支持。2008 年金融危机以后，国务院出台了《国务院关于印发船舶工业调整与振兴规划》等一些政策，提出了"保增长、扩内需、调结构"的总体要求，通过采取积极的信贷措施，稳定造船订单，化解经营风险，确保船舶工业平稳较快发展；通过控制新增造船能力，推进产业结构调整，提高大型船舶企业综合实力，形成新的竞争优势；通过加快自主创新，开发高技术高附加值船舶，发展海洋工程装备，培育新的经济增长点。这些政策的实施对船舶工业的发展具有引导和支持作用。此外，地方政府的发展思路与税收政策也有重大影响。由于造船业对当地经济具有明显的拉动作用，地方政府为了追求 GDP 的增长，造船业实施鼓励政策，通过税收、土地等多方面的政策，影响造船业的发展，近年来地方船厂的集体上马，地方政府政策刺激占主导作用。

为了化解产能过剩问题，国家还提出了"消化一批"、"整合一批"、"转移一批"、"淘汰一批"的"四个一批"政策，这些政策的实施对船舶工业的发展产生了深远的影响。

11.3.1.4 投机因素

投机行为会对船舶市场的需求产生影响。投机是指货币所有者以其所持有的货币购入非货币资产，然后在未来将购得的非货币资产再次转换为货币资产，以赚取较低的购入价格和较高的出售价格之间的利润，即差价。由于市场环境和供求关系的影响，新船价格会随着市场的波动而波动，这为市场投机者提供了机会。

船舶工业市场具有明显的周期性特点，新船价格受到供需、航运市场和国际贸易等多因素的影响，船舶的需求可以分为刚性需求和投机需求，投机需求是指船东预期船价会上涨，为了博取船价上涨的利润而产生的订船需求。市场投机行为通过影响船舶的需求来影响造船产能的发展。在产能过剩的系统性研究中，投机行为是不忽略的重要因素。

11.3.2 造船业产能过剩的系统动力学模型构建

11.3.2.1 系统动力学基本原理

系统动力学主要从系统的角度思考复杂问题，通过利用一些工具来理解复杂系统的结构决定其行为的方法和系统的演化过程。在复杂系统中，变量改变将导致原因要素改变作用方向和力度，以及作用延迟。系统动力学研究的系统模型具有非线性特征，从数量关系上看，原因对于结果的作用不明显，主要因为模型中结果要素对于原因要素存在时间上的滞后性、非线性，以及结果的无规律性。总体来讲，这种系统的非线性特征来自于要素之间相互作用以及多重反馈。系统动力学方法能帮助理解复杂系统的结构和动态行为特征，作为一门严谨的建模学科，它提供了规范的计算机仿真复杂系统的工具，帮助我们建立对复杂系统的理解，分析系统的内部反馈机制与运行结构。

系统动力学提供了三种基本变量来模拟现实世界，分别是水平变量、速率变量和辅助变量。水平变量表示累计值，它表征系统的状态并为决策和行动提供信息基础，表示流入速率和流出速率之差的积分，水平变量使系统产生记忆功能，是对一个过程入流和出流之间的差异进行累计而产生延迟，水平变量是其速率变量的累积或积分，流入水平变量的净流量即速率变量，用于表征水平变量的变化速率。水平变量能够使系统出现惯性和记忆，水平变量通过入流数量和出流数量的变化，累积过去的事件，当流入量与流出量存在差异时，系统出现不均衡状态，这就形成了系统动力的来源。辅助变量是为了便于沟通和澄清水平变量和速率变量的关系，辅助变量是由水平变量的函数、常数或者外生输入构成，辅助变量能够帮助我们简化模型，便于模型的理解和执行，如果模型中仅仅含有水平变量和速率变量，那么模型中将会出现多个长公式，使得模型难以理解和修改，为方便起见，在表示速率方程的过程中，可将它写成几个部分来计算，这些部分可以分别写成方程，这些方程就称为辅助方程。因此辅助变量能够帮助减少模型中长公式的个数，有利于公式的理解和完善。在实际的决策过程中，常将一个复杂的决策分成几个步骤进行，辅助方程能将每一步骤所包含的因素作清楚的表示。

船舶工业的产能建设和发展、供需关系、价格传导机制等是一个复杂的系统工程，系统包括供求关系、库存、价格、产能投资等诸多子系统，其中关系复杂，线性分析的方法难以准确的表达系统的作用机制，系统动力学成为模拟船舶工业产能发展和产能过剩状况的适宜方法。

11.3.2.2 模型动力结构分析

因果回路图是表示反馈系统结构的重要工具，主要目的是：可以迅速表达关于系统形态形成原因的假设，因果回路图中包括多个变量，变量之间由标出因果关系的箭头所连接。

造船业产能主要受到供求关系、宏观经济因素、市场投资、国家政策和利润等因素的综合影响，影响产能的各影响因素之间也存在相互影响或相关关系，为了更好地分析各变量之间的因果关系，构建关于产能的关系的因果关系如下，得到的因果回路包括：

1. 价格模块

造船行业的价格主要受到库存周转率、成本以及市场价格预期等因素的影响，此外，国际航运价格和钢铁等原材料价格对新船价格有重要影响作用（见图 11 – 12）。

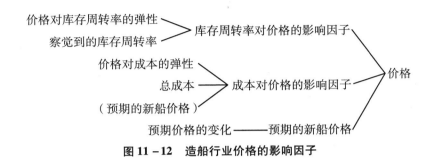

图 11 – 12 造船行业价格的影响因子

2. 需求模块

新船的需求主要来源于三个方面：国际航运市场对于运输船舶的需求、老船到了退役年龄产生更新需求，关注造船业价格波动的投机需求，而航运需求受到世界经济和中国宏观经济以及汇率等宏观因素的影响（见图 11 – 13）。

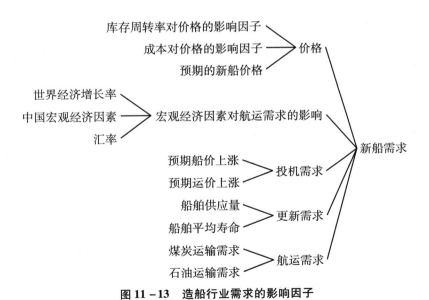

图 11 – 13 造船行业需求的影响因子

3. 供给模块

供给主要来源于船舶的生产，主要受到产能、产能利用率和在制品库存的影响，在供应不足时，船厂可能通过增加产能来提高供给（见图 11 – 14）。

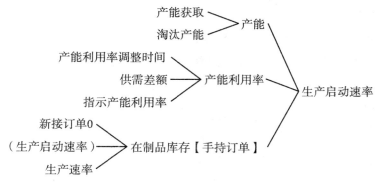

图 11 – 14　造船行业供给的影响因子

11.3.2.3　系统流图

为了更好地了解造船业产能发展的内在动力机制和产能过剩的形成机理，在理论分析的基础上绘制，造船业产能发展系统仿真模型的系统流图如下，见图 11 – 15。

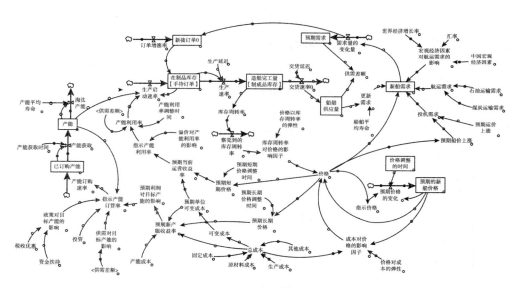

图 11 – 15　造船业产能发展系统仿真模型的系统流图

根据系统图得到系统回路如下：

1. 产能回路一：Loop Number 2 of length 4

产能 --> 指示产能订货率 --> 产能订购速率 --> 已订购产能 --> 产能获取 --> 产能

2. 产能回路二：Loop Number 3 of length 15

产能 --> 生产启动速率 --> 在制品库存【手持订单】 --> 生产速率 --> 造船完

工量【制成品库存】 -->库存周转率 -->察觉到的库存周转率 -->库存周转率对价格的影响因子 --> 价格 -->预期长期价格 -->预期新产能收益率 -->预期利润对目标产能的影响 --> 指示产能订货率 --> 产能订购速率 --> 已订购产能 --> 产能获取 -->产能

3. 产能回路三：Loop Number 4 of length 17

产能 -->生产启动速率 -->在制品库存【手持订单】 -->生产速率 -->造船完工量【制成品库存】 -->库存周转率 -->察觉到的库存周转率 -->库存周转率对价格的影响因子 -->价格 -->新船需求 -->需求量的变化量 -->预期需求 -->供需差额 -->供需对目标产能的影响 -->指示产能订货率 -->产能订购速率 -->已订购产能 -->产能获取 -->产能

4. 产能回路四：Loop Number 5 of length 19

产能 -->生产启动速率 -->在制品库存【手持订单】 -->生产速率 -->造船完工量【制成品库存】 -->库存周转率 -->察觉到的库存周转率 -->库存周转率对价格的影响因子 -->价格 -->预期船价上涨 -->投机需求 -->新船需求 -->需求量的变化量 -->预期需求 -->供需差额 -->供需对目标产能的影响 -->指示产能订货率 -->产能订购速率 -->已订购产能 -->产能获取 -->产能

5. 产能利用率回路一：Loop Number 1 of length 11

产能利用率 -->生产启动速率 -->在制品库存【手持订单】 -->生产速率 -->造船完工量【制成品库存】 -->库存周转率 -->察觉到的库存周转率 -->库存周转率对价格的影响因子 --> 价格 -->预期短期价格 -->预期当前运营收益率 -->指示产能利用率 -->产能利用率

6. 产能利用率回路二：loop Number 2 of length 12

产能利用率 -->生产启动速率 -->在制品库存【手持订单】 -->生产速率 -->造船完工量【制成品库存】 -->库存周转率 -->察觉到的库存周转率 -->库存周转率对价格的影响因子 --> 价格 -->新船需求 -->需求量的变化量 -->预期需求 -->供需差额 -->产能利用率

7. 产能利用率回路三：Loop Number 3 of length 14

产能利用率 -->生产启动速率 -->在制品库存【手持订单】 -->生产速率 -->造船完工量【制成品库存】 -->库存周转率 -->察觉到的库存周转率 -->库存周转率对价格的影响因子 -->价格 -->预期船价上涨 -->投机需求 -->新船需求 -->需求量的变化量 -->预期需求 -->供需差额 -->产能利用率

11.3.3　造船业产能过剩的情境演化仿真与政策模拟

11.3.3.1　模型检验

对构建模型的检验主要通过对关键指标的模拟进行，观察模拟结果与现实历史的匹配程度，模拟结果与现实历史相吻合，则模型是有效的。为验证模型的有效性，现对系统产能和产能利用率两个关键指标进行模拟计算，并结合产能和产能利用率的发展现状进行检验。

1. 产能利用率仿真与检验

2002 年以来中国和全球经济经历了高速发展和急剧下行的历史阶段，2002～2008 年，经济增长迅速，而且由于船舶的生产性周期和寿命周期的峰值重合，造成了船舶工业的需求高速上涨，从前文的分析数据来看，保持了增速高达 30%。2008 年以后，受金融危机的影响，全球经济进入深度调整期，船舶工业需求下降，产能过剩问题凸显严重。

模型初始状态的构建模拟了这一现实状况，在参数设置上，定义模型中前五年受经济增长的影响，需求增速为 30%，由于本系统在时间设置上以月为单位，故设置模型需求增长参数为 0.025%/月，较好地模拟了船舶生产周期性需求和寿命周期性需求峰值点重合的现实。

五年后由于金融危机的影响，需求急速下滑 24%，在模型中设置参数为 STEP（ - 0.02%，60），模拟世界经济进入深度调整期的现实。

经过模型的仿真计算得到产能利用率的仿真结果见图 11 - 16：

从仿真结果来看，从第 0～60 期，即 2002～2006 年，由于需求急速增加，造船市场供不应求，需求紧缺，产能利用率快速上升，也带动了产能的扩张。2007 年后新增产能逐渐投产，产能紧张情况逐渐缓解。2008 年以后，由于金融危机爆发，船舶需求快速下降，在产能增加和需求减少的背景下，产能利用率加速下滑，产能严重过剩。在低谷期徘徊约 1 年左右，产能利用率逐渐上升，但未能恢复到金融危机前的水平，目前产能处在平稳下滑的阶段。模拟情境与现实发展的契合度较好。

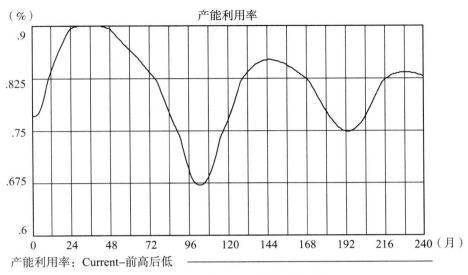

产能利用率：Current–前高后低

图 11 – 16　产能利用率的仿真结果

2. 产能发展仿真与检验

为了验证造船产能的发展历程，模型模拟了 2002～2022 年船舶工业产能与产能利用率的发展状况，在数据处理上以月为基本单位，从模拟结果来看，产能的发展总体而言呈现上升趋势，如图 11 – 17 所示，约 2016 年以后在产能调控和市场的综合影响下，产能开始所见，震荡下行，从模拟的结果来看，模拟情境与船舶工业的现实发展保持了较好的一致性，说明模型是有效的。

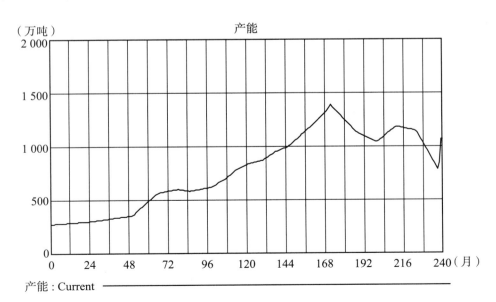

产能：Current

图 11 – 17　产能利用率的仿真结果

从产能和产能利用率的仿真模型结果来看，情境仿真结果符合现实情况，模型具有较高的可靠性。

11.3.3.2　情境仿真与政策模拟

系统动力学研究的主要方法是通过情景仿真来模拟政策的实施过程并分析政策的实施效果。情景是指在许多政策领域的信息和特征不确定条件下，尝试对未来的不确定性中的某一部分情景进行捕捉，随着时间的推移，发现事件根据这一不确定性因素的动态变化，并揭示这一变化发生的原因和路径。系统动力学设计情景的主要方法是，改变系统中某一参数或者参数的组合，以此来模拟现实中的某一种情境，然后通过模型的运行来获得观测指标的变化趋势，从而获得政策的实施结论。情景分析是假设某一条件下，被研究事件可能会出现的情况，研究中所描述的情景在未来不一定会必然出现，但情景分析有助于研究者明确事件的假设，发现事件未来可能的发展方向。以下对造船业化解产能过剩的三种政策进行情境仿真演化分析。

1. 情境一：扩大内需、消化一批

为了化解产能过剩问题，国家提出了"四个一批"政策，通过扩大需求来"消化一批"是其中的重要举措之一。为此，造船行业提出了国轮国造、发展海工和技术创新、军民融合等多种增大需求的政策，为了验证这一政策的有效性，模型对此情境进行了仿真研究。

情境模拟方法：为了模拟这一情境，模型将经济对需求的影响因子中，经济下滑速度由 -0.002/月调整为 -0.01/月，增大了模型中需求的取值，与现实中通过国轮国造、发展海工和技术创新、军民融合等多种渠道等情况相对应，得到模拟仿真结果见图 11-18：

从结果图来看，需求增加后，产能利用率曲线上移，说明产能过剩的程度有所缓解，同时，曲线的平滑程度有所提高，说明需求增加对于产能利用的波动抑制有效，但总体来说，作用的速度较慢，因此，通过扩大内需来解决产能过剩问题只能作为辅助手段，其效果的展现是一个长期的结果，要真正通过扩大内需实现产能利用率的提升，还需要多方合作并长期坚持。

2. 情境二：强制报废、淘汰一批

为了缓解产能过剩，促进船舶行业产业升级，国务院先后发布了《船舶工业加快结构调整促进转型升级实施方案》、（《国务院关于化解产能过剩矛盾的指导意见》，以下简称《指导意见》）等指导船舶工业和航运业发展的意见和行动计划。我国船舶工业的产能过剩，实质是"落后产能过剩，高端产能不足"的机构性过剩，控制和压缩已出现产能过剩的项目，淘汰落后产能，是政府和管理部门当前采取的主要施策：一是利用市

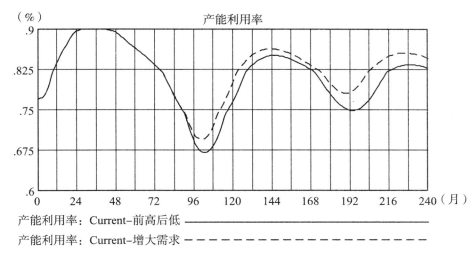

图 11 - 18 情景一模拟仿真结果

场和经济杠杆的双重作用，建立退出机制，限制并逐步淘汰技术性能落后、能源消耗高、环境污染大的船舶配套产品和企业；二是给予政策，鼓励有实力的船舶和配套龙头企业通过收购、兼并等形式实施资源整合，改造落后企业，实现转型发展，逐渐形成新的市场增长点。期望通过这些政策手段，达到化解产能过剩矛盾和促进船舶行业转型升级的目的。为了验证这一政策的有效性，模型对此情境进行了仿真研究。

情境模拟方法：在模型的产能发展模块，加快产能淘汰，在参数设置上将产能的淘汰由 360 期（360 个月，30 年）缩短为 240 期，用以模拟提前报废和鼓励报废，通过模型的模拟运算，得到结果见图 11 - 19：

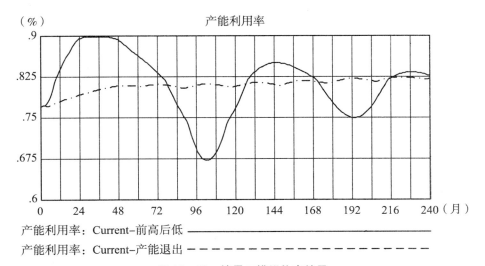

图 11 - 19 情景二模拟仿真结果

从结果图来看，实施强制报废政策以后，产能利用的波动变小、趋于平稳，同时产能利用率得到提升，较好的缓解了产能过剩的问题。情境模拟结果表明，淘汰一批政策对于化解产能过剩是有效的。淘汰部分落后产能不仅有利于造船业供需矛盾的解决，有利于产能利用率的提升，从曲线的平滑度来看，淘汰部分落后产能以后，市场更加稳定，将更有利于市场价格的稳定和市场的繁荣。但造船行业是劳动密集型行业，产能的淘汰和转移将带来失业等社会问题，实施难度大，要落实好这一政策，需要做好政策性破产的人员安置等工作，尽量减少产能淘汰带来的负面影响。

3. 情境三：提升技术和管理水平、缩短交船延迟

船舶工业在 2008 年之前得到了快速的发展，在市场繁荣的时期，市场供需严重失衡，供给不足，使得本来应该是订单生产的船舶工业市场出现了"只要有船交货就能立刻卖掉的"紧俏场景（赵耀，2014），当作为大型货物的船舶，其交货延迟较大，因此，提升管理和技术水平，加快交船速度应该能够提高船厂的市场反应能力。以下模型对此情境进行仿真分析。

情景仿真方法：在船舶生产模块，设立了库存和交货延迟环节，上述情景可以通过缩短交货延迟来实现，模型在仿真过程中将"交船延迟"参数的值由 6 修改为 1，即将交货延迟由 6 个月提升为 1 个月，得到仿真结果如下，见图 11-20：

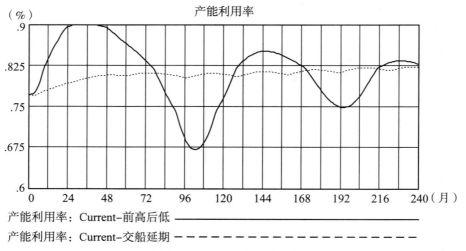

图 11-20　情景三模拟仿真结果

从仿真结果来看，在交船延迟缩短的情景下，产能利用率曲线，由波动幅度较大的曲线变为一条缓慢上升的曲线，而且曲线较为平滑，波动幅度小。这说明交船延迟缩短后，产能利用率的波动急剧降低。这主要在于技术和管理水平的提升，加快了交船速

度，提升了造船厂的市场反应能力，对市场供需平衡的反应更灵敏、更及时，市场对价格的预期更能准确反映市场真实情况，从而对市场需求和市场投资的决策更加真实。因此，船厂要在提升检测技术，规范管理流程，通过技术水平和管理水平的提升来缩短交船延迟、加快交船速度。当然，大规模的缩短交船时间也有点难度，但可以在技术和流程改造的同时，及时公布手持订单、造船完工量等信息，提高造船市场的信息透明度，减少信息不畅通对市场信号的扭曲程度。

11.4　治理产能过剩的政策研究

11.4.1　"四个一批"政策背景简析

中国船舶工业行业协会副秘书长聂丽娟表示，从某种意义上来看，《指导意见》是《船舶工业加快结构调整促进转型升级实施方案（2013～2015年）》在化解产能过剩矛盾方面要求的具体实施措施，对我国船舶工业提高产业集中度、提升国际竞争力将起到极大的推动作用。中国船协将积极在行业自律、信息服务、标准规范制定、促进市场公平竞争等方面开展工作，助推《指导意见》落到实处。中国船舶工业综合技术经济研究院副院长张新龙表示，《指导意见》提出的"分业施策"的针对性方针对我国船舶行业很具指导性、操作性，对我国船舶工业实现转型升级、结构调整有积极的促进作用。同时，他也指出，各政府部门、行业、企业要准确认识《指导意见》提出的"消化一批、转移一批、整合一批、淘汰一批"四个"一批"要求，不能狭隘地认为化解产能过剩矛盾仅仅是淘汰过剩产能。

11.4.2　"消化一批"政策可行性分析

根据国务院之前发布的《指导意见》，化解造船产能过剩矛盾要通过四个"一批"来实现，即"消化一批、转移一批、兼并重组一批、淘汰一批"，而"消化一批"是化解造船产能过剩矛盾中的重中之重。"消化一批"意味着通过企业承建高技术船舶以及远洋渔船、公务执法船、特种船舶等，扩大内需、外需，变无效、低效产能为有效、高效产能，让企业转起来。在化解产能过剩矛盾时，"消化"应优于"消灭"，"引导做强"应优于"限制发展"。2014年2月，国家交通运输部、财政部、发改委、工信部等四部委共同发布《老旧运输船舶和单壳油轮报废更新中央财政补助专项资金管理办法》，加之四部委于2013年底出台的《老旧运输船舶和单壳油轮提前报废更新实施方案》（以下简称《方案》），一个覆盖内河、沿海、远洋运输的老旧船舶淘汰更新政策体系已成形。

11.4.2.1 "消化一批"路径及其可行性分析

随着工业化、信息化的深入推进，扩大国内有效需求将会拥有广阔的发展空间。作为世界第二大经济体，中国国内拥有庞大的消费市场，"努力扩大国内需求，消化一批过剩产能"应该是中国化解产能过剩最有效的手段。下文针对船舶行业，提出了针对"消化一批"政策的具体实施路径，见表11-8。

表11-8　　　　　　　　　　　　　"消化一批"的基本路径

路径	路径一：国轮国造	路径二：发展海工和技术创新	路径三：军民融合
内容	扩大本地市场需求，从国家政策层面推动内需，让"消化"产能带来实实在在的订单。	船舶产业从劳动密集型向技术密集型转变，发展顺应时代需求的高科技海洋工程装备及高技术船舶。	将先进的军用技术运用在民用船舶上，实现军工与民用的互动共享，进一步优化技术资源的配置效率。
对于化解产能过剩的作用	"国轮国造"路径通过政策鼓励给本国造船企业带来订单，从而"消化"国内船厂的过剩产能。	通过大力发展海工装备和高科技船舶，优化和精简现有生产线，使我国船舶制造业从生产低附加值的产品向生产高附加值产品攀升，从而提高产能的利用率。	军民融合路径能有效地优化产能的配置，不再严格的区分军用和民用，能有效释放过剩的产能。

1. "国轮国造"及其可行性分析

从国外的经验来看，日本通过种种手段来刺激国内需求，在本轮国际金融危机中，其进一步加大了"国轮国造"的力度。2012年，日本船东在本国船企订造新船的比例高达92%。从中不难看出，扩大市场需求，首先需要从国家政策层面来推动，让"消化"产能的举措带来实实在在的订单。

从我国现状看来，我国造船业在三大指标虽已超越韩国，成为最大的造船国，但造船竞争力仍然不强，船舶订单大量外流的情况比较严重。造船业与航运业的发展，在宏观政策上目前仍处于严重分离状态，造船业80%左右的能力是供给国际市场，而航运业所需的80%左右的船舶却来自国际市场。

出台"国轮国造"的政策，在化解国产船舶的产能过剩，拉动内需有很重要的意义。从以下几个方面说明该渠道的可能性。

（1）国内航运企业经营形势严峻。

航运企业在 2013 年的一片哀鸿，航运企业面临严峻经营形势。中海集运发布的 2013 年年报中，公司归属于上市公司股东的净利润为亏损 26.46 亿元，同比 2012 年的盈利数据，下降 606.25%。根据已经发布 2013 年业绩预告的十几家国内航运公司的公告，包括长航集团旗下的 *ST 凤凰、*ST 长油也都预告亏损，而往年的亏损大户 *ST 远洋通过向集团抛售资产才达到扭亏为盈，暂时避免了退市的尴尬。对于已经到来的 2014 年，考虑到大船陆续下水带来的压力和仍较为疲弱的集装箱运价水平，对集装箱航运企业来说仍不乐观。

（2）国内航运企业融资状况不佳。

国内融资困难。由于航运业的不景气，企业经营大多呈现亏损状态，资金链紧张异常。然而，在监管层将航运列为限制类贷款之后，银行对该行业资金投放安全性较为担忧，收缩了贷款资金总量，并调整了信用贷款和抵押贷款结构。与此同时，对于航运企业存量贷款，银行加强了催收力度，抽贷情况也较为明显。而且民间投资困难。企业融资能力不强。

国外融资受到冲击。在航运市场持续低迷和银行银根紧张的双重压力下，"资金饥渴"的航运企业在国内的融资成本不断攀升。为了获得低成本资金，2013 年开始，不少航运企业纷纷开拓境外融资渠道。在人民币贬值的宏观环境冲击下，航运企业的上述境外融资行为或不可避免地受到一些冲击。其中受冲击最大的可能就是时下最受国内企业欢迎的内保外贷业务。船舶行业是典型的资金密集型产业，在整个航运企业不景气的情况下，航运企业资金不足，融资困难，消化一批船只障碍很难得到解决。

（3）国内航运企业政策扶持力度低。

国内货主取向选择国外的船东运输。国内船东选择使用国外订单造船，除了财税条款方面的因素与国外有差异外，民营航运企业与船厂，在目前的税收等政策上无法享受与央企同样的待遇，从而导致国内企业整体价格竞争力不强。国内国外政策上的差异：为国外船东造船，船厂可以享受到 20% 左右的退税，而国内船东则享受不到这一优惠，除非在海外注册船公司。我国关于这方面的政策力度有待加强。

总而言之，"国轮国造"消化产能困难大：目前国内航运公司同样面临经营困难，扩大"国轮"需求难；"国轮"订单多外流；鼓励"国轮国造"政策有待完善。

2. 大力发展海洋工程装备及高技术船舶的可行性分析

以海洋油气资源为代表的海洋矿产资源是当前世界海洋资源开发的重点和热点，技术相对成熟，装备种类多，数量规模较大，是未来 5~10 年产业发展的主要方向。

（1）我国海洋工程装备的需求前景乐观。

据测算，未来全球石油长期供求存在较为严重的缺口。因此勘探和开采新的石油储备资源已成为当前国际能源巨头的当务之急。从近十年发现的大型油气田来看，近60%位于海洋，因此用于勘探和开采海上石油的海洋工程装备需求呈现出快速增长态势。

从石油需求结构来看，未来石油需求增量主要来自发展中国家，尤其是中国。近几年，我国的石油消费量逐年增加，国内石油供给已现瓶颈，因此加大我国海上石油的勘探和开采，成为一项保障我国能源安全的基本国策。从开采成本来看，尽管全球深海石油的平均开采成本约为59美元/桶，远远高于陆上和近海石油的开采成本。但由于这两年国际油价大幅攀升加上陆上和近海石油新资源本已不多，海上石油尤其是深海石油的勘探和开采还是吸引了大量国际资本。目前中国海上油田水深普遍小于300米，大于300米水深的油气勘探开发处于起步阶段。而南海素有"第二个波斯湾"之称，其75%的面积处于深水，油气资源多分布在深水区域。因此南海开发对深海装备有着迫切的需求。

（2）我国发展海洋工程装备的政策支持力度大。

工业和信息化部会同发展改革委、科技部、国资委、国家海洋局海洋工程制定了海洋工程装备中长期规划（2011~2020年）。近日，国家发改委等9部门共同制定的《海洋工程装备工程实施方案》正式印发。其中强调，我国海洋工程装备到2016年要实现浅海装备品牌化，到2020年全面掌握自主知识产权的产业链。海洋工程装备产业的国际竞争能力明显提升。

（3）我国海洋油气资源丰富产业发展基础好。

我国海洋油气资源丰富，海洋石油资源量约为240亿吨，天然气约为14万亿立方米。此外产业发展基础较好。海工装备产业与造船、石化、机械、电子、信息、资源勘探等行业相关，这些产业的发展为海工装备产业的发展提供了重要保障。最重要的是，我国经济金融实力雄厚，财税金融支持、雄厚的经济金融实力为我国海工装备产业的发展提供了良好的条件。

总而言之，我国发展海洋工程装备及高技术船舶具有一定的优势，但是现阶段还是存在诸多问题，比如我国产业发展仍处于幼稚期，经济规模和市场份额小；研发设计和创新能力薄弱，核心技术依赖国外；尚未形成具有较强国际竞争力的专业化制造能力，基本处于产业链的低端；配套能力严重不足，核心设备和系统主要依靠进口；产业体系不健全，相关服务业发展滞后等。海洋工程装备是典型的高技术、高附加值产品，企业进入的门槛较高，我国必须重视培育品牌骨干企业，完善相关配套政策，鼓励企业自主创新，推动海洋工程装备行业的快速发展。随着我国在海洋工程方面的发展，以及政府的政策支持，产能过剩向海洋工程的转移是有可能的。

3. 军民融合及其可行性分析

1949～1978 年这一时期，我国船舶工业坚持"军民结合，以军为主"的战略方针。我国船舶工业承担着提高海军装备水平和为国家航运事业服务的双重任务。

1979～2000 年这一时期，我国船舶工业由军品生产为主转向保军转民推动船舶工业军民融合。通过承接"八五"、"九五"国内远洋船和非船用品，民品产值比重大幅上升，而且出口的船舶以民用船为主。从以下几个方面来简要说明其可能性。

（1）符合国家政策导向。

2013 年国务院出台首个产业升级方案：推船舶业军民融合，促进军民科研条件、资源、成果共享。

2014 年，工信部印发《促进军民融合式发展的指导意见》，提出到 2020 年，形成较为健全的军民融合机制和政策法规体系，军工与民口资源的互动共享基本实现，先进军用技术在民用领域的转化和应用比例大幅提高，社会资本进入军工领域取得新进展，军民结合高技术产业规模不断提升。同时，针对当前存在的融合机制不尽完善、融合方式不够丰富、融合范围尚需拓展等亟待解决的问题，《促进军民融合式发展的指导意见》突出了建立军工和民用一体化国家工业基础这一重要抓手，提出了进一步推动军工开放式发展这一工作重点，强调了军民资源共享、有机互动、有效转化这一迫切需要，明确了大力发展军民结合产业这一有效支撑。

（2）符合国际技术的发展趋势。

近年来，一些国家的海军开始将发电、推进和船舶日用配电系统集成为一体的综合电力系统（IPS）的研究工作。军事研究和民用研究、军用技术和民用技术现在越来越靠拢了，许多军品和民品的开发过程开始合并、兼容。军用系统能够应用民用系统的同样技术和标准，这将有助于大幅度降低成本。尽管民转军不能适用于一切军事装备，独特的军事领域仍保有自己的发展方式，但有一点是明确的，即民用技术将越来越多地与军用技术兼容。除此之外，网络系统、船桥系统、卫星遥感技术、全球定位导航（GPS）和微波导航都是可以做到军民通用的技术领域。而且应用民用规范建造军用船只、建造海上平台以用于卫星发射或军事基地等，已经成为军事领域运用民用技术的典型事例。可以说，目前商业资源已越来越广泛的渗入世界各国的海上力量。

（3）有实践的经验。

中国船舶重工集团公司创建军民融合科技创新工程，促进了海军武器装备跨越式发展，加快建设海洋强国，提升我国装备制造能力和水平。中船重工通过科技创新工程，综合实力和抗风险能力大大增强，已成为我国海军装备最强最大的供应商和船舶工业的主导力量，有效应对了国际金融危机影响，经济总量和效益持续增长。渤海"翠珠"轮是目前亚洲最大、最先进、最安全、最豪华、装载能力最强的客滚船。其投入使用，不仅大大提升了渤海湾客滚运输的能力，也进一步提升了我军海上战略投送能力。

11.4.2.2　完善和落实"消化一批"政策的建议

一是应根据产业特点制定更加有针对性的政策。对于因金融危机导致需求骤减的行业，如船舶、光伏等，可采取急救性的刺激国内需求措施，防止多年形成的产业基础和核心能力崩溃；对于需求相对稳定、供给增长超过需求增长的行业，如钢铁、建材等，政策着力点应放在需求升级的引导上，重点开发高端需求，引导产业不断升级。二是应把握好政策实施的力度。政策实施的目标是"解产业之危"，而不是"脱产业之困"，政策力度应适度从紧，加速高竞争力企业兼并重组低竞争力企业的进程。三是应坚持公平竞争的原则。应由国家统一出台扩大内需政策措施，避免地方政府层层加码，不断加大补贴地方企业的力度。四是应加强行业信息服务。政府主管部门、行业协会应及时发布行业投资信息和未来需求方向，防止非理性投资导致产能过剩。

"消化一批"政策化解产能过剩的方向是正确的，但在具体实施上还面临一些问题。在目前的国际形势下，寄希望于扩大"国轮"的需求是很困难的，此外，我国船企产品质量和技术与国外仍存在不小的差距，"国轮"的订单也更倾向于交给国外的船企。向海工装备转移也面临一些实际问题，一是市场容量有限，特殊的海工装备多采取定制的模式，不会批量生产。二是深海技术和普通船舶技术相差甚远，需要大量资金和技术的支持，很难在短时间形成转移。三是对企业的要求高，中国船企不具备开发和设计的实力。所以，进一步扩大军工和公务船舶的建造计划，通过军民融合的方式消化过剩的产能，加强国际互动，提升高技术船舶的核心竞争力是一种行之有效的路径。

11.4.3　"转移一批"政策可行性分析

2013 年 10 月国务院制定并发布了《关于化解产能严重过剩矛盾的指导意见》。其中对于船舶行业的产能过剩化解提出明确指导意见：提高海洋开发装备水平，加强海洋保障能力建设，充分挖掘航运、海洋工程、渔业、行政执法、应急救援等领域船舶装备的国内需求潜力，调整优化船舶产品结构。加大出口船舶信贷金融扶持，鼓励有实力的企业建立海外销售服务基地。提高满足国际新规范、新公约、新标准的船舶产品研发和建造能力，鼓励现有造船产能向海洋工程装备领域转移，支持中小企业转型转产，提升高端产能比重。提高行业准入标准,对达不到准入条件和一年以上未承接新船订单的船舶企业实施差别化政策。支持企业兼并重组,提高产业集中度。

11.4.3.1 "转移一批"路径及其可行性分析

"转移一批"政策更多的是解决企业未来发展问题,针对国内现阶段存在的产能过剩问题的作用有限。"转移一批"产能是鼓励国内企业"走出去",针对国内船舶企业的现状,"走出去"战略并不容易且作用有限。因为国外市场具有比国内市场更加复杂多变的政治经济环境,国内的企业高度缺乏相关的经验将很难在海外生存。下文介绍了"转移一批"政策的具体路径,并对其可行性进行了分析,见表11-9。

表11-9   "转移一批"的基本路径

路径	路径一:向海工和高技术船舶转移	路径二:向船舶配套业转移	路径三:向海外转移
内容	逐渐从生产低端船舶产品向生产高技术海洋工程船舶转移。	在国际船舶市场行情不佳的背景下,将部分产能转移到船舶配套业。	将国内过剩的产能向国外转移,其方式包括:对外直接投资、建立海外研发中心、营销中心、服务中心。
对于化解产能过剩的作用	低端船舶产品利润低、市场竞争激烈,且市场需求受国际经济形势影响严重。发展高端装备能大幅度提高船舶制造业的国际竞争力,从而有效的转移过剩产能。	船舶装备制造业是我国造船业的短板,配套产业滞后严重影响了船舶业的可持续发展。转移部分产能到船舶配套业,不仅能有效化解部分产能还可以完善船舶行业的产业结构。	将国内产能向海外转移是缓解国内产能过剩最直接有效的方式,也是难度最大的方式。

1. 向海洋工程装备及高技术船舶转移路径的可行性分析

我国当前船舶市场产品结构单一、低端同质化严重是行业共识,低端船舶产品利润率低、市场竞争激烈,而且市场需求受国际经济形势影响最深,风险大。国家对船舶企业向海洋工程等高技术船舶转移提出了一系列的扶持政策。如国务院《船舶工业加快结构调整促进转型升级实施方案》、《船型开发科研项目指南》和《船舶工业调整和振兴计划》等。但向海洋工程、LNG等高技术船舶制造转移具有较高的技术门槛,因此:

我国是造船大国,但是在高技术船舶的建造领域经验少,技术基础薄弱。企业向海洋工程、绿色船舶建造转移具有较高的技术门槛。从国内船舶行业的技术基础和生产能力现状来看,中小型企业和民营企业主要是从事低技术行业船舶的制造,大部分从事在散货轮的生产。这些船型的生产技术要求低，很多船企没有专门的技术研发机构，他们不重视造船的技术研发，在技术升级和改造上投入的资金很少。而高技术船舶的研发需要大量的科研人员和科研资金的投入。因此，中小船企技术基础和资金实力不具备向高技术船舶制造转移的条件。

2. 向船舶配套业转移路径的可行性分析

我国船舶装备制造是造船工业的短板。目前我国船舶装配业面临着关键设备依赖进口，产品技术低，产业集中度低以及低水平重复建设等问题。专业化制造能力不强，自主创新能力薄弱，配套产业严重滞后，这些问题如不及时解决将阻碍我国船舶工业的继续发展，严重影响我国造船技术的提升。在国际船舶市场行情不佳，船舶制造过剩的背景下，将部分产能转移到船舶装备制造领域是可行的策略。但是我国船配企业还存在如下诸多问题，这无疑加大了转移的难度。①船配企业以中小型居多、技术基础薄弱。我国船配产业发展基础薄弱，船配企业以中小型企业为主，技术基础薄弱，竞争力不强。船配关键设备依赖进口、自主创新能力不强，新产品开发进展缓慢，产业依然滞后，船用设备本土化率远远低于欧洲、韩国、日本等造船强国。②船配企业分配散而不均，产业组织结构效率不高。我国船配企业几乎是"各自为政"地发展，分布过于分散，产业效率低下。船配企业之间产品同质化严重，缺乏合作，使得我国船配业很难就一些重大课题展开大规模、深层次的研究，技术进步发展缓慢。③国际船配大国主导技术标准提升、船配业技术门槛提高。欧洲、韩国等船配强国依靠其强大的技术优势进行全球布局，在船配设备生产的同时，大力提升船配设备的技术水平，并通过大力推行其技术标准为国际标准设置技术门槛。

3. 向海外转移路径的可行性分析

党的十八届三中全会文件和国家颁布的有关船舶行业的若干文件，进一步从对外投资合作，培育国际一流集团，获取先进技术、品牌，优化产业布局等角度，为船舶工业指明了"走出去"的方向。然而，由于受到中国船舶工业技术水平、生产管理水平的限制，中国船舶工业向国外转移依然面临着很大的困难。我国船舶工业低成本优势获得了高速的发展。但目前对外直接投资建设修造船厂的时机、条件尚不成熟。主要原因有：

（1）缺乏自主知识产权、技术缺乏竞争力。

我国船舶工业产品主要集中在散货轮、油轮等低端同质化产品，这些船型在国际市场需求结构升级的背景下已经缺乏竞争力。而且，我国船企拥有自主知识产权的技术不多，直接投资建厂在技术上并没有优势。

（2）造船业市场尚未全面复苏、时机尚不成熟。

世界船舶工业市场并未全面复苏，市场需求低迷，虽然 2013 年有上升的势头，但整体市场依旧处于历史低位。造船企业缺少订单，甚至是零订单；利润低，甚至亏本生产，没有资金和精力进行国外市场的开发。同时，国外的市场对于新建造船产能特别是低端船舶的建造产能也缺乏积极性。

（3）韩、日等造船强国产能转移形成强大竞争。

在国际市场低迷的背景下，韩、日等造船强国也在积极转移国内产能，其技术实力对中国船舶企业"走出去"形成强大的竞争。相对于中国船企而言，韩、日两国船企不仅在技术上有优势，而且在海外投资的管理水平、管理经验上有更大的优势。

11.4.3.2 完善和落实"转移一批"政策的建议

1. 政府引导和扶持

我国船配产业发展水平不高，面临的国际竞争日益激烈，关键问题在于技术落后，而技术的发展不是一蹴而就的，需要技术沉淀，更需要技术创新。由于我国船配企业多为中小型企业，存在技术基础薄弱、资金不足、人才缺乏等多重困难，因此，需要加强政府的引导。通过政府的政策导向和资金扶持来引导船配企业进行技术开发，建立产、学、研协同发展体系，才有可能实现技术创新。

2. 中外合作

中国是最大的造船国，但是船配业的自给率低。超过 50% 船配设备依赖进口，是国际船配企业不可忽视的重大市场。金融危机以来，国外掌握高新技术的船配企业开始进入我国的船配市场，我国船配企业可以此为契机加强与国外一流企业的合作，通过技术引进、技术合作等方式来加速我国船配产品生产水平的提高。同时要注意吸收、消化国外先进技术，并在此基础上进行技术创新，培育自己的研发能力和生产水平。

3. 建立海外研发中心、营销网络、服务中心

虽然目前在直接国外投资建厂的时机尚未成熟，但以获得技术、品牌、人才资源，提高营销水平，贴近海外本土市场为方向，通过自建、并购、合资、合作等多种方式，在海外布局设立研发中心、建立营销维修网络和服务中心，是现时期国内大型骨干企业集团可以深入研究并直接实践的重要工作。

"转移一批"政策的核心应该是扩大产品出口，三大常规船舶市场需求仍是主流，提高我国船舶行业的国际竞争力，特别是非价格竞争力。此外还要将技术进步和产业升级相结合、与生产布局优化相结合、与产业组织结构优化相结合。通过提升全产业的国际竞争力，提高我国船舶工业的有效供给力，增强船舶工业海外转移的能力从而进一步释放国内的过剩产能。

11.4.4 "整合一批"政策可行性分析

中国船舶工业行业协会发布的数据显示，在总量过剩的同时，结构性过剩问题也很严重。低水平、同质化的产能过多，高端产能缺乏。其中除了受世界经济和造船企业自身技术等方面的影响之外，经济体制原因和经济发展方式被普遍认为是造成我国造船业产能过剩的主要原因之一。

一方面，国际船舶市场旺盛需求的刺激和政府导向性的产业政策导致了金融危机之前大量民营资本涌进船舶工业行业。许多长于"轻薄短小"产品的民营资本纷纷进入属于重化工业的船舶工业行业。同时，地方政府基于税收、政绩等原因对微观经济的过度干预也推动船舶工业行业产能过剩。另一方面，是经济增长方式的问题。我国船舶行业发展过度依赖投资拉动。尤其是国家在 2009 年四万亿的投资拉动，给一些本应该在市场竞争中被淘汰的技术水平低、生产效率低的处于产业链末端的中小企业一种繁荣假象，即在该行业是有利可图的。这样就会在一定程度上阻碍产业优化的进程，使一些小企业即使在不盈利甚至亏损的情况下也不愿意退出来而等待经济转好。这就造成了船舶行业集中度低、资源利用率低以及低端的产能过剩。

因此，我国在解决产能过剩问题时，不应倡导政府放松管制，而是应该建议政府转变干预的方式，配合市场规律进行产业整合和优化升级。

11.4.4.1 "整合一批"路径及其可行性分析

通过产业重组化解产能过剩是国外的成功经验，也是我国现阶段化解产能过剩的重要手段之一。受限于我国的基本国情，企业间整合必须面对政府的干预和所有制的限制。政府主导的产业整合是我国实施"整合一批"路径的主要手段，以美国为代表的市场主导型产业整合则给我国提供了另一个成功的案例。下文将具体介绍这两种路径的内容及其可行性分析，见表 11 – 10。

表 11 –10 　　　　　　　　　　　　"整合一批"的基本路径

路径	路径一：市场主导型产业整合	路径二：政府主导型产业整合
内容	由市场自发形成的产业整合，一般遵循龙头企业 – 集团 – 产业集群的顺序进行，产业具有高集中度。	产业整合主要依托国家政策的引导，通过制定地区和产业战略规划，建立战略联盟形式的产业集群。

路径	路径一：市场主导型产业整合	路径二：政府主导型产业整合
对于化解产能过剩的作用	由市场主导的船舶产业整合通过发挥市场的资源配置效用根据供需关系自发调节过剩产能。	由政府主导的船舶产业整合依靠国家政策高效地，有针对性地调节过剩产能

1. 政府主导型产业整合路径的可行性分析

（1）中国船舶行业整合现状。

集团整合、产业集中的策略应遵循龙头企业——集团——产业集群的顺序进行。目前我国已经在渤海湾、长三角、珠三角建立一定规模的造船基地，拥有北方重工集团和南方工业集团两大造船集团，但是目前整个行业的集中度还是相当低，因此要先在已有龙头企业和集团的基础上，加大兼并收购的力度和步伐，淘汰不合规企业，兼并部分中小企业，提高产业集中度。在这个过程中，应从全国范围内进行统筹，尽量减少地方政府的干预作用，对于已有产能进行合规筛选，保留产品质量过硬、有一定创新能力、有较先进技术和专业人才的企业，对于未达标的企业进行产能淘汰，转向其他行业或者进行相应补贴，使小、乱、差等现象尽量得到抑制。政府主导，构建战略联盟形式的产业集群。

产业集中度提升之后，政府部门应借助国家政策的引导，通过制定地区和产业战略规划，建立以造船行业龙头集团为中心的，行业协会、海运行业、配套行业、重点高校、研究所等相互配合，跨行业、跨区域的战略联盟形式的产业集群。重点是要借助船舶企业的生产能力、行业协会的协调能力、重点高校和研究所的研究能力，将集群主要集中在环渤海、长三角和珠三角地区，进一步完善和升级产业链、促进地区经济的发展。战略联盟产业集团的建立由政府的专门部门牵头构建，尽量减少地方政府的直接干预，政策优惠对象不是给予行业而是给予合规的企业和地区，以此减少盲目投资和重复建设。

（2）政府主导型产业整合的国际经验借鉴。

日本的产业初级阶段整合模式是基于小宫隆太郎理论与政府主导的整合。日本企业的产业整合与美国的产业整合模式不同，其政府力量在产业整合的初期就显示了较大的作用，是一种政府主导型的产业整合。产业发展的初级阶段，各国面临的都是产能分散、产业集中度低、投资建设重复等问题，为了解决这些问题，要在全国范围内进行产业集中的整合，淘汰落后产能，日本所依据的是小宫隆太郎的产业政策理论。根据日本产业政策的指导，日本在各产业发展初期就介入大量政府力量进行整合和调整。

2. 市场主导型产业整合的可行性分析

美国的产业成熟阶段整合模式是基于迈克尔·波特的竞争战略理论与市场主导的整合。美国在产业发展初期主要依靠市场力量进行整合，是市场主导型的产业整合。这种产业整合是企业根据自身发展的需要，在市场条件下，为了取得核心竞争力或者竞争优势，通过市场进行兼并重组、资产剥离等行为，进而推动产业整合的进行，这是市场发达的国家在行业发展初期所进行的产业整合方式。这种方式凸显了企业在兼并重组中的自主性，能够提高生产效率，实现资源的有效配置。虽然市场主导的产业整合强调市场的作用，但是这些整合也是在政府的限制条件下进行的，如必须符合反垄断法规等。

11.4.4.2　完善和落实"整合一批"政策的建议

丰富船舶行业主体，构建政府机构、行业协会与企业紧密联动，大型集团与中小企业健康发展的局面借鉴日本的经验建立对船舶配套工业进行行业管理的机构政府部门和民间组织。目前日本由海上技术安全局船用工业课主管。一方面，政府要对船舶配套工业进行行政调控，制定相关发展战略，同时也要重视民间行业协会的作用，要加强政府与行业协会，协会与企业之间的紧密联系，由行业协会协助政府进行政策的实施，代表企业向政府提出相关问题，并从专业角度给予相应的帮助和解决。

行业发展要有龙头集团起到带头的作用，集中了产业中绝大部分的产能，同时也不能忽略中小型企业在产业发展中的作用。因此，政府在扶持中小型企业时应该充分发挥作用，保留产品质量过硬、有一定创新能力、有较先进技术和专业人才的中小型企业，对于未达标的企业以及投机性进行产能淘汰，转向其他行业或者进行相应补贴，创造一种龙头集团与部分中小企业并存的产业结构。

11.4.5　"淘汰一批"政策可行性分析

近年来，随着船舶工业产能过剩的状况日益凸显已经逐渐引起了国家和政府的高度重视，自2008年起，国务院先后发布了《船舶工业加快结构调整促进转型升级实施方案》、《国务院关于化解产能过剩矛盾的指导意见》等指导船舶工业和航运业发展的意见和行动计划。2013年12月5日，交通运输部联合财政部、国家发展改革委、工业和信息化部等部委共同发布《老旧运输船舶和单壳油轮提前报废更新实施方案》，这显示了政府鼓励提前淘汰老旧船舶、化解产能过剩矛盾、加快船舶工业结构调整、促进船舶行业转型升级的思路和决心。方案以经济政策鼓励能耗高、安全和污染风险大的老旧运输船舶和单壳油轮提前淘汰，建造符合国际标准的新型船舶，进一步缓解造船业产能过剩的局面。此外老旧船舶的更新换代，对于加快船舶工业产业结构调整和转型升级，提高我国运输船舶技术水平、改善运力结构，提升航运运输保障和国际竞争力，促进节能减排、改善环境问题也具有十分重要的积极意义，可谓是一举多得。

我国船舶产能严重过剩，实质上是面临着"落后产能过剩，高端产能不足"的困境。开发高端淘汰低端，控制和压缩已出现产能过剩的项目，淘汰落后产能，政府和管理部门要采取新的施策：一是利用市场和经济杠杆的双重作用，建立退出机制，限制并逐步淘汰技术性能落后、能源消耗高、环境污染大的船舶配套产品和企业；二是给予政策，鼓励有实力的船舶和配套龙头企业通过收购、兼并等形式实施资源整合，改造落后企业，实现转型发展，逐渐形成新的市场增长点。

国家针对治理船舶行业产能过剩所提出的"淘汰一批"的政策主要有以下两个路径：淘汰一批老旧、运力落后的船舶，从而调整船舶行业的产业结构，实现船舶工业转型升级从而解放运力；淘汰一批技术落后、高能耗、高污染的船舶企业，达到行业整合，环境污染减少，过剩"落后产能"下降的目的。这两条路径符合我国船舶行业的基本现状，也得到了国家相关政策的支持。

11.4.5.1 "淘汰一批"路径及其可行性分析

淘汰一批是指淘汰一批不符合现有环保安全标准的产品和企业，并不是单纯的落后产能。随着我国现代化的推进，船舶行业水平有了大幅度的提高，淘汰的空间有限。以环保、安全和低能耗为标准制定的"淘汰一批"思路是非常正确的。下文针对这一政策，提出了几条具体的实施路径并对其可行性进行了分析，见表 11 – 11。

表 11 – 11   "淘汰一批"的基本路径

路径	路径一：淘汰一批老旧、运力落后船舶	路径二：淘汰一批技术落后、高能耗、高污染船舶企业
内容	提前淘汰一批老旧船舶，用高标准的新型船取而代之。	中国国内船企有近 800 余家，数量远远超过国际平均水平，供给远高于需求是过剩产能出现的源头。通过规范和提高船厂的标准，淘汰一批技术落后且高能耗、高污染的船企。
对于化解产能过剩的作用	淘汰老旧、运力落后的船舶，可以通过优化产业结构的方式提高产能利用率，消灭落后产能。	在源头上减少落后和不必要的产能是化解产能过剩最直接的方式，减少船舶企业的数量将直接减少产能的输出同时提高产能的利用率。

1. 淘汰一批老旧、运力落后的船舶可行性分析

现阶段我国船舶行业的主要特征包括船舶数量多，质量差，船舶设计标准达不到国际水平等等。在这样的大背景下，提前淘汰一批老旧船舶，用高标准的新型船舶取而代之不仅可以有效地释放过剩产能，还能进一步优化船舶产业结构。

（1）国家政策支持。

2014 年，中央领导多次视察船舶工业。马凯副总理赴辽宁、江苏省造船、航运企业调研，推进国务院发布的《船舶工业加快结构调整促进转型升级实施方案（2013～2015 年）》中各项政策的落实。国务院和有关部门发布了《关于海运业健康发展若干意见》、《老旧运输船舶和单壳油轮报废更新实施方案》等配套文件。鼓励老旧运输船舶提前报废更新，支持产能结构调整等政策按计划有序推进。2014 年确定的政策着眼于航运业长远发展，着眼于运力结构调整的迫切任务，引导措施体现了市场经济特征。一方面，目前国际国内航运市场正发生深刻变化，船舶大型化、专业化进程明显加快，航运企业运力结构调整的需求最迫切；另一方面，当前航运业和船舶工业都深受国际金融危机影响，处于市场低谷，造船价格比较低，运力结构调整的资金成本最小。因此，此时推出系统的提前淘汰老旧船舶的鼓励政策，帮助航运业实现调整结构，能够起到四两拨千斤的作用，以最小的投入发挥最大的政策效果。

（2）产业结构升级、提升船舶国际竞争力的必由之路。

船舶工业是为海洋运输、海洋开发及国防建设提供技术装备的综合性产业。

2014 年，我国船企和海工骨干企业凭借自身优势新承接订单 5 995 万载重吨，世界市场份额从上年度的 47.9% 上升到 50.5%，继续保持世界第一。承接各类海洋工程装备订单 31 座、海洋工程船 149 艘，接单金额 147.6 亿美元，占全球市场份额的 35.2%，比 2013 年提高了 5.7%，位居世界第一（中国船舶工业行业协会，2014）。近年来中国船企逐渐占据了"量"的优势，却始终没有创造"质"的优势，中国船舶工业始终处于高数量低质量的行业现状。同时，国际造船新公约、新规范、新标准陆续出台，中国现有许多老旧、落后船舶已无法适应和满足这一系列新规则，加速淘汰老旧船舶，加快提升企业技术创新能力和产业结构升级已成为增强我国船舶企业核心竞争力，提高抗风险能力的关键所在。

（3）国家财政政策补贴。

为了提高船企淘汰老旧船舶的积极性，加快释放船舶业产能过剩压力，国家和政府对企业提前淘汰落后船舶也提出了一系列财政补贴政策。例如《老旧运输船舶和单壳游轮提前报废更新实施方案》就提出了 1 500 元/总吨的补贴基数，这个基数的制定考虑了诸多的因素，有对政策实施期间航运、造船和拆船价格走势的预判，也有将有限的补贴资金发挥最大的政策鼓励效果的要求。1 500元/总吨的补贴基准能够基本满足有运力结构调整意愿的船东需求，最大程度的提高补贴资金的使用效率。

2. 淘汰一批技术落后、高能耗、高污染的船舶企业可行性分析

（1）国家政策支持。

2013年工信部装备司由淑敏处长在中国船舶工业发展高峰论坛上表示，中国国内有近800多家船企，数量是韩国船企的40倍，远远超过了国际平均水平，800家船企面临重新洗牌。此外，受国际金融危机的深层次影响，国际航运市场持续低迷，新增造船订单面临严重不足，新船成交价格持续走低。截止到2014年的数据统计，中国船舶制造业的产能利用率仅有60%~70%。即便如此，绝大多数的中小船企依旧抱着挺过行业低谷，等待行业复苏的心理，对此，由淑敏表示，希望那些等待行业回暖的船企看清形势，不要抱侥幸犀利，提早退出市场，因为即便是行业形势回暖，800家船企还是无法同时生存。为了控制新增造船企业的数量，工信部制定了《船舶行业行为规范条件》，对生产设施、设备和计量检测、建造技术能力、技术创新、质量保证体系、节能环保等多方面提出了明确要求，旨在将众多不符合条件的企业拒之门外以此提高造船业的行业门槛。此外，工信部还将公布符合船舶行业规范的优质船企，而银行等金融机构将对这些企业有倾斜性的投放信贷，这样无疑让一些不符合新规定的船舶企业举步维艰，加快其被自然淘汰的速度。

（2）环境保护的迫切需求。

我国船舶制造业中，除了中船和中船工业两家龙头企业，还有许多民营企业及外资企业，该类企业的数目繁多，生产的船舶不仅能耗高，而且还对环境造成极大的破坏。我国船舶制造业与其他制造业相比利润较低，由于船舶制造业的特殊性质及其极低的资源利用率导致的成本过高。多数船企出于成本的考量而不愿意更新老化的设备，如老化的工业锅炉、变压器等和能耗极高的热处理炉、窑炉等热加工设备。这些设备老化后，能耗更高且效率更低，成为船企能耗高的主要源头。我国船舶制造业虽然发展态势良好，但是这大多中小船企都是以高能耗、高污染为代价换来的。此外，我国船舶制造业在设计、制造水平上都较世界发达的造船国家有不小的差距。许多的老式船舶由于并没有按照最新的国际生产标准生产，加上自身的设备老化，对环境的危害也极其严重。

11.4.5.2 完善和落实"淘汰一批"政策的建议

"淘汰一批"落后产能应该是政府政策的重点，无论是淘汰落后的老旧船舶还是淘汰高污染、高能耗的船舶企业都是化解过剩产能最直接的方式。然而在实际过程中，"淘汰"也面临着许多现实的问题，例如"淘汰"的机制无法统一、个别规模较小船企不具备转型升级的能力、淘汰补偿标准的制定等等。就治理产能过剩而言，这项政策在优化船舶企业产业结构、控制船企数量以及环境保护方面都是行之有效的。政府应继续实行和完善"老旧运输船舶和单壳油船报废更新补贴政策"，及时兑现补贴资金作为国造新船的首付款，加速淘汰的节奏。

11.5 本章小结

产能过剩是中国经济运行中一个突出的问题，从钢铁、水泥等传统基建行业到光伏等代表未来新兴产业发展方向的高科技产业，中国产能过剩状况可谓普遍而全方位。研究产能过剩对于中国经济结构调整、转型升级具有重大的现实意义。本章从传统造船行业入手，分析了解造船业发展历程、船舶工业发展现状，对船舶工业产能过剩的特征及形成原因进行深入剖析。在此基础上，建立了造船产业的系统动力学仿真系统，从宏观经济、市场供需结构、国家政策和市场投机等方面解释船舶行业产能过剩的成因，对船舶行业"四个一批"政策进行可行性分析，得出的主要结论如下：

（1）中国造船业经历了小农经济低水平、工业化起步时期、工业化高速增长时代、入世后高速发展时期、后工业化高端化时代五个阶段，中国船舶产业现三大指标稳居世界第一，产业布局、产业链在进一步优化，但整体产品结构还是偏低。

（2）造船业是中国市场化和国际化最早的行业，造船业的市场需求与国际经济形势息息相关，中国经济与世界经济进入深度调整期，国际经济形势的下滑，国际市场需求低迷，是造船业产能过剩的主要原因。此外，中国船舶制造水平不高与世界造船绿色化、高技术化趋势不匹配导致结构性过剩与国际船舶绿色化发展趋势不匹配。

（3）造船业产能过剩的原因是多方面的，既有国际经济形势的影响，也有造船业自身产品生产周期和寿命周期的影响。从造船业的发展特点来看，其产能发展主要受到宏观经济、市场供需结构、国家政策和市场投机等因素的影响。

12

太阳能光伏产业产能过剩
问题及治理政策研究

太阳能光伏产业是我国战略性新兴产业中具有代表性的产业之一，在政府政策和市场主体的积极推动下，光伏产业获得了快速发展，并一度被认为是我国为数不多、最有希望在全球范围内培育竞争优势的战略性新兴产业之一。然而 2012 年 5 月以来，美国和欧盟先后启动了针对我国太阳能光伏产品的"双反"调查，我国太阳能光伏产业接连遭遇市场"滑铁卢"，90% 以上的太阳能光伏企业面临停产，重蹈一些传统产业"暴生暴滥"的覆辙。太阳能光伏产业危机留给我们的教训是十分深刻的。目前不少人都认为我国太阳能光伏产业的盲目扩张已经形成了比较严重的"产能过剩"，我们认为，太阳能光伏产业当前的"产能过剩"与传统产业的"产能过剩"不完全一样，需要全面客观的理性认识。

12.1 太阳能光伏产业的产能利用现状分析

12.1.1 太阳能光伏产业链产能分析的方法与依据

广义上的太阳能光伏产业，包括太阳能光伏生产、销售过程中的相关配套服务如测试器的制造、物流等产业链。从狭义角度出发，可以将太阳能光伏产业的内涵界定为上游、中游和下游等三个部分，上游是指太阳能级晶硅原材料和硅片的生产，中游是指太阳能光伏电池及其组件的生产，下游则是相关应用系统的搭建。为简化分析，可以沿太阳能光伏产品生产制造的物流方向将其分为上中下三段共五个主要环节，即上游的硅料提纯与硅锭/硅片制造环节，中游的太阳能电池片与电池组件制造与安装环节以及下游的太阳能光伏应用系统制造与安装环节。

产能过剩判断的依据主要就是对其产能利用水平进行分析，虽然到目前为止并没有公认的最好的度量方法，但现有的国内外文献中倾向于使用产能利用率（Capital Utilization）作为测度产能是否过剩的主要指标。如 Foss（1963）在其研究成果中提出采用实际用电量与最大可能用电量之间的比率度量产能利用水平，最大可能用电量可以使用电力设备的产能产出来替代；Garofalo 和 Malhotra（1997）利用成本函数法测度了美国各州制造业的产能利用率；Kirkley（2002）利用数据包络分析（DEA）和随机生产前沿方法（SPF）测度并比较分析了美国渔业的产能产出和产能利用率。国内学者对产能产出和产能利用率测度方面的研究起步较晚，孙巍等（2009）以及韩国高等（2011）利用成本函数法分别对我国重工业和轻工业 28 个行业 1997~2006 年以及 1999~2008 年的产能产出和产能利用率进行了测算；何彬等（2013）结合 1999~2010 年我国 31 个地区的相关数据分析了国有企业投资行为、产能利用水平以及消费需求之间的影响特征，这些研究基本上都采用了产能利用率作为度量产能是否过剩的指标。

本研究也倾向于使用产能利用率指标来度量太阳能光伏产业的产能利用情况。太阳能光伏产业的产能利用率就是该产业实际产出量与可用生产能力的比值，产能利用率越大，说明产能利用越充分，反之则说明产能利用不够充分，或者说产能大量闲置。太阳能光伏产业产能利用率的测度公式可以定义为：

$$太阳能光伏产业产能利用率 = \frac{太阳能光伏产业实际产量}{太阳能光伏产业生产能力} \times 100\% \qquad (12-1)$$

要对太阳能光伏产业的产能利用状况进行测算，可以从太阳能光伏产业链入手，即首先测算该产业链各环节的产能利用率，然后在此基础上估算整个行业的产能利用率，进而了解其产能利用情况。目前，对产能利用率数值与产能过剩的评价标准之间的关系还没有统一的标准，根据欧美发达工业国家基于产能利用率或设备利用率判断产能是否过剩的经验，产能利用率的正常值一般应在 79%~83%，若产能利用率低于 79%，则说明可能出现产能过剩的现象。在已有的文献中，国家统计局公布的《2009 年上半年经济述评之十五：破解产能过剩困局》，江源（2006）、戚向东（2006）、钟春平（2014）等的研究也都利用这一标准判断产能是否过剩。本研究主要采用国际半导体设备与材料协会（SEMI）中国分会、中国光伏产业联盟（CPIA）等太阳能光伏产业的权威研究机构公布的产能利用率数据作为研判太阳能光伏产业产能利用状况的重要数量依据。

12.1.2　太阳能光伏产业链主要环节的产能利用状况

近年来，姜江（2010）、王立国等（2011）、韩秀云（2012）等学者相继提出了新兴产业尤其是新能源产业中的"产能过剩"问题，但他们或者是仅就某个时点的数据进行论述，或者是结合单一的数据来源进行分析。虽然大家都承认以太阳能光伏产业为代表的部分新兴产业存在产能过剩，但是无法准确地回答究竟这种过剩从何而来，产能过剩的程度是否严重，产能过剩在行业中的分布情况如何等问题。考虑到太阳能光伏产业的新兴产业特性，虽然国家统计局公布了《战略性新兴产业分类（2012）（试行）》标准，但现行的官方统计数据与此标准不尽相符，因此单纯依靠官方发布的统计数据无法准确把握太阳能光伏产业链产能利用的实际情况。本研究主要采用中国光伏产业联盟（CPIA）发布的《中国光伏产业年度报告（2012～2013）》以及国际半导体设备与材料协会中国分会（SEMI China）发布的"全球光伏制造数据库"所提供的2004～2013年的数据，从产业链的视角剖析太阳能光伏产业产能利用的基本状况。

12.1.2.1　多晶硅制造环节产能利用状况

多晶硅的制造是太阳能光伏产业链的首要环节，近年来我国多晶硅的产能、产量及产能利用率见图12－1。从产能与产量数据的变化不难看出，自2008年以来的多晶硅的产能和产量齐增，其产量的快速增长势头于2011年达到峰值并在2012年开始呈现下降趋势，但由于滞后效应的存在，导致多晶硅的产能2012年仍有缓慢增长。图中显示的多晶硅制造产能利用率除了在早期接近70%，之后一直低于或接近50%（2013年的预测数值接近60%）。值得注意的是，工业与信息化部发布的《2013年上半年我国光伏产业运行情况》报告显示：2013年上半年我国在产多晶硅产能约9万吨，产量3.1万吨，有近80%多晶硅企业停产；但据工信部《2014年上半年光伏产业运行情况》和中国光伏行业协会秘书长王勃华等业内专家的判断，2014年我国多晶硅产能在15万吨左右，而产量则达到了13万吨，产能利用率攀升到了85%以上。从这些数据的变化中可以看出：2013年上半年之前的几年中，太阳能光伏产业主要原材料多晶硅的制造产能利用情况不容乐观，但从2013年下半年开始这种状况便有了明显的改善。

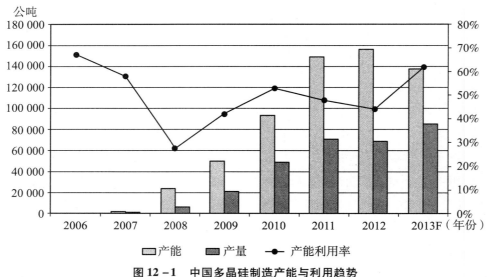

图 12 -1　中国多晶硅制造产能与利用趋势

数据来源：国际半导体设备与材料协会光伏分会、国际半导体设备与材料协会中国太阳能光伏顾问委员会、中国光伏产业联盟。2013 中国光伏产业发展报告。

12.1.2.2　太阳能硅片制造环节产能利用状况

太阳能硅片是制造晶硅太阳能光伏电池片的重要原料，2008～2012 年我国硅片的产能与利用趋势见图 12 -2：2012 年以前，我国的硅片产能利用率不断下降，据 CPIA 统计，2012 年我国硅片产能超过 40GW，产量达到 28GW，产能利用率为 70% 左右，而 NPD Solarbuzz 的测算结果显示，2013 年硅片行业的平均产能利用率只有 60% 左右，说明硅片的产能利用率相比多晶硅而言虽然高出很多，但与标准值比较仍不够理想。中国光伏行业协会秘书长王勃华在《我国光伏产业 2014 年回顾与 2015 年展望》的报告中指出，2014 年硅片行业整体产能利用率在 72% 以上，前十家企业产能利用率在 85% 以上。

12.1.2.3　太阳能光伏组件制造产能利用状况

太阳能光伏组件（也称太阳能电池组件）是太阳能光伏发电系统中的核心部分，其作用是将太阳能转化为电能，组件的制造也是太阳能光伏产业链中最重要的部分。2006～2014 年我国的光伏组件产能数据见图 12 -3，从图中的产能利用数据可以看出，自 2006 年以来，以晶体硅组件为主体的光伏组件产能持续扩张，虽然在 2012 年有所下降，但从 2013 年开始又继续增长。相较多晶硅的产能利用状况，光伏组件的产能利用率更高。据王勃华判断，2014 年我国太阳能光伏组件行业整体产能利用率较低，但前十家企业产能利用率近 90%。

12.1.2 太阳能光伏产业链主要环节的产能利用状况

近年来，姜江（2010）、王立国等（2011）、韩秀云（2012）等学者相继提出了新兴产业尤其是新能源产业中的"产能过剩"问题，但他们或者是仅就某个时点的数据进行论述，或者是结合单一的数据来源进行分析。虽然大家都承认以太阳能光伏产业为代表的部分新兴产业存在产能过剩，但是无法准确地回答究竟这种过剩从何而来，产能过剩的程度是否严重，产能过剩在行业中的分布情况如何等问题。考虑到太阳能光伏产业的新兴产业特性，虽然国家统计局公布了《战略性新兴产业分类（2012）（试行）》标准，但现行的官方统计数据与此标准不尽相符，因此单纯依靠官方发布的统计数据无法准确把握太阳能光伏产业链产能利用的实际情况。本研究主要采用中国光伏产业联盟（CPIA）发布的《中国光伏产业年度报告（2012～2013）》以及国际半导体设备与材料协会中国分会（SEMI China）发布的"全球光伏制造数据库"所提供的 2004～2013 年的数据，从产业链的视角剖析太阳能光伏产业产能利用的基本状况。

12.1.2.1 多晶硅制造环节产能利用状况

多晶硅的制造是太阳能光伏产业链的首要环节，近年来我国多晶硅的产能、产量及产能利用率见图 12－1。从产能与产量数据的变化不难看出，自 2008 年以来的多晶硅的产能和产量齐增，其产量的快速增长势头于 2011 年达到峰值并在 2012 年开始呈现下降趋势，但由于滞后效应的存在，导致多晶硅的产能 2012 年仍有缓慢增长。图中显示的多晶硅制造产能利用率除了在早期接近 70%，之后一直低于或接近 50%（2013 年的预测数值接近 60%）。值得注意的是，工业与信息化部发布的《2013 年上半年我国光伏产业运行情况》报告显示：2013 年上半年我国在产多晶硅产能约 9 万吨，产量 3.1 万吨，有近 80% 多晶硅企业停产；但据工信部《2014 年上半年光伏产业运行情况》和中国光伏行业协会秘书长王勃华等业内专家的判断，2014 年我国多晶硅产能在 15 万吨左右，而产量则达到了 13 万吨，产能利用率攀升到了 85% 以上。从这些数据的变化中可以看出：2013 年上半年之前的几年中，太阳能光伏产业主要原材料多晶硅的制造产能利用情况不容乐观，但从 2013 年下半年开始这种状况便有了明显的改善。

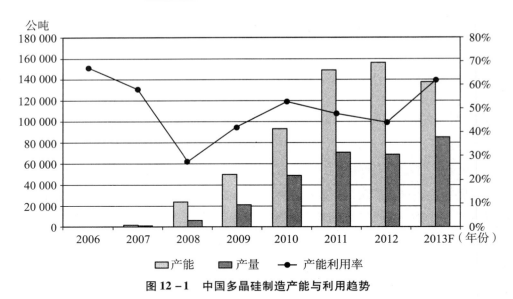

图 12 - 1　中国多晶硅制造产能与利用趋势

数据来源：国际半导体设备与材料协会光伏分会、国际半导体设备与材料协会中国太阳能光伏顾问委员会、中国光伏产业联盟。2013 中国光伏产业发展报告。

12. 1. 2. 2　太阳能硅片制造环节产能利用状况

太阳能硅片是制造晶硅太阳能光伏电池片的重要原料，2008～2012 年我国硅片的产能与利用趋势见图 12 - 2：2012 年以前，我国的硅片产能利用率不断下降，据 CPIA 统计，2012 年我国硅片产能超过 40GW，产量达到 28GW，产能利用率为 70% 左右，而 NPD Solarbuzz 的测算结果显示，2013 年硅片行业的平均产能利用率只有 60% 左右，说明硅片的产能利用率相比多晶硅而言虽然高出很多，但与标准值比较仍不够理想。中国光伏行业协会秘书长王勃华在《我国光伏产业 2014 年回顾与 2015 年展望》的报告中指出，2014 年硅片行业整体产能利用率在 72% 以上，前十家企业产能利用率在 85% 以上。

12. 1. 2. 3　太阳能光伏组件制造产能利用状况

太阳能光伏组件（也称太阳能电池组件）是太阳能光伏发电系统中的核心部分，其作用是将太阳能转化为电能，组件的制造也是太阳能光伏产业链中最重要的部分。2006～2014 年我国的光伏组件产能数据见图 12 - 3，从图中的产能利用数据可以看出，自 2006 年以来，以晶体硅组件为主体的光伏组件产能持续扩张，虽然在 2012 年有所下降，但从 2013 年开始又继续增长。相较多晶硅的产能利用状况，光伏组件的产能利用率更高。据王勃华判断，2014 年我国太阳能光伏组件行业整体产能利用率较低，但前十家企业产能利用率近 90%。

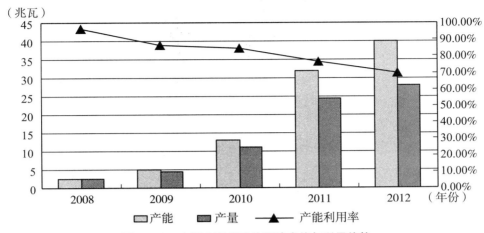

图12-2　中国太阳能硅片制造产能与利用趋势

数据来源：国际半导体设备与材料协会光伏分会、国际半导体设备与材料协会中国太阳能光伏顾问委员会、中国光伏产业联盟。2013中国光伏产业发展报告。

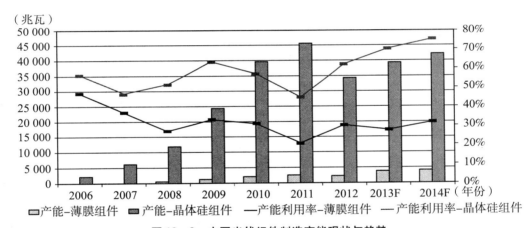

图12-3　中国光伏组件制造产能现状与趋势

数据来源：国际半导体设备与材料协会光伏分会、国际半导体设备与材料协会中国太阳能光伏顾问委员会、中国光伏产业联盟。2013中国光伏产业发展报告。

12.1.2.4　太阳能光伏设备销售收入状况

太阳能光伏设备是太阳能光伏制造企业用于生产原料、电池组件、零部件等产品中使用的各类机器设备的总称，太阳能光伏设备的销售收入的变化可以作为太阳能光伏产业产能利用水平高低的间接指标。从图12-4中的数据可以看到，2012年之前的太阳能光伏设备销售收入一直呈上升趋势，但2012年的销售收入却只相当于前一年的30%左右。据OFweek太阳能光伏网、北极星太阳能光伏网等专业媒体的报道，虽然我国太阳能光伏设备产业有所回暖，但由组件需求回暖传导至上游设备需求的过程相对迟缓，

2013 年该产业规模仍显低迷，2014 年虽然依旧艰难，但产业已呈现出回暖态势并有企业实现全年盈利。

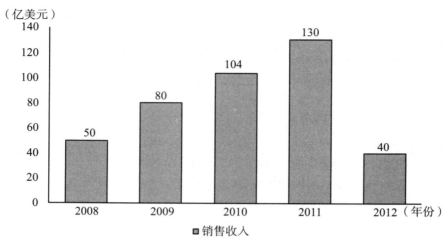

图 12 - 4　中国太阳能光伏设备销售现状与趋势

数据来源：国际半导体设备与材料协会光伏分会、国际半导体设备与材料协会中国太阳能光伏顾问委员会、中国光伏产业联盟。2013 中国光伏产业发展报告。

12.1.3　太阳能光伏产业"产能过剩"的特点和成因

如果单纯从产能利用率数据进行判断，太阳能光伏产业的确出现了与传统产业非常相似的"产能过剩"现象。但是对于光伏产业的"产能过剩"，我们需要全面客观的理性认识，不应简单地将它与传统产业长期性、实质性的产能过剩归为一类。

12.1.3.1　太阳能光伏产业产能过剩的主要特点

1. 太阳能光伏产业过剩产能形成时间短但势头猛

我国太阳能光伏产业从起步到出现较为严重的产能过剩只经历了很短的时间，从太阳能光伏产业链中主要的原材料和产品——多晶硅和光伏组件的产能发展情况来看，在一些欧盟国家针对太阳能光伏发电的高额补贴的刺激下，太阳能光伏电池组件和多晶硅的需求急剧膨胀，我国的多晶硅和太阳能光伏组件产能从零起步到占据全球 50% 的市场份额，只用了不到十年的时间。2007～2011 年，太阳能光伏产业各环节的产能都以成倍的速度扩张，然而其产能利用率却始终在 60% 以下的低位徘徊。以光伏大省浙江为例，该省 200 多家太阳能光伏企业中有一半以上是 2010 年下半年以后成立的，规模均在 100 兆瓦以下。理论界和业界的有识之士早在金融危机之前便观察到我国太阳能光伏产业的产能过剩已露端倪，虽然当时有很多人认为新兴产业所谓的"产能过剩"是不切实际的说法，但历史数据证明了太阳能光伏产业的产能过剩不但从产业发展的早期就已埋下祸根，而且愈演愈烈。

2. 太阳能光伏产业产能过剩主要集中在低端环节

我国太阳能光伏产业链上的企业产能主要集中在低层次的加工和制造领域，对一些技术要求很高的环节如高转换效率电池研制、太阳能纳米技术研发应用、太阳能彩板研制等，很少有企业能够涉足，有的环节目前仍然是空白。由于太阳能光伏产业链中的组件制造环节门槛低、投资少、见效快，加之行业准入门槛过低，一大批中小规模的组件制造企业一哄而上，加上一些地方政府盲目地把太阳能光伏产业作为支柱产业来发展，在土地、税收、金融方面提供了很多不尽合理的优惠政策，导致太阳能光伏产业园遍地开花。这种基于"大上快上"的产业扶持政策所引发的盲目建设和粗放扩张而导致的太阳能光伏产业的低水平产能严重过剩，使得组件制造企业不但利润微薄，而且完全没有核心竞争力。

3. 太阳能光伏产业的产能过剩属于阶段性的"产能富余"

从产业发展阶段供需变动特点来看，太阳能光伏产业所出现的"产能过剩"现象属于一种短期性、表面性的"产能富余"，不能将其与传统产业长期性、实质性的产能过剩混为一谈。由于新兴产业处于产业的初创或成长时期，其产能供给及市场需求都存在较大的不确定性，产能短暂的"不足"或"富余"可能交替出现，这是新兴产业培育阶段的一种正常"磨合"现象。随着新兴产业的发展，需求的开发将成为产业的努力方向，消费群体也将日趋成熟，市场需求必将出现大幅度增长，完全可以消化新兴产业短暂的富余产能。正如互联网产业也曾一度经历过阶段性的"产能富余"，但很快被快速增长的市场需求所消化。反过来，传统产业的"产能绝对过剩"与新兴产业阶段性的"产能富余"截然不同，绝对的产能过剩一旦出现，在需求稳定甚至减少的产业环境下，极易转化为长期性的产能过剩，不但难于根治而且会愈演愈烈。近十年来，我国钢铁、水泥等部分传统产业产能过剩已经成为我国经济发展过程中出现的周期性顽疾。

12.1.3.2 太阳能光伏产业产能过剩的成因

1. 新兴产业培育阶段的一种周期性"磨合"

前文已述，在新兴产业培育阶段，存在一种周期性磨合，在新兴产业培育的初创阶段，在政府政策和市场主体的共同推动之下，新兴产业的产能供给及市场需求表现为同步缓慢增长，供需之间基本是平衡的（阶段Ⅰ）。随着新兴产业市场预期的进一步明朗以及技术的日趋成熟，产能的供给及市场的需求同步出现"涌泉"式增长，产业开始进入成长时期（阶段Ⅱ）。由于投资群体相对集中，消费群体相对分散，同时资本的"嗅觉"也通常领先于一般的消费者，因此，"产能"与"供给"都有可能在短时间内"涌泉"式增长，而"消费需求"的启动则通常需要一段时间过程，新兴产业产能迅速扩张并在短时间内超过市场的需求，从而形成阶段性的"产能富余"（阶段Ⅲ），林毅夫等（2010）关于产业投资"潮涌现象"的研究也充分证明了这一点。随着新兴产业的进一步发展，需求的开发将成为产业发展的努力方向，消费群体也将日趋成熟，市场需求必将出现大幅度增长，完全可以消化新兴产业短暂的富余产能，并引领其进入一个供需同步上升的阶段（阶段Ⅳ），见图12-5。

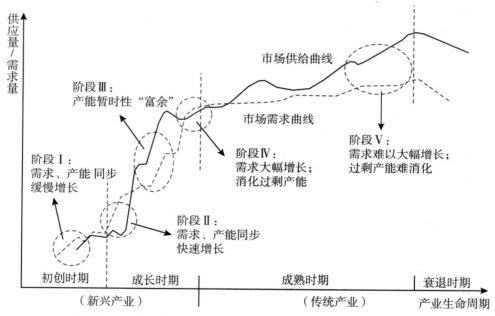

图12-5　新兴产业"产能富余"与传统产业"产能过剩"比较

注：熊勇清. 光伏产业困境摆脱与市场的协同培育。

2. 太阳能光伏国际市场需求剧烈波动

2008年以来，在部分欧盟国家发放的巨额光伏发电装机补贴的刺激下，全球太阳能光伏装机容量迅速增加，多晶硅和太阳能光伏组件的需求急剧攀升。但是从2011年开始，受美国"双反"和欧债危机的影响，我国太阳能光伏产品外需市场急剧收缩，导致我国对美国和欧盟太阳能光伏组件出口额大幅下降，国内巨大的产能无法及时消化从而形成暂时的产能过剩。CPIA发布的太阳能光伏产业全球年度新增及累积光伏装机容量见图12-6，可以将其视为太阳能光伏产业链终端已经释放的有效需求数据。从这些数据中应该不难发现，全球太阳能光伏市场的有效需求增幅呈现明显的波动，其中2009年、2011年和2012年的增长率暴跌充分说明了太阳能光伏产业有效需求增长的不确定性，尤其是2012年全球太阳能光伏装机容量的增长率回落到十年来的第二低点，说明全球市场最近一轮的爆发式增长已经远去。太阳能光伏产业已经累积的大量产能不能与市场需求的收缩完全同步，由于产能的建设和消化都需要比需求调整相对长得多的周期，因此在需求剧烈波动的背景下产生"短暂过剩"的产能并不足为奇。

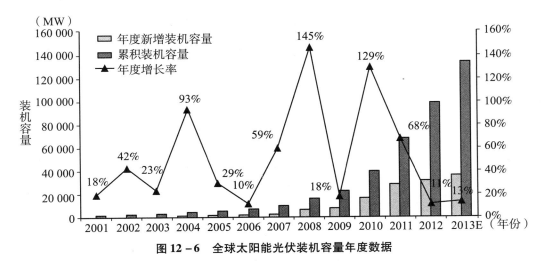

图 12 - 6　全球太阳能光伏装机容量年度数据

数据来源：国际半导体设备与材料协会光伏分会、国际半导体设备与材料协会中国太阳能光伏顾问委员会、中国光伏产业联盟。2013中国光伏产业发展报告。

3. 太阳能光伏产业国内需求市场相对滞后

从我国太阳能光伏产业发展历程来看，虽然近几年产业年增长率远超世界平均水平，但是国内太阳能光伏需求市场的培育却大大落后于全球太阳能光伏需求市场的发展。从图12-7中CPIA发布的中国太阳能光伏产业年度新增及累积太阳能光伏装机容量数据可见，中国市场全球占比虽然不断提升，但我国的太阳能光伏发电装机容量仍然处于较低水平，2012年还只占全球市场的14.5%，远低于德国24.5%的水平。从有效需求规模可以看出，当前中国太阳能光伏应用市场的需求规模与其太阳能光伏制造中心地位极不相称，难于撑起占世界近一半的太阳能光伏产能，这个过程也可以用简单的经济学模型加以佐证，韩国高等（2011）关于产能过剩的微观厂商分析已对此作了具体论述：包括太阳能光伏产业在内的垄断竞争行业的厂商总是在具有过剩生产能力的状态下生产，当这种过剩的生产能力达到一定程度时就会出现整个行业的产能过剩。

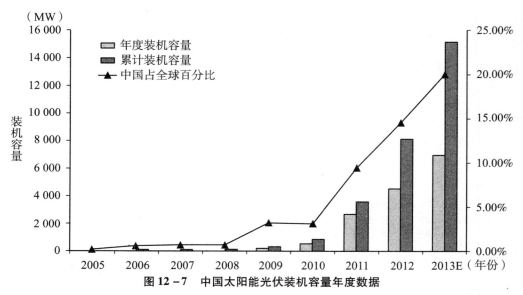

图 12 - 7　中国太阳能光伏装机容量年度数据

数据来源：国际半导体设备与材料协会光伏分会、国际半导体设备与材料协会中国太阳能光伏顾问委员会、中国光伏产业联盟。2013 中国光伏产业发展报告。

4. 太阳能光伏产业调控政策的滞后与失灵

虽然太阳能光伏产业的产能过剩问题引起了政府相关部门的注意，也出台了一些引导产能合理扩张的政策，但是在整个太阳能光伏产业虚假繁荣带来的高额利益驱动下，无论是地方政府还是投资者，都只见利益而罔顾风险，在产业规划、布局和发展方面盲目跃进，其结果便是太阳能光伏产业发展的无序、无度和不规范，进而导致产能调控方面的政策失灵。此外，由于太阳能光伏属于新兴产业领域，所以在调控政策的制定和执行存在一定的滞后性，调控政策本身的前瞻性和科学性也有待国内外市场的验证，加之地方本位主义和保护主义的盛行，使得中央和地方的政策口径不一致、标准不统一，间接引发产能过剩的现象愈演愈烈。

12.2　太阳能光伏产业市场培育方向的分析评估

新兴产业的成长和发展是由技术供给和市场需求双因素共同推动的结果，市场需求对于技术创新有着预示和指引作用，在产业的培育过程中发挥着关键性的作用。我国的太阳能光伏产业通过国际市场的"外需拉动"在较短的时间内实现了产能及规模的快速扩张，然而 2011 年欧美实施"双反"导致我国太阳能光伏产业迅速陷入"产能过剩"尴尬境地，越来越多的人提出要将太阳能光伏产业市场需求培育的重点转向国内市场，通过"内需拉动"化解我国太阳能光伏产业的过剩产能。国际市场与国内市场孰轻孰重，由"外需拉动"转为"内需拉动"是否可以成为太阳能光伏产业化解产能过剩的灵丹妙药？国际市场对于太阳能光伏产业的市场贡献率能否在一定时期内由国内市场贡献率来填补？本研究从我国太阳能光伏产业培育"现实环境"的异质性以及国内外需求市场"实际贡献"双维视角同时切入，对太阳能光伏产业国内外市场需求的"现实环境"和"实际贡献"进行分析评价，从市场需求培育的角度来探究太阳能光伏产业发展与"内需"和"外需"的关系，并考察它们之间的动态冲击反应，以准确刻画国内外市场需求与我国太阳能光伏产业发展之间的相互动态作用原理。

12.2.1 太阳能光伏产业国内外需求"双视角"评价框架

12.2.1.1 已有分析方法及其适用性评价

研判我国太阳能光伏产业国际市场与国内市场孰轻孰重，首先需要选择一个合理的分析评价框架。当前，理论界关于国内外市场需求关系的研究成果主要有"竞争优势理论"、"本土市场效应理论"和"价值链理论"等理论方法。

1. 已有分析理论与方法

波特的"竞争优势理论"（Theory of Competitive Advantage）将需求情况列为本国国际竞争优势的四种决定性因素之一。该理论认为需求情况是通过两条途径来影响国际竞争优势的，一是各国需求状况的时间差，二是各国需求结构的规模差。如果一国的需求规模大，就会给该商品的生产带来规模经济的好处，使商品生产成本降低，竞争力提高。

"本土市场效应"（Home Market Effect）最早由克鲁格曼提出，他认为在一个存在规模报酬递增和贸易成本的世界中，那些拥有相对较大国内市场需求的国家会产生大规模生产和高效率，本土市场效应更能决定一国区域间的生产结构和产业布局。之后，"本土市场效应"理论的有效性不断被众多的实证研究所证明，因此该理论被广泛应用于国内外需求与产业发展关系的研究。

"价值链理论"（Value Chain Theory）由波特首次提出，该理论认为只有某些特定的价值活动才能真正创造价值。近些年，很多学者以"竞争优势理论"为基础，从价值链的角度分析国内外需求的作用。需求因素与全球价值链的内在互动关系被认为是研究发展中国家在现实的国际贸易与全球价值链分工格局下长足发展的关键点，企业选择全球价值链还是国内价值链非常重要。也有学者结合我国国情分析了以国际市场需求为基础的"出口导向"阻碍我国在全球价值链攀升的内在原因。

2. 已有理论与方法的适用性

"竞争优势理论"、"本土市场效应理论"和"价值链理论"作为产业分析的一般方法，对于开展包括太阳能光伏产业在内的新兴产业国内外需求分析具有很好的指导意义，但是这些理论分析方法主要是在对传统产业进行研究的基础上构建的，战略性新兴产业具有不同于传统产业的诸多新特征，已有的这些分析方法不应该被简单地移植到战略性新兴产业的分析中。此外，战略性新兴产业是基于我国国情所提出的独特概念，具有鲜明的"中国特色"，作为崛起中的发展中国家，中国会面临更多来自于工业发达国家的挑战，同时"大国大市场"也决定了我国新兴产业的市场结构将表现出更多的异质性，因此需要构建新的分析框架以应用于太阳能光伏产业等战略性新兴产业的国内外需求对比分析。

12.2.1.2 "双视角"评价方法的基本框架

我国战略性新兴产业的市场需求培育，首先需要分析市场培育的现实环境，因为外部环境是确定市场培育方向和路径的客观约束条件。Vaaler 在研究动态竞争的新兴市场时发现，市场波动对于新兴市场的影响很大，新兴市场国家放松市场管制的行为具有风险。胡显军在研究政府作用下的战略性新兴产业发展时也曾强调，产业发展的外部环境对于产业发展具有重要意义，政府应重视并建立完善的市场环境监管机制。与此同时，还需要对国内外两种市场需求的实际贡献进行科学的判断，这是确定市场培育方向和重点的主要决策依据。探寻我国战略性新兴产业市场培育的可行路径与方向，必须统筹考虑战略性新兴产业国内外需求的"现实环境"与"实际贡献"两方面的因素。为此，本研究从"现实环境"和"实际贡献"双视角同时切入，用以准确判断我国太阳能光伏等新兴产业市场培育的方向与路径，其基本分析框架见图 12 - 8。

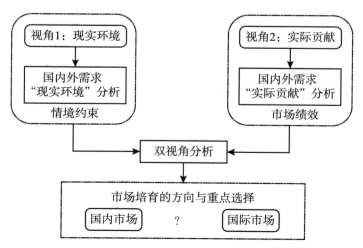

图 12 - 8　太阳能光伏产业"现实环境"与"实际贡献"双视角分析框架

12.2.2 太阳能光伏产业的"双视角"分析

12.2.2.1 "现实环境"视角分析

我国太阳能光伏产业培育和发展的环境不同于工业发达国家，具有明显的异质性。从国际环境来看，产业的培育和发展面临着来自发达国家出于政治、经济等多种目的的"产业阻击"，扩大"外需"步履维艰；从国内环境来看，我国拥有全球最大的国内市场资源，"大国大市场"为我国战略性新兴产业的成长提供了广阔的市场空间，然而目前国内市场内需却严重不足。太阳能光伏产业国内外需求"现实环境"见图 12-9。

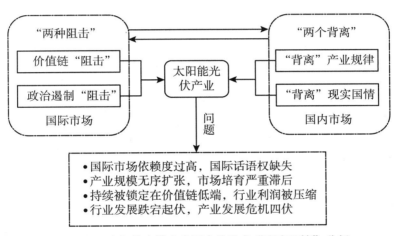

图 12-9 太阳能光伏产业国内外需求"现实环境"分析

1. 国际市场：面临"两种阻击"，市场主动权缺乏并且跌宕起伏

一方面，发达国家通过全球价值链分工的结构封锁效应对我国太阳能光伏产业实施"产业阻击"的现象十分明显。发达国家实施产业结构封锁的终极目标是维持自身在全球价值链高端环节的长期占位，同时将发展中国家持续锁定在全球价值链低端。以美国为例，过去比较多的是针对我国纺织、钢铁、轮胎等具有一定竞争优势的传统制造业实施贸易制裁，近年来则更多的针对我国高端装备制造、新能源和新一代信息技术等初具竞争优势的新兴产业发起贸易制裁，三一重工、华为和尚德等新兴产业的领头企业纷纷成为美国等发达国家贸易制裁的首选目标。

另一方面，发达国家出于政治遏制的目的对我国太阳能光伏产业实施"产业阻击"的现象十分明显。中国政治和经济地位的日益提高，美国等少数发达国家通常会借贸易

"制裁"手段实现其对以中国为代表的发展中国家实施政治遏制的真实目的，我国光伏产业先后遭遇到的来自美国、欧盟的"双反"制裁，绝不仅仅是一场单纯的贸易争端，同时也是这些发达国家出于政治、经济等多种目的的一场"产业阻击"。

2. 国内市场：存在"两个背离"，市场滞后并且内需严重不足

一方面，市场培育背离了新兴产业发展规律。2008 年金融危机之后的这一轮新兴产业培育热潮中，各国从一开始就非常重视从需求端引导新兴产业的发展，然而我国太阳能光伏产业在发展过程中，片面注重产业规模扩张，市场培育严重滞后。数据显示，2012 年我国多晶硅、硅片和电池组件的产量分别占全球总产量的 30%、77.8% 和 61.8%，是位居全球首位的光伏制造大国，然而我国光伏应用市场仅占全球的 14.5%，比第一位的德国落后整整十个百分点。

另一方面，市场培育背离了我国的现实国情。我国拥有全球最大的本土市场资源，随着经济的发展，国内消费者的需求趋于高端化和优质化，"大国大市场"的本土优势可以为太阳能光伏产业的培育提供广阔的平台。然而，我国太阳能光伏产业国内市场培育严重滞后，90% 以上的产品都销往国外，过度依赖国际市场，背离了我国"大国大市场"的现实国情，同时大大增加了产业发展过程中的风险因素。

12.2.2.2　国内外市场需求的"实际贡献"视角分析

1. 研究样本与基础数据

（1）研究样本。

太阳能光伏电池是太阳能光伏产业的主要产品，本研究选取太阳能光伏电池产品的相关基础数据开展实证检验。研究样本选取主营业务为太阳能光伏或周边产品的境内外上市公司，共 22 家。样本构成情况见表 12 – 1。

表 12 – 1　　　　　　　　　　研究样本（太阳能电池上市公司）构成情况

沪市（5 家）	深市（7 家）	境外（10 家）
亿晶光电；海润光伏；光电股份；京运通；隆基股份	东方日升；南洋科技；七星电子；乾照光电；天龙光电；拓日新能；向日葵	尚德电力；赛维 LDK；英利绿色能源；天合光能；昱辉阳光；晶科能源；阿特斯太阳能；晶澳太阳能；韩华新能源；中电光伏

（2）基础数据。

根据 RESSET 金融数据库、《中国光伏产业年度报告（2012 ~ 2013）》、《太阳能电池行业分析报告（2011）》、《太阳能电池出口统计报告（2009 ~ 2010）》、EPIA、OF-week 和各上市公司官方网站整理获得基础数据，见表 12 – 2。

表 12 – 2　　　　　　　　　　　　　　研究样本基础数据

年份	季度	Q（亿美元）	Qx（亿美元）	Qd – Qm（亿美元）	EDCR①	IDCR①	ROE②
2009	1	12.44	11.79	0.65	—	—	—
	2	17.44	15.97	1.47	33.59	6.58	– 3.44
	3	26.07	23.24	2.83	41.68	7.78	– 3.03
	4	39.11	35.99	3.12	48.91	1.12	13.47
2010	1	32.68	29.49	3.19	– 16.61	0.17	2.05
	2	43.85	41.08	2.76	35.47	– 1.29	5.11
	3	62.81	58.13	4.68	38.87	4.38	9.11
	4	78.83	73.2	5.63	24	1.5	15.02
2011	1	64.02	60.4	3.62	– 16.24	– 2.54	4.54
	2	70.62	66.18	4.44	9.03	1.28	3
	3	60.54	58.15	2.4	– 11.38	– 2.89	– 2.13
	4	42.42	40.94	1.48	– 28.42	– 1.52	– 9.13
2012	1	51.37	32.88	18.49	– 19	33.03	– 9.51
	2	50.36	45.61	4.75	24.77	– 20.9	– 13.42
	3	36.98	29.4	7.57	– 32.18	5.6	– 24.78
	4	40.34	20.97	19.36	– 22.79	31.88	– 81.04
2013	1	48.13	28.79	19.34	19.36	4.9	2.02
	2	49.54	23.21	26.33	– 11.58	10.36	– 2.12
	3	43.28	29.81	13.46	13.32	– 25.96	– 6.78
	4	42.1	32.95	9.15	7.25	– 9.97	19.07

　　注："内需（国内市场）贡献率"（IDCR）和"外需（国际市场）贡献率"（EDCR）计算方法，后面有具体介绍；净资产收益率（ROE）根据25家龙头企业的净资产收益率加权平均值计算得到。

2. 测量指标与分析方法

（1）测量指标。

①国内外需求贡献率。根据《中国工业统计年鉴》的相关编制标准，本研究将太阳能光伏产业净出口量视为产业外需，把产品内销量的变化视为内需变化。设我国太阳能光伏产业的总产值为 Q，其中，太阳能光伏产品①出口总额为 Q_x，我国太阳能光伏产

---

　　①　根据《中国光伏产业发展报告》和海关总署进出口产品记录，我国进口的太阳能光伏产品多为原材料，出口和内需产品多为半成品和产成品，因此，指标中的"产品"既包括产成品，也包括与产成品相关的原材料和半成品。

品内销额为（$Q - Q_x$）。我国市场对于太阳能光伏产品的需求总额为 Q_d，其中，通过进口来满足国内消费的部分为 Q_m，前缀 Δ 表示该变量的增量。$Q = Q_d + Q_m - Q_x$，$\Delta Q = \Delta Q_d + \Delta Q_m - \Delta Q_x$。则有：

$$\frac{\Delta Q}{\Delta Q} = \left(\frac{\Delta Q_d}{\Delta Q} - \frac{\Delta Q_m}{\Delta Q} \right) + \frac{\Delta Q_x}{\Delta Q} \tag{12-2}$$

$$\frac{\Delta Q_t}{Q_{(t-1)}} = \left(\frac{\Delta Q_{dt} - \Delta Q_{mt}}{Q_{(t-1)}} + \frac{\Delta Q_{xt}}{Q_{(t-1)}} \right) \tag{12-3}$$

其中：$Q_{(t-1)}$ 为第（$t-1$）期产值，ΔQ_{dt} 为第 t 期国内市场需求增量，ΔQ_{mt} 为第 t 期进口额增量，ΔQ_{xt} 为第 t 期出口额增量。

为考察国内外市场需求对光伏产业增长的贡献，引入经济效益的分析指标"贡献率"，并根据研究目的，将其细分为"内需（国内市场）贡献率"（$IDCR$）和"外需（国际市场）贡献率"（$EDCR$）两个指标：

$$IDCR = (\Delta Q_{dt} - \Delta Q_{mt}) / Q_{t-1} \times 100\% \tag{12-4}$$

$$EDCR = \Delta Q_{xt} / Q_{t-1} \times 100\% \tag{12-5}$$

②产业发展绩效。净资产收益率（ROE）是财务分析比率指标中最具有代表性的一个指标，在预测未来盈利能力方面也更有效，通常被用于公司经营业绩的评价，本研究选取 ROE 作为发展绩效的度量指标。

（2）数据分析方法。

本研究主要采用格兰杰因果检验方法和脉冲响应函数方法，格兰杰因果检验法主要用于考察太阳能光伏产业绩效与国内外市场需求贡献之间的静态关系，脉冲响应函数方法是刻画太阳能光伏产业国内外市场需求贡献率与太阳能光伏产业发展绩效的相互动态作用，以及考察不同的市场需求与行业利润在时序维度的双向动态作用特征。具体分析步骤如下：

①时间序列变量的平稳性检验：考虑到格兰杰因果检验要求所使用的时间序列变量是平稳的。因此首先对变量进行平稳性检验，所采用的方法是 ADF 检验。

②格兰杰因果关系检验：根据（1）的检验结果，若变量平稳，进行格兰杰因果检验。

③脉冲响应函数分析：格兰杰检验得到的变量间的因果关系只能说明它们之间是否可以相互影响，并不能说明变量在遭受特定冲击后的动态行为，为此本研究建立 VAR 模型，运用脉冲响应函数来描述这种动态行为。

3. 数据处理与分析

将 $IDCR$、$EDCR$、ROE 的时间序列分别表示为 $\{y_{1t}\}$、$\{y_{2t}\}$ 和 $\{y_{3t}\}$，应用 ADF 单位根检验法对序列进行平稳性检验，根据 AIC 准则确定滞后阶数为 3。ADF 单位根检验结果见表 12 – 3，在 10% 的显著性水平下，序列 $\{y_{1t}\}$、$\{y_{2t}\}$ 和 $\{y_{3t}\}$ 均服从于 $I(0)$，时间序列是平稳的，能够进行格兰杰因果检验和建立 VAR 模型对其进行脉冲响应函数分析。

表 12 – 3　　　　　IDCR 序列、EDCR 序列和 ROE 序列的 ADF 检验结果

ADF 检验	t 统计量	概率值（P 值）	不同显著性水平下检验临界值		
			1% level	5% level	10% level
EDCR 序列	– 3.351179	0.0275	– 3.857386	– 3.040391	– 2.660551
IDCR 序列	– 4.60181	0.0022	– 3.857386	– 3.040391	– 2.660551
ROE 序列	– 2.99335	0.0546	– 3.857386	– 3.040391	– 2.660551

（1）国内外需求贡献的静态评价。

格兰杰因果检验是研究两个变量是否存在因果关系的常用方法，若变量 A 的前期信息对变量 B 的变化有贡献，则称 A 在格兰杰意义下对 B 有因果关系。本研究应用格兰杰检验法探索国内外需求贡献与产业发展之间的因果关系，检验太阳能光伏产业绩效与国内外市场需求贡献之间的互动关系，以辨识是需求贡献率影响了产业绩效还是产业自身的潜在价值影响了需求贡献率，抑或两者为协同共生关系。

格兰杰因果检验的任何一种检验结果都和滞后阶数的选取有关，很多学者在做格兰杰检验滞后阶数时常常以 AIC 信息准则和 SC 准则为标准。在本研究中，为了确保模型的自由度，也为了更全面的了解各滞后阶数下变量间的因果关系，分别选择滞后期 1 ~ 4 个季度（即滞后阶数 $p = 1$，2，3，4），进行了格兰杰检验，检验结果见表 12 – 4。

结果显示，太阳能光伏产业国内市场的需求是影响太阳能光伏产业发展的重要因素，同时太阳能光伏产业良好的绩效及产业前景对于国内市场需求的开发也有明显的作用。表 12 – 4 显示，在 5% 的显著性水平下，滞后 2 期、3 期和滞后 4 期的内需贡献是太阳能光伏产业发展绩效的格兰杰原因，同时，滞后 2 期和滞后 4 期的太阳能光伏产业发展绩效也是内需贡献的格兰杰原因。表明太阳能光伏产业内需贡献率与净资产收益率互相影响，太阳能光伏行业绩效的好坏及产业发展前景的变化与国内市场需求的开发息息相关。尽管目前我国太阳能光伏产业国内市场需求所占比例并不高，但内需贡献率对于太阳能光伏产业绩效及投资价值的影响是显著的，也说明太阳能光伏产业的发展需要高度重视国内市场（内需）的开发。

表 12 – 4　　　　　　　　　　　　　　　格兰杰因果检验结果

原假设 H0	滞后阶数	F 统计量	P 值	结论（$\alpha = 5\%$）
IDCR 不能 Granger 引起 ROE	1	0.74765	0.4008	接受 H0
	2	4.06608	0.0448	拒绝 H0
	3	9.91723	0.0033	拒绝 H0
	4	11.202	0.006	拒绝 H0
ROE 不能 Granger 引起 IDCR	1	2.01434	0.1763	接受 H0
	2	5.46848	0.0205	拒绝 H0
	3	3.71161	0.0549	接受 H0
	4	7.08465	0.0185	拒绝 H0
EDCR 不能 Granger 引起 ROE	1	2.68172	0.1223	接受 H0
	2	1.31937	0.3034	接受 H0
	3	2.03087	0.1801	接受 H0
	4	1.86559	0.2357	接受 H0
ROE 不能 Granger 引起 EDCR	1	0.20664	0.6559	接受 H0
	2	0.35522	0.7081	接受 H0
	3	0.37584	0.7727	接受 H0
	4	1.53757	0.3033	接受 H0

从分析中还可以看出，太阳能光伏产业国际市场的需求与产业的发展不存在显著的格兰杰因果关系。在置信度达到 15% 时，太阳能光伏产业国际市场的需求是产业发展的短期性（约 1 期）影响因素，但二者之间是否存在持久性的作用，这种作用具有正效应还是负效应？格兰杰因果检验并不能给出答案。表 12 – 4 显示，即使将置信水平放宽到 15%，太阳能光伏产业发展绩效仍然不是外需贡献的格兰杰原因。太阳能光伏产业产品出口份额的变化，在短期内有可能会影响行业的绩效，但国际市场需求份额的高比例对太阳能光伏产业的绩效及发展前景能否产生长久的影响，这种影响是正作用抑或是副作用，还需通过动态评价进行验证。

（2）国内外需求贡献的动态评价。

进一步考察国内外需求波动与太阳能光伏产业发展绩效波动之间的关系，在 ADF 检验和格兰杰检验的基础上建立 VAR 模型，通过脉冲响应函数分析序列 $\{y_{1t}\}$、$\{y_{2t}\}$ 和 $\{y_{3t}\}$ 之间的相互影响。太阳能光伏产业需求贡献率的一个标准差变动对光伏产业发展绩效的脉冲响应见图 12 – 10。

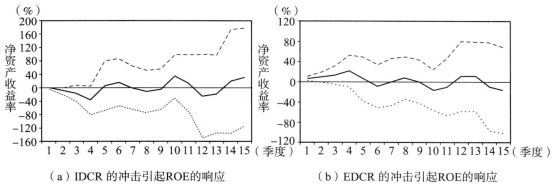

（a）IDCR 的冲击引起ROE的响应　　　　　（b）EDCR 的冲击引起ROE的响应

图12－10　太阳能光伏产业对需求冲击的脉冲响应

如图12－10所示，太阳能光伏产业国内市场（内需）波动对于平均净资产收益率的影响存在滞后期，初期并不明显，但经过5个季度后正向效果开始变得明显。图12－10（a）显示，当产生一个国际市场（外需）正冲击后，太阳能光伏产业资产收益率从第5期开始出现显著的正效应，行业平均净资产收益率出现涨幅，从第5期到第9期，影响能力窄幅浮动，在第10期达到峰值后逐渐回落。显然，太阳能光伏产业国内市场（内需）波动对于产业绩效的拉动作用存在滞后期，一般需要经过5～6季度后才会显现出来。我国的太阳能光伏产业培育过程中，地方政府和多数企业"急功近利"的现象比较明显，产业国内市场（内需）的拉动作用客观上存在一个较长时间的滞后期，这可能是目前太阳能光伏产业国内市场培育没有被高度重视的原因之一。

从图中还可以得出结论，太阳能光伏产业国际市场（外需）波动对于平均净资产收益率的影响敏感并且持续时间较长。图12－10（b）显示，当产生一个国际市场（外需）正冲击后，太阳能光伏产业资产收益率在第1期就会迅速形成正向波动，并持续产生影响（略有减弱）直至第5期，然后进入小幅度波动阶段。反言之，当产生一个国际市场（外需）负冲击后，太阳能光伏产业资产收益率在第1期同样会迅速形成负向波动并且持续时间较长。由此观之，国际市场（外需）对于我国太阳能光伏产业正向和反向作用都十分明显，具有较高的不可控性，影响敏感并且持续时间长。2011年欧美实施"双反"以来，我国太阳能光伏产业瞬间进入"寒冬"，充分暴露了我国太阳能光伏产业过度依赖国际市场的"高风险性"。

图中还能得出的一个论断，国内市场对太阳能光伏产业的市场贡献峰值大于国际市场。太阳能光伏产业国内市场（内需）的拉动效应尽管初期不明显，但从长期来看拉动作用十分明显，并且市场贡献峰值高于国际市场约15个百分点。图12－10（a）显示，太阳能光伏产业国内市场（内需）的拉动效应从第5期开始显示，随后其作用效果持续不断叠加并在第 10 期达到峰值。尽管内需对太阳能光伏产业的拉动效果并不平稳，但从长期来看，国内市场（内需）对于产业的拉动作用具有很大的开发潜力。若能够通过科学的手段使内需的作用效果叠加，使其对于产业的拉动作用保持在峰值附近，那么国内市场（内需）对于太阳能光伏产业发展将起到大幅度的拉动作用，特别是从现阶段而言，我国太阳能产业尚处于培育时期，产业核心竞争力并没有形成，国际市场面临"两种阻击"，缺乏市场主动权并且跌宕起伏，积极培育国内市场，由"外需拉动"转变为"内需拉动"是现阶段较为务实的选择。

12.3　太阳能光伏产业财政补贴环节及效果分析

纵观世界各国新兴产业的发展，财政补贴是推进新兴产业发展的重要的政策手段。学界在构建和完善太阳能光伏等新兴产业财政补贴政策及其作用方面开展了大量研究，如肖兴志（2011）认为政府可以充分利用财税政策调节经济，实现国家宏观层次的资源优化配置和引导战略性新兴产业微观经济主体的行为方向；郭晓丹等（2011）的研究指出，虽然政府补贴没有直接带来企业研发支出的增加，但政府研发补贴确实能够为企业指明技术攻关方向，激励企业积极参与研发创新活动；Assun Lopez Polo 等（2014）研究表明合时合理的财政激励政策可以有效增加产品产量，并能够扩大太阳能光伏系统的安装量。现有研究多是强调研发创新等供应端环节的财政支持，对太阳能光伏应用市场及消费等"需求端"环节的财政补贴方案进行深入分析的研究还不多见。鉴于此，本研究着眼于我国太阳能光伏产业领先的生产能力和滞后的应用市场所形成的巨大反差，从供给端与需求端比较视角分析太阳能光伏产业国内需求市场严重滞后的内在原因，论证财政补贴适度偏向需求端的必要性和可行性，以期为破解太阳能光伏产业"产能过剩"的现实困境提供决策参考。

12.3.1　供给端为主的财政补贴特征与效果

12.3.1.1　现行供给端为主的财政补贴方案总体特征

长期以来，我国的产业发展一直存在"重技术轻市场"倾向，太阳能光伏产业现有发展模式亦不例外。虽然太阳能光伏产业的战略价值在于能源安全和环境保护，但是一些地方政府更加热衷的是该产业所带来的投资发展机会，期望通过增加太阳能光伏等新能源产业的投资和出口来拉动地方经济增长并在短期内带来 GDP 政绩，这种地方政府发展太阳能光伏产业的"目标异化"导致财政补贴主要流向生产制造等供应端环节。我国太阳能光伏产业财政补贴方案目前主要有金太阳示范工程、太阳能屋顶计划和分布式光伏补贴等，见表 12-5。

表 12-5　　　　　　　　　我国太阳能光伏产业财政补贴主要方案及特征

项目（方案）类型	太阳能屋顶计划	金太阳示范工程	分布式光伏补贴
实施部门和时间	财政部、住房和城乡建设部（2009.3）	财政部、科技部、国家能源局（2009.7）	国家改革委、国家能源局、国家开发银行（2013.8）
补贴环节	弥补光电应用的初始投入（供给端）	一定比例的初始安装补贴（供给端）	分布式光伏发电项目的金融支持（供给端）；剩余电量收购（需求端）

资料来源：根据相关政策法规文件整理。

综合分析我国当前偏向供给端的太阳能光伏产业财政补贴方案，其主要特征表现在如下三个方面：

1. 政出多门且重点各异

我国当前的太阳能光伏产业政策分别由财政部、科技部、住建部、能源局等多个部门制订，各政策文本的目标具有多层次和多元性，实施重点不完全一致，补助资金分散，政策效果大打折扣，并且各类政策在执行过程中容易产生冲突。如住建部出台"太阳能屋顶计划"旨在倡导发展节能建筑，尽早达到节能减排的目标，科技部制定的"金太阳工程"旨在启动国内太阳能光伏市场，而国家能源局的政策则着眼于能源产业的综合发展。

2. 缺乏系统性和相关配套措施

我国现行的太阳能光伏产业财政扶持政策虽然绝大部分补贴比例明确，但由于缺乏一个有效协调机制，导致太阳能光伏制造企业、渠道企业、施工单位、电网公司、建筑物业主之间的关系和权责不明，大多数情况下演变成太阳能光伏制造企业"唱独角戏"的状况。例如 2009 年出台的金太阳工程第一期项目有 329 个，原定计划用 2~3 年完成，但目前这一期项目的完成率还不到 50%，问题的根本原因是工程配套措施不完善，政府对故意拖延时间的开发商惩罚不力、光伏发电量上不了网、政策补贴到位周期长。

3. 部分政策实施周期短且缺乏稳定性

太阳能光伏产业的财政补贴政策必须要有足够长的时间跨度，这样才能保证其在与传统能源的竞争中逐渐缩小差距直至赶超，实施周期短的政策极容易导致企业追求短期利益等行为。以我国政府在太阳能光伏电站安装时给予一次性补贴的政策为例，在电站安装完成后并没有后续措施对其进行严格的验收和测试，甚至无法帮助这些电站的电力实现并网，导致一些在 2008 年、2009 年就安装完成的太阳能光伏电站至今没有通过验收，实现并网更是遥遥无期，这完全违背了政策制定者的初衷。

12.3.1.2　现行供给端为主的财政补贴方案导致的负面效果

现行的太阳能光伏产业供给端财政补贴形式导致大量财政补贴沉淀在中上游生产制造环节，需求端的财政补贴严重不足，其直接后果是造成我国太阳能光伏产业的"产能过剩"和"两头在外"。

1. 制造企业盲目进入，市场集中度低并且产能非理性扩张

虽然供给端财政补贴不是导致太阳能光伏产业产能过剩的唯一原因，但其助长了太阳能光伏产业产能非理性扩张的事实是不庸置疑的。各级地方政府以优惠地价、信用贷款、减税以及直接补贴等多种财税扶持手段鼓励太阳能光伏产业的投资，致使大量制造企业无视市场的真实状况和产业发展的合理需求，盲目进入太阳能光伏行业，产业市场集中度逐年下降，产能在短期内迅速非理性扩张。

2. 过度依赖国际市场，背离了新能源发展的根本目标

我国太阳能光伏产业财政补贴过度偏向供给端，致使国内消费市场发展迟缓，太阳能光伏产品的需求主要依赖国际市场，2011 年我国太阳能光伏产品出口率一度达到 95% 以上。太阳能光伏产品严重依赖出口的现状背离了我国发展新能源的根本目标：一方面，我国承担了高污染、高耗能的生产制造环节，却将节能的效果出口到了发达国家，与我国政府发展新能源的目标背道而驰；另一方面，我国太阳能光伏企业为了追逐国际市场上的更大的市场份额，竞相压低产品价格并导致太阳能光伏市场无序竞争，同时受制于国际市场需求波动和贸易保护，减缓了我国太阳能光伏产业的发展速度，并有可能导致我国太阳能光伏产业错失发展的"机会窗口"。

12.3.2　向需求端倾斜的财政补贴效果研究

为促进太阳能光伏产业内需市场的迅速成长，有必要将投向太阳能光伏产业的财政补贴从供给端向需求端倾斜，以撬动国内需求市场的快速增长，从而保障我国太阳能光伏产业的健康发展并充分发挥其战略性作用。

12.3.2.1 太阳能光伏产业需求端财政补贴的战略意义

1. 落实绿色能源战略目标的关键所在

发展太阳能光伏产业的初衷是缓解国内能源危机，优化国家能源结构，促进节能减排，如果不能有效启动国内太阳能光伏产业需求和应用，那么发展太阳能光伏产业的战略意义就会大打折扣。因此，将财政补贴的政策重点和相关资金向需求端转移，以刺激太阳能光伏产业的应用市场为导向，扩大我国绿色能源的消费，这是践行我国太阳能光伏产业发展战略目标的关键所在。

2. 刺激太阳能光伏产业国内市场需求的必要措施

市场需求在决定一个国家产业竞争力的因素中扮演着十分关键的角色。鉴于我国太阳能光伏产业目前处于培育期，在与火电、水电等传统能源的竞争中处于市场弱势，消费者的消费惯性、电力公司的预先锁定以及太阳能光伏发电相对较高的成本必然会阻碍太阳能光伏产业国内市场的发展，因此，通过需求端财政补贴这一手段来刺激太阳能光伏产业国内市场需求是促进太阳能光伏产业由培育期平稳过渡至成熟期的必要措施。

3. 化解太阳能光伏产业"市场失灵"的有效手段

太阳能光伏产业具有节能减排、环境保护、优化能源结构、提高能源独立性等多方面的溢出效应，太阳能光伏产业给全社会所带来的"正外部性"不应由太阳能光伏企业独自承担高昂的成本，如果缺乏适当的政府财政支持，太阳能光伏产业私人成本与社会成本的不一致将引发"市场失灵"。从发达国家新兴产业的发展轨迹来看，引入需求端的财政补贴是化解包括太阳能光伏产业在内的新兴产业"市场失灵"的有效手段。

4. 适应太阳能光伏产业成长周期阶段性特点

可再生能源产业发展的过程一般划分为"研究和开发（Research & Development）"、"技术示范和商业化示范（Demonstration）"、"规模化降低成本（Buy – down）"和"大面积推广（Widespread Deployment）"四个阶段。当前我国太阳能光伏产业处于由"研究和开发"阶段向"技术示范和商业化示范"阶段过渡的时期，促进太阳能光伏产业的应用应该成为财政扶持的重点领域。

12.3.2.2 太阳能光伏产业需求端财政补贴的预期效果

1. 需求端财政补贴预期效果的经济学分析

从经济学角度分析，无论是从短期还是中长期而言，需求端补贴政策对于太阳能光伏市场的发展都有着积极意义。具体来看，需求端财政补贴对太阳能光伏产业的短期和中长期影响见图 12 – 11。

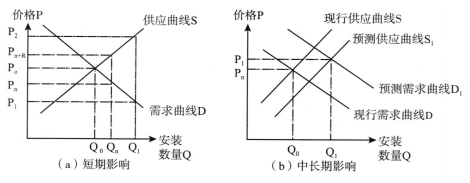

图 12 – 11　需求端财政补贴的短期和中长期影响

从短期而言，适度偏向需求端的财政补贴，同时也可以有效地促进供给端的发展，见图 12 – 11（a）。政府针对需求端进行财政补贴，短时间内供需曲线不会发生大的变化，补贴的影响主要体现在原有供求曲线上量的变化，(P_0, Q_0) 是政府补贴前的太阳能光伏市场自发形成的供需均衡点。政府财政补贴后，短期内市场的供给是不变的，但需求增大，由 Q_0 扩大到了 Q_1，此时，供给的价格也上涨。价格上涨的程度由供给曲线决定，即由 Q_1 在供给曲线上对应的价格 P_2。以上步骤循环往复，最后会出现一个因为补贴而形成的"补贴均衡"状态。此状态下消费者购买点是 (P_n, Q_n)，销售点是 (P_{n+1}, Q_n)。假设政府补贴的比例为 s，则其补贴额由开始的 $s \times P_0$ 在经过短期的变化后变为 $s \times P_{n+1}$。从图中可以看出，消费端实际获得的补贴为 $P_0 - P_n$，供应端也在这个过程中分流到了部分补贴额，为 $P_{n+1} - P_0$。据此我们可以得出结论：政府对于太阳能光伏市场需求端的补贴并未全部流进消费者的口袋，由于市场的调节机制，太阳能光伏产品价格的增长和间接的提价导致了供应端分流了部分补贴。事实上，基于我国现阶段的太阳能光伏产业格局而言，需求端激励对中上游生产环节的拉动作用可能远大于政府补贴。

从中长期而言，适度偏向需求端的财政补贴，将有利于国内太阳能光伏市场的形成和发展，见图 12 – 11（b）。政府对需求端补贴会导致供求曲线的移动，由于生产商预测到这一政策必然会使太阳能光伏产品需求量增加，生产商会扩大生产规模，增加供应能力，供应曲线由 S 移至 S_1。对于消费端而言，由于政府补贴促进了消费，扩大了需求，需求曲线从 D 移至 D_1。显然，从中长期而言，政府对于需求端的补贴在创造内需的同时，也促进了供给端的发展，从而直接促进了太阳能光伏产业国内市场的发展。另外，需求端财政补贴还可以通过节省技术研发迂回带来的资源浪费从而降低资金短缺的压力、通过用户的反馈效应促进太阳能光伏产业技术创新等。

2. 需求端财政补贴预期效果的数据模拟

（1）预期效果模拟的数据模型。

我国太阳能光伏产业面临着生产制造环节过度发展而消费环节相对滞后的非均衡状况，如果将现行财政补贴政策适度调整并偏向于需求端，将构成一种以需求端主导、供给端追随的动态 Stackelberg 博弈关系。在只考虑由需求端和供应端组成的简单市场模型中，假设需求端处于 Stackelberg 假设中领导者的地位，需求端的产品需求量将直接决定供应端作为跟随者在太阳能光伏市场的发展投入。为了证明"财政补贴偏向需求端将更有利于太阳能光伏产业国内市场的发展"这一命题，我们只要证明 Stackelberg 均衡状态下的最优解优于纳什均衡状态下的最优解。

设太阳能光伏产品生产量为 x，需求量为 q，由固定需求量 q_0 和变动需求量 q_1 构成，q_1 取决于供应端和需求端向光伏市场发展的投入成本（I_1，I_2）。销售全价为 p，生产量超过需求量的剩余部分处理折扣率为 η。需求端发电回购部分电量为 k，回购价格为 ω。制造成本为 c，平衡系统成本为 c_0。政府对于需求端和供应端的财政补贴率为 s，需求端分摊供应端太阳能光伏市场投入成本的比例为 λ。

太阳能光伏产品需求量的变动部分 q_1 对于光伏市场的投资满足边际产出递减假设，呈现规模成本递减规律，因此 q_1 满足 Cobb – Douglas 生产函数，即 $q_1 = \gamma I_1^\alpha I_2^\beta$。同时考虑政府的补贴也会对需求端和供应端的市场投入成本产生影响，政府对于双方的补贴率为 s（其中 α、β、γ、s 均为常数，$0 < \alpha < 1$、$0 < \beta < 1$、$0 < s < 1$、$0 < \alpha + \beta < 1$、$0 < s + \lambda < 1$）。目前国内太阳能光伏市场供过于求，即：$x > q$，超出需求部分为 $u(u = x - q)$，由此得到供应端的利润函数 π_1 和需求端的利润函数 π_2。即：

$$\pi_1 = (p - c - c_0)(q_0 + \gamma I_1^\alpha I_2^\beta) + (\eta p - c - c_0)u + (s + \lambda - 1)I_1 \qquad (12-6)$$

$$\pi_2 = (k\omega - p)(q_0 + \gamma I_1^\alpha I_2^\beta) + (k\omega - \eta p)u + (s - 1)I_2 - \lambda I_1 \qquad (12-7)$$

命题一：太阳能光伏市场供应端和需求端都会追求自身利益的最大化，双方会根据对方的反应和策略动态地制定最优策略，形成各自的唯一的纳什最优均衡解。在非合作的情形下，需求端为了自身利润最大化，最优策略为分摊供应端投资成本的比例 $\lambda = 0$，即不分摊供应端的市场投资，分别对于 I_1、I_2 求偏导，且经过代算得到唯一的纳什均衡解：

$$\begin{cases} I_1^* = \left[\dfrac{(\alpha(p - c - c_0))^{\beta - 1}}{(\beta(k\omega - p))^\beta \cdot \gamma}(1 - s) \right]^{\frac{1}{\alpha + \beta - 1}} \\[4mm] I_2^* = \left[\dfrac{(\beta(k\omega - p))^{\alpha - 1}}{(\alpha(p - c - c_0))^\alpha \cdot \gamma}(1 - s) \right]^{\frac{1}{\alpha + \beta - 1}} \end{cases} \qquad (12-8)$$

命题二：当 $\dfrac{k\omega - p}{p - c - c_0} > 1 - \alpha$ 时，在消费端主导，供应端跟随的 Stackelberg 主从博弈

模型中，作为主导方的需求端首先制定自己的最优策略，再根据供应端的反应函数修正自己的最优策略，如此循环往复，直至达到双方满意的最优解，即 Stackelberg 均衡解。

当 $\dfrac{k\omega - p}{p - c - c_0} > 1 - \alpha$ 时，$\lambda^{**} = \dfrac{(1-s)\left[(k\omega - p) - (1-\alpha)(p - c - c_0)\right]}{(k\omega - p) + \alpha(p - c - c_0)}$

当 $\dfrac{k\omega - p}{p - c - c_0} \leqslant 1 - \alpha$ 时，$\lambda^{**} = 0$，关于 I_2 求偏导并推导得到：

$$\begin{cases} I_1^{**} = \left(\dfrac{1 - s - \lambda^{**}}{p - c - c_0}\right)^{\frac{1}{\alpha + \beta - 1}} \left(\dfrac{1}{\alpha}\right)^{\frac{1-\beta}{\alpha + \beta - 1}} \left(\dfrac{1}{\beta}\right)^{\frac{\beta}{\alpha + \beta - 1}} \left(\dfrac{1}{\gamma}\right)^{\frac{1}{\alpha + \beta - 1}} \\ I_2^{**} = \left(\dfrac{1 - s - \lambda^{**}}{p - c - c_0}\right)^{\frac{1}{\alpha + \beta - 1}} \left(\dfrac{1}{\alpha}\right)^{\frac{\alpha}{\alpha + \beta - 1}} \left(\dfrac{1}{\beta}\right)^{\frac{1-\alpha}{\alpha + \beta - 1}} \left(\dfrac{1}{\gamma}\right)^{\frac{1}{\alpha + \beta - 1}} \end{cases} \quad (12-9)$$

命题三： 财政补贴偏向需求端将更有利于太阳能光伏市场的发展。证明需求端在 Stackelberg 均衡时为太阳能光伏市场发展做出的贡献比纳什均衡时大，即 $I_2^{**} > I_2^*$；当 $\gamma > 1$ 时，供应端在 Stackelberg 均衡时为太阳能光伏市场投入的成本比纳什均衡时大，即 $I_1^{**} > I_1^*$。

当 $\dfrac{k\omega - p}{p - c - c_0} > 1 - \alpha$ 时，$\dfrac{I_2^*}{I_2^{**}} = \left(\dfrac{k\omega - p}{p - c - c_0} + \alpha\right)^{\frac{\alpha}{\alpha + \beta - 1}} \left(1 + \alpha \cdot \dfrac{p - c - c_0}{k\omega - p}\right)^{\frac{1-\alpha}{\alpha + \beta - 1}} < 1$，即 $I_2^* <$ I_2^{**}。同理，$\dfrac{I_1^*}{I_1^{**}} = \left(1 + \alpha \cdot \dfrac{p - c - c_0}{k\omega - p}\right)^{\frac{\beta}{\alpha + \beta - 1}} \left(\dfrac{k\omega - p}{p - c - c_0} + \alpha\right)^{\frac{1-\beta}{\alpha + \beta - 1}} < 1$，即 $I_1^* < I_1^{**}$。

当 $\dfrac{k\omega - p}{p - c - c_0} \leqslant 1 - \alpha$ 时，$\lambda^{**} = 0$，可得到相同结论，即 $I_2^* < I_2^{**}$，$I_1^* < I_1^{**}$。

据此可以发现，现行中上游供给端补贴政策情境下，需求端和供应端之间会形成一个纳什均衡状态，双方各自根据对方的反应制定自己的最优策略。若补贴政策在现行基础上适度偏向需求端，则需求端和供给端之间会形成 Stackelberg 均衡状态。通过命题三的证明可以看出 Stackelberg 均衡解优于纳什均衡解。显而易见，适度偏向需求端的财政补贴比供给端补贴更有利于太阳能光伏产业国内市场的快速发展。

（2）预期效果数据模拟结果。

假设一个由需求端和供应端构成的简单市场中，根据现有国家补贴标准及相关企业的数据披露，本研究有关参数假设如下：$\gamma = 100$，$\alpha = 0.5$，$\beta = 0.3$，$\eta = 0.9$，$\omega = 0.5$，$c = 80$，$c_0 = 20$，$u = 100$，$q_0 = 500$。根据所建模型中供应端和需求端分别在纳什均衡状态下和 Stackelberg 均衡状态下的最优解式 12-8 和式 12-9，在假设各变量的基础上，计算分析需求端补贴政策能否促进太阳能光伏市场的快速发展。

通过前文证明过程可知，纳什均衡为偏向供给端财政补贴形成的均衡，Stackelberg 均衡为适度偏向需求端财政补贴状态下形成的均衡。给定了 p，k，s，λ^*，λ^{**} 的假设值，利用相应公式和 Mat – lab 软件的辅助，得出相应情形下 I_1^*，I_2^*，I_1^{**}，I_2^{**} 的值，见表 12 – 6。

表 12 – 6　　　　　　　给定参数的纳什均衡和 Stackelberg 均衡结果

p	k	λ^*	λ^{**}	s	I_1^*	I_1^{**}	I_2^*	I_2^{**}
210	500	0	0	0.3	3.052E + 18	1.392E + 19	6.658E + 17	8.350E + 18
210	520	0	0	0.3	4.265E + 18	1.392E + 19	1.163E + 18	8.350E + 18
210	540	0	0.07	0.3	5.606E + 18	2.357E + 19	1.835E + 18	1.414E + 19
210	560	0	0.15	0.3	7.065E + 18	4.648E + 19	2.698E + 18	2.789E + 19
200	540	0	0.19	0.3	5.061E + 18	4.209E + 19	2.126E + 18	2.526E + 19
190	520	0	0.24	0.3	3.500E + 18	4.164E + 19	1.633E + 18	2.498E + 19
180	500	0	0.27	0.3	2.318E + 18	3.237E + 19	1.217E + 18	1.942E + 19
180	500	0	0.27	0.2	1.189E + 18	1.138E + 19	6.241E + 17	6.828E + 18
180	500	0	0.27	0.1	6.597E + 17	4.795E + 18	3.463E + 17	2.877E + 18

注：λ^* 和 λ^{**} 分别为纳什博弈和 Stackelberg 博弈下需求端分摊供应端投入成本的比例，I_1^* 和 I_1^{**} 分别为纳什博弈和 Stackelberg 博弈下供应端的投入，I_2^* 和 I_2^{**} 分别为纳什博弈和 Stackelberg 博弈下需求端的最优投入。

通过比较 I_1^* 和 I_1^{**}，I_2^* 和 I_2^{**} 的大小，可以得到以下结论：

结论一——在供应端和需求端的边际收益不变的情况下，政府的补贴力度与太阳能光伏产业供需两端对于太阳能光伏市场的投入呈正相关关系，充分说明财政补贴在太阳能光伏市场发展过程中的必要性。

结论二——在太阳能光伏市场需求端和供应端的边际收益相同的条件下，适度偏向需求端的财政补贴所形成的 Stackelberg 最优均衡解优于供应端财政补贴所形成的纳什均衡最优解。显然，财政补贴适度偏向于需求端会有效促进太阳能光伏产业国内市场的发展。

结论三——随着太阳能光伏需求端发电回购电量 k 变大，纳什博弈和 Stackelberg 博弈下供应端和需求端最优的太阳能光伏市场投入 I_1^*、I_2^*、I_1^{**}、I_2^{**} 均变大；当回购电量 k 变小，I_1^*、I_2^*、I_1^{**}、I_2^{**} 均随之变小。回购电量与供应需求两端对于太阳能光伏市场投入之间呈现正相关关系。充分表明，太阳能光伏发电并网可以有效地促进太阳能光伏供需两端对太阳能光伏市场的投入，并进一步促进太阳能光伏产业国内市场的发展。

12.3.2.3　财政补贴偏向于太阳能光伏产业需求端的启示

理论分析和数据模拟都表明，在供应端发展接近饱和状态的情形下，财政政策偏向于需求端可以快速启动光伏产业国内应用市场，同时将激发光伏产业中上游供应端新一轮发展热情，并且是破解我国光伏产业"产能过剩"现实困境的有效手段。运用纳什博弈和 Stackelberg 博弈的数据模型通过对现行政策和改进政策下供给端与需求端向光伏市场的投入成本的比较，证明了财政政策适度偏向于需求端将达到良好的预期效果。

　　与传统产业相对比较成熟的市场相比，以太阳能光伏产业为代表的战略性新兴产业的市场起步较晚、规模较小，且面临发达国家实施"产业阻击"的风险，完全依靠市场自身的力量实现高速发展不太可行，必须依靠各级政府制定切实可行的产业政策，用政策的力量引导国内市场的快速成长。首先，要坚决贯彻光伏发电的全额收购和电价补贴的新政策，彻底撬开国内太阳能光伏市场大规模启动的"绊脚石"；其次，要着眼于太阳能光伏产业链上能迅速扩大市场规模的关键节点，抓住太阳能光伏电站建设和太阳能光伏建筑一体化两个主要的市场增长点，出台新的金融和财税政策措施，实现以点带面的突破；最后，必须正视太阳能光伏产业区域资源禀赋差异，坚决摈弃"遍地开花"的观念，强化资源指向和产业集聚，用财税、国土和环保组合政策扶持优势地区和领导企业。

12.4　太阳能光伏产业的产能治理对策研究

　　在分析太阳能光伏产业的市场培育重点方向和财政补贴重点环节的基础上，可以有针对性地将太阳能光伏产业产能治理对策的研究重点和财政补贴政策的发力点集中于市场培育这个主要的领域，从而克服之前的"政策异化"现象。同时，我们应该注意到"第三次工业革命"对于包括太阳能光伏产业在内的新兴产业的深刻影响：黄群慧等（2013）认为，"第三次工业革命"是以智能化、数字化、信息化技术的发展为基础，以现代基础制造技术对大规模流水线和柔性制造系统的改造为主要内容，以基于可重构生产系统的个性化制造和快速市场反应为特点的一场嵌入在技术、管理和制度系统中的技术经济范式的深刻变革。以太阳能光伏产业为代表的我国战略性新兴产业如何抓住新一轮技术革命和产业变革机遇，在迈向更高阶段工业化进程中化解产能过剩，不但是业界要重点关注的新方向，更是值得理论界深入思考的问题。

12.4.1　面向市场培育的太阳能光伏产业产能治理对策

12.4.1.1　太阳能光伏产业市场培育的总体路径

基于我国太阳能光伏产业国内外两种市场需求的实际贡献，从市场需求培育的视角来看，治理我国太阳能光伏产业产能过剩的核心政策路径应该设定为：实施国内外需求市场分步开发战略，现阶段（培育期和成长期）以国内市场为重点，同时依托国内市场有序开发国际需求市场，中远期（成熟期）谋求国内外市场的共同发展，并最终实现以国内市场为支撑、国际市场为主战场的市场发展目标，见表12-7。

表12-7 太阳能光伏产业市场培育的方向与路径

	阶段	培育期	成长期	成熟期	
				成熟初期	成熟中后期
太阳能光伏产业发展阶段及特征		现阶段		未来发展阶段	
	特征	市场认知度差、竞争力弱	市场认知度增强，具备某方面竞争优势	市场认知度较高，核心竞争力形成	市场认知度高，核心竞争力明显
市场需求培育方向与路径		立足国内市场培育内需→	国内市场为主国际市场为辅→	国内外市场共同发展→	国际市场为主国内市场支撑

12.4.1.2 现阶段市场培育的战略重点

考虑到我国太阳能光伏产业目前处于培育与发展期，现阶段市场培育的战略重点应该设定为：积极培育"国内市场"，通过内需拉动产业的发展，并将"国内市场"作为进一步拓展"国际市场"的基础和保障。

1. 立足国内市场的内需驱动战略是现阶段市场需求培育的主要方向

本国领先市场的需求创造是开拓国际市场的基础，本土需求是太阳能光伏产业发展的动力，因此我国的太阳能光伏产业首先需要精心培育国内市场。我国太阳能光伏产业真正的核心竞争力并没有完全形成，如果没有充足的国内市场作为坚强的后援阵地，一旦国际市场"失守"，产业的发展将岌岌可危，太阳能光伏产业目前遭遇的危机就是最好的例证。虽然一直以来我国太阳能光伏产业国内市场需求所占比例并不高，实证结果表明内需贡献率在较大程度上影响着太阳能光伏产业的总体绩效。值得注意的是，我国太阳能光伏产业的国内需求具有明显的规模效应和潜在的网络效应，一旦采取合适的商业模式，将极有可能在短时间内创造出规模巨大并且利润可观的新兴市场。

2. 依托国内市场拓展国际市场是现阶段实现国际化的基本方式

世界太阳能光伏产业呈现出在产业链高端共同投资、密切合作等新的特点和趋势，开拓国际市场并融入全球产业链是太阳能光伏产业发展的必然趋势。实证结果也表明外需贡献率的波动对于产业绩效的正向拉动作用周期确实更为长久。但是太阳能光伏产业的国际化是以产业的核心竞争力为基础的，我国太阳能光伏产业目前处于培育发展期，真正的核心竞争力形成还有待时日，盲目依靠产能扩张和以价取胜的贸易模式不仅有碍于产业核心竞争力的形成，而且恶化了我国太阳能光伏产业在国际市场的生态环境，在遭遇欧盟"双反"并经历国际市场"滑铁卢"之后，我们需要倍加清醒地认识到，太阳能光伏产业的国际化首先必须夯实国内需求市场的基础。

3. 实现国内外市场分步推进是现阶段市场培育的务实之举

"国内"和"国际"市场对于我国太阳能光伏产业的发展，犹如"船桨"、"船帆"与"帆船"的关系，通过二者的协同促进将产生比两类市场单独发展更多的溢出红利，实证结果也表明内需要与外需存在良性互动并且对于太阳能光伏产业的绩效有着正向拉动作用。然而现阶段实现"国内市场"和"国际市场"的同步发展是不现实的，分步推进是基于现阶段所面临的独特政治、经济和社会环境，同时也是基于我国太阳能光伏产业发展的现实水平的务实性选择。

12.4.2　面向新工业革命的太阳能光伏产业产能治理对策

12.4.2.1　第三次工业革命对太阳能光伏产业的影响

1. 助推太阳能光伏产业的新能源"战略主导"地位

第三次工业革命的"新能源"核心理念不但彰显了太阳能作为替代能源取之不尽的巨大潜力，也进一步奠定了以太阳能光伏产业为代表的新能源产业的战略主导地位。考虑到我国幅员辽阔、光照资源丰富的特点，太阳能光伏发电以其安装维护简便、系统稳定可靠和无污染排放等优势成为我国发展新能源的不二选择，太阳能光伏产业也迅速成为我国新能源产业的主导产业，其产能迅速跃居世界前列。伴随着我国的太阳能光伏发电从补充能源向替代能源的过渡，分布式太阳能光伏发电顺应当今第三次工业革命倡导的"分布式发电"主流，从而使太阳能光伏产业的"战略主导"地位得到进一步增强。

2. 冲击太阳能光伏产业"两头在外"的产业体系

在既有的国际贸易环境下，第三次工业革命特有的本地化、分散化生产的特点，将极大地削弱太阳能光伏产业原有的规模经济优势，使得该产业长期以来基于低劳动成本所形成的比较成本优势加速弱化。考虑到个性化定制和分散制造能更快更好地响应市场需求，伴随着先进制造技术的发展，太阳能光伏企业会更多选择在能源消费地进行本地化制造，极有可能导致太阳能光伏产业制造环节从包括中国在内的发展中国家向发达国家的"逆转移"。对于本就是原料和市场"两头在外"的太阳能光伏产业而言，在大部分劳动者素质不能够大幅度提高的情况下，第三次工业革命的推进会造成我国太阳能光伏产业的就业人员的失业或者被锁定在低附加值的简单劳动环节中，从而在国际竞争中无法依靠低成本劳动的比较优势形成产业的竞争优势，最终丧失产业发展的主动权。

3. 推动太阳能光伏产业链的"绿色革命"

以新能源的开发和使用为核心的第三次工业革命对能源的开发和使用提出了绿色、低碳和可持续的要求，然而审视作为新能源典范的太阳能光伏产业，无论是其生产还是使用过程都存在诸多的"非绿色"因素。以多晶硅的生产为例，产生的大量有毒物质和废弃物得不到有效处理和利用，将对大气、水质和土壤等资源造成严重污染；而从太阳能光伏发电系统应用过程来看，铅酸蓄电池内含有的铅、锑、镉、硫酸等有毒物质也极易造成污染。在第三次工业革命的浪潮中，如何实现整个太阳能光伏产业链的"绿色革命"，是决定太阳能光伏产业能否真正成为"绿色产业"的关键。

4. 挑战太阳能光伏产业"大而不倒"的发展理念

随着第三次工业革命的到来，曾经甚嚣尘上的"大而不倒"原则正在被逐渐打破，不断涌现的先进技术将实现对企业乃至行业的"加速度"淘汰节奏。我国的太阳能光伏产业在体制推动和外需牵引下近十年来急剧膨胀的产能和不断扩大的企业规模将面临第三次工业革命"小型化和分散化"生产和经营模式的挑战，无锡尚德的轰然倒下只是中国太阳能光伏产业破除"大而不倒"神话的前奏，当前工业发展模式中的决策分散化和生产分散化趋势必然引起太阳能光伏产业在产业组织方面的新革命，而这场革命的成败也将关系到太阳能光伏产业能否从新兴产业向先进产业的顺利过渡。

12.4.2.2 面向新工业革命的太阳能光伏产业治理政策重点

1. 着眼于促进太阳能光伏产业的外部性

在新工业革命背景下，衡量作为新能源产业标杆之一的太阳能光伏产业的发展，应将其产业有形收益与全社会的无形收益统筹考虑，通过出台培育面向新工业革命的政策，以促进太阳能光伏产业外部性的发挥：一方面，政策要能促进产业的研发外部性，鼓励太阳能光伏产业基础性研究的重大突破，采取切实措施保障技术先行者充分获取创新的收益，从而保障行业创新活动的驱动力；另一方面，政策要能促进太阳能光伏产业化的外部经济性，通过政策手段培育本土化的优势产能迫使跨国公司的产品或关键零部件价格大幅度降低，既能提高我国的福利水平，又能迫使跨国公司引入更先进的技术，从而带动了我国产业整体技术水平的提高。

2. 着眼于降低太阳能光伏产业的不确定性

由于太阳能光伏产业作为新兴产业在技术、市场和产业组织方面都有较强的不确定性，可能在先进技术突破和新技术的产业化方面形成障碍，因此，在新工业革命背景下培育太阳能光伏产业的优势产能要有助于降低太阳能光伏产业的不确定性：首先，是要能降低产业的技术不确定性，有助于打破知识、技能、生产要素和制度等约束，形成知识和已有要素的重新组合，推动具有"创造性毁灭"特征的重大或核心技术的突破，提升太阳能光伏产业的产能水平；其次，是要能降低产业需求的不确定性，用先进的产能满足新兴用户的需求、促进初始市场的形成乃至奠定新兴市场的规模和结构；最后，要能降低产业组织的不确定性，指导企业家构建对应"创造性毁灭"还是"创造性积累"两种不同创新形态的产业组织方式，使太阳能光伏产业"产能竞赛"中的多方主体（企业、政府、用户等）在尽可能完善的信息基础上实现互动和博弈，实现"优势产能"储备的最优均衡。

3. 着眼于发挥太阳能光伏产业的战略引领作用

国内外很多学者一致认为新能源产业是新工业革命的核心和支点，作为衡量某个国家或地区高新技术发展水平的标志性产业和新一轮国际竞争的战略制高点，世界发达国家和地区都在不遗余力地培育以太阳能光伏产业为代表的新能源产业。我国的太阳能光伏产业培育政策必须立足于新工业革命能源格局变化和产需结构转变的需要，突破发达国家的结构封锁，发展壮大光伏产业的"优势产能"，参与全球价值链的高端环节和高附加值节点，提高我国能源供给的独立性和安全性，充分发挥新能源产业的战略引领作用。

4. 着眼于发掘太阳能光伏产业的市场需求

新工业革命在塑造全球竞争新格局的同时也在重新定义全球市场需求的新格局，我国能源市场需求的巨大体量是以太阳能光伏产业为代表的新能源产业诞生和发展的内生动力，也是发达国家和地区在推进新能源产业发展时重点考虑的问题。工业发展史的研究表明，工业革命与能源变革是密不可分的，新工业革命也不例外。因此，在制定太阳能光伏产业的培育政策时，必须考虑新工业革命背景下能源消费模式的转变和新能源消费市场的发展，坚持充分发挥市场的基础性作用与政府引导推动相结合，充分利用太阳能绿色、便捷和高效的特性，用需求市场撬动太阳能光伏产业的大发展。

12.5 本章小结

本章从太阳能光伏产业产能过剩的现状分析入手，阐述了光伏产业作为一类新兴产业具有与传统产业不同的特性，它的过剩是一种阶段性的"富余"，且具有伴随着国际国内市场需求变化产生周期性波动等特点。而后，通过构建国内外需求"双视角"评价框架，对两个市场的贡献度进行了有效测评，得到了我国现阶段光伏产业需要积极培育国内市场，由"外需拉动"转变为"内需拉动"更为务实的结论。基于这一结论，构建以需求端为主导、供给端追随的动态 Stackelberg 博弈关系，并在均衡状态下与纳什均衡最优解进行比较，由比较结果证明，适度偏向需求端的财政补贴，在创造内需的同时也促进了供给端的发展。综上分析结果，本章提出了在基于新工业革命的大背景下，光伏产业的治理重点应着眼于促进太阳能光伏产业的外部性、降低太阳能光伏产业的不确定性、发挥太阳能光伏产业战略引领作用、发掘太阳能光伏产业的市场需求这四大方面。

13

产能过剩行业职工安置与社会保障研究

13.1　产能过剩主要行业职工就业现状

产能过剩是产业结构中的突出矛盾，化解产能过剩、淘汰落后产能，是经济转型的关键步骤，但不可避免地会带来相关行业职工的就业问题。仅"十二五"期间，淘汰落后产能就涉及到 200 多万职工的就业。而自 2010 年起，国务院发布了诸如《关于进一步加强淘汰落后产能工作的通知》（国发〔2010〕7 号）等一系列文件，淘汰落后产能，抑制过剩产能，已成为大势所趋。这一决策力度更大，涉及河北、山东、湖南等多个省份、多个行业。其不仅对在相关企业就业的职工有直接影响，还波及了相关行业的上下游企业，涉及的职工也更多。如五年内，河北省需压缩钢铁产能 6 000 万吨，仅钢铁这一项，就将直接影响 20 万人、间接影响 40 万人就业。可见，淘汰落后产能的同时了解相关行业职工就业现状，维护职工的权益显得尤为重要。

2013 年，我国钢铁、水泥、平板玻璃、电解铝、造船五大行业的产能利用率在 71% ~75%，显著低于欧美国家 79% ~83% 的平均水平，这五大行业也成为淘汰落后产能的主要行业。本节将以"Wind 数据库"中 2003 ~2012 年的数据为依据，对钢铁、水泥、电解铝、造船四大行业十年间的从业人员数量进行描述，以了解产能过剩行业职工就业情况变化。

13.1.1　钢铁

我们主要选择了钢铁行业中黑色金属冶炼及压延加工业、炼铁和炼钢三个子行业，来描述钢铁行业就业人员数量的变化。从图13-1可见，总体来看，炼钢行业的全部从业人员平均数均呈下降趋势，炼铁行业则呈现出先增长再下降的趋势，黑色金属冶炼及压延加工业则呈现出增长趋势。具体而言，炼钢行业的全部从业人员从2003年的893 831人下降到了2012年的495 080人，全行业从业人员平均数下降了近45%，约有40万人下岗失业。而炼铁行业全部从业人员的变化较为平缓，其从2003年的272 356人下降到了2012年的230 788人，全行业从业人员平均数下降了15.26%，约有4.2万人失业。而黑色金属冶炼及压延加工业的从业人员则增加了60%以上，这可能是部分炼铁和炼钢企业通过产业升级，向加工业延伸的结果。

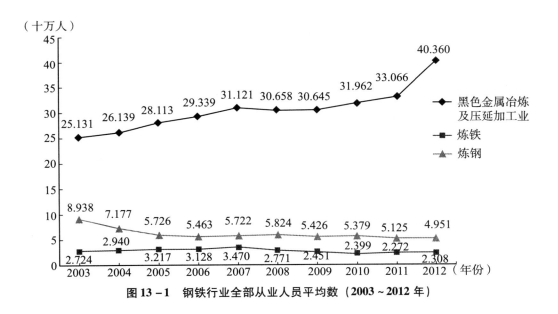

图13-1　钢铁行业全部从业人员平均数（2003～2012年）

13.1.2　水泥制造业

水泥制造业全部从业人员平均数从2003年到2012年的变化见图13-2。从图中可见，随着淘汰落后产能的持续开展，水泥制造行业从业人员呈明显下降趋势。其由2003年的1 447 229人下降到2012年的953 745人，全行业从业人员平均数下降了近35%。这意味着十年间水泥制造业有近50万人下岗失业。

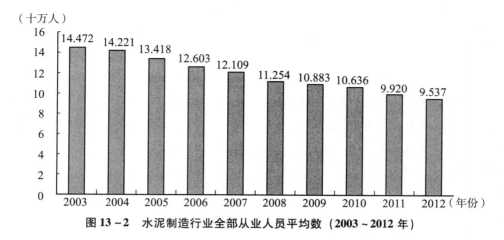

图 13 - 2　水泥制造行业全部从业人员平均数（2003～2012 年）

13.1.3　平板玻璃

平板玻璃制造业全部从业人员平均数从 2003 年到 2012 年的变化见图 13 - 3。从图中可见，十年间平板玻璃制造从业人员数经历了两次较大的波动。一次是从 2003 年的 115 119 人增长到 2007 年的顶峰 127 605 人，再迅速下降到 2009 年最低谷的 111 560 人；另一次则是从 2009 年的 111 560 人上升到 2011 年的 123 388 人，再下降到 2012 年的 116 518 人。这两次较大的波动第一次造成了约 1.6 万人下岗，第二次约有 6 000 余人失业。

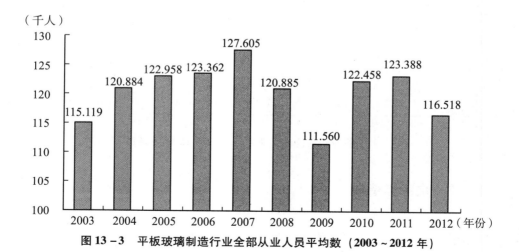

图 13 - 3　平板玻璃制造行业全部从业人员平均数（2003～2012 年）

13.1.4　铝冶炼

铝冶炼业全部从业人员平均数从 2003 年到 2012 年的变化见图 13 - 4。从图中可见，十年间铝冶炼行业从业人员的数量变化呈波浪形变化，且增减的幅度均不太大。有趣的是，该行业从业人员数量反倒是在 2012 年达到了十年间的最高峰 258 439 人。

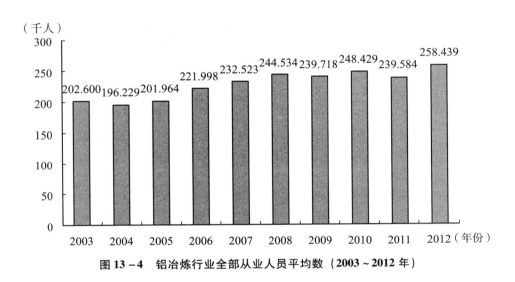

（千人）

图 13 - 4　铝冶炼行业全部从业人员平均数（2003 ~ 2012 年）

13.1.5　船舶制造

我们主要选择了船舶制造行业中金属船舶制造、非金属船舶制造和船舶改装与拆除三个子行业，来描述船舶制造行业就业人员数量的变化。从图 13 - 5 可见金属船舶制造行业全部从业人员自 2003 年起一直稳步增长，到 2011 年达到最高峰 496 005 人，但 2012 年开始出现下降，人数减少到 490 993 人，约 5 000 余人失业。同样的趋势也出现在船舶改装与拆除行业，其在 2010 年达到了从业人数的最高峰 129 186 人，但自 2011 年便开始出现下降趋势，到 2012 年下降了近 65%，达到了十年间的最低值 47 302 人，这意味着两年间有 8 万余人离开该行业。就非金属船舶制造行业而言，十年间从业人员数量在波动中略有增长。

此外，为了更为清晰地呈现不同类型企业的情况，我们分别描绘了大型、中型和小型船舶制造企业全部从业人员平均数从 2009 年到 2012 年的变化，结果见图 13 - 6。从图中可见，随着淘汰落后产能的持续开展，船舶工业大型企业从业人员在稳步增长后出现了较大的回落，其由 2011 年的 452 266 人下降到 2012 年的 394 037 人。同样的情况也出现在中型企业中，其由 2010 年的 213 438 人下降到 2012 年的 174 727 人。而小型企业的就业人数在 2011 年达到低谷的 137 125 人后 2012 年反而出现了较大幅度的增长，达到了 174 995 人。从三类企业全部从业人员的合计人数来看，从 2011 年到 2012 年，一年间船舶行业有近 5 万人下岗失业。

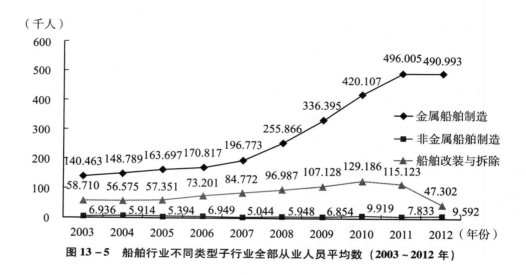

图 13 – 5　船舶行业不同类型子行业全部从业人员平均数（2003～2012 年）

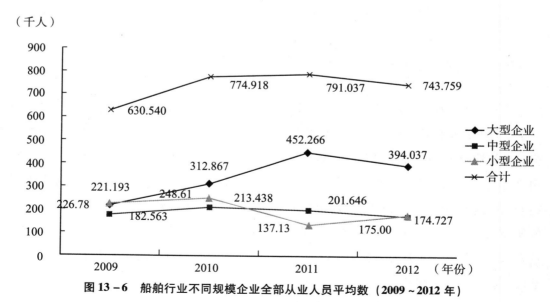

图 13 – 6　船舶行业不同规模企业全部从业人员平均数（2009～2012 年）

13.2　产能过剩行业职工安置和社会保障面临的主要问题

化解产能过剩是加快转变经济发展方式、推进经济结构调整的重大举措。妥善安置职工是实施化解产能过剩工作的重要内容，其不仅关系到国家化解产能过剩目标任务的顺利完成，也关系到企业职工的切身利益和社会的和谐稳定。做好减压过剩产能企业职工的就业、创业和社会保障工作，是切实保障和改善民生的重要工作。党中央国务院也高度重视化解产能过剩中职工就业、安置和社保工作。2013 年 10 月，国务院发布的 41 号文件《关于化解产能严重过剩矛盾的指导意见》要求各级政府要切实负起责任，将化解产能过剩中的企业下岗失业人员纳入就业扶持体系。2013 年中央经济工作会议也把化解产能过剩中的就业问题作为 2014 年就业工作的一个重点。但从目前产能过剩行业职工安置、就业和社会保障的现状来看，还面临不少问题和挑战，具体表现在以下几个方面。

13.2.1　区域就业任务非常繁重，再就业安置压力大

从目前的状况来看，我国淘汰落后产能区域分布较为集中，特别是在典型行业和典型城市任务更为繁重。据人力资源和社会保障部调查，化解产能过剩，部分地区就业安置任务非常繁重，矛盾最突出的当数河北省。河北省计划到 2017 年，压减 6 000 万吨钢铁、6 000 万吨水泥、3 000 万吨标准重量箱玻璃，其中钢铁压产任务占全国的 75%。河北省人社厅的数据显示，到 2017 年，河北省化解产能过剩将涉及 54.7 万职工，其中钢铁 42.6 万人、水泥 6.5 万人、平板玻璃 5.6 万人。以化解钢铁过剩产能重点地区唐山市为例，唐山市需化解 4 000 万吨钢铁，涉及 7 万～10 万名工人，而钢铁生产直接从业人员带动的间接从业人员比例是 1∶5，因此仅唐山市就会有 40 万左右就业人员需要安置。此外，邢台市化解钢铁、水泥、平板玻璃行业产能过剩将涉及职工 8.5 万人，但其中参加失业保险的职工只有 2.3 万人。同样，江苏省在化解产能过剩工作中也承担了较重的任务，江苏省人民政府出台的《省政府关于化解产能过剩矛盾的实施意见（苏政发〔2013〕162 号）》表明，要通过 5 年努力压缩钢铁产能 700 万吨，水泥（熟料及粉磨能力）产能 1 000 万吨以上，普通平板玻璃产能 300 万重量箱以上，船舶产能 1 000 万载重吨，其面临的企业职工就业、安置问题也十分严重。

13.2.2　地区间情况差异大，典型企业问题突出

据调查，江苏省经过多年的产业转型升级，已经淘汰了部分落后产能。直至 2013 年，江苏省已淘汰落后产能和化解产能过剩的企业有 90 家，涉及职工 11 933 人，其中成功实现转岗就业 7 480 人，自谋职业 3 247 人，其他方式就业 1 206 人。然而据初步预测，到 2017 年受淘汰落后产能和化解产能过剩影响的职工将增加到 2.44 万人，一些全面停产企业的职工再就业任务相当繁重。如江苏沙钢集团在无锡的一家特钢公司有 3 200 名职工，2013 年企业亏损 7 000 万元，计划要关停，企业估算安置职工需要 2 亿元，而企业表示无力承担这些费用。而唐钢到 2017 年也要求减产 4 000 万吨粗钢、2 800 万吨铁，这将直接影响到 10 万人就业。此外，受影响的民营小微企业也普遍感觉到安置职工的困难，由于全行业不景气，许多企业处于亏损状态，无力拿出资金转型升级，缴纳社会保险费，支付经济补偿金或者开展培训。如卢诺对淄博市的调查显示，淘汰落后产能的企业，大多产能较小、污染严重，原有企业资金较为薄弱，保障体系不完善，裁员情况较为突出，水泥行业尤为突出。据统计，水泥行业总裁员 898 人，占全部裁员人数的 99%，转岗 549 人，仅占总转岗人数的 27.69%，转岗率较低。

13.2.3　企业自身吸纳就业能力明显减弱，职工就业安置任务呈加重趋势

地方政府从维护社会稳定的角度出发，通常不希望企业因为压减产能与职工解除劳动合同，导致大规模员工下岗失业，因此往往要求企业最大限度稳定岗位。这使得在淘汰落后产能之初，只要不是全面停产、倒闭的企业，大多采取各种措施挖掘内部岗位的潜力。对于淘汰部分生产线而富余出来的职工，企业通常先在内部进行岗位调剂，让职工转岗转产。不得不减员时，企业往往是先取消或减少劳务外包、再减少或清退劳务派遣工、再内部调岗。对于已签订劳动合同的员工，通常是先裁减外来务工的农民、再裁减本地农民工、最后才会涉及本地城镇职工，这就从总体上保持了职工队伍的稳定。如 2011~2013 年，河北省淘汰落后产能企业 826 家，涉及职工 12 万人。其中 52% 的职工通过转岗、转产留用等渠道得到安置，另有 23% 的职工是农民工。农民工中，90% 以上的转移到别的行业或到其他城市务工。然而，随着经济结构调整和化解产能过剩目标任务的进一步落实，企业通过内部转岗转产来安置员工的空间越来越小。加上一些尚未淘汰的落后产能也到了必须关停的时候，企业自身吸纳就业能力明显减弱。此外，一些大型企业拥有较强的转产能力，而中小企业大多经济实力弱，资

金严重短缺，无力更新设备或进行产业转型，后续发展难以持续。一些民营小微企业，可能面临停产或全面退出相关产业的处境，其职工再就业和安置任务更为繁重。可见，随着减压产能工作的推进，就业形势将变得更为复杂严峻，问题也会更加突出。

13.2.4　企业面临较大的转岗培训压力、成本增加、负担沉重

由于压减产能出现了大量富余职工，为减少职工流向社会，减轻社会负担，许多企业正在开展员工培训或轮训。但由于同时还要给职工发放基本工资或生活费，不少企业感到负担沉重，难以为继。据相关调查显示，所有的企业都认为转岗职工能力水平能够胜任新的工作岗位，但需要进行转岗培训。60.71%的企业认为老师傅传帮带是提高转岗职工技能水平，尽快适应新岗位最有效的途径，其次是企业组织培训班学习。但企业普遍反映转岗培训成本较大，且公共就业服务机构提供的定点培训机构在培训内容和培训时间等方面无法满足转岗要求，大大增加了企业淘汰落后产能的负担。

13.2.5　职工自谋职业和主动创业的意愿比较低，再就业安置难度较大

随着淘汰落后产能工作的持续推进，企业中有能力自谋职业的职工大多已主动寻找出路，需要安置的恰恰是就业难度大、竞争力弱的职工。据人力资源和社会保障部对部分省份的调查显示，目前受影响的企业职工主要表现出如下特点：①平均年龄偏大，老职工居多，40岁以上的占调查企业的45%。②职工文化水平低，技能单一，中学及以下学历者占70%。③涉及压减产能的企业，主要集中在钢铁、建材等传统行业，包括大量老企业，其职工大多在企业服务多年。如在接受调查的企业中，十年以上工龄的职工占全部职工的40%以上。前两种特征的职工属于劳动力市场上的弱势群体，这些职工由于年龄偏大、受教育水平低、技能单一，靠自身再找一份工作十分困难。有的职工甚至无一技之长，且不愿参加再就业技能培训，再就业选择范围较窄，只能在知识、技术含量较低的工作机会中选择。同时由于家庭负担重、抗风险能力差、缺乏再创业能力，自己也不愿意再创业。第三种特征的职工转岗就业难度最大，其在同一家企业工作的时间越长，越不愿意离开原有企业。此外，随着农民工的市民化，多数职工已不可能再回到农村就业，这就进一步增大了相关企业职工的就业安置难度。

13.2.6 政府财政补助标准相对较低，企业妥善安置职工、处理劳动关系和社保关系困难重重

尽管国家出台了相关政策，采取财政奖励基金的形式鼓励企业加快淘汰落后产能，但企业普遍反映奖励基金额度较小，无法满足职工安置和资产处置的需求，企业安置下岗失业人员和转岗职工压力较大。如财政部出台的《淘汰落后产能中央财政奖励资金管理办法》（财建〔2011〕180 号）规定，以财政奖励基金的形式支持企业。不过，这笔钱除了用于安置职工，还可用于偿还债务、企业转产。而在实际执行过程中，企业更倾向于先把钱用于转产。在职工转岗、待业和退养等方面，经济比较薄弱的乡镇、经济实力比较差的企业，资金上仍有比较大的缺口，无力为职工支付经济补偿金或是缴纳社会保险费。加之部分企业存在用工不规范现象，不为职工缴纳社保，或者社保转移续接不便，部分职工要求企业将社保缴纳部分以现金形式发给个人，不缴社保，造成淘汰落后产能过程中，企业对职工社保缴纳、下岗解除劳动合同的经济补偿、再就业岗前培训、困难职工生活补助等大量涉及职工利益的问题，力不能及，存在一定的隐患。

13.3 产能过剩行业职工安置和社会保障的政策和法律依据

政策和法律作为社会规范和社会调整手段，在社会调整的整个系统中，承担着各自的职能，发挥着不可替代的独特作用。要妥善解决产能过剩职工安置和社会保障问题，也离不开相关的政策和法律依据，为此，本节将对涉及产能过剩行业职工安置和社会保障的相关政策法律进行梳理，以期为解决措施的提出提供指导建议。

13.3.1 政策依据

自 2010 年以来，国家及有关部门制订和实施了一系列有关化解产能过剩的政策措施，相关文件中均明确要求做好职工就业和安置工作。如 2010 年 2 月国务院发布了《关于进一步加强淘汰落后产能工作的通知》（国发〔2010〕7 号）指出，要加强财政资金引导。要求资金安排使用与各地区淘汰落后产能任务相衔接，重点支持解决淘汰落后产能有关职工安置、企业转产等问题。同时要求做好职工安置工作。妥善处理淘汰落后产能与职工就业的关系，认真落实和完善企业职工安置政策，依照相关法律法规和规

定妥善安置职工，做好职工社会保险关系转移与接续工作，避免大规模集中失业，防止发生群体性事件。同年 8 月，国务院发布了《关于促进企业兼并重组的意见》（国发〔2010〕27 号），意见指出要"切实落实相关政策规定，积极稳妥解决职工劳动关系、社会保险关系接续、拖欠职工工资等问题。此外还要制定完善相关政策措施，继续支持国有企业实施主辅分离、辅业改制和分流安置富余人员。认真落实积极的就业政策，促进下岗失业人员再就业，所需资金从就业专项资金中列支。"2013 年 10 月发布的《关于化解产能严重过剩矛盾的指导意见》（国发〔2013〕41 号）明确指出要落实职工安置政策。要求各级政府要切实负起责任，将化解产能严重过剩矛盾中企业下岗失业人员纳入就业扶持政策体系。落实促进自主创业、鼓励企业吸纳就业和帮扶就业困难人员就业等各项政策，加强对下岗失业人员的免费职业介绍、职业指导等服务，提供职业培训，开展创业指导和创业培训，落实自主创业税费减免、小额担保贷款等政策，扶持下岗失业人员以创业带动就业。切实做好下岗失业人员社会保险关系接续和转移，按规定落实好其社会保障待遇，依法妥善处理职工劳动关系。2014 年 3 月出台的《关于进一步优化企业兼并重组市场环境的意见》（国发〔2014〕14 号）则指出要进一步做好职工安置工作，要求"实施兼并重组的企业要按照国家有关法律法规及政策规定，做好职工安置工作，妥善处理职工劳动关系。地方各级人民政府要进一步落实促进职工再就业政策，做好职工社会保险关系转移接续，保障职工合法权益。对采取有效措施稳定职工队伍的企业给予稳定岗位补贴，所需资金从失业保险基金中列支"。

2011 年 4 月，人社部会同发改委、财政部、工信部等七部门联合下发了《关于做好淘汰落后产能和兼并重组企业职工安置工作的意见》（人社部发〔2011〕50 号），具体规定了促进职工再就业、职工社会保险关系转移接续、职工劳动关系处理和职业培训四个方面的政策。同年 4 月，财政部印发《淘汰落后产能中央财政奖励资金管理办法》（财建〔2011〕180 号）规定，"奖励资金必须专项用于淘汰落后产能企业职工安置、企业转产、化解债务等淘汰落后产能相关支出"。2014 年人社部为贯彻落实《国务院关于进一步优化企业兼并重组市场环境的意见》（国发〔2014〕14 号）有关要求，在调整优化产业结构中更好地发挥失业保险预防失业、促进就业作用，激励企业承担稳定就业的社会责任，下发了《关于失业保险支持企业稳定岗位有关问题的通知》（人社部发〔2014〕76 号）对采取有效措施不裁员、少裁员，稳定就业岗位的企业，由失业保险基金给予稳定岗位补贴。稳岗补贴的具体比例由省级人力资源社会保障和财政部门确定，主要用于职工生活补助、缴纳社会保险费、转岗培训、技能提升培训等相关支出。该政策适用于实施兼并重组、化解产能严重过剩、淘汰落后产能以及经国务院批准的其他行业、企业，政策执行年限到 2020 年底。

与此同时，各地区结合本地实际，制订并正在实施一系列化解产能过剩和受影响职工就业和安置的具体政策措施。如为确保钢铁产业结构调整试点工作顺利开展，山东省出台了《山东省淘汰压缩落后钢铁产能企业职工分流安置办法》（鲁人社办发〔2012〕50 号），对职工安置、社会保险关系接续、离休人员管理服务和失业职工再就业等提出了一系列要求。河北省人社厅、省发改委、省工信厅、省财政厅、省环保厅、省国资委、省总工会等七个部门联合发布了《关于做好产业结构调整涉及企业职工安置分流和再就业工作的指导意见》，对做好产业结构调整涉及企业职工安置分流和再就业工作进行了部署，力争使产业结构调整涉及企业职工实现岗位到岗位的平稳转移。青海省人力资源和社会保障厅联合青海省经济和信息化委员会、青海省财政厅下发了《关于做好化解产能过剩企业职工就业工作的通知》（青人社厅发〔2014〕85 号），指出产能过剩企业职工安置工作，要坚持以原企业内部转岗安置兼并重组企业内部安置为主的原则，采取积极有效措施，最大限度做好企业下岗职工再就业和自主创业工作。文件从落实职工安置政策、提升就业技能、支持自主创业、鼓励企业吸纳、强化就业援助、加强社会保障等方面提出了促进产能过剩企业职工就业的政策措施。

13.3.2　相关法律[①]

法律是调整社会关系的行为规范，与权力、行政、道德和习惯等共同构成控制社会的力量。要妥善处理产能过剩行业职工安置和社会保障问题，离不开相关法律的约束和调节。目前我国颁行的相关法律中，产能过剩行业职工安置、就业和社会保障有关的主要有《中华人民共和国劳动法》（1994 年 7 月 5 日）、《中华人民共和国劳动合同法》（2007 年 6 月 29 日）、《中华人民共和国就业促进法》（2007 年 8 月 30 日）和《中华人民共和国社会保险法》（2010 年 10 月 28 日）。

《中华人民共和国劳动法》是为了保护劳动者的合法权益，调整劳动关系，建立和维护适应社会主义市场经济的劳动制度的基本法律。该法律于 1994 年 7 月 5 日通过，1995 年 1 月 1 日起施行，2009 年 8 月 27 日进行了部分修订。《中华人民共和国劳动法》从促进就业、劳动合同和集体合同、工作时间、工资、劳动安全卫生、女职工和未成年工特殊保护、职业培训、社会保险和福利、劳动争议、监督检查、法律责任等方面做出了规定。其中促进就业、劳动合同和集体合同、职业培训、社会保险和福利等部分条款

---

① 按照法律的形式划分，相关法律可划分为宪法，法律，行政法规，地方性法规、自治条例和单行条例，部门规章和地方规章，法律解释，条约与协定七个层次或部分。但此处的法律专指由国家最高权力机关及其常设机关，即全国人民代表大会及其常务委员会颁布的规范性文件。

与产能过剩行业职工就业、安置和社会保障密切相关。如劳动合同和集体合同中的第二十七条明确规定："用人单位濒临破产进行法定整顿期间或者生产经营状况发生严重困难，确需裁减人员的，应当提前三十日向工会或者全体职工说明情况，听取工会或者职工的意见，经向劳动行政部门报告后，可以裁减人员。用人单位依据本条规定裁减人员，在六个月内录用人员的，应当优先录用被裁减的人员。"

《中华人民共和国劳动合同法》是为了完善劳动合同制度，明确劳动合同双方当事人的权利和义务，保护劳动者的合法权益，构建和发展和谐稳定的劳动关系制定的法律条文。该法律于 2007 年 6 月 29 日修订通过，2008 年 1 月 1 日起施行，2012 年 12 月 28 日进行了修订，修订后的劳动合同法于 2013 年 7 月 1 日起正式施行。作为明确劳动合同双方当事人的权利和义务，保护劳动者的合法权益的法律，《中华人民共和国劳动合同法》主要关注劳动合同的订立、履行和变更、解除和终止，同时对集体合同、劳务派遣、非全日制用工等给予了特别关注。该法律中涉及劳动合同的履行、变更、解除和终止中的多项内容条款与淘汰产能行业职工安置、就业和社会保障有关。如第四十一条规定："有下列情形之一，需要裁减人员二十人以上或者裁减不足二十人但占企业职工总数百分之十以上的，用人单位提前三十日向工会或者全体职工说明情况，听取工会或者职工的意见后，裁减人员方案经向劳动行政部门报告，可以裁减人员：①依照企业破产法规定进行重整的；②生产经营发生严重困难的；③企业转产、重大技术革新或者经营方式调整，经变更劳动合同后，仍需裁减人员的；④其他因劳动合同订立时所依据的客观经济情况发生重大变化，致使劳动合同无法履行的。裁减人员时，应当优先留用下列人员：①与本单位订立较长期限的固定期限劳动合同的；②与本单位订立无固定期限劳动合同的；③家庭无其他就业人员，有需要扶养的老人或者未成年人的。用人单位依照本条第一款规定裁减人员，在六个月内重新招用人员的，应当通知被裁减的人员，并在同等条件下优先招用被裁减的人员。"第四十六条、第四十七条则对相关经济补偿予以了规定和说明。

《中华人民共和国就业促进法》是为了促进就业，促进经济发展与扩大就业相协调，促进社会和谐稳定制定的法律条文。该法律于 2007 年 8 月 30 日通过，自 2008 年 1 月 1 日起施行制定本法。作为一部与民众利益密切相关的法律，就业促进法在起草之初就受到社会各界的广泛关注，人们期待这部法律的制定和实施能为扩大就业、发展和谐劳动关系带来福音。其内容涉及促进就业的原则、方针和工作机制，建立政策支持体系、发展职业教育和培训以及就业服务和就业援助等方面，是我国就业保障制度建设的又一重大进步。其中，禁止就业歧视、扶助困难群体、规范就业服务和管理，诸多人们关心的就业问题在这部法律中都有体现。其中国家和政府就业政策支持、就业服务和管理、职业教育和培训、就业援助中多项内容条款与淘汰产能行业职工安置、就业和社会保障有关。如就业援助中的第五十二条规定："各级人民政府建立健全就业援助制度，采取税费减免、贷款贴息、社会保险补贴、岗位补贴等办法，通过公益性岗位安置等途径，对就业困难人员实行优先扶持和重点帮助。其中，就业困难人员是指因身体状况、技能水平、家庭因素、失去土地等原因难以实现就业，以及连续失业一定时间仍未能实现就业的人员。就业困难人员的具体范围，由省、自治区、直辖市人民政府根据本行政区域的实际情况规定。"

《中华人民共和国社会保险法》是我国第一部专门规定社会保险制度的基本法律，也是一部着力保障和改善民生的重要法律。该法律于 2010 年 10 月 28 日通过，自 2011 年 7 月 1 日起施行。《中华人民共和国社会保险法》的颁布实施，是中国人力资源社会保障法制建设中的又一个里程碑，对于建立覆盖城乡居民的社会保障体系，更好地维护公民参加社会保险和享受社会保险待遇的合法权益，使公民共享发展成果，促进社会主义和谐社会建设，具有十分重要的意义。《中华人民共和国社会保险法》在国家立法层面上确定了国家建立基本养老保险、基本医疗保险、工伤保险、失业保险、生育保险等社会保险制度，并对社会保险费征缴、社会保险基金、社会保险经办、社会保险监督等方面给出了具体的规定。其以政策法律化、规范化的形式宣告了我国以政策为支柱的社会保险时期的结束，以及以法律为支柱的社会保险时期的到来。其中失业保险、社会保险费征缴等内容均与产能过剩行业职工安置和社会保障有关。如失业保险中的第四十五条规定："失业人员符合下列条件的，从失业保险基金中领取失业保险金：①失业前用人单位和本人已经缴纳失业保险费满一年的；②非因本人意愿中断就业的；③已经进行失业登记，并有求职要求的。"

13.4 典型地区化解产能过剩行业职工安置和社会保障问题的举措

随着淘汰落后产能工作的持续开展，为完成中央下达的任务，妥善处理淘汰落后产能与职工就业的关系，各地区结合本地实际，制订并实施了一系列化解产能过剩和受影响职工就业安置和社会保障难题的具体政策措施。本节将以河北、江苏这两个淘汰落后产能的典型地区为例，对地方政府采取的化解产能过剩行业职工安置和社会保障问题的部分有效措施加以介绍，以期为后续政策建议的提出提供参考借鉴。

河北、江苏两省是淘汰落后产能任务较重的两个省份，但其通过采取多项措施对受影响企业职工进行再就业安置，取得了初步成效。2011～2013 年，河北省淘汰落后产能企业 826 家，涉及职工 12.84 万人，其中 52% 的职工通过转岗、转产留用等渠道得到安置，14% 的职工实现灵活就业和自主创业，11% 的职工通过其他方式实现就业，23% 的职工为返乡农民工，其中 90% 实现转移就业。2013 年，江苏省淘汰落后产能和化解产能过剩企业 90 家，涉及职工 1.19 万人，其中实现转岗就业 7 480 人、自谋职业 3 247 人、其他方式就业 1 206 人。

据中国劳动保障科学研究院的调查显示，河北、江苏两省采取的主要措施有以下几个方面：

一是将淘汰落后产能失业人员纳入政策扶持范围，制定各级失业调控工作实施方案进行事前干预。比如河北省人力资源和社会保障厅、省发改委、省工信厅、省财政厅、省环保厅、省国资委、省总工会等七部门联合发布了《关于做好产业结构调整涉及企业职工安置分流和再就业工作的指导意见》（以下简称《意见》），要求坚持就业优先，开展失业调控，凡属政府决策的调整产业结构项目，政府主管部门将审核就业岗位的变化情况。对可能造成规模性减员的，要在项目实施前制定出科学的职工转岗分流和再就业方案。同时，各级政府将认真制定并坚决落实失业调控工作实施方案，企业一次性裁员超过规定比例或人数的，须报经当地政府同意后方可实施。企业因产业结构调整需要关停并转的，应当预先制定职工安置分流方案。企业职工安置分流和再就业方案应按规定经职工（职工代表）大会审议通过，报企业所在地人力资源社会保障部门审核后方可实施。同时，《意见》要求各地优化监测企业样本结构，提高监测数据质量和分析利用水平，为预防规模性失业提供预警。把产业结构调整涉及企业纳入监测范围，对涉及职工人数多、安置分流任务重、稳定压力大的行业、企业，实施重点监控，为政府决策提供依据。

二是鼓励企业吸纳就业。一方面，鼓励淘汰落后产能企业充分利用自身资源，采取分立企业、新上项目、内部分流等方式安置受影响职工。如河北省的《意见》指出，各级各有关部门要将产业结构调整涉及企业纳入政策扶持范围，扎实落实援企稳岗政策，鼓励企业通过转岗安置、转岗培训、轮班、待岗发生活费等形式稳定就业岗位。并将援企稳岗资金列入失业保险基金年度支出预算，优先安排。另一方面，通过贷款扶持和减免税费等方式鼓励其他企业安置受影响职工。如河北省从 2014 年起把产业结构调整涉及企业失业人员纳入就业扶持政策范围，对符合条件的失业人员以及吸纳其就业的企业，认真落实税费减免、小额担保贷款和各项资金补贴政策。对符合就业困难人员条件的失业人员，积极提供有针对性的就业援助措施。

三是加强公共就业服务。即要求各级公共就业服务机构有针对性地提供劳动保障政策咨询、岗位信息，免费职业介绍，优先推荐工作，开展转岗培训、职业技能培训，提供培训补贴和免费职业技能鉴定服务，开发公益性岗位，"零就业"家庭由政府安排工作，给予岗位补贴和社保补贴等。如江苏省在这一方面就采取了很多行之有效的措施，包括提供免费职业介绍，优先推荐工作，开展转岗培训、技能培训，提供培训补贴和免费职业技能鉴定服务，开发公益性岗位，"零就业"家庭人员由政府安排工作，给予岗位补贴和社保补贴。

四是扶持职工自主创业和自谋职业。除鼓励企业吸纳就业，加强公共就业服务外，河北和江苏两省还通过降低工商注册标准、提供小额担保贷款、减免税费、提供社保补贴等各种方式，鼓励和支持受淘汰落后产能影响的职工进行自主创业。如江苏省颁布的《关于认真贯彻促进就业规划（2011～2015）的实施意见》就明确提出要以创业带动就业。即"建立充满活力的创业机制，完善并落实鼓励劳动者创业的税收优惠、小额担保贷款、财政贴息、资金补贴、场地安排等扶持政策，简化审批手续，规范收费行为，进一步优化创业环境。强化创业培训和创业服务，制定创业公共服务标准，加强创业导师队伍建设，推进创业孵化基地、小企业创业基地、基层创业服务平台建设，建立健全满足城乡各类劳动者创业的创业服务体系，鼓励有条件的地方建设一批示范性创业培训、见习、孵化基地和创业园，提高创业服务能力，全面推进创业型城市建设。"

五是扩大失业保险基金支出范围，预防失业、促进就业。即利用失业保险基金支持企业加大职工在岗、转岗培训力度，提高企业职工就业能力和岗位转换能力，增加失业保险促进就业和预防失业的功能。如河北省的《意见》明确规定，对于连续参加失业保险一年以上的无欠缴且无裁员或少裁员的企业，从失业保险基金中给予稳定岗位补贴，其中，稳岗补贴包括转岗培训补贴、岗位补助和社会保险补助。

六是强调监督维护职工合法权益。即要求地方政府和相关部门监督、审核企业依法依规制定和执行职工安置方案，依法偿付经济补偿、工资、欠缴社保费等费用，办理职工的社保关系转移接续等。如河北省出台的《意见》要求产业结构调整涉及企业要按照《中华人民共和国劳动合同法》及国家有关政策规定，依法妥善处理企业和职工的劳动关系。原企业与职工解除或终止劳动合同，应依法支付经济补偿金，偿还拖欠职工的工资、医疗费及相关债务。职工被安排到新企业工作变更劳动合同的，职工在原企业的工作年限合并计算为新企业的工作年限。同时，要求做好职工社会保险关系转移接续工作。产业结构调整涉及企业应按规定参加各项社会保险，并缴纳各项社会保险费。企业实施产业结构调整前欠缴的各项社会保险费用，应按照有关规定予以补缴。与此同时，《意见》要求各级社会保险经办机构要提前介入，掌握企业裁员情况，及早做好相关准备工作，切实做好产业结构调整涉及企业转岗安置和再就业人员社保关系的转移接续工作。

13.5 做好产能过剩行业职工安置和社会保障的对策和建议

员工不仅是企业中的积极因素，更是整个社会中的关键因素。如果员工问题不能得到解决，对于社会的稳定和治安都会造成不良的影响。随着淘汰落后产能工作的持续推进，职工就业安置和社会保障任务也呈加重趋势。为妥善处理相关职工的就业安置和社会保障问题，本节拟在对相关责任主体进行责任分析的基础上，提出相应的政策建议。

13.5.1 产能过剩行业职工安置和社会保障中的责任分析

此处的责任分析主要是指对与淘汰落后产能中的职工安置和社会保障存在密切关系的责任主体在这一问题中承担的职责的分析。不同责任主体职责的履行效果对相关职工的就业安置和社会保障问题的解决将起着不同的作用。本部分将主要分析政府、企业、职工和社区在淘汰落后产能中的职工安置和社会保障中承担的职责，以明确四大主体之间的责任边界，避免出现政策设计与制度规范责任不清、财政责任划分不清和监管责任边界不清等问题。

13.5.1.1 政府责任

有关政府在社会保障中究竟应该承担多少责任的争议由来已久，其中有代表性的理论观点主要有经济自由主义、国家干预主义和中间道路三大流派。但中外社会保障的实践表明，没有政府介入便不可能有社会保障，没有政府财政的支持便不会有社会保障制度的财政稳定，没有政府强有力的监管也不可能有社会保障制度的健康运行。政府承担社会保障责任不仅是现实的客观要求，更有着坚实的理论根源，市场失灵说、公共职责说和国家认同说等理论均表明政府应在社会保障问题中承担相应的职责。同样，化解产能过剩要靠市场，但不能片面地、简单地、完全地依赖市场，尤其像解决职工的就业安置和社会保障问题，还是需要政府主导，做到既不"缺位"也不"越位"。

这主要是因为在正常的社会状态下，基于国家认同和公共职责，政府承担的社会保障责任一般是明确的、固定的。但在社会转型与制度转型的社会状态下，政府承担的社会保障责任会发生一些变异，进而导致特殊的财政责任与特殊的监管责任。如化解产能过剩、淘汰落后产能带来的职工就业安置问题就属于这一范畴，政府需要为此支付维护社会稳定和促进社会和谐的特殊成本，同时要对这一经济转型导致的关停破产企业的历史债务进行补偿，还需要通过制度设计等方式对相关责任加以规范，以确保这一经济结构调整的顺利进行。即要想有效地解决减产职工安置问题，就必须有一定的经济支出，包括理顺劳动关系的经济补偿金、社保并轨的费用、偿还对职工的各种债务如拖欠的工资和福利费用及集资款等。而保障职工适当就业是任何一国政府都应当肩负的责任，一国政府作为公众利益的维护者和社会秩序的管理者，有责任和义务通过多种渠道，包括法律途径来维护国内就业者的合法权益。为此，在 20 世纪 90 年代我国出台的《劳动法》及相应法规就已经具体明确了职工解除劳动合同时的经济补偿标准，以及破产企业可以以土地出让金的收入安置职工等政策。但是我们在肯定政府居于产能过剩行业职工安置和社会保障中的主导地位，承担重要责任的同时，还应看到，当代世界的社会保障制度均追求责任共担，因此应调动企业、个人等其他主体的积极性并分担责任。

13.5.1.2 企业责任

一般来说，企业责任主要包括社会责任和道义责任。社会责任是企业作为法人组织所必须承担的责任，具有法定性和强制性，企业履行社会责任不分时间、地域，跟企业的发展阶段没有必然的联系。企业的道义责任则是属于道德性质的企业责任，它不像社会责任那样具有法制性和强制性，而是企业的自愿行为，如捐赠行为。员工权利理论、社会企业契约理论、利益相关者理论、工业人道主义理论和人力资源管理理论等为企业对员工履行社会责任提供了丰富的理论支撑。事实上，企业作为一个独立的经济实体，是与职工签订劳动合同的直接责任人，必须首先承担对员工的社会责任，关爱员工，创建和谐、平等、稳定、发展的劳动关系。这不仅仅是企业自身发展也是社会稳定发展的需要。一方面，企业对员工的责任属于内部利益相关者问题。企业和劳动者通过建立劳动关系而紧密地联系在一起。员工作为企业的一员，不仅仅是企业运行的力量，更是企业获取利益的根本动力。因此，员工在促进企业的发展过程中担当着重要的角色。而员工的权益只有得到切实有效的维护，他们才能全力以赴地为企业创造价值。因此，员工权益的实现与企业的发展休戚与共。另一方面，员工权益的保障和实现是建立和谐劳动关系的基石。和谐劳动关系对于促使社会和谐具有基础性、决定性的作用。企业作为社会的组成基础，其良好的发展能够带动社会经济的飞速发展和人们物质生活水平的提高。此外，企业还可以通过吸纳大量劳动力，为社会中的众多家庭提供收入来源和生活保障，进而维护社会和谐与稳定。

因此，对受化解产能过剩、淘汰落后产能影响的职工而言，企业理应承担相应的社会责任。一方面应保障职工的生活所需，这是企业承担员工责任最基本的条件，即应保障最基本的吃穿住行。这主要体现在受影响企业给相关职工支付的经济补偿金和各类社会保险费用的缴纳和转续上。事实上，我国的相关法律也对此做出了规定，如《中华人民共和国劳动法》第二十八条规定："用人单位依据本法第二十四条、第二十六条、第二十七条的规定解除劳动合同的，应当依照国家有关规定给予经济补偿。"《中华人民共和国企业破产法》第一百三十二条规定："本法施行后，破产人在本法公布之日前所欠职工的工资和医疗、伤残补助、抚恤费用，所欠的应当划入职工个人账户的基本养老保险、基本医疗保险费用，以及法律、行政法规规定应当支付给职工的补偿金，依照本法第一百一十三条的规定清偿后不足以清偿的部分，以本法第一百零九条规定的特定财产优先于对该特定财产享有担保权的权利人受偿。"另一方面对相关企业而言，还要积极培养职工的就业能力。由于减压产能，企业往往无法为员工的就业安全提供保证。所以保障员工的就业能力就成为淘汰落后产能特定经济环境下企业承担员工责任的重要内容。所谓就业能力是指企业增加对员工技能培训的投资，当员工意外失业时可以确保他们的技能与时俱进找到出路。

13.5.1.3　职工责任

劳动者本身是劳动关系签订、变更、解除的直接当事人，其同时也是劳动保障权益的直接受益者。而随着市场经济逐渐成为主导经济形态，企业实行自负盈亏，实际上企业的经营风险是由国家、企业和职工个人三方共同承担的。因此，当企业被迫减产、关停甚至宣告破产时，企业职工在遭受影响的同时，其也应当承担起相应的责任。事实上，我国相关的法律和行政法规也对职工自身要承担的责任提出过要求，如《中华人民共和国就业促进法》第七条明确规定："国家倡导劳动者树立正确的择业观念，提高就业能力和创业能力；鼓励劳动者自主创业、自谋职业。"《失业保险条例》（1999年1月22日）中的第十四条规定，只有具备下列条件的失业人员，才可以领取失业保险金：①按照规定参加失业保险，所在单位和本人已按照规定履行缴费义务满1年的；②非因本人意愿中断就业的；③已办理失业登记，并有求职要求的。而失业保险金制度也规定，失业人员在领取失业保险金期间，应积极求职，接受职业指导和职业培训。

这就意味着对受化解产能过剩、淘汰落后产能影响的职工而言，其不能有"等"、"要"、"靠"思想，将就业安置、社会保障的责任全部推到政府和企业身上，而应化被动为主动，承担自身应该承担的责任，积极改变择业观念，通过参加职业和技能培训、自主创业等方式实现再就业。但同时我们也应该认识到，受减产影响的职工大多年龄大、技能低下，属于劳动力市场上的弱势群体，因此他们自身的能力十分有限，更多的可能还是需要依靠政府、企业和社区的帮扶。

13.5.1.4　社区责任

社区是聚居在一定地域范围内的人们所组成的社会生活共同体，其承担着管理、服务、保障、教育和安全稳定功能。尽管现代社会保障制度主张社会保障应由政府承担，但作为一种社会化的国民生活保障机制，在我国社区建设中不断兴盛起来的社区保障制度与家庭保障、单位保障、民间组织保障等非正式制度保障形式共同发挥着弥补国家基本社会保障制度之不足与缺漏的作用。社区保障不仅可以补充保障项目和保障水平，还可以承担政府分配下来的保障业务，使政府保障有效惠及社区居民。社区保障是社群主义的公共事务选择，其强调社区也是社会保障的责任主体，要求社区自觉承担区域内居民社会保护的责任，充分用自身优势和资源帮助域内居民应对生活的不幸、获得更多的生活和发展机会。

由于社区是居民日常生活中接触最多、归属感最强的区域，其能够充分利用自身区位优势，整合更多社会资源，在基层将社会保障制度落实到实处，亦能维护社会秩序，促进社会稳定和发展。而且，受淘汰落后产能影响的职工失业后如果没有找到新的工作单位，在很长的一段时间内，也只能回归所在的社区。因此社区在化解产能过剩行业职工安置和社会保障中也起着重要的作用。事实上，目前社区已承担了一些相关工作，如对社区内企业进行劳动保障监察，调查核实辖区居民的基本生活保障情况、失业人员的救助、下岗人员的生活状况等，以及社会基本生活保障金和救助金的发放都是通过社区组织落实的。与此同时，社区还通过开发公益性岗位等方式直接为受减产影响的职工提供就业岗位，促进再就业。

13.5.2　化解产能过剩行业职工安置和社会保障难题的政策建议

根据上述的责任分析可见，政府在解决产能过剩行业职工安置和社会保障问题上承担主导责任，但要化解这一难题，不能单纯地依靠政府，还需要企业、职工和社区的共同努力。因此本部分将从不同的责任主体出发，提出相应的政策建议。

13.5.2.1　政府

1. 妥善处理市场发挥决定性作用和更好发挥政府作用的关系

化解产能过剩中职工就业安置，首先要解决的就是妥善处理市场的决定性作用和更好发挥政府作用两者的关系。一方面，随着市场经济体制的建立和完善，绝大多数企业已经成为市场主体，在化解产能过剩中应充分发挥市场的决定性作用，尊重企业的用人自主权，帮助企业重新调整和配置包括劳动力在内的各项生产要素资源。另一方面，政府应通过信贷、税收、工商管理、环保标准等政策措施引导企业适应市场、转型升级，同时制订和实施稳岗补贴、培训补助等政策措施帮助企业和劳动者，特别是弱势群体再就业，并保护职工的合法权益。

2. 提早谋划，做好预警，努力实现平稳过渡

各级人力资源和社会保障部门要指导督促企业按照国家有关法律法规和政策规定，按照公开、公平、公正的原则，研究制定切实可行的化解产能过剩企业职工安置方案，包括产能过剩和兼并重组企业涉及人员的基本情况；职工安置渠道及经费落实情况；社会保险费缴纳情况及欠缴社会保险费解决办法；因工伤残职工、抚恤人员情况及保障计划；离退休人员医疗保障及社会化管理情况；拖欠职工工资、生活费、医疗费、债务情况及解决办法等。职工安置方案须经职工大会或职工代表大会讨论通过，确保政策依法依规、公开透明，安置措施有力，程序规范，方案可行。对经确认拖欠的职工工资、生活费、集资款、医疗费以及企业拖欠的社会保险费，要在企业资产处置中优先清偿，有效保障职工权益。职工安置方案要以企业内部转岗或兼并重组吸纳安置职工为主渠道，做好下岗失业人员就业创业工作，确保职工安置政策到位、资金到位、服务到位。

与此同时，各部门应积极协调配合，建立失业预警机制。人力资源和社会保障部应联合发改、经信、财政等相关职能部门，建立健全淘汰落后产能和兼并重组企业职工失业预警机制，制定失业调控预案。对涉及职工人数多、安置任务重、稳定压力大的区县和行业实施重点监控。积极稳妥解决职工劳动关系变更、社会保障关系接续、拖欠职工工资支付等问题，发挥失业基金的避震功能，减少隐患。积极研究拓宽失业保险基金支出渠道，用于支持退出企业职工安置工作，促进社会和谐稳定。完善就业服务和人力资源市场管理机制，加强对就业形势跟踪分析，避免发生大规模集中失业，对失业源头在量上进行把控，以促进社会和谐稳定，努力实现平稳过渡。

3. 突出重点，因地制宜，分类指导

由于各地化解产能过剩所涉及的行业多少，市场发挥作用的程度，以及人们的观念等各方面都有非常大的差异。因此，应重点帮助任务特别繁重的地区和企业做好安置工作，要发挥各地积极性、主动性、创造性，制定出符合实际的有针对性的政策措施。与此同时，要分类制定国有企业和非国有企业退出的人力资源政策。对国有企业，重点解决离退休职工的属地社会化安置问题，纠正过去对分流人员补偿金标准偏低的不合理现象，避免过去一次性"甩包袱"造成的各种群体性事件。对其他企业，重点在于保障企业关停并转后不发生拖欠员工工资和社会保障费用的情况。此外，对年龄较大的再就业困难人员而言，应加强基本生活保障。这部分支出应作为企业退出扶助基金的主要用途之一。

4. 采取分类培训的方式，积极援助劳动力转移与人力资源的再开发

对于受淘汰落后产能影响的职工，应根据其不同的需求采取分类培训的方式援助劳动力转移和进行人力资源的再开发。一方面，对于过剩产能调整中的失业人员和调整转产人员，要根据劳动力市场需求和失业职工的实际情况，开展实用技能培训、转业培训和创业培训，使其能较为顺利地在其他行业再就业，力争使其实现岗位到岗位的平稳转移。另一方面，对继续从事本行业的劳动者而言，要探索企业与定点培训机构合作培训的方式，进行技能升级培训与职业教育，这既有利于提升劳动生产率，缓解甚至抵消劳动力成本上升带来的过剩产能调整压力，又为这些行业的调整升级提供必要的高技能劳动力，也能为即将到来的第三次工业革命对智能劳动力的需求做好准备。

5. 制定专门的就业扶助政策

首先，应将化解产能严重过剩矛盾中企业下岗失业人员纳入就业扶持政策体系，使受影响的职工能够享受已有的就业扶持政策。同时，鉴于化解产能过剩中受影响职工在转岗转业、技能培训、自主创业、自谋职业等方面存在许多特殊的困难，具有与一般失业人员不同的特点，因而，还应考虑制定专门的就业扶助政策，扶持受产能过剩影响的就业困难群体。

（1）鼓励企业吸纳。制定优惠措施鼓励各类企业招用化解产能过剩企业中符合条件的就业困难人员。如对签订 1 年以上期限劳动合同并缴纳相应社会保险费的企业给予退税奖励。继续实施援企稳岗政策。要求化解产能过剩兼并重组的新企业优先安排原企业职工。对采取岗位培训、轮班工作等办法稳定员工队伍，确保不裁员的化解产能严重过剩矛盾兼并重组企业，凡依法参加失业保险，缴纳失业保险费的，在一定期限内从失业保险基金中给予稳岗补贴，可用于转岗培训、技能提升培训等。

（2）鼓励支持创业就业。支持化解产能过剩企业下岗失业人员创办注册登记制企业、个人独资企业、合伙企业或个体工商户，允许创业者使用权属明确场所作为创业经营场所，鼓励从事国家法律法规允许的互联网经营活动。对创业者可提供创业小额担保贷款。对符合条件人员合伙创业的，可按人数适当扩大贷款规模。对从事微利项目的，可给予政府贴息补助。就业困难人员（如零就业家庭、双职工下岗、低保家庭和有残疾的化解产能过剩企业下岗失业人员）自谋职业或灵活就业的，可按有关规定享受灵活就业人员社保补贴政策。同时对有创业愿望和能力的职工，积极开展创业指导、创业培训、创业项目咨询和跟踪服务，帮助创业者成功创业，支持淘汰落后产能企业职工自主创业带动就业。帮助因化解产能过剩而关停破产的小微企业主重新创业，在资金、技术转让、咨询培训、经营场地方面给予他们政策扶持。

（3）免费提供就业服务。各级人社部门要采取入户调查、申报登记等方式，掌握数量、摸清底数，制定就业援助计划，采取"一帮一"措施，制定跟踪帮扶计划，开展有针对性的就业帮扶。通过召开有针对性的专场招聘会，开发部分公益性岗位，开发社区工作岗位，开辟家庭雇工雇佣就业领域等多种方式安置化解产能过剩企业就业困难人员。

（4）鼓励失业者向劳动力短缺地区流动。地区之间劳动力供求不平衡总是客观存在的，促使受化解产能过剩影响的失业者在地区之间流动，一方面可以解决受产能过剩影响典型地区的失业问题，另一方面又可为部分地区解决劳动力短缺问题。为此，政府需制定一系列优惠的跨地区就业政策，以弥补劳动力流动所带来的成本。如可以向在地区间流动的失业者支付调动奖金、安置费和两地分居补贴；向流动到劳动力短缺地区工作的人员支付补贴，如差旅费、安家费等。

（5）启动个人利益杠杆，奖励和刺激缩短失业时间。受淘汰落后产能影响的就业困难群体往往再就业能力较弱，容易因屡屡受挫而失去就业信心，加上有一定的社会保障，可能会影响其继续找工作的积极性。为此，政府可采取一些措施，奖励和刺激缩短失业时间。如美国曾推出"个人再就业账户"政策。该政策规定，符合条件的失业者可以获得一个一定额度的个人账户，再就业需要的开支可以用账户资金支付，若个体能在13周内实现再就业，账户上的余额可留作对本人的奖励，以此刺激其努力再就业。

6. 加强社会保障

积极稳妥地做好化解产能过剩兼并重组企业内部安置职工新劳动关系订立、社会保险关系接续和转移等工作，切实保障职工权益。化解产能过剩企业下岗失业人员就业后，可在新企业继续按照相关政策缴纳各项社会保险。暂时没有再就业的，可以灵活就业人员身份继续缴纳，如确实存在缴费困难，可先封存其个人账户，待再次就业或有缴费能力时再续缴。对化解产能过剩兼并重组企业而言，确有困难的，可在规定期限内申请缓缴养老、失业保险费，缓缴的社会保险费不计收滞纳金。

全面充分发挥失业保险基金"保障生活、预防失业、促进就业"的作用。使用失业保险基金帮助化解产能过剩中的企业和职工转岗转业正当其时，应以化解产能过剩中帮助职工就业作为发挥失业保险基金作用的突破口，在试点的基础上，将有关政策扩大到化解产能过剩的重点地区和重点企业，资金可用于转岗培训、转业培训、创业培训，还可考虑适当延长失业保险待遇的给付期限，特别是应重点考虑使受影响的小微企业职工能够享受到失业保险基金的帮助，切实解决他们面临的基本生活和再就业问题。

此外，要努力提高社会保障统筹层次，进一步便利劳动力跨地区、跨行业转移，促进劳动力市场良性运转，解除企业退出的后顾之忧。

13.5.2.2　企业

职工安置是淘汰落后产能企业不得不面临的难题，也是企业必须解决的重要问题。对减产升级的企业而言，为尽可能减少职工的抵触情绪，应慎重裁员，以管理促效益，树立人力资源意识，妥善分流下岗。对被迫关停并转的企业而言，也应该做到平稳过渡，避免群体性事件的发生，维护社会和谐稳定。具体而言，可以从以下几个方面入手：

1. 要有真正负责的态度，妥善对待裁员问题

在经济结构调整过程中，企业根据市场原则，实行减产减员，是实现产能升级，提高我国经济的必经之路，但关键是要处理好经济结构调整、企业效益和社会稳定的关系。兼顾企业改革和社会稳定的根本对策是大力发展经济，扩大就业岗位，提高劳动生产率。因此，对于在淘汰落后产能过剩中出现的富余人员，有能力的企业不应该单纯地依靠"一刀切"将大批失业员工推向政府和社会，以此解决问题。而应该积极通过转岗安置、转岗培训、轮班、待岗发生活费等形式尽可能地稳定就业岗位。而对于被迫关停并产的企业而言，也应尽可能地为员工谋好出路，如为员工争取去兼并企业工作的机会，做好经济补偿和清缴社会保险等工作，真正承担起企业对员工应有的社会责任。

2. 以科学的标准和慎重的方案实施减员

企业在淘汰落后产能分流富余职工时，可以根据企业的具体情况，设定一些易于操作的客观标准在整个企业内部进行人员裁减，确保裁减的人员的确是相对而言边际成本已经超过其边际生产率的在岗职工，而不单单以是否处于被淘汰生产线所在岗位进行"一刀切"。同时，要制定出减员的程序。对被裁减人员，要慎重行事，以理服人。在减员之前，充分征求职工、职代会、工会的意见，仲裁员决定既照顾到企业利益，又不损害工人的利益，顺利实现减员。同时，减员与人力资本升级培训并重，通过对一些有潜力的员工进行技能培训，使其能胜任产能升级后技术岗位的需要。

3. 稳定职工情绪，做好应急预案，避免群体性事件的发生

在淘汰落后产能的过程中，职工安置问题关系到企业、职工、社会各方面利益。做好员工安置工作除了应做到"工作指导有方、方案设计完善、细节考虑周全"外，还应做好职工思想工作，稳定其情绪，做好应急预案，避免群体性事件的发生。由于淘汰落后产能引发的人员裁减或工作量的减少影响了职工现有的利益，甚至直接端掉了职工的"饭碗"，因此不可避免地会遭到其反对。为此，企业要积极了解职工的思想动态，对于其困惑的问题，多做思想工作，予以耐心指导。同时鼓励广大职工中能够清楚地了解问题和形势的一部分人，对周围的职工提供支持，帮助周围职工了解问题的严重性，不能够盲目地听信他人的煽动。同时企业应针对可能引发的职工罢工、示威等事件提前做好预案，做好相关政策法律的宣传，以避免群体性事件的发生。

4. 以管理促效益，为下岗职工创造更多就业机会

对于处于发展之中或生产经营正常的企业，应在调整产品结构中，进行组织结构调整、企业人员调整，创造新的工作岗位，通过内部调剂安置下岗富余人员。根据企业自身的特点，通过开拓新的经济增长点，创造安置受减产影响职工的条件，使职工在企业内部得到安置。此外，企业还可在裁员增效、提高主业的基础上，支持和发展新产业，为下岗职工广开就业门路。随着经济的发展，新兴产业和服务行业突破传统产业领域，成为新的经济增长点。而产业领域的转移势必带动就业领域的转移，使大批人员分流到新兴产业和服务行业就业；企业应积极开辟就业新途径，挖掘企业潜力，利用现有场地、设施和生产经营项目，进行生产自救，自行分流安置失业职工。如企业可以组织相关职工集资兴办股份合作制企业，充分调动职工的积极性。同时企业应积极落实资金和人员，负责为受影响职工发放经济补偿金和补缴纳养老、医疗、失业等社会保险费用，做好保险费用的续接工作，组织下岗职工参加职业指导和再就业培训，引导和帮助下岗职工实现再就业。

13.5.2.3 职工

对于与企业解除或终止劳动关系的下岗失业人员而言，应改变传统的"等"、"要"、"靠"思想，化被动为主动，积极改变择业观念，积极求知，增加职业技能，增强自身的竞争力，努力实现再就业。具体可从以下几个方面着手：

1. 树立正确的择业观，主动适应社会主义市场经济的要求

目前，服务业、非公经济等正在成为就业的主渠道，城市居民对服务的需求越来越强烈，尤其是社区服务和家政服务，存在很多就业机会。并且，社区服务和家政服务的技术难度小，对一些年龄偏大、技术素质偏低的下岗职工非常合适。此外，广大农村也为下岗职工提供了就业的可能，下岗职工可以到农村从事技术服务、生产服务、销售服务和人员服务等等。

2. 要有自强不息，积极创业的精神，积极开展创业活动，实行生产自救

对于受减产影响的职工而言，应在政府、企业以及社会各界的帮助下，积极地自谋职业、自创职业、自办企业或联合开办企业。事实上，近年来，在下岗职工的队伍中，已经涌现出了一批创业先行者，他们在政府相关政策的指导下，在政府和社会各界的帮助下，摒弃传统的就业观念，凭借自己的双手，通过一定形式的小规模生产和服务活动，为自己和他人创造就业机会，解决就业问题，变包袱为财富，取得了不菲的成绩。

而国务院总理李克强同志曾多次公开表示，要破除一切束缚发展的体制机制障碍，让每个有创业意愿的人都有自主创业空间，借改革创新的东风，在 960 万平方公里大地上掀起大众创业、草根创业的新浪潮。这也为在新一轮淘汰落后产能中的失业职工提供了良好的创业契机。但同时，我们也应该清醒地认识到自营企业不仅仅需要资金，更需要管理知识和技能，而这可能正是失业者所缺乏的。因而可能会出现创业企业倒闭率高，创造的就业机会不够稳定等问题。

3. 积极参加各种再就业培训

在市场经济条件下，人力资本投资的主要责任应由劳动者自己承担，即劳动者应当不断地通过学习提高自身技能以提高竞争生存能力。目前在我国劳动力市场上，对掌握高技能的劳动力的需求远大于供给，要改变这种劳动力结构性短缺，只有靠人力资本投资。而随着第三次工业革命的到来，其将会带来一次雇佣劳工大潮。但对于第三次工业革命而言，无论是绿色能源革命还是数字化制造，都无疑对人力资本的要求有明显提高，其需要的是具备驾驭这些数字化和智能化设备的人才。因此不管是为了尽快实现就业还是为即将到来的第三次工业革命的雇佣浪潮做好准备，下岗职工应积极地参加再就业培训，不断提高自身素质，更新知识和技能，努力向高技能人才转型。

13.5.2.4 社区

社区作为解决产能过剩行业职工就业安置和社会保障难题的补充力量，可从加强社区劳动保障监察，发展社区教育，开发社区就业资源，提供社区就业援助四个方面开展工作。

1. 加强社区劳动保障监察，做好失业预警

社区劳动保障监察处在我国劳动保障监察四级网络中最基层、最前沿的位置。社区劳动保障监察工作的成效，直接关系到劳动保障行政部门构建和谐劳动关系，营造和谐社会职能的发挥和职责的落实。其对保护处于弱势群体的劳动者合法权益免受侵害具有重要作用。对受化解产能过剩矛盾影响的企业和职工而言，社区劳动保障监察工作人员首先要通过积极的政策宣传让企业和职工了解大局、了解政策，服从大局、执行政策，努力形成良好的舆论氛围。同时加强沟通协调，及时了解企业和职工思想动态。其次，要重点对受淘汰落后产能企业的职工的工资、经济补偿金的支付情况和社会保险参保缴费和续接情况等进行监督检查，确保受影响职工的权益得到应有的保障。此外，还应对辖区涉及的企业实施重点监控，加强对相关企业职工就业的跟踪分析，配合政府有关部门做好失业预警工作，确保及时采取措施化解矛盾，将大规模失业风险降到最低。

2. 大力发展社区教育，促进社区人力资源开发

现阶段实施社区人力资源开发，对人力资本加大投资是现代化发展的内在需要，其不仅可以满足我国经济结构和产业结构调整的需要，也是加速推进社区人力资源向外部转移进程的需要。发展立足于居民实际需求的社区教育可有效促进社区人力资源开发。对于受产能过剩影响的失业职工而言，开展社区教育，首先，要调动各方力量，通过多种形式唤醒其接受继续教育的意识。这一方面可以从其最希望学习的技术入手，对其生活和再就业中需要的各种技术提供指导，增强其学习动机；另一方面可以发挥其中的先进分子的榜样作用，通过对他们的典型宣传，发挥其带动作用。其次，要加强社区教育师资队伍的配备，一方面可以与社区周边高校、科研院所和企业联系，邀请相关专业技术人才来社区志愿授课；另一方面也可以积极挖掘社区内部实用人才和技术人才，鼓励其参与到社区教育中来。最后，还要注重社区教育中的心理教育。由于受淘汰落后产能影响的职工大多学历水平低、缺少专业技能，这些失业者往往再就业困难，这使得他们易对自己丧失就业信心，产生自卑感，悲观失望，甚至不愿为重新就业做出努力。因此，在对这些失业者进行社区教育培训时，应首先进行心理调适，重拾就业信心。

3. 积极开发社区就业资源，提供就业指导和服务

组织失业者从事社区服务是与失业斗争的最古老的形式，一方面可以使失业者获得临时工作和收入，以"劳动福利"代替"生活福利"；另一方面也可以使地方建设事业获益。目前，我国社区就业容量和潜力十分巨大①，开发社区就业岗位对于推进再就业工程具有重要意义。因此，对于受产能过剩影响的失业职工而言，社区可在政府政策指导下，利用社区资源为其提供诸如便民利民服务（如便民菜店，餐饮，美容美发，洗涤，缝纫，综合修理，代收代缴，采购速递等），社区家居服务（如家政服务，社区养老，护理病人、母婴、残疾人等），社会管理服务（如保安，保绿、保洁，保序、交通协管等），社区公益服务（如社区医院，社区养老院，民办幼儿园和学校等）岗位。同时由专职职业指导人为受影响职工进行公共就业服务，向其提供职业咨询，帮助其设计职业生涯，引导其调整就业观念，提高求职技巧等。同时通过在社区内开展有关劳动就业、社会保障、劳动维权方面的法规政策宣传服务，帮助受影响职工熟悉有关再就业的

----

① 2000~2001年，劳动和社会保障部与联合国开发计划署合作，在沈阳、青岛、长沙、成都四城市进行抽样调查，提出在全国32个人口在百万以上的特大城市，43个人口在50万~100万的大城市，可提供的社区就业岗位至少应在1500万个以上。之前国家统计局的七城市调查也指出，根据城市居民对社区就业的"需求"，全国大中城市可以提供的社区就业岗位为2000万个。而目前在大城市和特大城市中实际的社区就业岗位供给只有852万个，社区就业在大中城市的差额有1000多万个。关于农村社区组织的结构及各种岗位的人员配备的系统研究也表明，如果每个农村社区按照政府性岗位9个，社会性岗位4个的规模来配置的话，全国农村社区组织的完善就可增加845.6万个就业岗位，可见，目前我国社区就业的容量和潜力十分巨大。

各项优惠政策，解决享受优惠政策中遇到的困难，切实发挥政策促进化解产能过剩矛盾企业下岗失业人员特别是就业困难人员就业再就业的积极效应。

4. 加强对特殊就业困难群体的社区就业援助

就业援助是国家为了保障困难群体的劳动权，以实现充分就业、促进经济的发展为目标，采取各种措施为其创造就业条件，扩大其就业机会的活动，其是一项从根本上解决就业困难人员家庭困难的措施。我国的就业援助制度最初是针对国有企业下岗职工再就业而建立的，这些人往往文化素质低、年龄偏大、技能单一，但又有较高就业期望值。其与减产失业的职工特征极为相似。对于这部分人群而言，社区除了可以借鉴现有的一些特色社区就业援助实践模式，如北京的"全额贴息"社区就业，上海的失业人员非正规就业，以及天津的创业促进社区就业等地社区的经验做法外。亦可从加强职业指导和职业介绍，建立就业信息网络；发展职业培训，提高失业人员择业能力；市场就业与政府托底安置就业相结合；积极发挥社区社会组织就业的主导作用等方面努力，加强对减产失业就业困难职工的社区就业援助。

13.6　本 章 小 结

本章先分析了产能过剩主要行业职工就业情况，结果显示随着产能过剩治理政策的不断出台和执行，主要过剩行业的职工就业情况都出现了不同程度的恶化，尤其以钢铁行业最为明显，这一现状的出现引发了对于这一部分职工就业安置和社会保障的问题。针对这一问题，本章从政策和法律两个角度出发，结合产能过剩典型地区施行的相关政策和实施效果进行了细致的比较分析。最后分别从政府、企业、职工和社区四个维度阐述了化解产能过剩行业职工安置和社会保障难题的政策建议。

14

我国产能过剩治理政策评估与调整

积极稳妥去产能是我国当前及未来一段时间推进供给侧结构性改革工作的重中之重。长期以来，我国的产能过剩治理政策具有强烈的行政干预色彩，政府采用在市场准入、落后产能淘汰、企业兼并重组以及财税金融配套等方面用行政手段对产能过剩行业加以干预。然而，用行政手段干预微观主体的市场行为治理产能过剩存有较严重的缺陷：一方面在于现有政策执行力度过松或过紧将产生一定的副作用；另一方面，更为重要的是，用行政手段干预微观主体市场行为来治理产能过剩存在根本性缺陷，政府无法正确预测市场未来供求情况，现有政策也未能触及产能过剩的深层次原因，并且这种形式的干预行为很可能将导致"越管越过剩"现象的出现。故而，应对现有产能过剩治理政策进行调整，明确完善市场机制是根治体制性产能过剩唯一途径，同时还应推进制造业转型升级，破解产能过剩怪圈。

14.1 我国产能过剩治理政策概述

我国的产能过剩治理政策一直极具行政干预色彩，在 20 世纪 90 年代末以来中国经历的数次产能过剩中，政府一直担当着治理产能过剩的重要角色。从中国产能过剩及政府治理产能过剩的现实情况来看，大致可以划分为以下三个阶段：①第一阶段：1999 ~ 2002 年。1999 年国家经济贸易委员会颁布《关于做好钢铁工业总量控制工作的通知》，要求以 1998 年钢产量为基准压缩钢产量 10%，并提出"坚决制止重复建设，3 年内不再批准新建炼钢、炼铁、轧钢项目"。此后几年，经贸委又相继下发了若干个关于"制止重复建设"、"总量控制"的通知，要求控制产能。这一时期治理产能过剩政策行政干预色彩较为浓厚，治理手段较为简单，主要局限在行政审批新增产能以及行政淘汰落后产能两方面。②第二阶段：2003～2006 年。2003 年，国务院办公厅下发《国务院办公厅转发发展改革委等部门关于制止钢铁电解铝水泥行业盲目投资若干意见的通知》，要求地方政府运用多种手段，遏制钢铁、电解铝、水泥行业的盲目投资、低水平重复建设。该文的下发，显著强化了行政审批在治理产能过剩中的重要作用。2005 年，国家发展改革委出台了《中国钢铁产业发展政策》，第一次以正式政策文本的形式对钢铁产业的生产规模与投资规模进行控制，并强调扶持大型企业，支持钢铁企业之间的兼并重组，并进一步强化了发改委的行政审批新增产能的重要性。③第三阶段：2009 年至今。2008 年金融危机，政府出台"四万亿"刺激计划后，钢铁、电解铝、水泥、平板玻璃、船舶等多个行业出现了严重产能过剩，政府开始密集出台关于产能过剩的治理政策。从2009 年（《国务院批转发改委关于抑制部分行业产能过剩和重复建设引导产业健康发展的若干意见》，以下简称《若干意见》）到2013 年《国务院关于化解产能严重过剩矛盾的指导意见》，国务院密集颁发了多项通知，从市场准入、落后产能淘汰、企业间兼并重组、财税金融支持等多方位治理产能过剩，提出"消化一批、转移一批、整合一批、淘汰一批"过剩产能。

从具体政策来看，中国长期用于治理产能过剩的政策主要包括：市场准入政策、落后产能淘汰政策、企业兼并重组政策以及财税金融配套政策等。其中，市场准入政策主要是指对产能过剩行业原在位企业新产能扩张或是新企业进入设定一定标准，并用行政审批的方式加以执行；落后产能淘汰政策主要是指政府直接对产能过剩行业内不符合政策设定标准的产能用行政指令的方式加以淘汰，甚至直接对各省市一定时间内淘汰落后产能总量加以明确规定；企业兼并重组政策即推动行业内企业之间进行兼并重组，破除兼并障碍，并给予一定政策优惠；财税金融配套政策即从税收、信贷等方面对产能过剩行业予以一定支持或限制。其中，准入政策和落后产能淘汰政策往往是根据政府对行业未来供需总量发展的判断作出的，故而这两项政策共同构成了总量控制政策，本研究中将其称之为产能管制政策。

14.2　当前产能过剩治理政策存在的突出问题

"淘汰一批"政策在实施中存在范围过大、发力过猛的倾向。当前，"消化一批"、"调整一批"、"转移一批"进展缓慢，化解过剩产能过度依赖"淘汰一批"，强制关停政策力度不断加大。具体实施过程中，强制关停的产能中越来越多已不属于落后产能的范围；部分地区还存在强制压缩产能力度过猛，并进而导致一些较为严峻的经济增长失速与失业问题。当前部分技术水平和管理水平较高的过剩产能仍具有较高经济价值，还能为社会财富的生产与积累做出了重要贡献，不宜简单地一关了之。

有保有控的金融政策事实上演变成行业信贷紧缩政策。《国务院关于化解严重产能过剩矛盾的指导意见》与《国务院办公厅关于金融支持经济结构调整与转型升级的指导意见》中，均指出应对产能过剩行业区分不同情况实施有保有控的金融政策。然而在实际执行时，多数商业银行与政策性银行对于产能过剩行业企业（尤其是民营企业与中小企业）采取"一刀切"式的收紧信贷政策，持续减少甚至提前收回已发贷款。不少经营、财务状况尚好的企业被"误伤"，并因此资金链紧张，融资成本大幅提高，正常的生产经营活动受到很大影响，并给这些企业的技术改造与升级带来很大困难。

"优不胜"、"劣不汰"使得产能过剩行业面临日趋严峻的困境。由于仍有部分地方政府采用财政补贴、提供廉价能源资源、放松环境监管等手段保护本地落后企业，导致低效率企业难以被逐出市场；不仅如此，这些低效率企业反又利用所获得的成本优势进行恶性竞争，使得行业陷入日趋严峻的困局。尤其是在钢铁、电解铝行业，金融风险正在不断积累放大。如电解铝行业，电价政策的区域不平衡（河南地区自备电厂并网费每度电8分，而山东不交或者仅仅交1~3分钱的并网费）加剧了这种不公平竞争，中东部地区具有较高技术水平和管理水平的电解铝企业不甘心死于这种不公平的电价政策，不愿意退出市场，试图寻求同等优惠的电价政策，这就使得整个行业长期陷入全行业亏损的困局。此外，破产法及破产程序的不完善，也是导致低效率企业难以顺利退出的重要原因。

援助退出机制亟待加强。目前对企业产能退出的援助机制仍不健全，对关停企业的职工养老、医疗、失业保险、就业培训、债务化解等工作缺乏足够的政策支持，容易引发社会问题。特别是对于产能过剩行业比较集中的地区，新一轮压缩产能会带来较为严重的失业问题，并对其财政收入产生严重影响，需要提出更加系统和精确的操作性方案。

"整合一批"面临诸多困难。一是在一些地方政府保护下，部分低效率企业兼并重组意愿不强；二是近年来产能过剩行业企业盈利水平普遍下降，资金压力已成为制约企业兼并重组的重要原因；三是兼并重组过程的手续繁琐，过程漫长；四是现有政策使跨区域、跨行业、跨所有制的重组依然困难重重，金融资本参与兼并重组面临诸多限制；五是许多低效率企业财务不透明，地方政府干预兼并重组，增加了企业兼并重组的风险。

14.3　当前产能过剩治理政策的缺陷

14.3.1　政府对市场未来供需状况预测与现实情况存在较大差异

长期以来，我国政策部门以包括市场准入、项目审批、供地审批、贷款行政核准、目录指导、强制性清理等行政管制措施来治理产能过剩，体现出直接干预微观市场的特征。2009 年出台的《若干意见》中投资审批与核准和行业准入实际上是最为核心的政策措施，供地和信贷审批措施都是以行业准入与投资项目的审批、核准为依据的。近年来，强制淘汰落后产能也成为治理产能过剩的重要手段，并进一步强化了问责制的实行和行政上的组织领导。治理产能过剩依然以直接干预微观经济的措施为主。

这种产能过剩治理政策在制定和实施过程中，政策部门以其自身对市场供需状况的判断以及对未来供需形势变化的预测来判断某个行业是否存在产能过剩，并以此为依据制定相应的行业产能投资控制目标和控制措施，这实际上是以政策部门的判断和控制来代替市场协调机制。这种政策需要相应部门能对未来市场供需状况做出准确的预测，而这一点恰恰是最让人质疑的。政策部门对于供需状况的准确判断和预测，需要事先知道关于消费者偏好、生产者成本、潜在生产者进入意愿等大量市场细节信息，而这些信息只能依靠市场机制才能逐渐展现出来，并且具有很强的时效性。现实中，政策部门难以及时收集和处理数量巨大的市场信息，也不可能对未来市场进行准确的预测。以钢铁工业为例，从 20 世纪 90 年代以来，许多政策文件中对未来市场的预测来看，无论长期或者短期预测，均与实际情况存在很大差异，如果这些政策中的控制目标实现，那么将会出现严重的供不应求① （见表 14 – 1）。

表 14 – 1　　　　　历年政策文件中对钢铁工业市场的预测值或控制目标值

做出预测 的政策	做出预测 的时间	对钢铁工业市场的预 测或者控制目标	钢铁工业市场的实际 运行情况
钢铁工业九五规划	1994 年	2000 年市场需求钢材产量达到 9 600 万吨	2000 年国内成品钢材消费量达 14 118 万吨

---

① 据发改委公布，2003 年后新增的炼钢产能中，经发改委、环保总局、国土资源部核准（名为核准，实为审批）的项目中新增产能在全部新增产能中占比不足 20%，没有经过审批的违规建设产能约在 3 亿吨左右。如果没有这些违规的产能存在，我国钢铁产品的严重短缺将制约中国经济的发展。

做出预测的政策	做出预测的时间	对钢铁工业市场的预测或者控制目标	钢铁工业市场的实际运行情况
钢铁工业十五规划	1999 年	2005 年钢材表观消费量达到 14 000 万吨以上	实际 2004 年的钢材表观消费量就达到了 3 亿吨
关于做好钢铁工业总量控制工作的通知	1999 年	1999 年全国钢产量比 1998 年压缩 10%，即 10 313 万吨，全年钢材进口控制在 700 万吨	1999 年粗钢产量达到 12 353 万吨，全年钢材进口 1 486 万吨，粗钢表观消费量为 13 632.49 万吨
关于做好钢铁工业2000 年总量控制工作的通知	2000 年	对钢铁工业的总量控制目标为产钢 1.1 亿吨、钢材 1 亿吨	实际产量钢材达到 13 146 万吨、产钢 12 850 万吨，钢材价格普遍上涨，钢材净进口 972 万吨
关于做好钢铁工业2001 年总量控制工作的通知	2001 年	总量控制的目标是钢产量 11 500 万吨，钢材 10 500 万吨	实际钢产量 15 163.44 万吨，钢材产量达到 16 067 万吨，钢胚、钢锭净进口 544 万吨，钢材净进口 1 247 万吨，价格仅有小幅下降
关于做好钢铁工业2002 年总量控制工作的通知	2002 年	2002 年总量控制的目标是钢产量 12 500 万吨	但是实际产钢量 18 224 万吨，钢材表观消费量达到 2.115 亿吨，全年钢材价格整体上扬
关于制止钢铁行业盲目投资的若干意见	2003 年	预计到 2005 年底将形成 3.3 亿吨钢铁生产能力，已大大超过 2005 年市场预期需求	2004 年产能超过 34 013 万吨，大多数钢铁工业企业满负荷生产，产品价格大幅上升，2005 年粗钢产量就达到了 3.5 亿吨，消费量达到 3.76 亿吨
关于钢铁行业控制总量淘汰落后加快结构调整的通知	2006 年初	认为钢铁工业严重产能过剩	2006 年我国累计粗钢、生铁和钢材产量同比分别增长 18.5%、19.8%、24.5%，国内钢材市场运行总体良好，钢铁行业利润实现历史最好水平
钢铁产业调整与振兴规划	2009 年 3 月	认为 2009 年钢铁行业表观消费量为 4.3 亿吨。2011 年，粗钢产量 5 亿吨，表观消费 4.5 亿吨。	2009 年表观消费量和产量均在 5.7 亿吨左右。2011 年粗钢产量 6.83 亿吨，表观消费量为 6.48 亿吨
抑制部分行业产能过剩和重复建设引导产业健康发展若干意见的通知	2009 年 9 月	认为 2009 年钢铁行业表观需求量为 5 亿吨	2009 年表观消费量和产量均在 5.7 亿吨左右

14.3.2　现有产能治理政策较少涉及产能过剩的深层次原因

中国严重产能过剩形成的深层次原因在于行政扭曲，治理产能过剩的关键在于完善市场体制、理顺市场与政府关系。体制缺陷背景下，地方政府在招商引资领域的恶性竞争是导致中国产能过剩的重要深层次原因；渐进式改革背景下，竞争性资本密集型行业市场化进程滞后是中国产能过剩的另一深层次原因。无论是地方政府在招商引资领域的恶性竞争造成对企业投资行为的过度补贴，还是竞争性资本密集型行业市场化进程滞后，其背后的原因都在于"政府之手"过度干预。具体而言，前者是因现有财政分权与官员政治晋升体制促使地方政府具有强烈动机直接补贴扭曲企业的市场化投资行为，继而造成产能过剩；后者是政府为保持某些涉及"国计民生"的国有企业"一定影响力"而保留了大量管制性、干预性的产业政策，倾向于支持国有企业（尤其是国有大型企业）的发展，使得大量低效率国有企业在市场中长期存在，而在市场化进程不断深入过程中，逐渐显现效率优势的民营企业将大量扩张产能，进而造成低效率国有企业产能过剩。故而，要根治产能过剩，必须从完善市场机制、理顺市场和政府关系着手，即关键在于约束好"政府之手"对市场的扭曲行为。

然而，现有产能治理政策的重点却并不在于约束"政府之手"对市场的扭曲行为，反而是继续长时期用行政手段来干预微观企业的市场行为。纵观现有产能过剩治理政策，行政审批市场准入、行政淘汰落后产能、行政推动兼并重组等政策占据了主导地位，却少有治理政策重点将着力点置于调整中央地方财税关系、地方官员晋升体制，也少有政策旨在调整倾向于国有企业的产业政策，调整"扶大限小"的管制政策，或是直接推动产能过剩行业的国有企业改革。因而，现有产能过剩治理政策仅能够在短期内避免产能过剩的爆发，在长期，则不能改变产能严重过剩行业长期反复出现过剩的趋势，其并不能解决产能过剩的深层次原因。

14.3.3　治理政策在一定条件下可能将进一步导致过剩

（1）产能管制政策用于治理因特定行业市场化进程滞后导致的过剩，存在"越管越过剩"的现象。钢铁、电解铝这类重化工行业市场化进程呈现出滞后的特征，低效率国有企业在行业中占有与其效率不相匹配的产能，这使得具有效率优势的民营企业对未来市场盈利空间预期较大，故而民营企业将扩大产能侵蚀部分效率低下的国有企业的市场份额，从而造成低效率企业的产能过剩。并且，高效率企业对未来市场盈利空间的预期随着行业市场化进程滞后程度增大而增强，故而其在市场化进程滞后程度较大时也将更有动力进行产能投资，低效率国有企业产能过剩问题也将越为严重。产能管制政策用于治理这种类型的产能过剩，则将造成"越管越过剩"的现象。产能管制给新扩张产能施加了一个额外的成本，其一方面避免了产能过剩的大规模爆发；另一方面却也使得国有企业中低效率企业在产能过剩情形下破产退出的压力显著减弱，其产能得以在市场中继续大量存在，这使得行业的市场化进程进一步滞后。同时必须看到，产能管制是由中央政府要求而由具有强烈 GDP 增速追求意愿的地方政府实施的，其很容易在地方政府的默许下被部分突破，因而尽管中央政府实施产能管制政策，高效率企业将在地方政府的支持下部分扩张产能。故而，长期使用产能管制政策治理产能过剩，使得行业市场化进程的进一步滞后，民营企业对于未来市场盈利空间预期增加，地方政府放松管制强度的幅度也进一步增加，产能过剩则将进一步趋于严重，因而产能管制将通过加大行业市场化滞后程度的途径使得产能过剩趋于严重。

（2）中国产能过剩治理政策及产业政策具有强烈"扶大限小"的政策倾向，这种政策倾向强化了企业规模扩张冲动，并成为导致产能过剩的重要原因。中国产能过剩治理政策及产业政策的一个特征是保护和扶持在位的大型企业（尤其是中央企业），限制中小企业对在位大企业市场地位的挑战和竞争。实施这类政策往往以"充分利用规模经济，打造具有国际竞争力的大型企业集团；提高市场集中度，避免过度竞争"为理由。这类政策的做法有：制定有利于在位大型企业的行业发展规划；制定有利于大型企业发展和限制中小企业发展的项目审批或核准条件；制定有利于在位大型企业的准入条件或严格限制新企业进入；在项目审批和核准过程中照顾大企业的利益、优先核准大型企业集团的投资项目，对中小企业的项目进行限制；在制定生产经营规范条件（许可）时限制小企业的生存和发展；为大企业的发展提供各项优惠政策（廉价土地、财政补贴、能源价格优惠等等），对于小企业的发展则出台不利于其发展的政策（惩罚性电价等）。产能过剩治理政策及产业政策中强烈的"扶大限小"的倾向，会使得大中型企业为成为政策重点支持的对象、小企业为避免成为被政策限制甚至强行淘汰的对象并获得发展空间，而具有强烈的规模扩张动机，这在很大程度上扭曲了企业投资行为，使得企业有强烈过度投资的倾向，并进而会导致行业内产能过剩。政策部门习惯在产能利用率下降、竞争加剧的时候，便强化对于中、小企业的限制而保护在位大企业的做法，还会带来道德风险，进一步强化大企业过度投资行为。

（3）投资项目审批、准入标准制定时设定比较高的设备规模标准，淘汰落后产能时以设备规模作为落后产能标准的做法，在一定程度上推动了产能过剩的形成。淘汰落后产能以设备规模作为主要标准，导致小企业避免被淘汰而投资相对大规模的设备，在投资审批过程中设定比较高的设备规模标准，使得企业在扩大规模时，不得不选择大规模设备和生产线；在准入标准中设定比较高的规模标准，则会使得小企业避免被淘汰而进行新的产能投资。这些都会进一步加深产能过剩的严重程度。

14.4　产能管制政策导致产能过剩的机理分析

本节旨在在第七章理论模型的基准上，建立动态模型，论证渐进式改革背景下，从长期来看，用产能管制政策治理市场化进程滞后行业的产能过剩不但不能降低产能过剩程度，反而将使得市场积累大量潜在产能过剩风险，造成"越管越过剩"的现象。

第七章关于渐进式改革背景下产能过剩形成机理的分析均是假定特定行业市场化进程滞后程度外生的静态分析，而发生在钢铁、电解铝等传统竞争性行业中的产能过剩是一个长期现象，从长期来看，特定行业的市场化进程的滞后程度则是一个内生变量，中国经济市场化进程以及产能管制政策通过影响国有企业过剩产能规模继而影响淘汰的过剩的国有企业产能，从而影响该特定行业的市场化进程滞后程度。本节进一步内生行业市场化进程的滞后程度，但需要强调的是，政府对特定行业的市场化进程推进意愿是外生的。

考虑中国经济市场化进程以外生的线性速度不断进行，而政府不主动推进钢铁、电解铝这类基础性行业的市场化改革，但过剩的产能能够以一定比例淘汰出市场，进而进一步内生行业的市场化进程的滞后程度，探讨经济体制从极不完善的初始状态逐步市场化的过程中，政府推进行业市场化改革意愿较弱的竞争性行业产能过剩所呈现出来的动态特征。假设前两节建立的博弈持续进行无数次[①]，并进一步假设：①每一次博弈发生前企业 1 的产能外生给定，为上一期的产能减去上一期产能过剩部分的 λ 比重，即 $K_{1t} = K_{1t-1} - \lambda E_{t-1}$，$0 < \lambda < 1$，而企业 2 的产能均为新建产能[②]。②中国经济市场化进程以一个固定速度进行，每一期博弈 s 较上一期下降 Δs，即 $s_t = s_{t-1} - \Delta s$，$s > > \Delta s$（"假

---

① 此处有两点需要说明：第一，本节的博弈有别于博弈论中的"重复博弈"的概念，"重复博弈"是指一类每次博弈相同的博弈，而本节的博弈中 s 及 K 等变量会发生变化。第二，本文研究的是钢铁、电解铝等竞争性行业的产能过剩问题，这些行业中有较多竞争者，众多竞争者要达成合谋的可能性较小，并且从现实情况来看也基本不存在合谋（存有严重产能过剩），因而本节不考虑类似"重复博弈"中的触发价格战略，而只考虑每一次博弈中的古诺均衡。

② 一个更符合现实的假设是企业 1、企业 2 每一次博弈的都有一个初始产能，其值等于上一次博弈中非过剩的产能加未淘汰的过剩产能，但这并不改变本文结论：s 下降后只是企业 2 将继续投资产能。有初始产能情况下企业扩张产能的情形可见（Dixit，1980）。

设 4"的一种简化情形）。

假设①中的 λ 可以理解为过剩产能的淘汰速度①，也代表了政府推动行业市场化进程的意愿，λ 越大，则过剩产能的淘汰速度越快，也表明政府更加愿意接受由市场配置资源而造成国有企业退出市场的结果。另假定初始状态下，$E_0 = 0$，K_{10}、s 均较大，即假定行业的初始状态为国有企业产能占据绝对优势且市场体系极不完善的产能不过剩状态。

14.4.1　施加政府产能管制时的情形

考虑上述假设，将式（7-5）、式（7-8）、式（7-9）动态化，可得每一期过剩产能规模和实际管制强度：

$$E_t = \frac{1}{3}\Big[\frac{9\beta}{\alpha}\Big(1+\frac{9\beta}{\alpha}\Big)^{-1}(3K_{1t}-\alpha+2c_1-c_2-s_t)+\frac{9\beta}{\alpha}\Big(1+\frac{9\beta}{\alpha}\Big)^{-1}\frac{\gamma}{6\delta}\Big] \quad (14-1)$$

$$g_1 = \Big(1+\frac{9\beta}{\alpha}\Big)^{-1}(3K_{1t}-\alpha+2c_1-c_2-s_t)-\frac{9\beta}{\alpha}\Big(1+\frac{9\beta}{\alpha}\Big)^{-1}\frac{\gamma}{6\delta} \quad (14-2)$$

结合假设 1 和假设 2，可得产能过剩和实际管制强度的动态方程为

$$E_t = \Big[1-\lambda\frac{9\beta}{\alpha}\Big(1+\frac{9\beta}{\alpha}\Big)^{-1}\Big]E_{t-1}+\frac{1}{3}\frac{9\beta}{\alpha}\Big(1+\frac{9\beta}{\alpha}\Big)^{-1}\Delta s \quad (14-3)$$

$$g_t = \Big[1-\lambda\frac{9\beta}{\alpha}\Big(1+\frac{9\beta}{\alpha}\Big)^{-1}\Big]g_{t-1}+\Big(1+\frac{9\beta}{\alpha}\Big)^{-1}\Big(\Delta s-\lambda\frac{9\beta}{\alpha}\frac{\gamma}{6\delta}\Big) \quad (14-4)$$

稳态时，均衡状态下的产能过剩规模和管制强度为

$$E^* = \frac{1}{3\lambda}\Delta s \quad (14-5)$$

$$g^* = \frac{\alpha}{9\beta}\frac{1}{\lambda}\Delta s-\frac{\gamma}{6\delta} \quad (14-6)$$

潜在产能过剩风险的动态方程与式（14-4）相似，稳态时

$$\overline{E}^* = \Big[\frac{\alpha}{9\beta}\frac{1}{\lambda}\Delta s-\frac{\gamma}{6\delta}\Big]/3 \quad (14-7)$$

且当 $\frac{1}{\lambda}\Big(\frac{\alpha}{9\beta}-1\Big)\Delta s-\frac{\gamma}{6\delta}>0$ 时，稳态时潜在产能过剩风险大于表现出来的产能过剩规模，$\overline{E}^* > E^*$；反之，则 $\overline{E}^* > E^*$。

由式（14-4）、式（14-6）可得行业向均衡点收敛的速度方程

① 事实上，λ 还代表着民营企业扩张时主要采用新建产能的方式还是兼并已有产能的方式，λ 大则表示"兼并"为民营企业的主要扩张方式。限于篇幅，本文不再讨论。

$$E_t - E^* = \left[1 - \lambda \frac{9\beta}{\alpha} \left(1 + \frac{9\beta}{\alpha} \right)^{-1} \right] (E_{t-1} - E^*) \qquad (14-8)$$

即 E 每期向 E^* 移动其与 E^* 距离的 $\lambda \frac{9\beta}{\alpha} \left(1 + \frac{9\beta}{\alpha} \right)^{-1}$ 比例。

初始状态 $E_0 = 0$，由式（14-3）、式（14-4）知，行业向均衡点收敛的过程表现为产能过剩以及潜在产能过剩风险不断趋于严重的过程。

14.4.2　不施加产能管制的情形

若政府不施加管制，将式（7-3）动态化并令 $g = 0$，可得

$$E'_t = (1 - \lambda) E'_{t-1} + \frac{1}{3} \Delta s \qquad (14-9)$$

稳态时，$E^* = \frac{1}{3\lambda} \Delta s$，与政府施加管制时的过剩规模相同。我们将这种只取决于行业本身因素和经济市场化速度特征的产能过剩水平称为行业的自然产能过剩水平。

将稳态时的过剩规模带入式（14-9）可得政府不施加管制时行业向均衡点收敛的速度方程

$$E'_t - E'^* = (1 - \lambda)(E'_{t-1} - E'^*) \qquad (14-10)$$

即 E 每期向 E^* 移动其与 E^* 距离的 λ 比例。

由 $\lambda \frac{9\beta}{\alpha} \left(1 + \frac{9\beta}{\alpha} \right)^{-1} < \lambda$ 可知，不施加产能管制比施加产能管制的行业向均衡点收敛的速度快。

初始状态 $E'_0 = 0$，由式（14-9）知行业向均衡收敛的过程中产能过剩不断趋于严重。

14.4.3　产能过剩的动态演进图示

上述两种情形可用图 14-1 表示：式（14-3）（式（14-9））所对应的曲线表示政府施加（不施加）管制时过剩产能的动态曲线，式（14-4）所代表的虚线表示施加管制时实际管制强度的动态曲线。由图 14-1 可以看出：第一，式（14-3）、式（14-9）对应的曲线与 45°线交与同一点，说明管制与否都不影响稳态时的产能过剩程度；第二，式（14-3）对应曲线的斜率要大于式（14-19）对应曲线的斜率，因而产能管制减缓了行业产能过剩向稳态收敛的速度；第三，式（14-4）所代表的虚线与

45°线的交点表示稳态时施加的实际产能管制强度，其值的1/3等于稳态时潜在产能过剩风险①；第四，式（14-3）、式（14-9）对应的曲线下的箭头表示行业产能过剩由初始条件向稳态水平收敛的方向（潜在产能过剩风险向稳态水平收敛的方向类似，未在图中画出），由这些箭头的方向可以看出，在渐进式改革背景下，无论是否施加产能管制，行业趋于稳态的过程都表现为产能过剩的不断积累，施加产能管制还将使得行业不断积累潜在产能过剩风险。

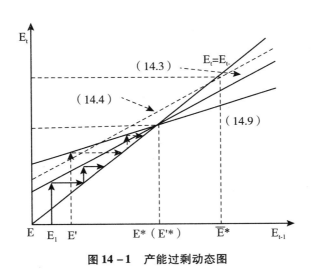

图14-1 产能过剩动态图

命题14.1：（长期均衡的性质）（i）渐进式改革背景下，市场化进程滞后的竞争性行业将会收敛于一个自然产能过剩水平②，其大小取决于该行业过剩产能淘汰速度和经济市场化改革的推进速度。（ii）产能管制不能改变行业的自然产能过剩水平，反而会使行业在出现自然产能过剩的同时积累一定潜在产能过剩风险。

推论14.1：市场化进程滞后的竞争性行业中自然产能过剩水平随着政府推动该行业市场化进程的意愿增大而减小，随着中国经济市场化进程速度的减缓而减小（$\partial E^*/\partial \lambda < 0$，$\partial E^*/\partial \Delta s > 0$）。

命题14.2：（向长期均衡收敛过程的性质）（i）行业产能过剩程度向稳态收敛的过程，是一个产能过剩程度不断趋于严重的过程。（ii）产能管制能降低当期的产能过剩程度，并使产能过剩以一个较缓的速度向稳态收敛，但其并不能改变向稳态收敛过程中

---

① 式（14-4）所对应的曲线也可能位于式（14-3）对应的曲线的下方。

② "自然产能过剩水平"的概念借鉴了卢卡斯提出的自然率假说（Natural Rate Hypothesis），强调这是一种取决于某些实际变量（直接体现为产能淘汰速度和经济市场化改革的推进速度）的长期均衡时的过剩程度。

产能过剩趋于严重的趋势，还将使行业逐渐累积潜在产能过剩风险。

为直观理解上述命题，从行业市场化改革滞后程度这一角度再次论述上述命题。首先讨论渐进式改革背景下，为何市场化改革滞后的竞争性行业将会存在一个自然产能过剩水平且产能管制无法改变该水平。均衡时，行业市场化改革滞后程度必然将保持不变，否则，产能过剩程度也将改变（见式（7-3）、式（7-9））。而行业市场化改革滞后程度的变化只受上一期过剩产能淘汰部分以及本期的经济市场化进程影响，当上一期产能过剩程度大到使得淘汰的国有企业过剩产能对滞后程度的负作用恰好等于本期经济市场化进程对滞后程度的正作用时，行业产能过剩程度达到均衡。因而均衡时的产能过剩程度只取决于过剩产能的淘汰比率和经济市场化的速度。当期产能管制只能影响下一期的产能过剩程度，这不影响上一期过剩产能的淘汰规模，因而即使施加产能管制，要达到均衡时不变的行业市场化改革滞后程度，上一期的产能过剩程度必须严重到能够抵消既定的经济市场化进程对行业市场化改革滞后程度的作用，这与不施加管制需要的产能过剩程度相同，因而产能管制不会影响自然产能过剩水平。

其次讨论行业是否会收敛于该自然产能过剩水平，以及收敛过程中产能过剩程度会如何变化。由假设知经济市场化改革的速度一定，当产能过剩程度较低时，对于行业市场化改革滞后程度而言，淘汰的过剩产能对其的负作用要小于本期经济市场化进程对其的正作用，因此本期行业市场化改革滞后程度加大，这使得本期产能过剩程度加大，淘汰的过剩产能也将加大。这个过程一直要持续到产能过剩程度达到均衡。因而行业产能过剩程度会收敛于该自然产能过剩水平，且在此过程中产能过剩程度逐渐趋于严重。

最后讨论为何产能管制使行业向均衡点收敛的速度将变缓，以及该收敛过程为何会伴随潜在产能过剩风险逐渐积累。施加管制后，每一期既定的经济市场化改革速度使得当期产能过剩程度的增量变小，因而需要更多期的调整才能达到既定的自然过剩水平，即行业产能过剩程度向均衡点的收敛速度变缓。随着行业产能过剩程度向均衡收敛，行业市场化改革滞后程度逐渐加大，管制强度也将逐渐加大（见式（7-8）），而潜在产能过剩风险是指一旦完全放开产能管制时会产生的过剩规模（定义4.1），因而潜在产能过剩风险也将在收敛过程中呈现逐渐积累的态势。

命题14.1和命题14.2不仅说明了中国的渐进式改革将使某些市场化改革滞后的行业存在一个自然产能过剩水平，还暗示中国长期治理产能过剩所采取的产能管制政策很可能并没有取得化解产能过剩的预期效果，甚至还使得产能过剩行业积累大量潜在产能过剩风险。

这两个命题解释了"越管越过剩"的现象：产能管制使得市场化改革滞后行业在出现自然产能过剩水平的同时积累大量潜在产能过剩风险，因而管制使得长期均衡时产能过剩程度显得更为严重；其次，在产能过剩水平向均衡点收敛的过程中，产能过剩和管制强度都表现为逐渐增大；此外，若政府突然对产能过剩行业的容忍度降低，增大管制强度，则产能过剩水平将在突然下降后又开始逐渐趋于严重，直到均衡水平，这也表现为"割韭菜式越管越过剩"。假设已经处于稳态，产能过剩水平已经维持在 E^* 的水平上，若政府对产能过剩的容忍度突然下降，比如 α 在第 t 期初突然增大。此时，期初的行业市场化滞后程度一定，产能过剩的程度由式（14-1）给出，E^* 要小于 E^*；产能过剩的动态方程也会发生变化，在图中表现为斜率变大，但与45°线的交点不变；此外，潜在产能过剩风险曲线（或者说实际产能管制强度动态曲线）会向上移（斜率也会变），相对应的潜在产能过剩风险（施加的产能管制强度）变大。因而，这种情况下，产能过剩水平会在突然变小后又沿着动态方程逐渐收敛至相同的稳态水平，并且产能过剩风险水平变大。

最后，命题14.1、14.2表明，要从根本上化解钢铁、电解铝这类传统性竞争行业的产能过剩，要从加快该行业市场化改革速度和过剩产能淘汰速度着手。

14.5　关于产能过剩治理政策调整的若干建议

积极稳妥"去产能"与处置僵尸企业，是当前我国供给侧结构性改革的重要内容。由于此前的产能过剩治理政策存在不少缺陷，亦带来较多不利影响，必须对于去过剩产能与处置僵尸企业政策进行优化调整。在此，我们从以下几个方面提出产能过剩治理政策优化调整建议。

14.5.1　加强政策执行力，避免政策"误伤"

控制好强制压缩产能的力度与节奏，协调好化解过剩产能与稳增长、稳就业的关系。强制关闭过剩产能政策，应集中在强制淘汰高能耗、严重污染环境的落后产能方面，不宜将强制关停的范围扩得太宽。在产能过剩行业集中的地区，实施强制压缩产能应精心规划，不宜过快、过猛，应该为替代产业的发展留有时间，避免经济增长失速以及失业问题的集中爆发。对于严重的雾霾问题，应更注重通过全面加强企业污染物排放的监测，大大提高污染物超额排放的惩处力度并严格环境执法，逐步提高高能耗、高污染行业的排放标准，加快推出环境税并逐步提高环境税的增收标准，不能过于依赖强制关停手段。

切实落实有保有压的金融政策，提高政策精准度。针对许多商业银行采取"一刀切"的方式紧缩产能过剩行业信贷，人民银行应牵头会同主要商业银行，做好产能过剩行业及行业内企业信贷规模、结构与风险摸底工作。以此为基础，在严控新增产能投资贷款的同时，在风险可控和商业可持续的原则上，适度增加产能过剩行业的贷款额度，支持有市场、有技术、节能环保合规的企业在技术改造、产品结构调整以及流动性等方面的资金需求，适度降低其融资成本，为行业内企业的正常经营和转型发展提供必要条件。

微刺激政策适度拉动需求，消化部分过剩产能。政策着力点放在加大小城镇和农村基础设施建设及民生工程投入力度；加快城镇一体化建设与推动公共服务的均等化；支持企业技术改造、节能降耗、绿色生产的投资等方面。切实放开民营资本投资领域，降低中小企业投资门槛。此外，加强建筑工程领域的质量监管，严格建筑工程领域的安全设计规范，亦能有力拉动钢材、水泥等产品的市场需求。

加快建立公平竞争的市场环境。重点推进不同所有制、不同所在地企业在税收负担、劳动者权益保护、环境成本承担等方面的均等化，严格规范地方政府对本地企业提供财政补贴、廉价资源能源等行为，以公平竞争加快低效率的企业的退出。对于电解铝行业而言，当务之急是统一自备电厂的并网收费标准。还应完善破产制度，疏通退出渠道。重点强化破产程序的司法属性，避免地方政府对企业破产程序的直接介入；加快培育破产管理人队伍，完善破产管理人相关规定；强化出资人的破产清算责任。

切实为兼并重组创造良好的外部环境。一是对兼并重组其他企业可以给予扩大税收抵扣或税收减免的措施，特别是对于兼并重组过程中涉及到的土地增值税，应缓征、减征或免征。二是切实落实促进兼并重组的金融政策，引导金融企业加强对兼并重组的融资支持。三是规范区域之间横向税收分配，降低地方政府由于担心企业被兼并导致税源流失而产生的阻力。四是适当放松管制，鼓励金融资本多渠道参与产能过剩行业的兼并重组。

14.5.2 短期内适度拉动

短期政策方面，不宜采用直接干预微观经济、管制经济的方式实现人为的"供需平衡"，而应以避免严重产能过剩行业整体陷入生存危机与避免系统性金融风险为主要目标，产能调整与供需调节则主要依赖市场机制，市场的优胜劣汰机制是化解调整过剩产能最为有效的手段。随着政策目标的调整，措施与手段亦做相应调整：

（1）适度拉动需求，缓解严重产能过剩带来的剧烈冲击。应在优化投资结构的基础上，保持基础设施建设的适度增长；通过结构性减税，刺激消费需求，减轻企业负担。严重产能过剩行业往往会面临剧烈的调整，不利于产业的长期发展，甚至会冲击金融稳定。此时，应通过财政税收政策适度拉动需求，缓解行业的生存危机，避免金融风险的集中释放。需要重点指出的是，政策力度不宜过大，否则，会使得市场内生的产能调整与结构升级压力散失，刺激政策退出后产能过剩的格局不但不会得到根本改变，甚至还会进一步加深其严重程度。

（2）调整拉动需求政策的投入方向，重点加大农村与小城镇基础设施建设投入。中央财政应加大转移支付力度，积极支持中西部地区加大乡村与小城镇的公路（道路）建设、农田水利设施建设、教育与医疗基础设施建设、电网与通讯网络建设、饮水工程建设、环境保护基础设施建设等方面的投入。这些措施一方面可以拉动投资需求，缓解钢铁、有色金属、水泥等行业产能过剩程度；另一方面也可以推进基本公共服务的均等化和城乡一体化建设。

（3）新兴产业培育政策取向由"厂商补贴"向"消费者补贴"转变，并积极推进智能电网和分布式电网的建设。对于生产厂商的大量补贴是导致太阳能光伏、风电设备制造业严重产能过剩的主要原因。支持新能源产业发展，应转为从消费端补贴新能源消费者，以刺激太阳能发电、风电等新能源的消费需求；而智能电网与分布式电网的建设一方面可以拉动投资需求；另一方面可以破除新能源大规模应用的技术瓶颈。两项措施相结合有利于缓解太阳能光伏、风电设备行业的产能过剩。

14.5.3 调整产业政策取向

中国产业政策具有强烈干预市场与限制竞争的特征，这种具有强烈"扶大限小"特征的政策模式，挑选特定产业与特定企业给予种种优惠（补贴）政策的做法，严重扭曲企业竞争行为，导致企业具有强烈过度产能投资和规模扩张倾向。中国应放弃这种产业政策模式，在政策取向上应从"干预微观经济和限制竞争"转为"放松管制与维护公平竞争"，政策重点也应转到为制造业竞争力提升和结构转型创造良好的市场与制度环境。对于严重产能过剩行业而言，产业竞争力的提升与结构转型是化解和调整过剩产能的重要方式。具体而言，产业政策重点应转到以下几个方面：

一是要从产业层面放松并逐渐取消对于微观经济的广泛干预和管制，扩大经济主体的自由度（尤其是进入、退出市场和自主投资的自由度）；二是产业政策侧重点应从选择特定产业、特定企业进行扶持，以及通过行政管制方式提高集中度与打造大规模企业，转到对于企业研究开发与创新行为的普遍支持，对于提升劳动者技能与职业培训的普遍支持；三是健全和完善知识产权制度，加强知识产权的保护，加强技术创新的激励机制；四是产业政策应由"生产者优先"（即优先考虑生产者利益、支持生产者）转为维护消费者权益，通过切实维护消费者权益与"顾客驱动机制"，推动产品质量、产品功能与产品附加值的提升，推动市场的健康发展；五是制定严格、长期稳定、可预期的环境政策，并严格执行。

14.5.4　建立产能过剩产业援助退出与辅助调整机制

本轮产能过剩是增长阶段转换与体制性扭曲共同作用的结果，钢铁、有色金属、水泥、平板玻璃、纺织、服装等行业面临长期过剩产能调整压力。对于这些行业来说，应在充分尊重市场机制与经济规律的基础上，实施援助退出与辅助调整政策。

实施援助退出和辅助调整政策，不宜采取"收购报废"、"补贴报废"、控制行业准入、支持大企业合并形成垄断、干预企业层面投资和生产活动等方式。对于日本此类政策的深入研究均表明，这类政策不但不能有效治理产能过剩，反而不利于这些行业的产能调整与产业竞争力提升，甚至会加重产能过剩问题①。而是应在不直接干预企业生产经营活动、充分发挥市场机制的基础上，从宏观方面为过剩产能退出提供援助并辅助（或者说促进）这些产业调整升级。辅助调整与援助退出政策主要集中在以下两个方面：

（1）援助劳动力转移与人力资源的再开发。对于衰退行业过剩产能调整中的失业者进行救助，并对于失业人员和调整转产人员进行职业培训。这种职业培训有两种不同的形式。一种是培训失业人员从事其他行业的技能，使其能较为顺利地在其他行业再就业。另一种培训是帮助失业人员或在职人员强化从事原所在行业工作的技能和获得新的技能，这一方面可以帮助这些行业提高劳动生产率，缓解甚至抵消劳动力成本上升带来的不利影响；另一方面可以帮助这些行业的本国企业向产业链高端环节拓展，促进本国这些行业的低端环节过剩产能的退出，并在高端环节形成新的产能。例如德国，尽管其劳动力成本很高，但得益于劳动者良好的技能与素养，直到20世纪90年代德国还是世界第二大服装出口国。

（2）资助技术创新与管理创新。鼓励衰退产业企业组成技术创新或管理创新联盟，并对企业及企业联盟的研发和管理创新活动进行资助。由政府出面联合企业、大学或研究机构成立研究开发中心，并提供技术开发资助，从新产品开发、技术流程创新与管理

---

① 详见小宫隆太郎编著的《日本的产业政策》、三轮芳朗编著的《日本产业政策论的误解》等著作和研究。

创新方面着手，推动衰退行业企业价值链的低端环节向高端环节拓展。同时对社会资金从事衰退行业企业重组和技术创新提供税收优惠。如美国机床工业在 20 世纪 80 年代衰退较严重时，国防部不仅直接资助 R&D 费用，而且出面联合 110 家机床生产商与用户公司以及大学或研究机构参加组建了全国制造科学中心（NCMS）。又如，在 20 世纪 80年代初美国政府组织服装公司、纺织公司和纤维生产公司联合成立"快速响应计划"，使整个纺织业从纤维到服装到零售的周期由原来的 66 周缩短到 21 周。"快速反应计划"大大降低了纺织业的成本。

14.5.5　完善市场机制是根治体制性产能过剩唯一途径

治理产能过剩的关键在于通过推进经济体制改革，健全和完善市场制度，矫正导致系统性产能过剩的体制缺陷，并增进市场机能，以充分发挥市场利用分散信息、协调供需平衡、淘汰落后企业和产能、促进产业转型升级等方面的高效率性。具体而言，通过深化体制改革、体制创新解决产能过剩问题，应该从以下几个方面突破：

（1）加快要素市场改革，要把重要资源配置由政府主导让位以市场为基础，让要素市场从政府的分割管理状态进入到市场化的、规范化的运作状态。重点推进土地制度改革，明晰土地产权，深化土地市场的改革，理顺土地市场的价格形成机制，从根本上杜绝地方政府通过低价甚至零地价供地为企业提供补贴。

（2）进一步推动金融体制改革。进一步硬化银行预算软约束，理顺地方政府与银行的关系，通过市场化手段提高企业投资中自有资金的比例，降低企业投资行为中的风险外部化行为；逐步实现利率市场化，使利率能真正反映资金的供求关系，使投资者在信贷过程中承担真实的资金成本与风险成本。

（3）调整财税体制。特别是要理顺中央与地方之间的利益分配机制，使财权与事权相对应，消除地方政府不当干预企业投资的强烈动机；推动地方财政透明化与民主化改革，使地方政府更着眼于社会管理、基础设施和公共服务领域，避免地方政府为企业投资提供财政补贴。

（4）改革现有的环境保护体制，保障环境保护相关法规的严格执行，防止地方政府牺牲环境竞争资本流入。同时，制定实施长期稳定和严格的环境政策，与治理产能过剩等产业政策目标相对独立，不能因为产能不过剩就不实施严格的环境保护政策。

（5）进一步推进国有企业改革。强化国有企业财务约束机制与激励约束机制，完善国有企业的退出机制；从国有企业利润中提取一定比例设立辅助调整基金，主要用于国有企业退出时（破产或被并购）职工的社会保障和安置；限制各级政府用财政资金为经营不善的国有企业提供救助；在竞争性行业，消除政策制定和实施中的所有制与规模歧视，建立不同规模、不同所有制企业公平竞争的市场环境。

14.5.6　推进制造业转型升级，破解产能过剩怪圈

目前，各界对产能过剩形成的长期机制的讨论仍各执一端（如地方政府间招商引资竞争、刺激政策的副作用、国有经济部门改革滞后等），相应的政策思路与措施也有所不同。总体而言，现有研究仍局限于给定的技术经济范式之下，对新一轮技术革命和产业变革的重要性鲜有关注。事实上，方兴未艾的新一轮技术革命和产业变革不仅促进社会生产力的飞跃，而且正在重塑制造业生产体系，为我国从根本上打破"产能扩张—产能过剩—化解产能过剩—产能再扩张"的恶性循环带来了不容失去的战略机遇。

14.5.6.1　新型生产系统化解产能过剩的优势

（1）刚性生产系统转向可重构生产系统，将大幅削减企业的调整成本。可重构生产系统以重排、重复利用和更新系统组态或子系统的方式，根据市场需求变化实现快速调试及制造，具有很强的兼容性、灵活性及突出的生产能力，实现生产制造与市场需求之间的动态匹配，有利于化解产能过剩。例如，德国大众汽车正在制定的"模块化横向矩阵"，可实现在同一生产线上生产所有型号的汽车，及时根据市场需求在时间上和空间上的变化灵活地调整车型和产能。

（2）大规模生产转向大规模定制，降低企业对规模经济的依赖。可重构生产系统使得大规模定制具备经济可行性，产品种类大幅增加，产量可得以有效控制，企业依靠规模经济降低产品成本的竞争策略将进行调整，满足消费者个性化需求将取代规模经济成为企业的主流竞争策略。这将有助于在微观层面上破除产能过剩的形成机制。

（3）自动化转向智能化，有助于全生命周期化解产能过剩。在新一轮产业革命中，"智能工厂—智能产品—智能数据"闭环将驱动生产系统智能化。例如，德国"工业4.0"计划在制造装备、原材料、零部件及生产设施上广泛植入智能终端，借助物联网和服务互联网实现终端之间的实时信息交换，实时行动触发，实时智能控制，达到对制造设备、零部件和供应链的全生命周期、个性化、人性化管理的目的。智能制造体系将助于在生产过程中对产能形成和利用情况进行实时监控、优化和治理。

（4）工厂制造转向社会化制造，产能呈现出分散化的趋势。信息技术的飞跃发展将大量物质流成功数字化为信息流，除必要的实物生产资料和产品外，生产组织中的各环节可被无限细分，企业主导生产和创新的传统模式面临转型，从而使生产方式呈现出

碎片化和社会化制造的趋势。目前，发达国家已出现专门为网络设计者、用户提供制造和产销服务的社区工厂，有效降低产业的进入门槛；社交网络上出现了由个体组成的"虚拟工厂"，个人能够通过在线交流进行产品的研发、设计、筛选和完善，社会制造这一新型产业组织逐渐形成。这将有利于向全社会疏散产能，有效防范产能的集中和过剩风险。

14.5.6.2 顺应新产业变革以创新发展化解产能过剩

化解产能过剩的根本出路是创新，这既包括生产体系的重大变革，也包括技术创新、产品创新、组织创新、商业模式创新等。

加快传统生产体系向新型生产体系的转变，充分利用新型生产体系在化解过剩产能方面的优势。我国可充分发挥我国市场需求巨大的战略优势，率先收获生产体系转变的红利。我国应加紧战略部署，主动把握新一轮技术革命与产业变革的战略机遇，在长期发展规划框架下有计划地推行新型生产系统。新型生产体系依赖于一系列新型制造技术（智能机器人、3D打印、新材料等）的突破和广泛应用，我国应加快在这些技术领域的战略部署，积极支持这些领域的研究开发。加快新型基础设施的建设，助推新型生产体系的成长。通过建立国家高效能运算研发中心和高效能运算服务中心，加快高效能运算前沿技术突破，注重高效能运算的商业应用和公共服务，加强信息基础设施对智能制造系统的支持。

加快推进新一代信息技术在工业领域的普及应用，并以此推动管理、组织上的创新，为化解和避免产能过剩提供新的手段。积极鼓励企业利用信息通信技术，通过对采购、仓储、销售、配送等供应链环节上的数据采集和分析，并以此为基础推动管理创新、组织创新，促进企业内部以及供应链上下游之间的生产制造、采购销售等环节高效协同，对市场需求反应更加灵敏，极大地优化生产、减少库存，这对于平衡行业整体产能是至关重要的。

积极支持严重产能过剩行业的创新活动，并以此推动这些行业的转型升级，有效化解过剩产能。积极支持产能过剩行业中企业组成联合技术创新与管理创新联盟，鼓励企业联盟新产品开发、关键共性技术的突破、技术流程与管理流程的改造与创新等方面的研究与创新活动，并对此予以资金支持以及税收优惠政策，推动产能过剩行业企业从价值链的低端环节和高端环节拓展。此外，还应积极支持产能过剩行业企业对职员进行职业培训提高劳动者技能，进而提高整个行业的生产效率。

14.5.6.3 新背景下我国制造业转型升级的战略调整思路

目前，美国、日本、德国等工业化强国已经在国家层面上积极应对新一轮技术革命和产业变革。美国已经在"先进制造业伙伴计划"框架下加速新型制造技术的突破和示范性应用，德国"工业 4.0 计划"旨在构建"智能工厂"，日本回归产业政策传统鼓励企业采用新型制造装备。我国也必须加紧战略布局，主动把握新一轮技术革命和产业变革的战略机遇，一方面形成化解产能过剩的长效机制，真正做到"尊重规律，标本兼治"。另一方面，加快我国从工业大国向工业强国转变，促进实体经济持续健康发展。

（1）调整制造业转型升级的基本战略。新型生产体系是对既有系统的"创造性毁灭"，我国制造业转型升级战略必须从在既定生产体系内以技术改造为手段、以产业结构高级化为导向，转向整个生产体系的重构。新型生产体系依赖于一簇新型制造技术（智能机器人、3D 打印、新材料等）的突破和广泛应用。鉴于新兴技术创新具有明显的外部性和累积性，我国必须加快战略部署，在长期发展规划框架下有计划地推行新型生产制造系统。

（2）充分发挥我国市场需求巨大的战略优势，率先收获生产体系转变的红利。第二次工业革命时，美国抓住制造业生产体系转换的机遇成功赶超英国的经验表明，新型生产体系的拓展与国内市场的启动和升级必须同步进行。对于赶超型国家而言，依托国内市场优势率先收获技术革命的成果甚至比前沿技术突破更为重要！我国推行新型生产体系同样必须立足于我国巨大的市场需求。当前，德国"领先市场战略"和日本立足社会需求作为制造业转型升级的突破口，尤其值得我国借鉴。依托市场需求引导产业转型升级，无疑还有助于防范产能过剩的风险。

（3）加快新型基础设施的建设，助推新型生产体系的成长。工业革命史研究表明，历次工业革命均伴随着基础设施的升级，以更好地服务业主导产业的快速发展。不同于以往历次产业变革依托于交通基础设施的发展，新一轮产业变革将更为依托于信息基础设施的建设，工业信息的计算和处理能力已经成为新的影响制造业竞争力的战略性资产。美国、德国已经在高效能运算领域积极部署，我国应当通过建立国家高效能运算研发中心和高效能运算服务中心，加快高效能运算前沿技术突破，注重高效能运算的商业应用和公共服务，加强信息基础设施对智能制造系统的支持。

参 考 文 献

［1］ Adelman M A. User cost in oil production ［J］. Resources and Energy, 1991, 13 (3): 217 – 240.

［2］ Allen A O, Feddema J J. Wetland loss and substitution by the permit program in southern California, US ［J］. Environmental Management, 1996, 20 (22): 263 – 274.

［3］ Assun L P. An international overview of promotion policies for grid-connected photovoltaic systems ［J］. Progress in Photovoltaics: Research and Applications, 2014, 2: 248 – 273.

［4］ Baldwin R E. Multilateralising regionalism: spaghetti bowls as building blocs on the path to global free trade ［J］. The World Economy, 2006, 29 (11): 1451 – 1518.

［5］ Bates T W. Asset sales, investment opportunities, and the use of proceeds ［J］. The Journal of Finance, 2005, 60 (1): 105 – 135.

［6］ Biddle G C, Hilary G, Verdi R S. How does financial reporting quality relate to investment efficiency? ［J］. Journal of Accounting and Economics, 2009, 48 (2): 112 – 131.

［7］ Blanchard O J, Quah D. The dynamic effect of aggregate demand and supply disturbances ［J］. American Economic Review, 1989, 79: 655 – 673.

［8］ Blignaut J, Hassan R M. Assessment of the performance and sustainability of mining sub-soil assets for economic development in South Africa ［J］. Ecological Economics, 2002, 40 (1): 89 – 101.

［9］ Broadhurst J L, Kunene M C, von Blottnitz H, et al. Life cycle assessment of the desulfurisation flotation process to prevent acid rock drainage: A base metal case study ［J］. Minerals Engineering, 2015, 76: 126 – 134.

［10］ Brown M A. Market Failures and Barriers as a Basis is for Clean Energy Policies ［J］. Energy Policy, 2001, 29: 1197 – 1207.

［11］ Brown S Y. Energy prices and aggregate economic activity: an interpretative survey ［J］. Quarterly Review of Economics and Finance, 2002, 42: 27 – 52.

［12］ Calvo G A. Staggered prices in a utility-maximizing framework ［J］. Journal of monetary Economics, 1983, 12 (3): 383 – 398.

［13］ Cao G. , Feng C, Tao R. Local "land finance" in China's urban expansion: challenges and solutions ［J］. China & World Economy, 2008, 16 (2): 19 – 30.

［14］ Chamberlin E. The theory of monopolistic competition ［M］. Cambridge: Harvard University Press, 1947.

［15］ Christiano L J, Motto R, Rostagno M. Shocks, structures or monetary policies? The euro area and us after 2001 ［J］. Journal of Economic Dynamics and Control, 2007, 32 (8): 2476 – 2506.

［16］ Coelli T. Capacity utilisation and profitability: a decomposition of short-run profit efficiency ［J］. International Journal Production Economics, 2002, 79: 261 – 278.

［17］ Costanza R, Arge R, Rudolf G, et al. The value of the world's ecosystem services and natural capital ［J］. Nature, 1997, 387 (5): 253 – 260.

［18］ Devereux M P, Lockwood B, Redoano M. Do countries compete over corporate tax rates ［J］? Journal of Public Economics, 2008, 92 (5): 1210 – 1235.

［19］ Dixit A. The role of investment in entry-deterrence ［J］. The Economic Journal, 1980, 2: 95 – 106.

［20］ Dixit A. A model of duopoly suggesting a theory of entry barriers ［J］. Bell Journal of Economics, 1979, 10: 20 – 32.

［21］ Dixit A. The role of investment in entry-deterrence ［J］. The Economic Journal, 1980, (5): 95 – 106.

［22］ Dubreuil A. Metals recycling maps and allocation procedures in life cycle assessment ［J］. The International Journal of Life Cycle Assessment, 2010, 15 (6): 621 – 634.

［23］ Durucan S, Korre A, Munoz-Melendez G. Mining life cycle modelling: a cradle-to-gate approach to environmental management in the minerals industry ［J］. Journal of Cleaner Production, 2006, 14 (12): 1057 – 1070.

［24］ El Serafy S. Absorptive capacity, the demand for revenue, and the supply of petroleum ［J］. J. Energy Dev. ; (United States), 1981, 7 (1).

［25］ El Serafy S. The proper calculation of income from depletable natural resources ［J］. Environmental accounting for sustainable development, 1989: 10 – 18.

［26］ Estrades C, Terra M I. Commodity prices, trade, and poverty in Uruguay ［J］. Food Policy, 2012, 37 (1): 58 – 66.

［27］ Fare R, Grosskopf S, Kokkelenberg E C. Measuring plant capacity, utilization and technical change: a nonparametric approach ［J］. International Economic Review, 1989: 655 – 666.

［28］ Foss M F. The utilization of capital equipment: postwar compared with prewar ［J］. Survey of Current Business, 1963, 43 (6): 8 – 16.

［29］ Garofalo G A, Malhotra D M. Regional measures of capacity utilization in the 1980s ［J］. Review of economics and statistics, 1997, 79 (3): 415 – 421.

［30］ Guariglia A, Liu X, Song L. Internal finance and growth: microeconometric evidence on Chinese firms ［J］. Journal of Development Economics, 2011, 96 (1): 79 – 94.

［31］ Hartwick J M, Hageman A P. Economic depreciation of mineral stocks and the contribution of El Serafy ［M］. Environment Department, World Bank, 1991.

［32］ Hartwick J M. Intergenerational equity and the investment of rents from exhaustible resources ［J］. American Economic Review, 1977, 67 (12): 972 – 974.

［33］ Heinkel R, Zechner J. The role of debt and perferred stock as a solution to adverse investment incentives ［J］. Journal of Financial and Quantitative Analysis, 1990, 25 (1): 1 – 24.

［34］ Hicks J R. Value and capital: An Inquiry Into Some Fundamental Principles of Economic Theory ［M］. Oxford University Press, 1946: 50.

［35］ Hooker M A. What happened to the oil price-macroeconomy relationship ［J］? . Journal of monetary Economics, 1996, 38 (2): 195 – 213.

［36］ Hoteling H. The economics of exhaustible resources ［J］. Journal of Political Economy, 1931, 39 (2): 137 – 175.

［37］ Hu X. Research on the route of development of strategic emerging industries: Based on the government function mechanism ［C］ //Management Science and Engineering (ICMSE), 2012 International Conference on. IEEE, 2012: 1108 – 1113.

［38］ Ireland P N. Endogenous money or sticky prices? ［J］. Journal of Monetary Economics, 2003, 50 (8): 1623 – 1648.

［39］ Jensen M C. Agency costs of free cash flow, corporate finance, and takeovers ［J］. The American economic review, 1986, 4: 323 – 329.

［40］ Johansen L. Production functions and the concept of capacity ［J］. Recherches Recentes sur la Function de Production, Collection Economic Mathemnatique et Econometrie, 1968, 2: 46 – 72.

［41］Ju K Y, Zhou D Q, Zhou P, et al. Macroeconomic effects of oil price shocks in China: An empirical study based on Hilbert – Huang transform and event study ［J］. Applied Energy, 2014, 136: 1053 – 1066.

［42］Ju K, Zhou D, Zhou P, et al. Macroeconomic effects of oil price shocks in China: An empirical study based on Hilbert – Huang transform and event study ［J］. Applied Energy, 2014, 136: 1053 – 1066.

［43］Kamien M I, Schwartz N L. Uncertain entry and excess capacity ［J］. American Economic Review, 1972, 62（5）: 918 – 927.

［44］Kim J. Inefficiency of subgame optimal entry regulation ［J］. The RAND Journal of Economics, 1997, 28（1）: 20 – 32.

［45］Kirkley J, Morrison C J, Squires D. Capacity and capacity utilization in common-pool resource industries: definition, measurement, and a comparison of approaches ［J］. Environmental and Resource Economics, 2002, 22（1）: 71 – 97.

［46］Kogel J E. Measuring sustainable development in industrial minerals mining ［J］. International Journal of Mining and Mineral Engineering, 2014, 5（1）: 4 – 18.

［47］Krugman P. Scale economies, product differentiation, and the pattern of trade ［J］. The American Economic Review, 1980, 70（5）: 950 – 959.

［48］Lawrence C, Eichenbaum M and Evans C. Nominal rigidities and the dynamic effects of a shock to monetary policy ［J］. Journal of Political Economy, 2005, 113（1）: 1 – 45.

［49］Luis J, Samuel H I, Carlos T. The impact of oil price changes on Spanish and euro area consumer price infation ［J］. Economic Modelling, 2011, 28: 422 – 431.

［50］Ma J. Modelling central-local fiscal relations in China ［J］. China Economic Review, 1995, 6（1）: 105 – 136.

［51］Matsumura T. Entry regulation and social welfare with an integer problem ［J］. Journal of Economics, 2000, 1: 32 – 40.

［52］McCay D P, Rowe J J. Habitat restoration as mitigation for lost production at multiple trophic levels ［J］. Marine Ecology Progress Series, 2003, 264（2）: 233 – 247.

［53］Memary R. Life cycle assessment: a time-series analysis of copper ［J］. Journal of Cleaner Production, 2012, 33: 97 – 108.

［54］Myers S C, Majluf N S. Corporate financing and investment decisions when firms have information that investors do not have ［J］. Journal of financial economics, 1984, 13（2）: 187 – 221.

[55] Myers S C. The capital structure puzzle [J]. The Journal of Finance, 1984, 39 (3): 574 – 592.

[56] Narayanan M. Debt versus equity under asymmetric information [J]. Journal of Financial and Quantitative Analysis, 1988, 23 (01): 39 – 51.

[57] Pascoe S, Diana T. Economic capacity estimation in fisheries: a non-parametric ray approach [J]. Resource and Energy Economics, 2006, 28: 124 – 138.

[58] Paul B. Compensation for compulsory acquisition [J]. Land Economics, 1991, 67 (1): 49 – 63.

[59] Peng D F, Wang J X, Rao Y L. Applications of nonferrous metal price volatility to prediction of China´s stock market [J]. Transactions of Nonferrous Metals Society of China, 2014, 24 (2): 597 – 604.

[60] Peng D, Wang J, Rao Y. Applications of nonferrous metal price volatility to prediction of China's stock market [J]. Transactions of Nonferrous Metals Society of China, 2014, 24 (2): 597 – 604.

[61] Pilar S, Jo D. Quantifying the impacts of primary metal resource use in life cycle assessment based on recent mining data [J]. Resource, Coservation and Recycling, 2013, 73 (4): 180 – 187.

[62] Porter M E. Competitive strategy: Techniques for analyzing industries and competitors [M]. Simon and Schuster, 2008.

[63] Reid C. Life cycle assessment of mine tailings management in Canada [J]. Journal of Cleaner Production, 2009, 17 (4): 471 – 479.

[64] Richardson S. Over-investment of free cash flow [J]. Review of accounting studies, 2006, 11 (2): 159 – 189.

[65] Shaikh A M. Measuring capacity utilization in OECD countries: A cointegration method [D]. Bard College, 2004.

[66] Smets F, Wouters R. An estimated dynamic stochastic general equilibrium model of the euro area [J]. Journal of the European Economic Association, 2003, 1 (5): 1123 – 1175.

[67] Spence A M. Entry, capacity, investment and oligopolistic pricing [J]. Bell Journal of Economics, 1977, 8: 534 – 544.

[68] Spence A M. Investment strategy and growth in a new market [J]. Bell Journal of Economics, 1979, 10: 1 – 19.

[69] Suzumura K, Kiyono K. Entry barriers and economic welfare [J]. Review of economic studies, 1987, 54 (1): 12 – 24.

[70] Turner K. Economics and wetland management [J]. Am Bio, 1991, 20 (2): 59 – 61.

[71] Vaaler P M. Dynamic competition in emerging markets: what can we learn from the us experience of the 1980s and 1990s [C]? . International Conference on Politics and Information Systems: Technologies and Applications, Proceedings, 2003: 102 – 108.

[72] Viehman S, Thur S M, Piniak G A. Coral reef metrics and habitat equivalency analysis [J]. Ocean and Coastal Management, 2009, 52 (3): 181 – 188.

[73] Wackernagel M, Rees W. Our ecological footprint: reducing human impact on the earth [M]. New Society Publishers, 1998.

[74] Westman W. How much are nature's services worth? [J]. Science, 1977, 197 (3): 960 – 964.

[75] Wu Y, Zhang X, Skitmore M, et al. Industrial land price and its impact on urban growth: A Chinese case study [J]. Land Use Policy, 2014, 36: 199 – 209.

[76] Yellishetty M, Haque N, Dubreuil A. Issues and challenges in life cycle assessment in the minerals and metals sector: a chance to improve raw materials efficiency [J]. Non – Renewable Resource Issues, 2012, 1: 229 – 246.

[77] Young C E, Motta R S. Measuring sustainable income from mineral extraction in Brazil [J]. Resources Policy, 1995, 21 (2): 113 – 125.

[78] Zhao L, Zhang X, Wang S, et al. The effects of oil price shocks on output and inflation in China [J]. Energy Economics, 2014, 12: 1 – 10.

[79] Zhong M, Chen J, Zhu X, et al. Strategic equilibrium price analysis and numerical simulation of preponderant high-tech metal mineral resources [J]. Transactions of Nonferrous Metals Society of China, 2013, 23 (10): 3153 – 3160.

[80] Zhong M, Zeng A, Huang J, et al. The Analysis of Pricing Power of Preponderant Metal Mineral Resources under the Perspective of Intergenerational Equity and Social Preferences: An Analytical Framework Based on Cournot Equilibrium Model [C]. Abstract and Applied Analysis. Hindawi Publishing Corporation, 2014.

[81] Zhong M, Zeng A, Huang J, et al. The analysis of pricing power of preponderant metal mineral resources under the perspective of intergenerational equity and social preferences: an analytical framework based on cournot equilibrium model [J]. Abstract and Applied Analy-

sis，2014，6：1－11.

[82] 暴奉贤，陈宏立，周兆麟．经济预测与决策方法 [M]．广州：暨南大学出版社，2001，2：158－167.

[83] 北京大学中国经济研究中心宏观组．产权约束、投资低效与通货紧缩 [J]．经济研究，2004，09：26－35.

[84] 曹耳东，傅红岩．市场过度竞争的产权经济学分析 [J]．学术月刊，1999，10：19－23.

[85] 曹广忠，袁飞，陶然．土地财政、产业结构演变与税收超常规增长——中国"税收增长之谜"的一个分析视角 [J]．中国工业经济，2007，12：13－21.

[86] 曹建海，江飞涛．中国工业投资中的重复建设与产能过剩问题研究 [M]．北京：经济管理出版社，2010：34.

[87] 曹建海．我国土地节约集约利用的基本思路 [J]．中国土地，2005，10：19－21.

[88] 曹建海．我国重复建设的形成机理与政策措施 [J]．中国工业经济，2002，4：26－33.

[89] 曹建海．平等竞争断想 [J]．改革，2011，12：145－147.

[90] 曹建海．中国产业过度竞争的制度分析 [J]．河北经贸大学学报，2001，3 (21)：1－9.

[91] 曾国华，吴雯雯，余来文．完全成本视角下离子型稀土合理价格的重构 [J]．现代管理科学，2014，3：103－105.

[92] 曾五一，江晓冬，吴一群．重复建设的效应、成因及其治理 [J]．厦门大学学报，2006，3：41－48.

[93] 曾先峰，李国平，汪海洲．基于完全成本的碳酸稀土理论价格研究——兼论中国稀土资源定价机制改革 [J]．财经研究，2012，38 (9)：134－144.

[94] 曾先峰，李国平．非再生能源资源使用者成本：一个新的估计 [J]．资源科学，2013，35 (2)：439－446.

[95] 陈柏林．2014 年水泥行业利润分析报告 [J]．中国水泥．2015，3：12－13.

[96] 陈文玲．产能过剩、分类及化解方法 [J]．中国市场，2014，3：16－20.

[97] 陈霞．新疆水泥工业生产产能的分析 [J]．城市建设理论研究，2013，10：1－3.

[98] 陈志．新兴产业产能过剩了吗 [J]？经济研究参考，2010，28：40－47.

[99] 程俊杰．转型时期中国地区产能过剩测度——基于协整法和随机前沿生产函

数法的比较分析 [J]. 经济理论与经济管理, 2015, 4: 13 - 29.

[100] 崔源声, 李辉, 徐德龙. 2020 年水泥工业总产值、理论需求量及能耗预测 [J]. 水泥, 2012, 6: 17 - 19.

[101] 戴茂华. 稀有金属矿产资源生态补偿机制探索 [J]. 中国矿业, 2014, 23 (2): 20 - 23.

[102] 戴翔. "出口导向"特征缘何阻碍中国攀升全球价值链？——基于"生产 - 消费"分离成本作用机制分析 [J]. 国际经贸探索, 2014, 8: 18 - 28.

[103] 单淑秀. 我国电解铝工业的现状及发展方向 [J]. 轻金属, 2011, 8: 3 - 8.

[104] 党耀国, 刘思峰, 王正新. 灰色预测与决策模型研究 [M]. 北京: 科学出版社, 2009, 12: 1 - 42.

[105] 丁寒雪. 中国工业领域产能过剩发展现状分析 [J]. 中国管理信息, 2014, 8: 88 - 90.

[106] 丁志华, 李文博, 周梅华, 等. 煤炭价格波动对中国实体经济的影响研究 [J]. 北京理工大学学报, 2014, 2: 18 - 23.

[107] 董敏杰, 梁咏梅, 张其仔. 中国工业产能利用率: 行业比较、地区差距及影响因素 [J]. 经济研究, 2015, 1: 84 - 98.

[108] 窦彬, 汤国生. 钢铁行业投资过度、产能过剩原因及对策 [M]. 北京: 经济科学出版社, 2009.

[109] 杜丹清. 在促进正常竞争中制止过度竞争——日本政府制止过度竞争措施的启示 [J]. 经济问题探索, 1999, 5: 63 - 64.

[110] 杜兴强, 曾泉, 杜颖洁. 政治联系、过度投资与公司价值——基于国有上市公司的经验证据 [J]. 金融研究, 2011, 8: 93 - 110.

[111] 杜重华. 我国钢铁行业产能过剩研究—以我国 22 家钢铁企业上市公司为例 [D]. 东北财经大学, 2011.

[112] 冯帅. 水泥行业产能变动情况分析 [J]. 广东建材, 2014, 10: 59 - 62.

[113] 付保宗, 郭海涛. 美日的产能过剩及应对措施 [J]. 宏观经济管理, 2011, 3: 70 - 72.

[114] 高辉清. 产能过剩对就业影响是当前一大隐忧 [N]. 中国改革报, 2006 - 3 - 2 (002).

[115] 高剑. 警惕"有形之手"落入补贴陷阱 [N]. 东莞日报, 2012 - 10 - 24.

[116] 高栓平, 董明会. 论企业"过度"进入行为对我国市场结构和经济绩效的改善 [J]. 当代财经, 1998, 2: 51 - 55.

［117］高新伟，赵文娟．基于资源耗减补偿的中国油气资源税率优化研究［J］．中国人口·资源与环境，2014，24（1）：102－108.

［118］高智．水泥工业产业布局研究［C］．中国建材产业发展研究论文集，2010－05－15.

［119］耿强，江飞涛，傅坦．政策性补贴、产能过剩与中国的经济波动——引入产能利用率RBC模型的实证检验［J］．中国工业经济，2011，5：27－36.

［120］工业和信息化部．铝工业十二五发展专项规划［R］．中国：工业和信息化部，2012.

［121］工业和信息化部．船舶工业"十二五"发展规划［R］．中国：工业和信息化部，2012.

［122］工业和信息化部．建材工业"十二五"发展规划［R］．中国：工业和信息化部，2011.

［123］工业和信息化部．有色金属工业"十二五"发展规划［R］．中国：工业和信息化部，2011.

［124］郭芳．2012年中国实体经济发展报告［J］．中国经济周刊，2012，49：37－51.

［125］郭庆旺，贾俊雪．地方政府行为、投资冲动与宏观经济稳定［J］．管理世界，2006，5：19－25.

［126］郭晓丹，何文韬，肖兴志．战略性新兴产业的政府补贴、额外行为与研发活动变动［J］．宏观经济研究，2011，11：63－69.

［127］郭振宇，魏晓平．煤炭资源税政策选择中的探索分析［J］．决策参考，2014，24：61－63.

［128］国家发展和改革委员会．关于抑制部分行业产能过剩和重复建设引导产业健康发展的若干意见［R］．中国：国家发展和改革委员会，2009.

［129］国家能源局．风电发展"十二五"规划［R］．中国：国家能源局，2012.

［130］国家能源局．太阳能发电发展"十二五"规划［R］．中国：国家能源局，2012.

［131］国民财经研究中心．水泥行业研究报告［R］．2011－1－27（2）.

［132］国务院．国务院批转发展改革委等部门关于抑制部分行业产能过剩和重复建设引导产业健康发展若干意见的通知（国发［2009］38号文件）［R］．中国：国务院，2012.

［133］国务院办公厅．船舶工业调整和振兴规划［R］．中国：国务院办公厅，2009.

[134] 韩国高，高铁梅，王立国，等．中国制造业产能过剩的测度、波动及成因研究 [J]．经济研究，2011，12：18 - 31.

[135] 韩国高．我国工业产能过剩的测度、预警及对经济影响的实证研究 [D]．东北财经大学，2012.

[136] 韩秀云．欧债危机对我国光伏产业发展的影响 [J]．国际经济合作，2012，12：83 - 86.

[137] 韩秀云．对我国新能源产能过剩问题的分析及政策建议 [J]．管理世界，2012，8：171 - 175.

[138] 何彬，范硕．国有企业投资、需求波动及产能利用率关联性分析 [J]．经济问题，2013，9：23 - 27.

[139] 何记东，史忠良．产能过剩条件下的企业扩张行为——以我国钢铁产业为例 [J]．江西社会科学，2012，3：182 - 185.

[140] 何蕾．中国工业行业产能利用率测度研究——基于面板协整的方法 [J]．产业经济研究，2015，2：90 - 99.

[141] 黄健柏，徐震，徐珊．土地价格扭曲，企业属性与过度投资——基于中国工业企业数据和城市地价数据的实证研究 [J]．中国工业经济，2015（3）：57 - 69.

[142] 黄群慧，贺俊．"第三次工业革命"与中国经济发展战略调整 [J]．中国工业经济，2013，1：5 - 18.

[143] 江飞涛，曹建海．市场失灵还是体制扭曲——重复建设形成机理研究中的争论、缺陷与新进展 [J]．中国工业经济，2009，1：53 - 64.

[144] 江飞涛，陈伟刚，黄健柏，等．投资规制政策的缺陷与不良效应——基于中国钢铁工业的考察 [J]．中国工业经济，2007，6：53 - 61.

[145] 江飞涛，耿强，吕大国，等．地区竞争、体制扭曲与产能过剩的形成机理 [J]．中国工业经济，2012，6：44 - 56.

[146] 江飞涛，李晓萍．直接干预市场与限制竞争：中国产业政策的取向与根本缺陷 [J]．中国工业经济，2010，9：26 - 36.

[147] 江飞涛．中国钢铁工业产能过剩问题研究 [D]．中南大学，2008.

[148] 江小涓．经济转轨时期的产业政策——对中国经验的实证分析和前景展望 [M]．上海：上海人民出版社，1996：42 - 50.

[149] 江小涓．体制转轨中的增长、绩效与产业组织变化——对中国若干行业的实证研究 [M]．上海：上海人民出版社，1999：68.

[150] 江源．钢铁等行业产能利用评价 [J]．统计研究，2006，12：13 - 19.

［151］姜江．我国部分新兴产业存在"潜在产能过剩"问题［J］．宏观经济管理，2010，10：22－23．

［152］科尔奈．短缺经济学［M］．北京：经济科学出版社，1986，23．

［153］科尔奈．社会主义体制——共产主义政治经济学［M］．北京：中央编译出版社，2007，92．

［154］孔祥忠．2011年中国水泥工业发展概况［J］．中国水泥，2012，4：23－33．

［155］孔祥忠．2012年中国水泥工业概况［J］．中国水泥，2013，5：26－27．

［156］孔祥忠．水泥产能过剩已经不是阶段性过剩行业协会应有新的作为［J］．中国建材．2012，8：36－41．

［157］孔祥忠．余热发电技术在中国水泥行业节能减排中的贡献［J］．中国水泥，2009，4：11－13．

［158］孔祥忠．中国水泥工业转变发展方式的思路探讨［J］．中国水泥，2012，1：15－18．

［159］孔祥忠．中国水泥行业的技术创新与产能过剩［C］．中国建材产业转型升级创新发展研究论文集，2013－06－01．

［160］雷前治．积极应对产能过剩促进水泥产业升级——"十二五"水泥工业发展规划思考［J］．中国水泥，2011，10；12－16．

［161］黎精明，邻进兴．财政分权、要素价格扭曲与国有企业过度投资［J］．中南财经政法大学学报，2010，1：78－83．

［162］李保明．竞争的自由与经济效率［J］．经济评论，2002，4：30－33．

［163］李昌海．我国水泥行业产能过剩原因与对策研究－基于钻石模型的分析［C］．中国建材产业转型升级创新发展研究论文集，2013－06－01．

［164］李国平，李恒炜．使用者成本法的完善与美国油气资源使用者成本的估算［J］．自然资源学报，2013，28（6）：1046－1058．

［165］李俭之．坚持科学发展观解读评价新型半干法JT窑技术［N］．科技日报，2009－03－07（10）．

［166］李建梅，李国栋，蔡超．中国水泥工业发展现状及未来趋势［J］．广州化工，2013，9：18－20．

［167］李建文．关于我国电解铝工业发展的研究［J］．经济问题，2008，3：124－127．

［168］李江涛．产能过剩问题、理论及治理机制［M］．北京：中国财政经济出版社，2006：54－60．

[169] 李军杰，钟君. 中国地方政府经济行为分析——基于公共选择视角 [J]. 中国工业经济，2004，4（9）：27 - 34.

[170] 李军杰，周卫峰. 基于政府间竞争的地方政府经济行为分析——以"铁本事件"为例 [J]. 经济体制比较，2005，1：49 - 54.

[171] 李军杰. 经济转型中的地方政府经济行为变异分析 [J]. 中国工业经济，2005，1：39 - 46.

[172] 李俊丽. 城市土地出让中的地方政府经济行为研究 [D]. 西南财经大学，2008.

[173] 李克强. 在改革开放进程中深入实施扩大内需战略 [J]. 求是，2012，4：3 - 10.

[174] 李鹏. 我国煤化工行业产能过剩问题研究 [D]. 东北财经大学，2011.

[175] 李霜，简志宏，郑俊瑶. 石油价格冲击与经济波动风险最小化的货币供应机制分析 [J]. 中国管理科学，2012，20（2）：26 - 33.

[176] 李伟. 进入替代、市场选择与演化特征——中国经济体制转型中市场进入问题研究 [M]. 上海：上海财经大学出版社，2006：42.

[177] 李文卿，李好好，曲智超. 电解铝行业投资过热问题与宏观调控 [J]. 中国管理科学，2004，12：600 - 604.

[178] 李园红，高明. 基于产业链视角的中国光伏产业发展思路 [J]. 亚太经济，2010，4：103 - 106.

[179] 联合采访组. 控制增量、优化存量、转型升级已成水泥行业当务之急——访中国建材联合会副会长、中国水泥协会会长雷前治 [J]. 中国水泥，2012，6：10 - 13.

[180] 林伯强，刘希颖，邹楚沅，等. 资源税改革：以煤炭为例的资源经济学分析 [J]. 中国社会科学，2012，2：58 - 78.

[181] 林伯强，牟敦国. 能源价格对宏观经济的影响—基于可计算一般均衡模型（CGE）的分析 [J]. 经济研究，2008，11：88 - 101.

[182] 林伯强，王锋. 能源价格对中国一般价格水平的影响 [J]. 经济研究，2009，12：66 - 80.

[183] 林毅夫，巫和懋，邢亦青. "潮涌现象"与产能过剩的形成机制 [J]. 经济研究，2010，10：4 - 19.

[184] 林毅夫. 潮涌现象与发展中国家宏观经济理论的重新构建 [J]. 经济研究2007，1：126 - 131.

[185] 刘斌. 我国 DSGE 模型的开发及在货币政策分析中的应用 [J]. 金融研究，

2008，10：1－21.

[186] 刘建，蒋殿春．国际原油价格波动对我国工业品出厂价格的影响—基于行业层面的实证分析 [J]．金融研究，2012，1：51－64.

[187] 刘瑞明，白永秀．晋升激励与经济发展 [J]．南方经济，2010，1：59－70.

[188] 刘世锦．从增长阶段理解发展方式转型 [J]．经济研究，2011，10：14－16.

[189] 刘世锦．增长速度下台阶与发展方式转变 [J]．经济学动态，2011，5：3－9.

[190] 刘世锦．正视阶段新变化用好战略机遇期坚持稳中求进 [J]．求是，2012，18：39－42.

[191] 刘卫东，段洲鸿．工业用地价格标准的合理确定 [J]．浙江大学学报（人文社会科学版），2008，4：146－153.

[192] 刘新宇．破解金融危机后新能源产能过剩的政策困局 [J]．经济问题探索，2010，3：108－112.

[193] 刘燕斌．妥善解决化解产能过剩中的就业问题 [J]．中国就业，2014，10：6－8.

[194] 刘晔．焦炭行业产能过剩的特征、原因及对策分析 [J]．生产力研究．2009，3：127－128.

[195] 刘长发．如何看待目前我国水泥产能过剩的问题 [C]．中国建材产业发展研究论文集，2010.

[196] 刘长发．对中国水泥需求走势及水泥产业发展趋势的判断 [J]．中国建材 2004，9：38－40.

[197] 刘作毅．2006 年水泥工业经济运行分析 [N]．中国建材报，2007－01－09（B01）.

[198] 柳红霞．高校毕业生到农村社区就业的岗位需求与规模分析 [J]．社会主义研究，2009，5：84－88.

[199] 柳明，宋潇．石油价格波动对中国宏观经济的影响—基于 DSGE 模型的分析 [J]．南开经济研究，2013，6：74－96.

[200] 卢峰．建立和完善"大国开放宏观政策架构" [N]．消费日报，2010－05－20（4）.

[201] 卢诺．淘汰落后产能对就业的影响——以淄博市为例 [J]．中国就业，2014，5：54－55.

[202] 罗清启．中国造船战略突围路径 [J]．董事会，2011，2：58－59.

[203] 罗云辉．过度竞争：经济学分析与治理 [M]．上海：上海财经大学出版社，

2004.

[204] 吕铁. 日本治理产能过剩的做法及启示 [J]. 求是, 2011, 5: 68 - 69.

[205] 马传景. 关于解决重复建设问题的深层思考 [J]. 求是, 2003, 10: 27 - 29.

[206] 迈克尔·波特（美）著, 李明轩, 邱如美译 [M]. 北京: 中信出版社, 2012: 23 - 45.

[207] 蒙丹. 我国新能源产业链的低端产能过剩问题研究 [J]. 经济纵横, 2010, 5: 37 - 40.

[208] 牛桂敏. 从过度竞争到有效竞争: 我国产业组织发展的必然选择 [J]. 天津社会科学, 2001, 3: 63 - 66.

[209] 欧阳润平, 黄蕾. 不同理论视角下企业对员工的社会责任履责依据述评 [J]. 现代管理科学, 2009, 4: 76 - 78.

[210] 潘敏, 金岩. 信息不对称、股权制度安排与上市企业过度投资 [J]. 金融研究, 2003, 1: 36 - 45.

[211] 皮建才. 中国地方政府重复建设的内在机制研究 [J]. 经济理论与经济管理, 2008, 4: 61 - 64.

[212] 蒲小雷. 2012 年最严峻的八大实体行业: 有色钢铁产能过剩 [N]. 中国经济周刊, 2012 - 12 - 19.

[213] 戚向东. 我国钢铁行业运行分析及发展态势预测 [J]. 冶金管理, 2006, 3: 13 - 17.

[214] 秦萍. 产能过剩几多愁 [J]. 中国船检, 2009, 11: 48 - 51.

[215] 沈坤荣, 钦晓双, 孙成浩. 中国产能过剩的成因与测度 [J]. 产业经济评论, 2012, 4: 1 - 26.

[216] 沈立人, 戴园晨. 我国 "诸侯经济" 的形成及其弊端和根源 [J]. 经济研究, 1990, 3: 12 - 19 + 67.

[217] 沈利生. 我国潜在经济增长率变动趋势估计 [J]. 数量经济技术经济研究, 1999, 12: 3 - 6.

[218] 沈婷婷. 钢铁行业产能过剩痼疾治理——基于固定资产投资的研究 [D]. 华中科技大学, 2010.

[219] 盛文军. 转轨时期我国的产能过剩及政策选择 [J]. 西南金融, 2006, 10: 12 - 14.

[220] 石方军, 伍如昕, 薛君. 社区劳动保障 [M]. 北京: 中国社会出版社, 2014: 54.

[221] 史伟，崔源声，武夷山. 中国水泥需求量预测研究 [J]. 中国建材. 2011，1：100 - 105.

[222] 史伟. 2011 年到 2050 年中国水泥需求量预测 [J]. 中国 11 省市硅酸盐发展报告 (2011)，2012.

[223] 苏剑. 产能过剩背景下的中国宏观调控 [J]. 经济学动态，2010，10：47 - 51.

[224] 孙光德，董克用. 社会保障概论 (第 3 版) [M]. 北京：中国人民大学出版社，2008，15 - 16.

[225] 孙巍，李何，王文成. 产能利用与固定资产投资关系的面板数据协整研究 [J]. 经济管理，2009，3：38 - 43.

[226] 孙秀林，周飞舟. 土地财政与分税制：一个实证解释 [J]. 中国社会科学，2013，4：40 - 59 + 205.

[227] 孙泽生，孙便霞，黄伟. 中国有色金属价格变化中的货币因素和预期形成：基于金属指数的实证研究 [J]. 系统管理学报，2014，23 (5)：743 - 754.

[228] 孙执中. 日本怎样避免盲目投资与重复建设——对日本特种萧条产业政策史的考察 [J]. 日本学刊，1997，3：71 - 76.

[229] 汤小俊. 工业用地底价，一张覆盖全国的图——《全国工业用地出让最低价标准》出台评述 [J]. 中国土地，2007，1：33 - 37.

[230] 唐雪松，周晓苏，马如静. 政府干预、GDP 增长与地方国企过度投资 [J]. 金融研究，2010，8：33 - 48.

[231] 唐要家. 进入竞争与市场绩效：辨明与检验 [J]. 产业经济研究，2004，4：11 - 17.

[232] 陶然，陆曦，苏福兵，等. 地区竞争格局演变下的中国转轨：财政激励和发展模式反思 [J]. 经济研究，2009，7：21 - 33.

[233] 陶然，袁飞，曹广忠. 区域竞争、土地出让与地方财政效应：基于 1999 ~ 2003 年中国地级城市面板数据的分析 [J]. 世界经济，2007，10：15 - 27.

[234] 王安建，王高尚，陈其慎. 矿产资源需求理论与模型预测 [J]. 地球学报，2010，2：137 - 147.

[235] 王昶，王严，黄健柏. 铝产能过剩的惑与解 [J]. 中国有色金属，2014，15：36 - 38.

[236] 王刚. 2004 年水泥工业经济运行分析及 2005 年发展趋势 [J]. 市场巡礼，2005，1：38 - 40.

[237] 王立国, 鞠蕾. 地方政府干预、企业过度投资与产能过剩: 26 个行业样本 [J]. 改革, 2012, 12: 52 - 62.

[238] 王立国, 张日旭. 财政分权背景下的产能过剩问题研究——基于钢铁行业的实证分析 [J]. 财经问题研究, 2010, 12: 30 - 35.

[239] 王立国, 赵琳, 高越青. 谨防风电设备、多晶硅行业性产能过剩的风险 [J]. 宏观经济研究, 2011, 5: 38 - 45.

[240] 王立国. 理性发展现代煤化工行业的思考——基于防范产能过剩风险的视角 [J]. 宏观经济研究, 2012, 1: 3 - 12.

[241] 王立杰, 高志远. 煤炭价格下降对我国宏观经济的影响 [J]. 科学决策, 2014, 7: 48 - 62.

[242] 王维国, 袁捷敏. 我国产能利用率的估算模型及其应用 [J]. 统计与决策, 2012, 20: 82 - 84.

[243] 王小广. 产能过剩: 后果、原因和对策 [J]. 中国经贸导刊, 2006, 2: 9 - 10.

[244] 王小广. 对近期投资过热程度及后果的分析 [J]. 中国财政, 2006, 11: 49 - 50.

[245] 王晓姝, 李锂. 产能过剩的诱因与规制——基于政府视角的模型化分析 [J]. 财经问题研究, 2012, 9: 40 - 47.

[246] 王宇, 李佳. 新形势下的战略性新兴产业需求侧培育模式分析 [J]. 科学管理研究, 2013, 3: 78 - 81.

[247] 王岳平. 我国产能过剩行业的特征分析及对策 [J]. 宏观经济管理, 2006, 6: 15 - 18.

[248] 王祝堂, 熊慧. 世界铝土矿资源与分布 [J]. 中国有色金属报, 2013 - 7 - 11 (6).

[249] 魏后凯. 从重复建设走向有序竞争 [M]. 北京: 人民出版社, 2001.

[250] 吴晓波. 激荡三十年 [M]. 新经济导刊, 2007, 3: 79 - 79.

[251] 武洪明. 中国水泥市场观察与分析 [J]. 中国建材报, 2013 - 11 - 19 (034).

[252] 夏大慰, 罗云辉. 中国经济过度竞争的原因及治理 [J]. 中国工业经济, 2001, 11: 32 - 38.

[253] 肖兴志. 中国战略性新兴产业发展的财税政策建议 [J]. 财政研究, 2011, 12: 51 - 54.

[254] 小宫隆太郎, 奥野正宽, 铃村兴太郎. 日本的产业政策 [M]. 北京: 国际文化出版公司, 1988, 3: 112 - 116.

[255] 谢小利. 新型干法水泥生产技术优化与节能技术的应用 [D]. 广西大学, 2012.

[256] 辛清泉, 林斌, 王彦超. 政府控制、经理薪酬与资本投资 [J]. 经济研究, 2007, 8: 110 – 122.

[257] 熊勇清, 黄健柏. 光伏产业困境摆脱与市场的协同培育 [J]. 改革, 2013, 12: 52 – 57.

[258] 徐辉, 蒲志仲. 矿产资源开发利用的生态环境价值补偿研究 [J]. 生态经济, 2014, 30 (2): 135 – 138.

[259] 徐宁, 丁奇生. 我国水泥生产主要工艺与装备的技术进步 [J]. 水泥科技, 2006, 1: 2 – 7.

[260] 徐宁, 皮建才, 刘志彪. 全球价值链还是国内价值链——中国代工企业的链条选择机制研究 [J]. 经济理论与经济管理, 2014, 1: 62 – 74.

[261] 徐现祥, 王贤彬. 晋升激励与经济增长: 来自中国省级官员的证据 [J]. 世界经济, 2010, 2: 15 – 36.

[262] 徐晓晶. 有效解决中国造纸行业产能过剩问题的研究 [D]. 上海交通大学, 2011.

[263] 徐晓亮. 资源税改革能调整区域差异和节能减排吗? —动态多区域 CGE 模型的分析 [J]. 经济科学, 2012, 5: 45 – 54.

[264] 薛亚洲. 基于 GM (1, N) 模型的铝需求预测 [J]. 金属矿山, 2012, 11: 14 – 18.

[265] 杨蕙馨. 从进入退出角度看中国产业组织的合理化 [J]. 东南大学学报 (社科版), 2000, 2: 11 – 15.

[266] 杨蕙馨. 中国企业的进入退出: 1985～2000 年汽车与电冰箱产业的案例研究 [J]. 中国工业经济, 2004, 3: 99 – 105.

[267] 杨培鸿. 重复建设的政治经济学分析: 一个基于委托代理框架的模型 [J]. 经济学季刊, 2006, 2: 467 – 478.

[268] 杨雪, 李松华, 王菲. 货币供应量传导研究—基于新凯恩斯 DSGE 模型的研究 [J]. 管理评论, 2011, 12: 38 – 45.

[269] 杨英杰. 从体制上解决产能过剩的深层次问题 [J]. 学习时报, 2009, 10: 2009 – 08 – 27 (2).

[270] 姚良均, 彭如清, 武恭. 世界铝工业 [M]. 北京: 科学出版社, 1994: 60 – 95.

[271] 殷保达. 中国产能过剩治理的再思考 [J]. 经济纵横, 2012, 4: 82-85.

[272] 于南. 王勃华: 2014 年我国多晶硅产量将超 13 万吨 [N]. 证券日报, 2014-11-26 (3).

[273] 余明桂, 李文贵, 潘红波. 民营化、产权保护与企业风险承担 [J]. 经济研究, 2013, 9: 112-124.

[274] 俞红海, 徐龙炳, 陈百助. 终极控股股东控制权与自由现金流过度投资 [J]. 经济研究, 2010, 8: 103-114.

[275] 喻新安. 对"重复建设"批评的批评 [J]. 企业活力, 2002, 5: 4-8.

[276] 詹姆斯, 克罗蒂, 向悦文. 为什么全球市场会遭受长期的产能过剩? ——来自凯恩斯, 熊彼特和马克思的视角 [J]. 当代经济研究, 2013, 1: 37-45.

[277] 张海莹. 负外部成本内部化约束下的煤炭开采税费水平研究 [J]. 中国人口·资源与环境, 2012, 22 (2): 147-151.

[278] 张晖明. 对当前"产能过剩"判断的深层分析和政策建议 [J]. 江苏行政学院学报, 2010, 3: 12-20.

[279] 张杰, 刘志彪. 需求因素与全球价值链形成——兼论发展中国家的"结构封锁型"障碍与突破 [J]. 财贸研究, 2008 (6): 1-10.

[280] 张军. 转轨经济中的"过度进入"问题——对"重复建设"的经济学分析 [J]. 复旦学报 (社会科学版), 1998, 1: 21-26.

[281] 张莉, 王贤彬, 徐现祥. 财政激励、晋升激励与地方官员的土地出让行为 [J]. 中国工业经济, 2011, 4: 35-43.

[282] 张玲斌. 抑制产能过剩势头提高产业竞争水平 [J]. 经济探析, 2010, 7: 35.

[283] 张清勇. 中国地方政府竞争与工业用地出让价格 [J]. 制度经济学研究, 2006, 1: 184-199.

[284] 张维迎, 马捷. 恶性竞争的产权基础 [J]. 经济研究, 1999, 6: 11-20.

[285] 张伟, 曹洪军. 我国不合理重复建设及其治理 [J]. 宏观经济研究, 2004, 5: 39-41.

[286] 张文霞, 管东生. 生态系统服务价值评估: 问题与出路 [J]. 生态经济, 2008, 1: 28-31.

[287] 张晓晶. "产能过剩"并非洪水猛兽 [N]. 学习时报, 2006-04-10 (4).

[288] 张新海. 产能过剩的定量测度与分类治理 [J]. 宏观经济管理, 2010, 1: 50-51.

[289] 张勇, 马思聪, 董远霞. 浅谈中国铝电解技术发展与进步 [J]. 世界有色金

属，2008，1：22－25.

[290] 赵松. 工业地价新政的多重影响——《全国工业用地出让最低价标准》解析 [J]. 中国土地，2007，2：33－35.

[291] 赵颖. 产能过剩的定量测算及其与宏观经济的相关性研究 [D]. 安徽大学，2011.

[292] 郑胜利. 日本反过度竞争的经验及其对我国的启示 [J]. 经济与管理研究，2000，3：60－62.

[293] 植草益. 日本的产业组织：理论与实证前沿 [M]. 北京：经济管理出版社，2000，3：20－23.

[294] 中国行业研究网. 电解铝产能过剩严重，产业链上下端遭挤压 [EB/OL]. http：//www. chinairn. com/news/20140120/145655230. html，2014－1－20.

[295] 中国建筑材料联合会信息部.2011 年水泥产量和产能统计分析报告 [J]. 中国水泥，2012，3：10－12.

[296] 中国企业联合会"去产能化"调研组. 当前部分行业产能过剩情况及化解建议 [J]. 中国经贸导刊，2013，12：44.

[297] 中国水泥研究院. 中国水泥企业海外发展之路 [J]. 商品混凝土，2013，8：19－20.

[298] 中国有色网. 电解铝行业经济运行及发展的基本情况 [EB/OL]. http：//www. cnmn. com. cn/ShowNews1. aspx？id＝32933，2003－11－8.

[299] 钟春平，潘黎. "产能过剩"的误区——产能利用率及产能过剩的进展、争议及现实判断 [J]. 经济学动态，2014，3：35－47.

[300] 周飞舟. 生财有道：土地开发和转让中的政府和农民 [J]. 社会学研究，2007，1（49）：l.

[301] 周鸿锦.2006 年水泥工业能耗述评 [J]. 中国水泥，2007，10：26－29.

[302] 周劲，付保宗. 产能过剩的内涵、评价体系及在我国工业领域的表现特征 [J]. 经济学动态，2011，10：58－64.

[303] 周劲，付保宗. 产能过剩在我国工业领域的表现特征 [J]. 经济纵横，2011，01：18－22.

[304] 周劲，付保宗. 工业领域产能过剩形成机制及对策建议 [J]. 宏观经济管理，2011，10：33－35.

[305] 周劲，付保宗. 我国工业领域产能过剩的表现特征及政策建议 [J]. 中国经贸导刊，2011，13：36－38

［306］周劲. 产能过剩的概念、判断指标及其在部分行业测算中的应用 ［J］. 宏观经济研究，2007，09：33 - 39.

［307］周黎安. 晋升博弈中政府官员的激励与合作——兼论我国地方保护主义和重复建设问题长期存在的原因 ［J］. 经济研究，2004，6：33 - 40.

［308］周黎安. 中国地方官员的晋升锦标赛模式研究 ［J］. 经济研究，2007，7：36 - 50.

［309］周其仁. "产能过剩" 的原因 ［N］. 经济观察报，2005 - 12 - 12 （9）.

［310］周维富，吴敏. 钢铁工业产能过剩的危害及其治理对策 ［J］. 中国经贸导刊，2010，3：20 - 21.

［311］朱利. 光伏产业产能过剩问题研究 ［D］. 中国社科院研究生院，2012.

［312］宗寒. 我国经济发展中的产能过剩及其防治 ［J］. 毛泽东邓小平理论研究，2010，1：30 - 38.

［313］左翔，殷醒民. 土地一级市场垄断与地方公共品供给 ［J］. 经济学（季刊），2013，2：693 - 718.

［314］左小蕾. 产能过剩并非根源 ［J］. 中国电子商务，2006，3：100 - 101.

后 记

本书是 2013 年国家社科基金重大招标项目"产能过剩矛盾突出行业的发展趋势和调整化解对策研究"（批准号：13&ZD024）的最终成果，同时是由黄健柏教授主编的《国家金属资源安全丛书》的分册之一。

从 2013 年承担该项目以来，课题组先后奔赴多地针对钢铁、电解铝、光伏、造船等行业产能过剩的特征、形成原因、发展态势及调整化解政策展开调研，全面梳理了中国工业部门产能过剩的发展趋势及其治理政策的演变，并进一步通过土地价格扭曲、资源环境价格扭曲对产能过剩影响的计量分析，以及我国渐进式改革背景对产能过剩形成的影响，深化了产能过剩形成机理的研究。同时，针对本轮产能过剩的全面性、中长期性以及周期性因素和体制性因素综合作用的特征，通过对新技术革命和新产业变革的研究，提出第二次工业革命大规模制造的生产范式是引致产能过剩的技术基础，指出我国应抓住新一轮技术革命和产业变革的机遇，在迈向更高阶段工业化进程中从根本上化解产能过剩。本书正是对课题主要研究成果的梳理和呈现。

参与本书的撰写者有：黄健柏、江飞涛、熊勇清、王昶、钟美瑞、邵留国、郭尧琦、伍如昕、李晓萍、祝平衡、黄阳华、徐震、吕大国、范林凯，以及部分博士和硕士研究生。

吴金明、曹建海等同志也以不同形式对课题的完成和本书的撰写提供了诸多帮助，他们的建议使得研究不断趋于成熟，在此深表感谢。

此外，对于鼎力支持课题研究的同行和社会各界朋友，以及经济科学出版社的领导和编辑表示衷心的感谢。

需要指出的是，鉴于产能过剩问题的复杂性，本研究仍存在着若干需要进一步探索和研究的地方，本书中的不足和错漏之处也请读者不吝指正。尽管如此，我们仍希望本书的出版能够对相关领域的学者、政府管理部门、企业管理人员以及关心该问题的读者们有所帮助。